누구나 읽을 수 있는

요한계시록

정인열 · 박동건 공저

누구나 읽을 수 있는 요한계시록

2018년 6월 20일 초 판 1쇄 인쇄
2018년 6월 30일 초 판 1쇄 발행

저 자 • 정인열 · 박동건
발행인 • 조 경 혜
발행처 • 도서출판 그리심
156-763 서울시 동작구 사당5동 196인정 B동(B01)

등록번호 • 제 7-258호(1998. 4. 23)
출 판 사 • 전화 523-7589 팩스 523-7590
홈페이지 • http://grisim.biz
전자우편 • grisimcho@hanmail.net

값: 표지 뒷면에

ISBN 978-89-5799-409-2 (93230)

본서는

신학적으로는 현대신학의 주류를 이루고 있는

개혁신학의 무천년주의 입장과

성경신학적인 입장을 고수하였다.

추 천 서

이번에 내 친구 정인열 목사가 오랫동안 북미주개혁교회 교단(Christian Reformed Church in North America, CRC) 한인사역 디렉터로 일한 박동건 목사와 함께 요한계시록에 대한 주해서를 저술하게 됨을 무척 기쁘게 생각합니다. 정목사는 저와 함께 총신대학 신학원에서 3년간 함께 공부하였는데 총신대학이 교단의 정치적인 문제로 인해진통을 겪고 있었을 때 몇몇 친구들과 우리는 정상적 강의를 들을 수 없어 고(故) 최의원 박사님 댁에서 그 분의 지도를 받으며 함께 히브리 성경을 읽어가며 공부했습니다.

제가 이 요한계시록 주해의 원고를 읽으면서 두 저자가 성령님의 인도를 받으며 현대 미국과 한국에서 출간된 요한계시록에 관한 수많은 주석이나 단행본을 읽고 치밀하고 비판적으로 분석하며 그들 나름대로 해석을 하였음을 알 수 있었습니다. 또한 그들의 해석은 개혁교회 전통적인 해석에 기초하였으며 지금까지 해석하기 곤란한 부분도 잘 해석되었음을 볼 수 있었습니다. 그들은 오래토록 목회를 한 분들로 그들의 글에는 성도들로 하여금 성경 전체를 통일성 있게 보는 눈을 갖게 하여 실족하지 않도록 하는 목회자의 심정이 스며져 있습니다.

누구든지 이 책을 읽으면 논리적 일관성과 명쾌함 때문에, 나아가 시원하게 문제를 풀어주는 흐름 때문에 책잡은 손을 놓기 싫어할 것입니다. 신학을 전문적으로 공부하지 않는 성도들도 말세에 어떤 일이 일어날 것인가에 대한 궁금증을 이 책을 통해 해답을 얻을 수 있을 것입니다. 저는 감히 이 요한계시록의 내용의 깊이로 보아 신학박사(Ph.D.) 학위 논문에 방불하다고 생각합니다.

이 책은 요한계시록을 이해하려는 성도들에게 매우 도움이 되는 것으로 여기고 강력히 추천합니다. 매우 불안정한 영적인 풍토 속에서도 이 책을 통해 올바른 종말관을 지닌 건전한 성도들이 많이 양성되기를 바랍니다.

권 호 덕 박사

(전 서울성경신학대학원대학교 총장, 조직신학)

머 리 말

한 지인이 자신의 친구가 666표를 받지 않기 위해 한국에서 장막성전을 짓는 사역에 동참하러 갔다고 말하면서 그를 부러워하는 모습을 보고 놀랐다. 그는 자신도 666표를 안 받고 살아야 하는데 어떻게 준비해야 할지를 걱정하였다. 그의 말을 듣고 인터넷으로 666표를 안 받을 사람들을 위해 짓는다는 장막성전을 찾아보았더니 그 세력이 대단했고 그들이 한국교회에 끼치는 피해가 굉장하였다. 이단들이 요한계시록을 가지고 사람들을 미혹하는 것은 오늘의 일만은 아니다. 뿐만 아니라 한국의 저명한 목사가 천국을 가서 보았다는 한국계 미국인 여자의 간증을 번역한 CD와 책이 한국을 휩쓸었고 미국 교포사회까지 크게 번졌다.

언젠가 엘에이에서 꽤 큰 교회의 목사로부터 우편으로 부쳐온 DVD 하나를 받았는데 그것은 전혀 출처가 밝혀지지 않은 DVD로 한 중년의 여강사가 교회로 보이는 곳에서 행한 "짐승의 표 666과 베리칩의 정체"라는 제목의 강연이었다. 그 강사는 계시록 13:1-18을 읽고 대뜸 아무런 설명도 없이 상품에 부착되는 바코드가 6이라는 숫자가 세 개 들어가니까 짐승의 표 666이라고 결론을 내렸다. "바코드"란 파는 물건을 컴퓨터로 인식하기 위하여 상품에 부착한 줄무늬 표인데 바코드가 모든 물건에 부착 될 뿐 아니라 앞으로는 베리칩이 사람의 손이나 이마에 넣어져 사용되므로 사탄이 이 베리칩을 이용하여 사람들을 하나님을 대적하는 꼭두각시로 만든다는 것이다. 그런데 이 베리칩은 신분증이나 각종 카드를 대신하여 사용되기 때문에 이것을 받지 않으면 은행에도 못가고 물건도 못 사게 되어 직장이나 사회에서도 퇴출된다는 것이다. 얼마나 무서운 일인가? 성도라고 하더라도 이 베리칩을 받으면 지옥에 가게 되므로 목숨을 걸고 이 칩을 받지 않아야 한다는 것이다. 그 강의의 내용은 구원을 받는 것은 오직 예수 그리스도를 믿는 신앙에 의해서가 아니라 베리칩을 받느냐 안 받느냐에 달렸다는 것이다. 오직 예수 그리스도를 믿는 믿음에 의한 구원이 아니면 모든 사설이 이단이다. 이런 이단 사설을 큰 교회에서 강사로 받아들이고 또 DVD까지 만들어 돌리니 큰 일이 아닐 수 없다.

사실 이단들이 요한계시록을 곡해하여 사람들을 미혹하는 것도 큰 문제이지만 왜곡된 요한계시록 해석들이 기성 교회에 난무하고 목사들마저 그 일에 앞장서니 큰 일인데 더 큰 일은 일부 교인들이 이상하게 왜곡된 요한계시록에 열광하고 대부분 충실하게 목회하는 목회자들은 요한계시록을 설교하거나 가르치는 것을 기피하고 있는 현실이다. 요한계시록을 베드로후서 3:16의 말씀대로 억지로 풀다가 스스로 멸망에 이르는 책이라고 생각하거나 칼빈도 다른 주석은 다 쓰면서 요한계시록만은 쓰지 않았다는 이유로 학자들은 물론이고 목회자들이 요한계시록의 연구를 주저하는 경향이 있다. 한국교회의 초창기에 한국에 들어 온 선교사들의 다양한 신학배경에 근거한 가르침과 한국교회가 수시로 연합하고 나눠지는 과정에서 한국교회는 자연스럽게 여러 종류의 종말론을 수용하게 됨으로써 목회자들이 요한계시록으로 분란을 일으키지 않으려고 요한계시록을 적극적으로 가르치지 않고 기피하여왔다. 반면에 이단들은 요한계시록을 곡해하여 자기들의 입장을 내세우는데 사용함으로써 성도들을 미혹하고 혼란스럽게 하는데도 교회들이 가만히 침묵을 지키고 있음은 참으로 안타까운 일이 아닐 수 없다.

교회는 반드시 요한계시록을 가르쳐서 성도들을 말씀으로 무장시켜야 한다. 본서는 목회하는 중에 요한계시록을 설교하고 가르치는데 열심을 내지 못했음을 깊이 반성하면서 필자들의 남은 생애에 최선을 다해 누구나 쉽게 읽을 수 있는 요한계시록을 내놓고자 쓰게 된 것이다.

요한계시록은 특정한 사람만이 읽을 수 있는 어려운 책이 아니라 누구나 쉽게 읽을 수 있는 책이다. 왜냐하면 요한계시록의 초두에 "이 예언의 말씀을 읽는 자와 듣는 자들과 그 가운데 기록한 것을 지키는 자들이 복이 있다"고 말씀하고 있으며(1:3) 요한계시록을 끝맺으면서도 주님께서 친히 "보라 내가 속히 오리니 이 책의 예언의 말씀을 지키는 자가 복이 있으리라"(22:7)고 말씀하고 계시기 때문이다. 이해할 수 없는 것을 우리 주님께서 우리에게 읽고 듣고 지키라고 명하실리가 없으므로 요한계시록은 기피하거나 남들의 의견에만 의존하여 믿어야 할 책이 아니라 모든 성도가 반드시 읽고, 듣고, 지켜야 할 하나님의 말씀이다.

본서는 요한계시록에 관한 다양한 해석들을 소개하거나 비판하는 논쟁적 성격을 띠지 않고 오히려 적극적 진리를 추구하며 제시하려고 노력하였다. 본서는 학문적 전문성이나 언어학적 설명에 치중하지 않았지만 중요하고 예민한 본문들은 헬라어 원문을 살펴보았으며 한글번역은 개역개정역을 따랐다. 요한계시록의 저자나 배경 등에 관한 자료들은 다른 훌륭한 주석들에 많이 나와 있으므로 생략하였다. 본서의 저자들은 목회자이므로 여느 학자들처럼 학구적으로 쓸 수는 없지만 목회자의 눈으로 요한계시록을 보고 이미 출판된 많은 학자들의 자료들을 참조하여 일반 성도들이 쉽게 읽고 도움을 받을 수 있는 책을 만들고자 노력하였다. 교회성도들과 목회를 하는 후진들에게 조금이나마 도움이 되었으면 하는 소원으로 큰 용기를 내어 책을 출판하게 되었는데 앞으로도 여러분들의 지도와 도움을 얻어 이 내용들을 계속 개선시켜 나감으로써 이 마지막 때에 요한계시록이 성도들에게 읽혀지고 그들의 삶 속에 지켜지도록 하는 일에 도움이 되고자 하는 마음이 간절하다. 이제까지 이 책이 나오는데 여러 가지로 도움과 격려를 준 동역자 들과 특별히 이 책의 원고를 직접 수정하고 감수까지 하고 추천하여주신 권호덕 총장에게 이 자리를 빌려 심심한 감사를 표하는 바이다.

주님의 작은 종들

목 차

결 론

(대 분별과 새 하늘과 새 땅의 새 예루살렘)

서 문

1. 요한계시록은 어떤 책인가

성경은 하나님의 비밀을 점진적으로 계시하는 예언들을 담은 하나님의 말씀이다. 요한계시록은 성경 안에 있는 성서중에 가장 마지막 위치를 차지하고 있어서 점진적 예언의 종결이며 하나님의 말씀의 결론이라고 할 수 있다.[1] 그러므로 점진적 예언의 최종 결과인 요한계시록을 이해하지 못하고 성경을 이해했다고 말할 수가 없다.

모든 성서는 저자가 성령의 감동을 받아 기록한 내용이지만 요한계시록은 부활하신 주님께서 친히 사도 요한에게 환상을 보여주시고 보여준 환상을 그대로 기록하게 하셨다. 그래서 요한계시록은 저자의 인간적 요소가 전혀 가미되지 않고 하나님의 뜻이 가장 순수하고 명확하게 나타난 모든 성서의 결론이며 모든 성서의 기준이 된다고 말할 수 있다. 그러므로 이 요한계시록을 정확하게 읽고 확실하게 깨닫지 않고 하나님의 말씀을 바르게 해석하고 이해한다는 것은 생각할 수가 없다.

---

(1) Philip E. Hughes, 『요한계시록』, 오광만 역, (서울: 여수룬. 1993), P. 10

예루살렘이 바벨론에 의해 멸망할 즈음에서 시작하여 바벨론 포로기를 거쳐 요한에 이르기까지 선지자들이 불안한 정세 속에서 직설적으로 예언을 하기가 힘들어지자 다른 민족들이나 권세 가진 자들은 이해를 못하지만 이스라엘 사람들은 이해할 수 있는 상징을 사용하는 '묵시문학' 이라는 형태로 예언이 행해졌다. 요한계시록도 가장 핍박이 극심했던 도미티안 황제시대 말기에 묵시문학의 형태를 빌어 기록되었다. 그러므로 요한계시록을 이해하는 데는 묵시문학의 이해가 필요하다.

요한계시록 1:19에서 본서의 내용은 사도 요한이 "본 것과 이제 있는 일과 장차 될 일"이라고 말한다. 다시 말하면 사도 요한이 본 환상은 이제 있은 일과 장차 있을 일 모두라는 것이다. 그렇다면 요한계시록의 내용을 주님 재림 직전에 있을 재앙이라고만 해석하는 것은 타당치 않고 사도 요한 때부터 주님이 재림하실 때까지 일어날 모든 일들의 이야기이므로 요한계시록을 통해 나타난 주님의 뜻은 항상 현재의 교회가 어떻게 살아야 하는가에 관한 것이다.

요한계시록이 시작하면서 이 예언의 말씀을 읽는 자와 듣는 자들과 그 가운데 기록한 것을 지키는 자들이 복이 있다고 말씀하고(1:3) 계시록을 끝맺으면서 주님께서 친히 "보라 내가 속히 오리니 이 책의 예언의 말씀을 지키는 자가 복이 있으리라(22:7)"고 말씀하신다. 즉 요한계시록은 누구나 읽고 듣고 지켜서 복을 받아야 하는 성도들의 필독서이며 특정한 사람만이 읽을 수 있는 어려운 책이 아니라 누구나 쉽게 읽을 수 있는 책이다.

요한계시록은 주님이 소아시아에 있는 '일곱 교회' 에 보낸 편지로서 요한계시록의 수신자 '일곱 교회' 는 실제 소아시아에 있는 교회만을 말하는 것이 아니라 모든 교회를 상징하므로 계시록은 주님이 모든 교회에 보내신 편지라고 보아야 한다. 일곱 교회의 편지를 볼 때 당시 교회는 세상에 만연했던 황제 숭배와 우상숭배로 말미암아 핍박을 받고 있었고 이단들의 공격을 받고 있었다. 이런 상황에서 교회들이 적극적으로 대처하다가 주님에 대한 첫사랑을 잃기도 하고, 현실에 적응하여 타협하기도 하고, 이단을 용납하기도 하고, 명목상 교회이지만 죽은 상태에 처하기도 하고, 차지도 덥지도 않고 미지근한 상태에 처하기도 하나 어려운 가운데서도 궁극적으로 부요하고 승리하는 모습을 보인다. 이 교회들은 바로 이 땅에 있는 모든 교회들의 모습을 보여주고 있는 것이다. 바로 이런 모습의 교회에 우리 부활하신 영광의 그리스도이신 주님이 찾아 오셔서 요한계시록이라는 환상으로 쓰인 편지를 주신다. 그러므로 요한계시록은 이 세상에서 핍박받는 교회가 하나님의 은혜 아래 어떤 과정을 통해 어떻게 행하고 승리하는가를 보여준다. 다시 말하면 요한계시록은 사탄과 그 세력이 교회를 잠시 핍박하지만 그리스도와 교회는 반드시 승리하고 진정한 예루살렘을 이루게 될 것이라고 말씀해주고 있다.

2. 요한계시록을 어떻게 읽어야 할 것인가

요한계시록은 모든 성서와 같이 성도들이 읽고 깨달아 영혼의 양식으로 삼고 삶의 기준으로 받아 지켜야 할 하나님의 말씀이다. 요한계시록은 1세기 교회의 일반 성도를 포함한 모든 성도에게 듣고 읽고 지키라고 주신 것이다. 주님은 성도들이 읽고 이해하지도 못할 말씀을 읽으라고 하지 않으셨기 때문에 요한계시록을 너무 전문적으로 분석하여 해석하려는 것보다는 보통 신자의 눈높이로 총체적으로 읽어야 한다. 요한계시록은 가장 핍박이 극심했던 도미티안 황제 시대 말기 A.D. 95년이나 96년에 묵시문학의 형태를 빌려 기록되었다.[2)]

요한계시록은 묵시문학의 형태로 쓰였으므로 묵시문학의 틀로 이해해야 하고 구약의 묵시문학의 형태로 쓰인 예언서들 즉 에스겔서, 다니엘서, 요엘서, 미가서, 스가랴서 등에 비추어 보아야 한다. 요한계시록 21:2와 21:9의 새 예루살렘은 그리스도의 신부, 즉 교회라고 말하는데 토마스 주남이 새 예루살렘을 물리적 성으로 묘사한 것이나 펄시 콜레가 요한계시록 4장의 하늘 보좌를 실

---

(2) 이상근,『요한계시록주해』, (서울: 대한예수장로회 총회교육부, 1978), p. 22

제 눈으로 볼 수 있는 하늘 보좌로 보았다고 말하는 것은 묵시문학의 상징성을 무시하고 사실로서 읽었기 때문이다.

사도 요한이 요한계시록을 기록할 당시는 네로황제(54-68년) 때부터 기독교 박해가 시작하여 도미티안 황제(81-96년) 시대에 절정기에 달했고 로마 전역에 이르렀다. 요한계시록은 이러한 박해 속에서 신앙을 지켜가던 1세기의 교회들에게 황제와 이 세상의 박해가 아무리 거세도 주님께서 교회를 지키고 계시고 황제와 악한 세상을 지배하는 사탄은 결국 곧 멸망하고 심판을 받을 것이므로 성도들은 하나님을 신뢰하고 고난을 참고 견디고 싸워 승리하라고 권면하신 말씀이라는 점을 이해하고 읽어야 한다.

무엇보다 더 중요한 것은 어떤 참고서적을 의지하기 전에 오직 성령의 도움을 받아 요한계시록을 읽음으로써 그 뜻을 깨달아야 한다. 다니엘서 9:20-23을 보면 다니엘이 예루살렘 회복을 약속한 예레미야서를 읽다가 예루살렘의 회복이 가까웠음을 깨닫고 자신의 죄와 이스라엘의 죄를 자복하고 하나님의 거룩한 산을 위하여 하나님 여호와 앞에 간구할 때 가브리엘이 날아와서 다니엘에게 "다니엘아 내가 이제 네게 지혜와 총명을 주려고 왔느니라. 곧 네가 기도를 시작할 즈음에 명령이 내렸으므로 이제 네게 알리러 왔느니라 너는 크게 은총을 입은 자라 그런즉 너는 이 일을 생각하고 그 환상을 깨달을 지니라"고 말하였다.

여기서 보면 환상을 깨달아야 할 다니엘이 하나님께 예루살렘 회복을 위하여 기도할 때 하나님은 기도를 마친 후가 아니라 기도를 시작할 때 그의 기도를 응답하셨다. 다니엘서 10:12에서도 천사로 나타나신 그리스도가 다니엘에게 "다니엘아 두려워하지 말라. 네가 깨달으려고 네 하나님 앞에 스스로 겸비하게 하기로 결심하던 첫날부터 네 말이 응답 받았으므로 내가 왔다"고 말씀하셨다. 하나님의 뜻을 깨달으려 하는 겸비한 자들에겐 신속한 응답이 있음을 말씀하신 것이다. 이처럼 하나님의 예언의 말씀을 깨닫기 위하여 기도하면 하나님은 그 기도를 응답하시고 예언의 말씀을 깨닫게 하신다. 그러므로 다른 사람들이 이미 써 놓은 참고서들보다 먼저 성령의 도움으로 요한계시록을 읽고 그 뜻을 깨달아야 할 것이다.

요한계시록은 그리스도가 교회에 보낸 편지의 형식으로 쓰였으며 서론(1:1-3:22)과 본론(4:1-18:24)과 결론(19:1-22:21)으로 되어 있다. 서론에서는 주님의 재림이 통고되고 그 편지를 보내신 분인 그리스도가 어떤 분이신가와 편지를 받는 교회가 어떠한 상태에 있는가, 그리고 그 편지의 내용이 어떤 것인가를 소개한다. 편지를 보내시는 우리 주님은 "인자 같은 이"로 나타난다. "인자"란 아들 하나님이신 예수님이 우리와 같은 몸을 입고 이 땅에 오셔서 낮아지셨을 때 자신을 일컬어 부르시던 호칭이다. 그러나 부활하시고 승천하셔서 하늘 보좌 우편에 계시는 주님은 더 이상 인자가 아니고 하나님의 신분으로 계시기 때문에 이제는 "인자 같은 이"로 불린다. 대제사장이신 주님은 왕 중의 왕이시고 거룩하시고 전지전능하시고 강하며 큰 권세를 가지신 심판주로서 교회를 보호하시며 사탄과 악한 무리들을 심판하시는 분이시다.

주님의 편지의 수신자는 소아시아에 있는 일곱 교회인데 일곱이라는 숫자는 완전을 나타내는 숫자로서 일곱 교회는 주님의 모든 교회를 상징하므로써 과거, 현재 그리고 미래의 모든 주님의 교회가 수신자이다. 편지의 내용은 사도 요한이 본 환상들, 즉 이제 있는 일과 장차 될 일이다. "이제 있는 일과 장차 될 일"이란 표현에서 어떤 구체적 기간을 끄집어낸다는 것은 잘못된 것이다. "이제 있는 일과 장차 될 일"은 현재와 미래 모두를 가리키는 말이기 때문이다. 그러므로 요한계시록의 내용은 사도 요한이 환상을 보는 때부터 시작하여 주님이 재림하셔서 이루시는 일들까지 모두 포함한다고 보아야 한다. 다시 말하면 요한계시록의 내용은 주님의 초림에서 재림 사이에 이루어지는 모든 일들의 기록이다.

본론은 그리스도를 상징하는 '일찍 죽임을 당한 것 같은' 어린양이 하늘 보좌에 앉으신 이의 오른 손에서 일 곱 인으로 봉한 책을 받아 일곱 인을 떼심으로 시작한다. 일곱 인으로 봉한 내용은 주님의 재림 직전의 재앙들만이 아니라 주님의 초림에서 재림 사이에 일어나는 모든 일들이다. 주님이 오셔서 제일 먼저 이루신 일은 말할 것도 없이 주님의 십자가의 승리이며 주님의 복음이 나아가는 곳에는 고난이 뒤따른다. 먼저 죽음에까지 이르게 하는 육체적 핍박이, 이어서 경제적 핍박과 전쟁이나 기근이나 질병이나 사나운 짐승을 만나는 등등의 환난의 고난이 뒤따르나 그리스도와 그의 복음은 승리하고 승리한다. 그러한 역사 속에서 하나님의 택하신 자들은 하나님께 바쳐진 제물이 되고 악한 이 세상은 성도들의 부르짖음의 응답으로 하나님의 진노가 임하여 최후의 심판으로 망하게 된다. 여기까지가 일곱 인중 여섯 째 인까지의 내용으로 주님의 초림에서 재림 사이에 되어질 일들이다. 그리고 일곱 째 인은 하나님께서 성도들의 부르짖음을 들으시고 성도들을 괴롭히는 이 세상 사람들에게 내리실 재앙을 보여준다. 재앙도 역시 주님의 초림에서 재림 사이에서 나팔재앙에서 대접재앙으로 발전하여 최후의 심판으로 끝이 난다.

이처럼 주님의 초림과 재림 사이에 이뤄질 일들이 전개되는 동안 사이사이에 보충 설명하는 일곱 개의 환상 즉 일곱 삽경들이 있다. 그것들은 인침 받은 무리(7:1-17), 작은 책을 가진 천사(10:1-11), 성전 척량과 두 증인(11:1-13), 여자와 남자 아이와 용(12:1-17), 바다와 땅의 짐승(13:1-18), 최후의 대 심판 예고(14:1-20) 그리고 바벨론 멸망(17:1-18:24)으로서 이들 역시 주님의 초림에서 재림 사이에 이뤄질 일들이다.

이제 요한계시록 19:1부터 결론이 시작된다. 마태복음 25:31 이하에서 주님께서 친히 자신이 영광 중에 다시 오실 때 사람들을 양과 염소를 구분하듯 의인과 악인을 분별하신다고 말씀하신대로 하늘에 거하는 자들과 땅에 거하는 자들을 분별하신다. 사탄과 악인들은 영벌을 받아 영원한 불 못에 던져져 둘째 사망을 당하고 하늘에 거하는 의인들은 새 하늘과 새 땅에서 하나님과 주님과 함께 영원한 안식의 삶을 살게 된다.

문제는 요한계시록 19장에서 사탄과 그 세력이 망하고 요한계시록 20:1-6에서 천년왕국이 나오므로 두 사건을 역사적 순서로 보고 사탄이 결박되어 무저갱에 갇힌 후 나타나는 천년을 문자적으로 해석하여 그 이후에 나타날 천년왕국이라고 주장하는 사람들이 있다. 그러나 요한계시록에서 숫자를 상징이 아닌 실수로 해석하려면 분명한 근거가 있어야 할 뿐 아니라 요한계시록의 내용은 역사적 순서로 기록된 역사책이 아니고 시공을 초월하고 역사를 초월하여 이미 죽은 자나 현재 살고 있는 자나 앞으로 태어날 모든 사람을 포함하고 있는 책으로서 주제에 따라 주님의 초림과 재림 사이를 반복하여 병행해 나가는 형태로 되어 있다.

요한계시록은 사람들을 "하늘에 거하는 자들과 땅에 거하는 자들" 둘로 구분한다. 하늘에 거하는 자들이란 죽은 자들의 영혼들을 말하는 것이 아니라 과거와 현재와 미래의 모든 성도들 말한다. 성도들은 예수 그리스도 안에서 이미 승천하여 주님과 함께 하늘에 거하는 자들이기 때문이다 (엡 2:6). 반면에 땅에 거하는 자들도 과거와 현재와 미래의 모든 불신자들을 가리킨다. 그래서 요한계시록은 주후 1세기 성도들에게만 주는 말씀이거나 주님의 재림 전에만 해당되는 말씀이 아니고 과거와 현재와 미래 모든 시대에 주시는 하나님의 말씀이다.

요한계시록을 7 단원으로 나눠 모든 단원이 주님의 초림에서 재림 사이의 내용을 반복하여 서로 병행한다고 말하는 헨드릭슨의 주장에[3] 완전 동의하지는 못한다 해도 적어도 요한계시록의 본론에서 첫째에서 여섯째 인 사이(1)와 일곱째 인에서 나타나는 나팔재앙(2)과 대접재앙(3)과 요한계시록의 문맥 사이에 삽입되는 일곱 삽경(4)은 주님의 초림에서 재림 사이를 반복하여 나타나는 사건들임을 알 수 있다. 그리고 결론에서 나타나는 "사탄과 짐승과 그 세력들의 영원한 멸망"(19:1-20:15)과 "새 하늘과 새 땅의 새 예루살렘(21:1-22:5)"은 요한계시록의 결론으로서 양과 염소를 분별하듯 "성도들"과 "사탄과 그 세력인 악한 자들"을 분별하여 전자는 영원한 천국으로 인도하시고 후자는 영원

---

(3) William Hendriksen, 『요한계시록』, 김영익 · 문영탁 역, (서울: 아가페출판사, 1984), pp. 17-20.

한 지옥의 형벌에 처하시는 하나님의 역사의 원인과 배경을 설명하기 때문에 앞에 나오는 그 내용들은 주님의 초림에서 재림 사이를 반복한다고 결론을 지을 수 있다 (3.요한계시록 분석표 참조).

그러므로 요한계시록을 역사적 순서의 기록으로 해석하는 소위 천년왕국의 주장은 무리가 있다. 본서는 소위 무천년주의 입장에서 요한계시록을 본다는 것을 밝힌다. 본 저자들이 취하고 있는 무천년주의를 요한계시록 20:1-6에서 말하는 천년왕국을 부인하는 것으로 오해할 수 있으나 무천년주의는 천년왕국을 부인하는 것이 아니다. 무천년주의는 천년왕국을 주님의 초림과 재림 사이에 우리 주님께서 성도들과 함께 왕 노릇 하시는 긴 기간을 상징하는 것으로 해석한다. 그러므로 무천년주의는 주님의 초림과 재림 사이에 실현된 천년주의를 주장함으로써 성경적 천년주의라고 말할 수 있다.[4)]

---

(4) William E. Cox, *Amillennialism Today*, (New Jersey: Presbyterian and Reformed Publishing Co., 1966), p. 1. The term "amillennial" is an unfortunate one in one sense of the word, because it is literally means "no millennium." ... Yet, a more suitable term has not been found to describe amillennialism so as to distinguish it from premillennialism and postmillennialism. Some have suggested the name "realized millennialism." This writer prefers the term "biblical millennialism."

요한계시록 내용분석표

<table>
<tr><td rowspan="4">서론</td><td colspan="9">서언(말세에 복 있는 자) 1:1-3</td></tr>
<tr><td colspan="9">문안과 그리스도의 재림 통고 1:4-8</td></tr>
<tr><td colspan="9">계시자 그리스도의 모습 1:9-20</td></tr>
<tr><td colspan="9">일곱 교회에 보낸 주님의 편지 2:1-3:22</td></tr>
<tr><td rowspan="2">본론</td><td rowspan="2">하늘 보좌와 두루마리
4:1-5:14</td><td rowspan="2">1-6째인</td><td>1째인 흰 말 탄 자
2째인 붉은 말 탄 자
3째인 검은 말 탄 자
4째인 청황색 말 탄 자
5째인 제물이 된 영들의 부르짖음
6:1-11</td><td rowspan="2">7째인 나팔재앙</td><td rowspan="2">1째 나팔 땅
2째 나팔 바다
3째 나팔 강들
4째나팔 천체에 붓는 자연 재앙
5째나팔 사탄의 세력 황충의 재앙
6째 나팔 전쟁(유브라데)의 재앙
8:1-9:21</td><td rowspan="2">7째나팔 대접재앙</td><td>1째 대접 땅
2째 대접 바다
3째 대접 강과 물
4째 대접 천체에 붓는 재앙
5째 대접 사탄(짐승의보좌)에 붓는 재앙
6째 대접 전쟁(아마겟돈)
15:1-16:16</td><td rowspan="2">일곱 삽경</td><td>1. 인침 받은 무리 7:1-17
2. 작은 책을 가진 천사 10:1-11
3. 성전 척량과 두 증인 11:1-13
4. 여자와 남자 아이와 용 12:1-17
5. 바다와 땅의 짐승 13:1-18
6. 교회의 승리와 대심판 경고 14:1-20</td></tr>
<tr><td>6째인 최후의 심판
6:12-17</td><td>7째 대접 최후의 대심판
16:17-21</td><td>7. 바벨론 멸망
17:1-18:24</td></tr>
<tr><td rowspan="2">결론</td><td>대분별</td><td colspan="4">사탄과 짐승과 그 세력들의 영원한 멸망(둘째 사망) 19:1 - 20:15</td><td colspan="4">새 하늘과 새 땅의 새 예루살렘(천국)
21:1 - 22:5</td></tr>
<tr><td>맺는말</td><td colspan="8">주 예수여 어서 오시옵소서 (교회의 주님의 재림과 상과 천국의 영생 약속)
22:6-21</td></tr>
</table>

천년왕국의 여러 설들

1) 무천년주의

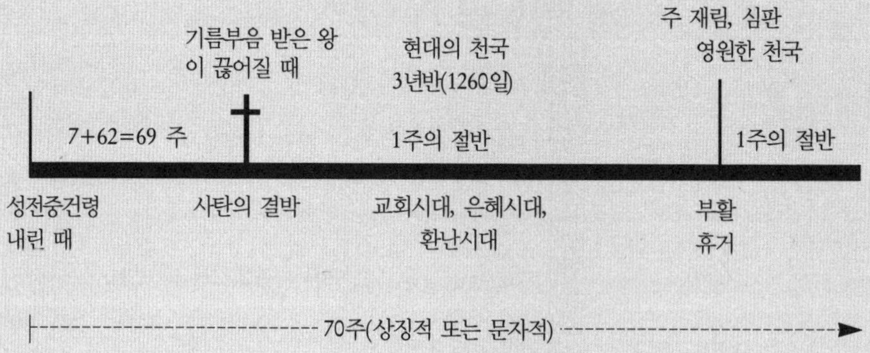

2) 역사적 전천년주의

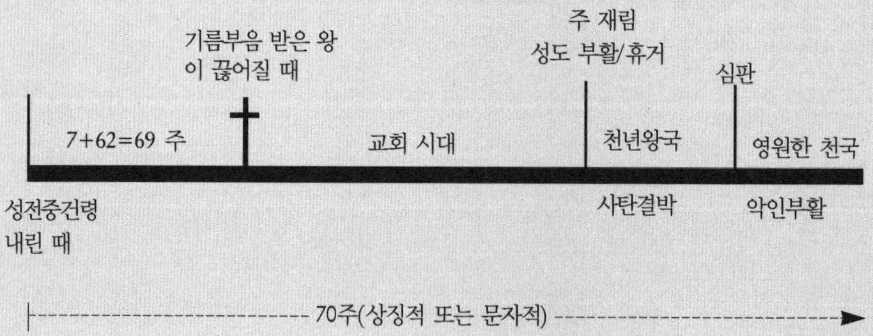

3) 세대주의 전천년주의

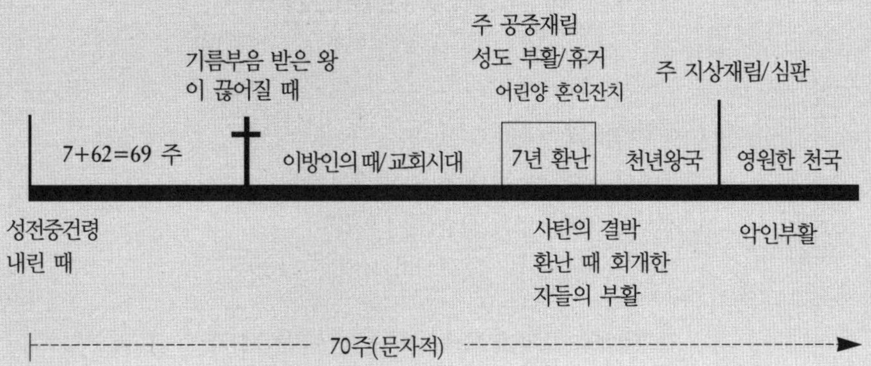
주 공중재림
성도 부활/휴거
기름부음 받은 왕
이 끊어질 때
주 지상재림/심판
어린양 혼인잔치
7+62=69 주
이방인의 때/교회시대
7년 환난
천년왕국
영원한 천국
성전중건령
내린 때
사탄의 결박
환난 때 회개한
자들의 부활
악인부활
70주(문자적)

Ⅰ. 서 론(1:1-3:22)

1. 서언: 복 있는 자(계 1:1-3)
2. 문안과 그리스도의 재림 통고(계 1:4-8)
3. 계시자 그리스도의 모습(계 1:9-20)
4. 일곱 교회에 보낸 주님의 편지(계 2:1-3:22)

    가. 에베소 교회에 보낸 주님의 편지(계 2:1-7)
    나. 서머나 교회에 보낸 주님의 편지(계 2:8-11)
    다. 버가모 교회에 보낸 주님의 편지(계 2:12-17)
    라. 두아디라 교회에 보낸 주님의 편지(계 2:18-20)
    마. 사데 교회에 보낸 주님의 편지(계 3:1-6)
    바. 빌라델비아 교회에 보낸 주님의 편지(계 3:7-13)
    사. 라오디게아 교회에 보낸 주님의 편지(계 3:14-22)

I

서 론

요한계시록 1:1-3:22

1. 서언: 복 있는 자(계 1:1-3)

1 예수 그리스도의 계시라 이는 하나님이 그에게 주사 반드시 속히 일어날
일들을 그 종들에게 보이시려고 그의 천사를 그 종 요한에게 보내어 알게
하신 것이라 2 요한은 하나님의 말씀과 예수 그리스도의 증거 곧 자기가
본 것을 다 증언하였느니라 3 이 예언의 말씀을 읽는 자와 듣는 자와 그
가운데에 기록한 것을 지키는 자는 복이 있나니 때가 가까움이라

요한계시록은 사도 요한 당시에 소아시아에 퍼져있던 일곱 교회에 보낸 회람 서신이다. 기독교 박해는 네로 황제(A.D. 54-68년) 때부터 시작하여 도미티안 황제(A.D. 81-96) 시대에 절정기에 달했고 로마 전역에 이르렀는데 도미티안 황제 시대 말기 A.D. 95년이나 96년에 요한계시록이 쓰였을 것이라는 설이 가장 유력하다.[1] 그 당시에는 특별히 기독교인들이 황제숭배를 거부하다가 많은 성도들이 순교를 당하는 핍박을 받았다. 주님은 이러한 상황 속에서 신앙을 지켜가던 1세기의 교회들에게 박해가 아무리 심해도 주님께서 교회를 지키고 계시고 황제와 악한 세상을 지배하는 사탄은 결국 곧 멸망하고 심판을 받게 될 것이기 때문에 하나님을 신뢰하고 고난을 참고 견디며 싸워 승리하라고 요한을 통해서 권면하신 것이다. 소아시아 일곱 교회는 주님의 모든 교회를 가리키므로 요한계시록은 1세기의 성도들뿐 아니라 우리도 읽고 듣고 지키어 복을 받으라고 주시는 귀한 말씀이다.

부활하신 주 예수님께서는 당시 선지자들이 사용한 묵시문학의 형태로 천사들을 통한 환상을 사도 요한에게 보여주어 기록하게 하심으로 요한계시록은 그 당시 로마에서 핍박을 받고 있는 성도들만이 이해할 수 있는 내용으로 씌여

---

1) 이상근, 같은 책, 1978 p. 22.

진 것이다. 그러므로 요한계시록은 난해하여 이해할 수 없는 내용이 아니라 당시의 신자들이 이해할 수 있고 우리 또한 그 당시의 사람들의 입장에 선다면 쉽게 이해할 수 있는 하나님의 말씀임을 알 수 있다.2)

요한계시록은 서론(1장-3장), 본론(4장-18장) 그리고 결론(19장-22장)으로 구성되어 있다. 서론은 서문(1:1-3), 문안과 그리스도의 재림 통고(1:4-8), 계시자 그리스도의 모습(1:9-20), 그리고 일곱 교회에 보내는 주님의 편지(2:1-3:22) 등으로 되어 있다.

1절. 사도 요한은 요한계시록이 하나님께서 그리스도에게 주시고 그리스도는 반드시 속히 일어날 일을 그 종들에게 보이시려고 그 천사를 그 종 요한에게 보내어 지시하신 것이므로 예수 그리스도의 계시라고 밝힌다. 그래서 먼저 기억해야 할 것은 요한계시록은 그리스도에 대한 계시가 아니라 그리스도가 계시하신 것이다. "계시"에 해당하는 헬라어는 본래 감추어져 있던 것을 드러내 보인다는 말로 "반드시 속히 일어날 일"을 밝혀주는 말씀이다. "반드시 속히 일어날 일"에서 "반드시"의 헬라어 δεῖ는 당위성을 나타내는 말로 "반드시

---

2) 종교개혁의 큰 인물은 누가 말해도 루터와 칼빈이라고 말할 수 있다. 그런데 루터는 "계시록에는 기독교가 계시되지 않았고 인증되지도 않고 있다. 또 성령의 영감도 느껴지지 않는다"고 말하였고(신성종, "요한계시록 강해," 충현출판사, 1981, pp. 13-14) 칼빈은 주옥같은 성경주석을 썼지만 요한계시록의 주석은 쓰지 않았다. 이처럼 요한계시록은 이해하기 쉬운 책이 아니다. 그래서 히브리, 야고보, 베드로 후서, 요한 이서, 유다서와 함께 정경성에 있어서 이의가 많다고 여기는 7의서로 분류되어 오다가 397년에야 3차 갈타고 회의에서 정경으로 결정되었다(이상근, 같은 책, pp. 7-8). 그러나 요한계시록은 특별한 사람만 이해하도록 쓰인 것이 아니고 그 당시 사람들이 읽고 뜻을 알 수 있는 내용이다. 본문 3절에서 이 예언의 말씀을 읽는 자와 듣는 자와 지키는 자가 복이 있다고 말씀한다. 예수님이 읽고 이해하지도 못할 말씀을 읽으라고 하지 않으셨음이 분명하다. 그러면 요한계시록은 루터가 오해한 것처럼 계시록에는 장래에 일어날 일들의 예언서일 뿐 기독교가 계시되지 않았는가? 그러나 본문 2절은 요한은 요한계시록에서 "하나님의 말씀과 예수 그리스도의 증거 곧 자기의 본 것을 다 증거하였다"고 밝히고 있다. 사도 요한이 보고 기록한 계시록의 내용은 예수 그리스도의 증거 즉 하나님의 말씀이다. 그러므로 요한계시록은 우리 성도가 꼭 읽고 이해하여야 할 성경이다.

속히 일어날 일"이란 하나님께서 그 정하신 대로 지체치 않고 확실히 성취하실 일을 가리킨다.[3] 우리 부활하신 주님께서 하나님의 작정하심에 따라 반드시 성취하실 일들을 요한계시록을 통하여 계시하신 것이다.

2절. 사도 요한은 요한계시록을 통하여 "하나님의 말씀과 예수 그리스도의 증거 곧 자기의 본 것을 다 증거하였다"고 말한다. 여기서 "본 것"은 사도 요한이 받은 요한계시록의 모든 환상을 말하며 "하나님의 말씀과 예수 그리스도의 증거"는 그 내용을 말한다. 그러므로 요한계시록을 미래의 어느 다른 특정한 시점의 사건들만을 말한다고 주장하는 이들이 있으나 본문에 의하면 요한계시록의 내용은 하나님의 말씀과 예수 그리스도의 증거, 즉 그를 통한 구원의 복음을 말한다.

모든 성경은 하나님께서 성령의 감동을 받은 자들의 성격, 재능, 교육, 수양, 용어, 문체 등을 사용하여 하나님의 명령과 뜻을 기록하게 하신 것이지만[4] 요한계시록은 우리 주님께서 친히 사도 요한에게 환상을 보여주시고 그것들을 보고 들은 대로 기록하게 하신 것이다. 그러므로 기록자의 특성이 배제된 요한계시록은 다른 성서와 구분되며 주님의 직접 증거로서 모든 성서의 기준이 된다고 보아야 한다. 또한 사도 요한이 주님께서 보여주신 환상을 전혀 가감 없이 다 증언했다는 것은 요한계시록이 얼마나 중요한 하나님의 말씀인가를 말해준다.

3절. 사도 요한은 요한계시록이 하나님의 말씀이며 그리스도의 증거라고 말한 후에 "이 예언의 말씀을 읽는 자와 듣는 자와 그 가운데 기록한 것을 지키는 자는 복이 있나니 때가 가까움이라"고 말한다. "때가 가까움이라"는 표현은 요한계시록 22:10에서도 반복된다. 여기서 "때"란 무엇을 뜻하는가? 성경에

---

3) 박윤선, 『요한계시록』, 영음사, 서울, 2005, pp. 43-44, 이필찬, "내가 속히 오리라," 이레서원, 서울, 2008, p.~28

4) 박형룡, 『교의신학 서론』, 박형룡저작전집 1권," 한국기독교교육연구원, 서울, 1977, p. 324

서 말하는 "때"는 "마지막 때"를 말하는데 구약의 다니엘서 8:17, 11:35, 40, 12:4, 9에서 5회나 나온다. 다니엘서 11:31을 보면 마카비에 의하여 예루살렘이 회복되기 전에 적그리스도가 나타나서 하나님의 백성을 핍박할 그 때를 마지막 때라고 하고 다니엘서 12:1-3을 보면 마지막 때에 영생을 받을 자와 심판을 받을 자가 있으리라고 말하는데 그 "마지막 때"는 곧 종말을 의미한다. 그러므로 다니엘서 11장의 마카비에 의하여 예루살렘이 회복되기 전에 적그리스도가 나타나서 하나님의 백성을 핍박하는 마지막 때는 다니엘서 12장의 그리스도의 구원사역에 의해 진정한 예루살렘의 회복이 이루어지는 마지막 때의 예표라고 말할 수 있다.[5)]

이 "마지막 때"에 대하여 다니엘서 12:7 이하에서 더 구체적으로 설명하기를 마지막 때는 한 때 두 때 반 때 동안에 지속한다고 말한다. 여기에 대하여 요한계시록 12:14에서는 "한 때 두 때 반 때"가 교회가 뱀의 낯을 피하여 광야

---

5) 다니엘서 11:31을 보면 북방 왕은 원정에 나섰다가 실패하고 본국으로 돌아가던 중에 성소 곧 견고한 곳을 더럽히며 매일 드리는 제사를 폐하며 멸망하게 하는 가증한 것을 세울 것이라고 말한다. 이것은 안티오쿠스 4세를 가리키는 북방 왕이 전쟁에 패한 후에 영화로운 땅 예루살렘에 들어가 성전을 더럽히고 제사를 폐하고 가증한 것을 세운다는 예언이다. 마카비에 의하여 예루살렘이 회복되기 전에 적그리스도가 나타나서 하나님의 백성을 핍박할 그 때를 마지막 때라고 한 것이다.

이어서 다니엘서 12장은 그 "마지막 때"에 관한 예언이다. 영광의 그리스도를 상징하는 것으로 보이는 세마포 옷을 입고 우바스 순금 띠를 띤 분이 마지막으로 다니엘에게 "마지막 때"에 관한 예언을 한다. 단 12:1-3을 보면 "그 때에 네 백성 중 책에 기록된 모든 자가 구원을 받을 것이라. 땅의 티끌 가운데에서 자는 자 중에서 많은 사람이 깨어나 영생을 받는 자도 있겠고 수치를 당하여서 영원히 부끄러움을 당할 자도 있을 것이며 지혜 있는 자는 궁창의 빛과 같이 빛날 것이요 많은 사람을 옳은 데로 돌아오게 한 자는 별과 같이 영원토록 빛나리라"고 예언한다. 여기서 마지막 때는 구원과 영생과 심판의 때를 말하고 있으므로 분명 예수 그리스도에 의하여 구원을 이루시는 때를 말하고 있음이 틀림없다. 단 11장과 12장을 종합하면 11장의 마카비에 의하여 예루살렘이 회복되기 전에 적그리스도가 나타나서 하나님의 백성을 핍박하는 마지막 때는 12장의 그리스도의 구원사역에 의해 진정한 예루살렘의 회복이 이루어지는 마지막 때의 예표라고 할 수 있다(박윤선, 『성경주석 다니엘 』, 영음사, 서울, 1981, P. 621; John Calvin, 『구약성서주석, 다니엘 II』, 존칼빈 성경주석 출판위원회, Vol. 25 (서울: 영음사, 1982), pp. 370).

에서 양육을 받는 기간이라고 말한다. 즉 주님이 세우신 교회가 사탄의 핍박을 받는 광야 즉 세상에서 하나님의 보호를 받으며 양육을 받는 기간임을 말한다. 따라서 마지막 때란 주님의 초림에서 재림 사이의 기간을 말한다고 말할 수 있다.[6)]

신약에서는 마지막 때를 어떻게 말하는가? 사도행전 2:17을 보면 베드로가 오순절 성령 강림 사건 후에 요엘서 2:28의 말씀을 인용하여 말세에 즉 마지막 때에 하나님의 영을 모든 육체에 부어 주리니 너희 자녀들은 예언할 것이라고 설교하였다. 이 때 말세는 먼 미래가 아니라 바로 그 당시인 주님의 초림에서 시작하여 재림까지를 말하고 있다. 베드로전서 1:20에서 베드로는 그리스도가 창세전부터 계신 분이신데 이 말세에 우리를 위하여 오셨다고 말한다. 그러므로 말세 즉 마지막 때란 그리스도가 우리를 위해 이 땅에 오셔서 십자가의 구속 사역을 행하신 후부터 새 하늘과 새 땅에서 진정한 예루살렘을 회복하고 그 나라를 완성하기 위해 다시 오셔서 사탄과 세상을 심판하시고 구원을 완전히 이루시는 때까지 전 기간을 말한다.

그러면 "때가 가까움이라"는 뜻은 무엇인가? 마가복음 1:14 이하에서 세례 요한이 잡힌 후 예수님께서 갈릴리에 오셔서 하나님의 복음을 전파하여 "때가

---

6) 이 "마지막 때"에 대하여 단 12:7 이하에서 더 구체적으로 설명한다. "이 놀라운 일의 끝이 어느 때까지냐?"는 한 천사의 질문에 다른 천사는 하늘을 향하여 영원히 살아 계시는 이를 가리켜 맹세하여 "반드시 한 때 두 때 반 때를 지나서 성도의 권세가 다 깨지기까지이니 그렇게 되면 이 모든 일이 다 끝나리라"고 대답한다. 원문은 '한 때 두 때 반 때를 지나서'가 아니고 '한 때 두 때 반 때 동안'이다. 그리고 이어서 그 천사는 한 때 두 때 반 때의 기간을 둘로 표현한다. 그것은 다니엘의 마지막 때의 예언이 포로에서 풀려난 후 마카비에 의해 예루살렘의 회복 전에 있은 안티오쿠스 4세의 박해와 안티오쿠스 4세와 같은 적그리스도가 종말에 이르기까지 교회를 핍박하는 기간을 예언하고 있기 때문이다. 요한계시록 12:14을 보면 교회를 상징하는 그 여자가 큰 독수리의 두 날개를 받아 광야 자기 곳으로 날아가 거기서 그 뱀의 낯을 피하여 한 때와 두 때와 반 때를 양육 받는다. 여기서 한 때 두 때 반 때란 주님의 세우신 교회가 사탄의 핍박을 받는 광야 시대 즉 세상에서 하나님의 보호를 받으며 양육을 받는 기간임을 말한다. 그러므로 마지막 때란 주님의 초림에서 재림 사이를 말한다.

찼고 하나님의 나라가 가까이 왔으니 회개하고 복음을 믿으라"고 말씀하셨다. "때가 찼다"와 "하나님의 나라가 가까이 왔다"가 병행 구절로서 같은 내용임을 알 수 있다. 우리 주님께서 다니엘서에서 말하는 마지막 때가 왔다는 것이다. 다시 말하면 이때까지 예언되어 온 진정한 예루살렘의 회복, 즉 하나님 나라가 왔다는 것이다. 그러므로 본문에 "때가 가까움이라"는 표현은 이 세상이 완전히 망하는 종말을 말하는 것이 아니라 구약에서 예언되어 온 마지막 때, 즉 예수 그리스도에 의하여 구원이 이루어지고 그 결실을 맺는 종말까지 즉 주님의 초림에서 재림까지의 기간이 도래하였다는 말이다.[7] 그러므로 우리는 바로 이 마지막 때에 사는 자들이다.

마지막으로, "읽는 자와 듣는 자들과 그 가운데 기록한 것을 지키는 자들이 복이 있다"라는 말씀은 요한계시록이 쓰일 당시의 유대인들은 이 내용을 쉽게 읽고 이해할 수 있는 것이였음을 나타낸다. 이해할 수 없는 것을 읽으라는 것은 잘못이기 때문이다. 사도 요한이 살던 시기에는 오늘날 같이 인쇄술이 발달되지 않았던 때라 성경은 개인이 소유하기가 힘들어서 베껴 쓴 책이었기 때문에 교회가 모이면 대표로 성경을 소리 내어 읽는 낭독자가 있었고 다른 사람들은 들었다. 그래서 여기서 요한계시록을 읽는 자란 낭독하는 자이고 듣는 자란 낭독하는 자의 말을 듣는 자를 표현한 것이라고 볼 수 있다.[8] 그러나 단순히 하나님 말씀을 소리 내어 읽고 그것을 듣는 자들이 복이 있다는 말이 아니다. 하나님의 말씀을 읽고 듣는다는 말씀은 성경을 읽고 듣고 공부하여 하나님의 뜻을 깨닫고 복종하는 것을 말한다.

"그 가운데 기록한 것을 지키는 자들이 복이 있다"는 말은 요한계시록이 미래의 일들을 밝혀주는 예언서라기보다는 우리가 매일의 삶 가운데서 지켜나가야 할 하나님의 말씀임을 말한다, 하나님의 말씀을 글자 그대로 지키는 것만이

---

7) 이필찬, 『속히 오리라』, (서울: 이레서원, 2008), p. 42.
8) 이상근, 같은 책, P. 44 인용 Eus. H. E. iv. 23.

아니고 하나님의 뜻을 따르는 것을 말한다. 하나님의 말씀을 읽고 깨닫고 하나님의 뜻을 알아 그 뜻에 순종하는 삶을 사는 자가 이 험악한 말세에 복이 있는 자이다. 요한계시록에는 성도들이 받는 복 있는 자에 대한 진술이 일곱 번 나타나는데 이것이 첫 번째 복이다.[9)]

지금은 말세 중의 말세이다. 로마시대처럼 옥에 가두고 죽이는 핍박은 없을지 모르나 사탄은 핍박 받던 그 시대 신자들보다 현대에 사는 신자들을 공격하기가 더 쉽다. 소련 공산당 치하에서 지하교회에서 순교를 각오하고 신앙을 지키던 신자가 소련을 탈출하여 미국에 들러서 소련의 지하교회를 위하여 기도하는 미국의 성도들 앞에서 "지금은 자유와 풍요를 이용하여 사탄이 더욱 기승을 부리니 우리를 위해서 드리는 기도보다 여러분 스스로를 위하여 기도하라"고 충고하였다고 한다. 지금은 로마시대보다 오히려 누가 적그리스도인지 구분이 어려워졌고 사탄의 공격이 더 교묘하고 위험해져가기 때문에 하나님의 말씀을 통하여 하나님의 뜻을 바로 깨달아 그 뜻에 순종함으로써 이 말세에서 사탄을 이기고 승리하여야 한다.

2. 문안과 그리스도의 재림의 통고(계 1:4-8)

4 요한은 아시아에 있는 일곱 교회에 편지하노니 이제도 계시고 전에도 계
셨고 장차 오실 이와 그의 보좌 앞에 있는 일곱 영과 5 또 충성된 증인으
로 죽은 자들 가운데에서 먼저 나시고 땅의 임금들의 머리가 되신 예수 그
리스도로 말미암아 은혜와 평강이 너희에게 있기를 원하노라 우리를 사랑
하사 그의 피로 우리 죄에서 우리를 해방하시고 6 그의 아버지 하나님을

9) 요한계시록에는 복 있는 자에 대한 진술이 일곱 번 나타난다: 하나님의 말씀을 읽고, 듣고, 지키는 자, 주 안에서 죽는 자(14:13), 깨어 옷을 지키는 자(16:15), 어린 양의 혼인 잔치에 초청된 자(19:9), 첫 부활에 참여한 자(20:6), 하나님의 말씀을 지키는 자(22:7), 두루마리를 빠는 자(22:14) 본문은 그 중 첫 번째이고 "복 있는 자"에 대한 원론이다.

위하여 우리를 나라와 제사장으로 삼으신 그에게 영광과 능력이 세세토록 있기를 원하노라 아멘 7 볼지어다 그가 구름을 타고 오시리라 각 사람의 눈이 그를 보겠고 그를 찌른 자들도 볼 것이요 땅에 있는 모든 족속이 그로 말미암아 애곡하리니 그러하리라 아멘 8 주 하나님이 이르시되 나는 알파와 오메가라 이제도 있고 전에도 있었고 장차 올 자요 전능한 자라 하시더라

4-6절. 사도 요한은 인사의 말을 한 후에 요한계시록이 아시아의 일곱 교회에 보내는 편지이며 그 편지를 보내시는 분이 재림 주이심을 통고한다. 여기서 "아시아"는 지금의 터키로서 성경에서 소아시아로 불리는 지역의 서쪽 끝에서 아나톨리아 고원에 이르는 소아시아의 서편 지역을 가리킨다. 그 당시 아시아 주에는 '드로아' (행 20:5), '골로새' (골 1:2), '히에라볼리' (골 4:13) 등 많은 교회가 있었음에도 불구하고 왜 요한은 일곱 교회에만 편지하고 있는가? 여기에 대답을 하기 위해서 요한계시록이 상징을 사용하는 묵시문학임을 이해하여야 한다. 예를 들면 계 5:6의 보좌와 네 생물과 장로들 사이에 일찍 죽임을 당한 것 같은 어린양이나 계 14:1의 십사만 사천은 '여호와의 증인'과 같은 이단을 제외하고는 각각 그리스도와 구원받은 자의 충만한 수를 상징하는 것으로 해석한다. 성경에서 "일곱"이란 숫자는 제사에서 피를 7번 뿌린다거나 하나님이 창조를 마치시고 제 7일에 쉬심에서 보는 바와 같이 거룩함과 완전함을 상징하는 수이다. 그러므로 "일곱 교회"는 모든 교회를 상징한다.[10] 특별히 요한계시록 1:1을 보면 하나님이 "그 종들에게" 즉 모든 하나님의 백성들에게 보이시려고 요한에게 환상을 주신다고 말씀한다. 그러므로 이 편지는 부활하신 우리 주님께서 친히 우리 모두에게 말씀하시는 내용이다.

사도 요한은 먼저 삼위일체 하나님을 찬양하며 삼위 하나님이 우리에게 은혜와 평강을 주시기를 축복함으로써 문안을 하고 있다. 우리에게 은혜와 평강

---

10) 박윤선, 같은 책, p. 45; 이상근, 같은 책, p. 45.

을 주시는 삼위 하나님은 어떤 분이신가? 삼위 하나님은 "이제도 계시고 전에도 계시고 장차 오실 이" 즉 영원하시고 불변하시는 하나님 아버지이시고 "그 보좌 앞에 일곱 영" 즉 "일곱"이 상징하는 거룩하고 완전하신 성령 하나님이시고 충성된 증인으로 우리를 위하여 십자가에 죽으셨다가 부활하심으로 우리를 구원하신 성자 하나님 예수님이시다. 그러므로 우리의 구원은 영원하시고 불변하신 하나님 아버지와 거룩하고 완전하신 성령 하나님과 충성된 증인이신 아들 하나님 예수 그리스도의 작품이다.

우리에게 편지를 보내신 우리의 왕 예수님이 그 아버지 하나님을 위하여 우리를 "나라와 제사장"으로 삼으셨다. 여기서 "나라"는 백성들 모두를 가리키는 집합명사로서 하나님의 백성을 뜻하고 "제사장"은 하나님과 사람 사이에서 일하는 제사장처럼 모든 민족을 하나님께로 인도하는 임무를 맡은 하나님의 일꾼이라는 뜻이다. 사극을 보면 왕이나 권세를 가진 자가 자기를 알아주고 일꾼으로 삼아주면 목숨을 다 바쳐 섬기겠다고 충성맹세를 하는 모습을 볼 수 있다. 하물며 우리의 구세주이시고 하늘과 땅의 왕이신 분이 우리를 구원해주시고 백성과 일꾼으로 삼으시니 얼마나 기쁘고 영광스러운가? 그러므로 우리는 그의 나라 즉 백성과 일꾼으로 주님을 따라 충성된 증인이 됨으로써 삼위 하나님께 영광과 능력이 세세토록 있도록 찬양을 올려드려야 한다.

7절. 이제 사도 요한은 문안을 마치고 "볼지어다. 구름을 타고 오시리라. 각인의 눈이 그를 보겠고 그를 찌른 자들도 볼 터이요 땅에 있는 모든 족속이 그를 인하여 애곡하리니 그러하리라 아멘"이라고 말하며 예수님의 재림을 통고한다. 요한이 통고한 재림 주는 어떤 분이시고 그의 재림은 어떤 것인가?

첫째로 주님은 낮아지셨던 나사렛 예수가 아니라 영광의 하나님의 신분으로 다시 오신다. 사탄은 "주님이 구름타고 오신다"는 말씀을 환상으로 해석하게 하여 주님의 재림을 곡해하게 한다. 그러나 "주님이 구름타고 오신다"는 말씀은 구약 다니엘서 7:13에서 예언된 말씀이고 예수님께서 친히 자신이 "구름타고 오는 것"을 우리가 보리라고 밝히셨고(마 24:30, 26:64) 바울 사도가 입증한 말씀(살전 4:17)이기 때문에 이 말씀은 글자 그대로 이해해야 한다. 이 때 구름은 시내 산에서 하나님이 강림하셔서 이스라엘 백성을 만날 때 나타났던 것으로서 하나님이 현현하심을 나타내는 현상이다. 그러므로 예수님이 재림하실 때는 옛날처럼 인간의 몸을 취하셔서 낮아지시고 제한 된 분이 아니라 하나님의 신분으로 하나님의 나타나심을 알리는 구름 중에 오신다는 뜻이다. 그러므로 주님이 이 땅에 계실 때에는 자신을 스스로 인자로 칭하셨지만 요한계시록에서는 "인자 같은 이"라고 칭하신다(계 1:13, 14:14).

둘째로 주님은 공개적으로, 보편적으로, 그리고 돌연적으로 재림하신다. 주님이 오실 때, "각인의 눈이 그를 보겠고 그를 찌른 자들도 볼 것"이라는 말씀은 그리스도께서 비밀리 또는 영적으로 재림하시는 것이 아니라 예수님의 허리를 창으로 찌른 자를 포함해서 모든 사람이 볼 수 있도록 공개적으로 재림하신다는 말씀이다. 그리고 "땅에 있는 모든 족속이 그를 인하여 애곡하리라"는 말씀은 주님의 재림이 불신자들에게는 누구에게나 심판이 되리라는 심판의 보편성뿐만 아니라 주님의 재림이 돌연적이라는 뜻이다. 우리 주님의 재림은 이처럼 공개적, 보편적, 돌연적이다. 우리는 이 주님의 재림을 항상 기다리며 대비하고 살아야 한다.

어떤 이들은 그 때에 예수님은 공중으로 재림을 하시고 성도들이 갑자기 아무도 모르게 휴거되기 때문에 비행사가 휴거되면 비행기가 떨어지고 기관사가 갑자기 아무도 모르게 올라가게 되면 기차들이 곤두박질을 치기 때문에 온 세상이 혼돈과 사고로 지옥이 된다고 주장한다. 1992년 10월에 주님이 다시 온다고 떠들던 "마라나타"라는 무리들이 일도 아니 하고 모여서 기도만 하며 기다렸지만 그날은 그냥 지나갔다. 주님의 재림은 그 날짜를 미리 알 수 없는 돌연적인 사건이다.

8절. 이어서 사도 요한은 "나는 알파와 오메가라 이제도 있고 전에도 있었고 장차 올 자요 전능한 자라 하시더라"고 주 하나님의 말씀을 전한다. "알파와 오메가"는 헬라어 첫째와 마지막 알파벳 알파(A)와 오메가(Ω)로서 처음과 마지막이라는 뜻으로 영원하신 하나님이 창조자이시고 심판자이심을 나타내는 말이다. "이제도 있고 전에도 있었고 장차 오실 이"란 "알파와 오메가"와 비슷한 표현으로서 하나님은 영원하셔서 과거와 현재와 미래에 항상 계셔서 모든 것을 주재하는 분이심을 나타내는 말이다. 마지막으로 "전능자"란 주님의 능력이 무한하여 그 능력으로 하늘과 땅을 다스리시는 분이시라는 뜻이다.

여기서 "주 하나님"은 누구신가? 대체로 성부 하나님이라고 해석하는 자들과 성자 하나님이라고 해석하는 자들로[11] 나뉜다. 이 표현들은 성부 하나님에게만 사용되지 않고 성자 그리스도에게도 사용되기 때문이다. 요한계시록에서 "알파와 오메가" 또는 "처음과 마지막"이라는 표현이 네 군데(1:8, 1:17, 21:6, 22:13) 있는데 이 중에 1:17과 22:13은 누구도 부인하지 못하는 그리스도에 관한 표현이다. 그래서 이 표현으로만 성부인가 성자인가를 판단할 수 없다. 그러나 앞에서 삼위 하나님이 소개되고 6절에서 그리스도가 그의 아버지 하나님을 위하여 우리를 나라와 제사장으로 삼으셨다는 말에 이어 하나님 아버지의 말씀이 등장하는 것이 문맥상 부자연스럽지 않다. 사도 요한이 재림 주 그리스도를 소개하고 하나님 아버지께서 이 일을 주관하시는, 영원하신 창조자이시고 심판자이시며 하늘과 땅을 다스리시는 전능하신 분이심을 밝히심으로 그리스도의 재림을 보증하신 것이다.

3. 계시자 그리스도의 모습(1:9-20)

9 나 요한은 너희 형제요 예수의 환난과 나라와 참음에 동참하는 자라 하나님의 말씀과 예수를 증언하였음으로 말미암아 밧모라 하는 섬에 있었더

---

11) William Hendriksen, 같은 책, p. 61; Richard C. H. Lenski, 『요한계시록』, 배영철 역, (서울: 백합출판사, 1981), p. 47; Louis Berkhof, *Manual of Christian Doctrine* 『기독교 신학개론』, 신복윤 역, (서울: 은성문화사, 1974), p. 75.

> 니 10 주의 날에 내가 성령에 감동되어 내 뒤에서 나는 나팔 소리 같은 큰
> 음성을 들으니 11 이르되 네가 보는 것을 두루마리에 써서 에베소, 서머나,
> 버가모, 두아디라, 사데, 빌라델비아, 라오디게아 등 일곱 교회에 보내라 하
> 시기로 12 몸을 돌이켜 나에게 말한 음성을 알아 보려고 돌이킬 때에 일곱
> 금 촛대를 보았는데 13 촛대 사이에 인자 같은 이가 발에 끌리는 옷을 입
> 고 가슴에 금띠를 띠고 14 그의 머리와 털의 희기가 흰 양털 같고 눈 같으
> 며 그의 눈은 불꽃 같고 15 그의 발은 풀무불에 단련한 빛난 주석 같고 그
> 의 음성은 많은 물 소리와 같으며 16 그의 오른손에 일곱 별이 있고 그의
> 입에서 좌우에 날선 검이 나오고 그 얼굴은 해가 힘있게 비치는 것 같더라
> 17 내가 볼 때에 그의 발 앞에 엎드러져 죽은 자 같이 되매 그가 오른손을
> 내게 얹고 이르시되 두려워하지 말라 나는 처음이요 마지막이니 18 곧 살
> 아 있는 자라 내가 전에 죽었었노라 볼지어다 이제 세세토록 살아 있어 사
> 망과 음부의 열쇠를 가졌노니 19 그러므로 네가 본 것과 지금 있는 일과
> 장차 될 일을 기록하라 20 네가 본 것은 내 오른손의 일곱 별의 비밀과 또
> 일곱 금 촛대라 일곱 별은 일곱 교회의 사자요 일곱 촛대는 일곱 교회니라

사도 요한은 재림주로 오시는 주님은 낮아져 인간의 형체로 오신 나사렛 예수가 아니라 영원하시고 전능하신 하나님의 신분으로서 다시 오시는 주님이심을 환상으로 보여준다.

9절. 사도 요한은 재림하시는 주님을 소개하는 자신을 "너희 형제요 예수의 환난과 나라와 참음에 동참하는 자라"고 소개하고 있다. 사실 사도 요한이 이 요한계시록을 쓸 당시에는 다른 사도들은 모두 순교를 당하였고 그만 홀로 살아남아 도미티안 황제 때 에베소 지방에서 하나님의 말씀과 예수를 증거하다가 붙잡혀 황폐한 유배지 밧모섬(지금은 그리스의 영토, 소아시아 밀레도 남서쪽 58km)에 유배되어 있었다. 이후에 도미티안 황제가 죽자 풀려나 귀환하였다고 역사가와 교부들이 전하고 있다.[12] 그는 로마와 동족 유대인들의 핍박으로

12) 이상근, 같은 책, p. 51.

오는 환난을 자신이 숨어서 피한 것이 아니라 하나님 나라를 이루기 위하여 다른 형제들과 함께 인내하였다고 밝힌 것이다.

10-11절. 사도 요한이 주의 날 즉 주일에 성령에 감동되어 요한계시록을 받는다. 여기서 "성령에 감동하다"는 말은 원어를 그대로 번역하면 "성령 안에 있다"인데 일곱 영이신 거룩하고 완전한 성령에 사로잡혀 전혀 잘못될 수 없는 상태에서 환상을 보고 계시록을 쓴다는 뜻이다. 사도 요한은 자신의 뒤에서 나팔소리 같은 큰 음성을 듣는다. "나팔소리 같은 큰 음성"에서 "같은"이란 말에 유의하여야 한다. 계시록에서 "같은"이라는 단어가 70회나 나온다.[13] "같다"는 말은 그 자체가 아니고 "상징"이라는 것을 말해준다. 출 19:19을 보면 하나님이 시내 산에 강림하셔서 나팔 소리가 점점 커질 때에 하나님이 음성으로 모세에게 대답하셨다. 이처럼 나팔소리는 하나님이 나타나셔서 말씀하심을 알려주는 상징적 역할을 하고 있음을 알 수 있다. 그 음성의 주인이시며 하나님이신 우리 주님께서 친히 "네가 보는 것을 두루마리에 써서 에베소, 서머나, 버가모, 두아디라, 사데, 빌라델비아, 라오디게아 일곱 교회에 보내라"고 말씀하신다. 여기서 "네가 보는 것"은 요한계시록에 나타난 대로 사도 요한이 보는 모든 환상이고 두루마리는 요한계시록을 말한다.

12절. 사도 요한이 몸을 돌이켜 뒤에서 자신에게 말한 음성을 알아보려고 할 때 일곱 금 촛대를 본다. 1:20에서 일곱 촛대는 일곱 교회라고 밝히고 있다. 일곱이란 거룩하고 완전한 숫자이며 주님은 1:1에서 "그 종들에게" 즉 모든 하나님의 백성들에게 보이시려고 요한에게 환상을 주신다고 말씀하시며 2:23의 두아디라 교회에 보낸 편지에서도 "모든 교회에 교훈을 보내심"을 밝히신다. 그러므로 일곱 금 촛대는 모든 교회들, 즉 모든 하나님의 백성을 가리킨다. 주님이 모든 하나님의 백성에게 편지하신 것이다.

13-16절. 사도 요한은 몸을 돌이켜 음성이 들리는 곳에서 일곱 금 촛대

---

13) 이상근, 같은 책, p. 52.

사이에서 인자 같은 이를 본다. 일곱 교회 즉 모든 교회를 상징하는 일곱 금촛대 사이에 있는 "인자 같은 이"는 누구인가? 인자란 예수님이 이 땅에 계실 때 자신을 부르던 호칭으로서 예수님은 하나님의 아들이시지만 이 땅에 오셔서는 "사람의 아들"로 사신 것을 말한다. 그래서 사람의 아들, 인자는 사람이 되신 하나님을 가리키는 말이다. 그러나 부활하셔서 하늘 보좌에 계시는 분은 사람으로 제한되어 낮아지신 인자가 아니시고 실제 하나님이시고 인자가 아닌 "인자 같은 이"이시다. 이처럼 부활하신 주님은 더 이상 인자가 아니고 하나님으로서 모든 교회 중에 계신다. 사도 요한이 본 환상은 우리 교회 안에 계시는 하나님이신 주님이 어떤 분이신가를 말씀한다.

1. 주님은 죄인들을 구원하시는 대제사장이시고 왕 중의 왕이시다.

요한이 본 주님은 "발에 끌리는 옷과 가슴에 금띠"를 착용하고 계신다(13). "발에 끌리는 긴 옷"은 높은 신분을 나타내는 옷이고(막 12:38, 눅 20:46) 가장 높은 제사장과 왕의 옷이다(출 28:31-34, 39:22, 레 6:10,사 6:1). "금띠"도 대제사장과 왕이 착용한다(출 28:8). 이것은 우리 주님이 우리를 죄에서 구원하시는 대제사장이시고 하늘과 땅을 다스리시는 권세를 가지신 왕 중의 왕으로서 교회 중에 계셔서 교회를 다스리시고 사탄과 모든 권세로부터 우리를 지키시고 그들을 멸하시는 분이심을 말한다.

2. 주님은 전혀 죄가 없으시고 모든 것을 아시는 거룩하신 분이시다.

주님의 머리와 털의 희기가 흰 양털 같고 눈 같으며 그의 눈은 불꽃같다(14). 이사야서 1:18을 보면 '흰 양털과 눈과 같이 희게 된다'는 말은 완전히 죄 사함을 받아 깨끗한 상태를 나타낼 때 쓰는 표현이다. 그리고 주님의 눈이 불꽃같다는 표현은 어둠을 밝혀 다 알고 계시는 전지성을 나타낸다(시 139:23-

34, 히 4:13). 히브리서 4:13에 보면 "지으신 것이 하나라도 그 앞에 나타나지 않음이 없고 오직 만물이 우리를 상관하시는 자의 눈 앞에 벌거벗은 것같이 드러나느니라" 고 말씀한다. 그러므로 우리 주님은 죄는 물론이고 흠과 티가 전혀 없으신 거룩한 분으로서 교회 중에, 즉 우리 가운데 계셔서 교회를 더러운 악의 세력에서 지키시고 죄악을 벌하는 심판의 날에 완전히 보호해주시는 분이시다.

3. 주님은 강하시고 큰 권세를 가지신 심판주이시다.

주님의 발은 풀무에 단련한 빛난 주석 같고 음성은 많은 물소리와 같다(15). 성경에서 주석 또는 놋과 철은 심판을 상징하고(신 28:23) "풀무에 단련한 빛난 주석" 이란 담금질을 많이 하여 강함을 뜻하며 "많은 물소리나 바다의 큰 파도" 는 능력 즉 큰 권세를 가리키므로(시 93:4) 우리 주님은 강하고 큰 권세를 가지시고 힘센 발로 짓밟듯 사탄과 악의 무리들을 멸하시는 심판주로 오신다.

4. 주님은 그 능력의 손으로 성도를 보호하시고 사탄과 악의 세력을 멸하시는 영광의 주이시다.

주님의 오른 손 안에 일곱별이 있다(16). '오른 손' 은 권세 있는 능력 또는 보호와 안전을 상징한다(출 15:6; 사 41:10; 행 2:33). 그러면 주님의 오른 손 안에 즉 주님의 보호를 받는 '일곱 별' 은 누구를 가리키는가? 계 1:20에서 '일곱별과 일곱 금 촛대' 는 일곱 교회의 사자요 일곱 교회라고 말씀한다. 일부 주석가들이 구약에서 선지자나 제사장을 여호와의 사자(Messenger 전달자)라고 칭했으므로(학개 1:13, 말 2:7) 주님이 지상에 있는 교회로 편지를 보내기 때문에 일곱별은 교회의 대표인 감독이나 목사라고 해석한다.[14] 그러나 요한계시록 1:20의 "일곱 교회의 사자"에서 "사자(使者 Messenger-개역개정)"가 헬라어로는 천사(天使 Angel - 공동번역, KJV, NIV)이다. 실제로 성경을 살펴 본 바에 의하면 성경에서 사람은 여호와의 사자(使者 Messenger)이지 여호와의 천사(天使 Angel)라고 칭한 경우가 없다.[15] 또한 일곱별이 교회의 목사를 상징한다면 한 문장 안에서 일곱 금 촛대는 실제 일곱 교회라고 말하면서 일곱별은 실제의 천사가 아니라 교회의 목사를 상징하는 천사라고 말하는 것은 대등관계를 깨는 어법이므로 자연스럽지 않다.[16] 성경은 하나님이 천사를 시켜 하나님의 백성을 돌보시고 계신다고 말한다(민 20:16, 대하 32:21, 행전 12:11). 그러므로 일곱별은 이스라엘의 수호천사 미가엘처럼(cf. 단 10:21 이스라엘의 천

---

14) William Hendriksen, 같은 책, P. 65. "목사나 교회 교역자"; 박윤선, 같은 책, p. 54 "교회 사역자"; 권성수, 『요한계시록,"(서울: 선교횃불, 1999), p. 41. "각 교회의 대표나 각 교회에 편지를 전달한 사자"; Lenski, 같은 책, p. 60. "목회자들"; A. Plummer, Revelation," in "The Pulpit Commentary, Vol. 22, (Grand Rapids: Eerdmans, 1962), ; Merrill C. Tenney, Interpreting Revelation, (Grand Rapids: WM. B. Eerdmasns Publishing Company, 1957), p. 55. "the leader of the church, and so might well be equated with its minister or pastor"; W. A. Criswell, Expository Sermons on Revelation, Vol. 2" (Grand Rapids: Zondervan Publishing House, 1963), pp. 26-28. "'By the star,' by 'the angels' He means God's appointed servant, sent of the Holy Spirit and called of heaven to be God's spokesman to His people. He is talking about God's preacher, God's man."; John MacArthur, The MacArthur New Testament Commentary/Revelation Vol. 1, Chicago: Moody press, 1999), p. 48. "But since Christ is said to hold them in His right hand, they were more likely leading elders and pastors(though not the sole leaders, since the New Testament teaches a plurality of elders), one from each of the seven churches."

15) 이필찬, 같은 책 p. 105. cf. "천사라는 단어가 사람에게 적용되지 않는다."

16) 일곱 금 촛대가 일곱 교회를 상징하는 것이라면 일곱 별은 일곱 교회의 천사를 상징한다. 여기서 일곱 별이 각 교회의 목회자라고 해석을 하려면 일곱 천사가 일곱 목회자를 상징한다는 부언이 더 필요하다. 다시 말하면 "A는 B이고 C는 D이다"는 문장에서 A, B, C와 D가 대등해야 되는데 천사가 일곱별로서 바로 목사를 상징한다고 말하면 네 단어 대등관계가 맞지 않기 때문에 바른 문장이 될 수 없다. 요한계시록은 주님이 직접 주신 말씀으로 완벽하기 때문에 우리가 잘못 이해할 수 있는 말씀을 하시지 않으셨다고 보아야 한다. ; W. A. Criswell, 같은 책, p. 26. "This astar - 'star' - is not a symbol of symbols."

사장 미가엘, 마 18:10 저희 천사들이, 행 12:15 그의 천사) 글자 그대로 주님의 사역자들로 교회들을 위하여 일하는 일곱 교회의 천사들을 나타낸다고 보아야 한다.[17] 이것은 하늘에 계신 주님이 천사들을 사역자로 삼아 직접 교회를 다스리시고 돌보심을 나타낸다.

그런데 많은 목사들이 요한계시록 1:20를 인용하여 자신이 하나님의 사자이고 교회의 사자로서 주님의 오른 손 안에 있으니 성도는 목사가 하는 대로 따라야 한다고 주장하는 것은 교회를 모든 성도의 모임으로 보지 않기 때문이다. 주님의 오른 손 안에는 목사만 있는 것이 아니라 교회 즉 온 성도가 함께 있어서 주님의 사랑과 보호를 받는 것이다. 주님으로부터 편지를 받는 일곱 교회의 사자가 목사이건 천사이건 교회의 대표로 주님의 보호 안에 있는 것이므로 주님이 목사만이 아니라 온 교회를 주님의 능력의 오른 손으로 보호하신다는 말씀이다.

우리 주님은 그 입에서 좌우에 날선 검이 나오고 그 얼굴은 해가 힘 있게 비취는 것 같이 주님의 교회를 보호하신다. 검이란 원수를 제압하는 무기이므로 '주님의 입에서 좌우에 날선 검이 나온다' 는 말씀은 주님께서 말씀으로 사

---

17) Robert H. Mounce, *The Book of Revelation* (Grand Rapids: Eerdmans, 1977), p. 82. "They could be guardian angels or perhaps heavenly counterparts which come to be identified with the church."; J. P. M. Sweet, *Revelation*, (Philadelphia: The Westminster Press, 1979). p. 73. "Angels are the spiritual counterparts of earthly realities; here they represent the churches seen as spiritual entities."; George Elden Ladd, *A Commentary on the Revelation of John*, (Grand Rapids: William B. Eerdmans Publishing Company, 1972), p. 35. "It is best to understand this as a rather unusual symbol to represent the heavenly or supernatural character of the church."; Steve Gregg, editor, *Revelation - Four Views*, a parallel commentary, Nashville: Thomas Nelson Publishers, 1997), pp. 61-62; Michael Wilcock, "I Saw Heaven Opened/The Message of Revelation," (Inter-varsity Press, 1975), p. 41. "Scripture does seem to show (and not only in apocalyptic writings) that both individuals(Mt. 18:10,; Acts 12:15) and nations(Dn, 10:13; 12:1) can each have an 'angel', a spiritual counterpart on the heavenly level; presumably the same may be true of churches. At any rate the angel and his church members are closely identified;"

탄과 이 악한 세상을 심판하실 것임을 뜻한다(19:15, 살후 1:8,). 또한 "주님의 얼굴은 해가 힘 있게 비취는 것 같더라"는 말씀은 빛이신 주님이 하나님의 영광의 빛을 비추심으로 교회를 보호하신다는 뜻이다. 계 4:2, 3을 보면 사도 요한은 하늘의 보좌 위에 앉으신 이의 환상을 보는데 그 "모양이 벽옥과 홍보석 같고 또 무지개가 있어 보좌에 둘렸는데 그 모양이 녹보석 같더라"고 말한다. 이것은 의와 심판과 은혜를 상징하는 하나님의 빛 즉 하나님의 영광을 상징한다(4:2, 3 주해 참조). 우리 주님은 하나님의 말씀으로 악한 세상은 심판하시고 하나님의 교회는 의와 은혜로 보호하신다.

17-18절. 이제, 사도 요한은 하나님의 영광의 빛을 발하시는 주님을 더 이상 바라보지 못하고 주님 발 앞에 엎드려져 죽은 자같이 된다. 하나님의 영광으로 나타나신 주님을 보고 두려움에 죽은 자같이 된 사도 요한에게 주님은 그 능력의 오른 손을 얹으시고 "두려워 말라 나는 처음이요 나중이니 곧 산 자라 내가 전에 죽었었노라 볼찌어다 이제 세세토록 살아있어 사망과 음부의 열쇠를 가졌다"고 말씀하신다. 다시 말하면 주님은 "나는 영원한 하나님이고 사망권세를 이기고 승리한 부활한 그리스도로서 영원토록 구원과 심판의 권세를 가졌으니 두려워 말라"고 사도 요한을 안심시키시는 것이다.

19절. 이어서 주님께서 사도 요한에게 "네 본 것과 지금 있는 일과 장차 될 일을 기록하라"고 명령을 하신다. "네 본 것"은 11절의 "네가 보는 것"과 비교해보면 시제가 전자는 부정과거형이고 후자는 현재형이다. 먼저 11절을 보면 "네가 보는 것을 두루마리에 써서 에베소, 서머나, 버가모, 두아디라, 사데, 빌라델비아, 라오디게아 등 일곱 교회에 보내라"고 한다. 일곱 교회에 보낸 편지는 두말할 것 없이 요한계시록이다. 그러므로 "네가 보는 것"은 사도 요한이 지금 보고 있고 계속 앞으로 보게될 모든 환상을 말한다. 이제, 본 절의 "네 본 것"은 11절의 것과 달리 부정과거형이고 "지금 있는 일과 장차 될 일"과 병행을 이루고 있다. 이것을 셋으로 보고 특히 "네 본 것"이 부정과거형이므로 과거나 현재완료로 보고 "네 본 것"은 1장이고 "지금 있는 일"은 2, 3장이고 "장차 될 일"은 4장 이하라는 주장이 있다.[18] 그러나 헬라어의 부정과거형은 현재와 미래에 동작의 계속이나 반복과 완료의 의미가 없이 단순한 동작발생만을 나타내며 현재형과 미래형을 대용한다.[19] 그러므로 본 절의 "네 본 것"은 단순히 발생된 사건을 나타낼 뿐 과거나 완료라기보다는 현재와 미래의 일들을 나타낸다. 또한 "네 본 것(부정과거)"이란 표현은 그 당시 헬레니즘 영향을 받아 매우 보편적으로 사용되어 왔던 묵시문학적 형식(apocalyptic formula)이다.[20] 그러므로 "네 본 것"은 과거나 현재완료로 해석하여 1장이라는 주장은 바람직하지 않고 본 절의 "네 본 것"은 부정과거형으로 단순과거가 아니라 현재나 미래의 단순한 동작발생을 나타냄으로 사도 요한이 지금 보고 있는 환상과 미래에 보는 모든 환상을 뜻하며 사도 요한이 본 환상, 즉 요한계시록을 말한다.

"지금 있는 일과 장차 될 일"에 대한 해석은 요한계시록의 해석의 흐름을 완전히 바꿀 수 있는 분기점이 될 수 있다. 그런데 "지금 있는 일"은 1장에서 3장까지이고 4장부터는 당장 일어날 일이 아닌 먼 미래 즉 심판 전에 일어날 일이라고 해석하여 하늘 보좌를 심판의 보좌라고 말하고 일곱 인으로 개봉하는 책의 내용을 심판 전에 있을 재앙이라고 하는 주장이 있다.[21] 그러나 11절

---

18) 이상근, 같은책, p. 57; John F. Walvoord, *The Revelation of Jesus Christ*, (Chicago: Moody Press, 1975), p. 48; Ladd. 같은 책, p. 34; cf. Gerhard A, Krodel, *Revelation*, (Minneapolis: Augsburg Publishing House, 1989), pp. 97-98 "1:12-18, 2:1-3:22, 4:1-22:5"; cf. John MacArthur, 같은 책 Vol. 1, p. 52 "1:10-16, 2: - 3:, 4: - 22:"

19) 이순한 역편, 『신약성서 헬라어』 *A Study of New Testament Greek*, (서울: 백합출판사, 1977), p. 66.

20) 이필찬, 같은 책, p. 90.

21) Jamieson, Fausset, Brown, *Revelation of the Bethany Parallel Commentary*, (Minneapolis: Bethany House Publishers, MN, 1983) p. 1436; 신성종, 『요한계시록 강해』, pp. 32, 76; Philip E. Hughes, 『요한계시록』, 오광만 역, (서울: 여수룬, 1993), p. 42; Lehman Strauss, *Revelation*, (Neptune, New Jersey: Loizeaux Brothers, 1964), p. 32; 박윤선, 같은 책, p. 56 "이제 있는 일은 2, 3장이고 장차 있을 일은 6장 이하에 기록된 계시의 내용인 듯하다."; 권성수, 같은 책, p. 40; 이상근, 같은 책, p. 57; Walvoord, 같은 책, "The things referred to as having already been seen are those contained in chapter 1…"the things which are ...chapters 2 and 3…"

과 달리 본 절의 "네가 본 것"은 "지금 있는 일과 장차 될 일"과 병행하고 있다. "지금 있는 일과 장차 될 일"을 "지금"과 "장차"라는 시간을 "그리고"라는 접속사로 연결시키면서 그 둘의 한계를 정한다거나 그 둘 사이에 간격을 둔다는 것은 이상하고 비논리적이다. 그렇다면 "지금 있는 일과 장차 될 일"은 지금부터 미래에 계속적으로 일어날 모든 일이어야 한다.[22] 그렇다면 "네 본 것"과 "지금 있는 일과 장차 될 일"이 동격으로 해석되어야 한다. "지금 있는 일과 장차 될 일"은 요한계시록의 기록된 일들이 전개되고 마무리 되는 기간을 말해준다. 사도 요한이 본 환상은 "이제 있는 일과 장차 될 일"이고 "반드시 속히 될 일(1:1)" 즉 하나님께서 그 정하신 대로 지체치 않고 확실히 성취하실 일이다. 그러므로 "네 본 것"과 "지금 있는 일과 장차 될 일"과 "반드시 속히 될 일"은 요한계시록의 전체 내용을 반복 표현한 것이다.[23]

요한계시록의 내용인 "네 본 것"은 사도 요한이 본 모든 환상이고 "지금 있는 일과 장차 될 일"은 주님의 초림에서부터 재림 사이에 이루어지는 일들인데 그 기간을 구약 다니엘서 2:28에서는 "후일(날들의 마지 막 날)"이라고 말한다. 느부갓네살이 꿈에서 본 "큰 신상"은 바벨론, 바사, 헬라에 이어 로마제국에서 시작하여 종말에 이르는 일들을 예언한다. 바로 네 제국 후에 그리스도가 오시는 때부터가 후일 즉 날들의 마지막 때이다(계 1:3 주해 참조).[24]

---

22) Richard C. H. Lenski, 같은 책, p. 70; Robert H. Mounce, 같은 책, p. 347. "Moffatt is right in holding that the contents of the vision...consist of what is and what is to be."; Sweet, 같은 책, p. 73. "What you see ; lit. what you have seen - many think it refers to the vision of the Son of man, while what is refers to the state of the churches(chs. 2f,) and what is to take place to the rest of the book. But chs. 4-22 cannot be regarded simply as a forecast of coming events(see on 1:1-3): past, present and future are mixed up together. The phrase is probably an adaptation of the common formula 'what was, is and shall be' , expressing the mystery of existence in its totality, which a prophet is privileged to see and declare,"; Tenney, 같은 책, p. 39 "The division point between present and future in this book is the time of writing."

23) 이필찬, 같은 책, p. 102.

이 때 말세는 먼 미래가 아니라 바로 그 당시 주님의 초림에서 시작하여 재림까지를 말하고 있다. 베드로전서 1:20에서 역시 베드로는 그리스도가 창세전부터 계신 분이신데 이 말세에 우리를 위하여 오셨다고 말한다. 그러므로 말세 즉 마지막 때란 그리스도가 우리를 위해 이 땅에 오셔서 십자가의 구속 사역을 행하시고, 새 하늘과 새 땅의 새 예루살렘을 회복하시기 전에 다시 오셔서 사탄과 세상을 심판하시고 구원을 완전히 이루시기까지의 그 기간을 말한다.

20절. 마지막으로 주님께서 "네가 본 것은 내 오른손의 일곱 별의 비밀과 또 일곱 금 촛대라 일곱 별은 일곱 교회의 사자요 일곱 촛대는 일곱 교회니라"고 요한계시록 주님의 편지가 무엇을 위한 것인가를 밝히신다. "네가 본 것"은 사도 요한이 본 환상 즉 요한계시록을 말하고 그 계시록은 주님의 오른 손에 있는 일곱 별의 비밀과 일곱 금촛대라는 것이다. "일곱 별"은 일곱 교회의 천사이다. 일곱 교회의 천사는 주님의 교회들을 위하여 일하는 영적 존재인 사역자들이다(13-16절 4.번 주해 참조). 성경에서 하나님의 말씀에 대하여 "비밀"

---

24) 다니엘서 2:28 "오직 은밀한 것을 나타내실 이는 하늘에 계신 하나님이시라 그가 느부갓네살 왕에게 후일에 될 일을 알게 하셨나이다 왕의 꿈 곧 왕이 침상에서 머리 속으로 받은 환상은 이러하니이다"에서 왕의 꿈은 바벨론 제국에서 영원한 나라까지를 보여주는 "큰 신상"에 관한 것이다. 여기서 "후일에"의 원문을 직역하면 "날들의 마지막에"이다. 다니엘서 2:29에서는 같은 말을 장래 일로 번역하고 있다. "날들의 마지막" 즉 "장래"가 언제인가? 다니엘서 2:31 이하를 보면 "날들의 마지막"은 바벨론, 바사, 헬라에 이어 로마제국에서 시작하여 종말에 이르는 것을 알 수 있다. 다니엘서 12:1-4을 보자. "그 때에 네 민족을 호위하는 큰 군주 미가엘이 일어날 것이요 또 환난이 있으리니 이는 개국 이래로 그 때까지 없던 환난일 것이며 그 때에 네 백성 중 책에 기록된 모든 자가 구원을 받을 것이라. 땅의 티끌 가운데에서 자는 자 중에서 많은 사람이 깨어나 영생을 받는 자도 있겠고 수치를 당하여서 영원히 부끄러움을 당할 자도 있을 것이며 지혜 있는 자는 궁창의 빛과 같이 빛날 것이요 많은 사람을 옳은 데로 돌아오게 한 자는 별과 같이 영원토록 빛나리라. 다니엘아 마지막 때까지 이 말을 간수하고 이 글을 봉함하라 많은 사람이 빨리 왕래하며 지식이 더하리라." 이 말씀에서 "그때에"는 역시 "날들의 마지막에"를 말한다. 날들의 마지막에 환난도 있고 구원의 역사가 있을 것을 말한다. 그 구원의 역사는 부활과 영생으로 한 편으로는 세상의 심판으로 끝난다. 이것은 주님의 초림과 재림으로 이뤄지는 그리스도의 구원을 말하므로 요한계시록의 "지금 있는 일과 장차 될 일"은 "날들의 마지막에" 즉 말세에 일어날 일들이다.

이라고 표현하는 것은 우리에게 감추어졌던 우리의 구원에 대한 하나님의 뜻을 하나님이 친히 나타내신 것을 말한다. 그러므로 '일곱 별의 비밀'은 바로 이 땅에서 사탄과 싸우는 교회를 하나님께서 천사들을 통해 다스리시고 지키시고 인도하셔서 승리케 하시리라는 하나님의 비밀스러운 뜻을 드러내시는 계시이다. 우리 주님은 그 능력의 손 안에 교회를 두시고 교회를 인도하시고 승리케 하시는데 그 비밀을 드러내실 뿐만 아니라 반드시 이루신다.

소아시아 일곱 교회

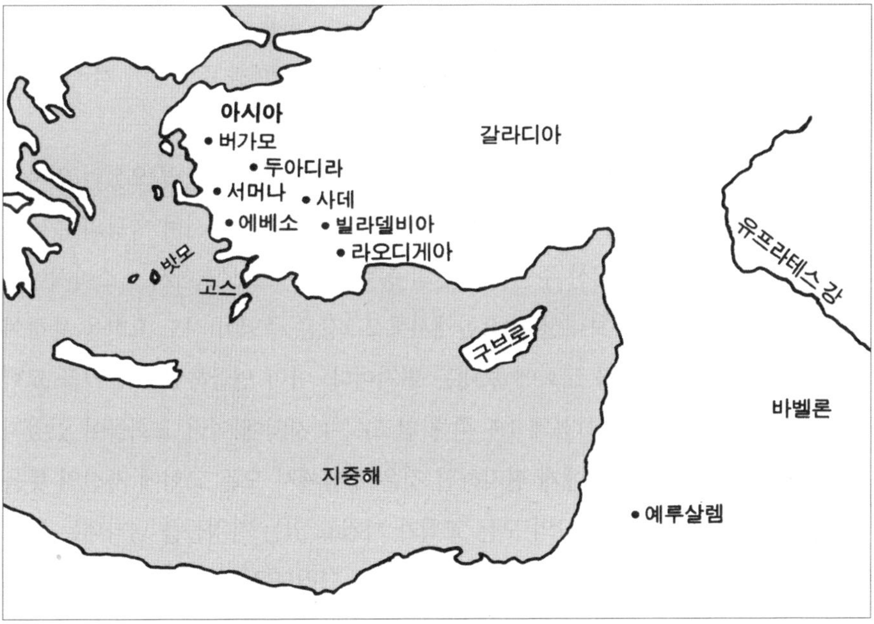

4. 일곱 교회에 보낸 주님의 편지

가. 에베소 교회에 보낸 주님의 편지 (계 2:1-7)

1 에베소 교회의 사자에게 편지하라 오른손에 있는 일곱별을 붙잡고 일곱
금 촛대 사이를 거니시는 이가 이르시되 2 내가 네 행위와 수고와 네 인내
를 알고 또 악한 자들을 용납하지 아니한 것과 자칭 사도라 하되 아닌 자
들을 시험하여 그의 거짓된 것을 네가 드러낸 것과 3 또 네가 참고 내 이
름을 위하여 견디고 게으르지 아니한 것을 아노라 4 그러나 너를 책망할
것이 있나니 너의 처음 사랑을 버렸느니라 5 그러므로 어디서 떨어졌는지
를 생각하고 회개하여 처음 행위를 가지라 만일 그리하지 아니하고 회개하
지 아니하면 내가 네게 가서 네 촛대를 그 자리에서 옮기리라 6 오직 네게
이것이 있으니 네가 니골라 당의 행위를 미워하는도다 나도 이것을 미워하
노라 7 귀 있는 자는 성령이 교회들에게 하시는 말씀을 들을지어다 이기는
그에게는 내가 하나님의 낙원에 있는 생명나무의 열매를 주어 먹게 하리라

부활하셔서 하늘에 계시는 주님은 더 이상 이 땅에서 고난 받으셨던 인자가 아니시고 죄인들을 구원하시는 대제사장이시고 왕 중 왕이시며 영광의 주님이시다. 전능하시고 왕이신 주님이 자신의 능력의 손으로 보호하시는 소아시아의 일곱 교회에 편지를 보내신다. 요한계시록 2-3장은 주님이 사도 요한을 통하여 소아시아에 있는 일곱 교회에 보내는 편지이다. 이미 언급하였듯이 일곱 교회는 모든 교회를 상징한다(계 1:4 주해 참조). 이 지역에 여러 교회들이 있었지만 특별히 일곱 교회들에게 편지하신 것은 주님께서 모든 교회에 자신의 뜻을 알리시기 위하여 이 세상의 모든 교회가 가지고 있는 특징들을 나타내는 교회들을 대표로 골라 그들에게 편지하신 것이다. 그러므로 이 일곱 교회에 보내는 편지는 소아시아에 있는 일곱 교회는 물론이고 그 당시의 모든 교회와 그 때부터 이 세상이 끝날 때까지 존재하는 모든 교회에 보내는 편지이고 그것은 바로

우리에게 보내시는 주님의 편지이다.

에베소는 바울 사도가 이곳에서 삼년을 사역하였던 곳으로(행 20:31) 로마의 자치령인 소아시아 서안의 항구로서 소아시아 지방의 정치, 교통, 무역, 문화 등 각 방면의 중심지였다. 에베소는 주후 29년 여신 로마(Roma)와 씨이저를 경배하기 위한 신전이 세워져 황제 예배의 중심지가 되었고 아테미 신전(라틴어로 다이애나 신전;The temple of Diana)이 있어 이교와 신비주의의 온상이기도 했다. 에베소는 중요한 교역의 중심지로서 부유한 도시였다. 그 당시 산업체들은 앞장서서 황제숭배와 우상숭배를 하였고 죄인들을 야외극장에서 짐승의 먹이로 던지고 그 광경을 즐길 정도로 타락하였으므로 에베소 교인들도 기독교인으로서 직장을 다니거나 사업을 하기가 힘들 정도로 온갖 핍박과 불이익을 당하였다. 특별히 당시 아시아 지역에 있어서 황제숭배의 성행은 신격화된 로마황제와 그리스도를 주님으로 부르는 그리스도인들 간의 갈등과 긴장관계를 가져왔다.[1] 이런 환경에서 많은 핍박을 견디고 교리를 잘 지켜 거짓 사도와 악한 자들을 용납지 않았으나 사랑의 실천면에서 처음 열정을 잃은 에베소 교회에 주님이 편지를 하신다.

1절. 주님은 에베소 교회에 보내는 편지에서 자신을 "오른 손에 일곱별을 붙잡고 일곱 금 촛대 사이에 거니시는 이"라고 소개한다. "에베소 교회의 사자(개역개정)"는 "에베소 교회의 천사(공동-에베소 교회의 천사, KJV- the angel of the church of Ephesus, NIV-the angel of the church in Ephesus)"의 한국어 번역이다. 교회의 천사는 하늘에 계셔서 교회의 머리되시는 주님 그분의 교회들을 위하여 일하는 영적 사역자들이다(1:13-16 4.; 1:20 주해 참조). 그러므로 "에베소 교회의 사자에게 편지하라"는 뜻은 '교회의 목사에게 편지하라는 것보다는 교회에 편지하라' 라고 해석하여야 한다고 본다. "오른 손에 일곱 별을 붙잡

1) 이상근, 같은 책, p. 61; Everette Ferguson, 『*Background of Early Christianity*』: 2nd Ed.. (Grand Rapids: Eerdmans, 1993), pp. 188, 197; Criswell, 같은 책 Vol. 2, p, 68-79.

고 일곱 금 촛대 사이에 거니시는 이"란 우리 주님은 부활하셔서 우리 교회 중에 계시며 그의 전능하신 능력으로 교회를 사랑으로 보호하시고 통치하시는 분이시라는 뜻이다.

2-3절. 에베소 교회에 보내는 주님의 편지는 칭찬으로 시작된다. 첫째로 주님은 에베소 교회의 행위와 수고와 인내를 아신다고 칭찬하신다. 에베소는 소아시아 지방의 정치, 교통, 무역, 문화 등 각 방면의 중심지였고 우상숭배와 황제숭배의 중심지였다. 이러한 상황 속에서 에베소 교인들은 기독교인으로서 직장을 다니거나 사업을 하기가 힘들 정도로 온갖 핍박과 불이익을 당하였음에도 불구하고 신앙을 잘 지켰기 때문에 칭찬하신 것이다. 데살로니가전서 1:3에서 바울 사도는 데살로니가 교회를 "너희의 믿음의 역사와 사랑의 수고와 우리 주 예수 그리스도에 대한 소망의 인내를 우리 하나님 아버지 앞에서 쉬지 않고 기억한다"고 칭찬하였다. 여기서 '역사'와 본문의 '행위'는 원어로는 같은 단어(work)다. 바울 사도가 데살로니가 교회를 칭찬하듯이 주님께서 에베소 교회 성도들이 믿음 안에 행하여 신앙을 지키고 사랑을 베푸는 일에 수고하고 로마제국의 갖은 핍박에서도 인내하였음을 칭찬하신다. 다시 말하면 에베소 교회의 믿음은 말로만 하는 믿음이 아니라 행함이 있는 믿음이라고 말씀하신 것이다.

믿음의 행함은 사랑의 수고와 소망의 인내로 나타나야 한다. 행함이 없는 믿음이 죽은 것처럼 수고 즉 노력이 없는 사랑도 거짓이다. 요한일서 3:18에서 사도 요한은 "자녀들아 우리가 말과 혀로만 사랑하지 말고 오직 행함과 진실함으로 하자"고 말씀한다. 인내는 '아래에 머무르다'는 뜻으로 스스로 낮아져 어떤 어려움도 극복한다는 말이다.[2] 이 인내는 시련 속에서 생겨나는 것으로서(약 1:3) 주 예수 그리스도에 대한 소망의 인내여야 한다. 에베소 교회는 우상종교와 황제숭배 등으로 무서운 환난을 겪어야 했으나 그들은 하나님의 영

2) 이상근, 『신학성서 주해 공동서신』, (서울: 대한예수교 장로회 총회교육부, 1979), p. 20.

광으로 오시는 주님을 소망하였기에 인내하고 승리할 수가 있었던 것이다. 이처럼 믿음의 행위와 사랑의 수고와 소망의 인내는 성도들이 갖추어야 할 세 가지 덕이다. 주님께서 우리에게 에베소 교인들처럼 믿음의 행위와 사랑의 수고와 소망의 인내를 행하는가를 스스로 잘 살피면서 이 험한 종말의 세상을 살아가라는 내용의 편지를 보내신 것이다. 다시 오시는 주님 앞에서 우리 모두 "나는 너의 행위와 수고와 인내를 안다"는 주님의 칭찬을 듣도록 수고를 아끼지 않아야 할 것이다.

둘째로 주님은 에베소 교회가 악한 자를 용납하지 않고 자칭 사도라 하는 자들의 거짓됨을 들어낸 것을 칭찬하신다. 세상 사람들은 잘못을 적당히 덮어주고 넘어가는 것을 인간적이거나 도량이 넓다고 칭찬하고 잘못을 드러내고 지적하면 옹졸한 자로 몰아 부친다. 교회 안에서도 악하고 비성경적인 것들까지도 은혜라는 이름으로 덮어버리는 경우가 많다. 그러나 에베소 교회는 교회 안에 들어온 악한 자들과 거짓 사도들을 용납하지 않고 그들의 거짓됨을 드러냈다. 거짓 사도들도 악한 자들이므로 악한 자들과 거짓 사도들을 구별하려는 시도는 무의미한 것으로 보인다.[3] 그들은 6절에 에베소 교회가 니골라당을 미워하였다는 말이 언급된 것을 볼 때 그들과 같이 교회 안에서 악을 행하는 자들이라고 본다(행20:28-30). 악한 자들 중에서 자칭 사도는 그 당시 교회 안에 있더라도 유대교의 율법도 지켜야 구원이 있다고 가르치는 유대주의자들과 무율법주의 또는 무도덕주의인 니골라당과 같은 헬라의 철학의 영향을 받은 영지주의 이단의 지도자들일 것이다.[4] 에베소 교회는 이런 자들에게 미혹되지 않고 영적 분별력을 가지고 그들을 시험하여 악과 거짓을 가려내고 드러내서 신앙의 순수성을 지켰다.

---

3) 이필찬, 같은 책, p. 121.

4) 이상근, 같은 책, p. 64 "니골라당"; Mounce, 같은 책, p. 87. "Judaizers and from Jerusalem (as in II Cor 11:13-23) Nicolaitans, or any self-styled apostles who claimed a position over that of the local elders"; Lenski, 같은 책, p. 78.

셋째로 주님은 에베소 교회가 주님의 이름을 위하여 고난을 참고 견디고 게으르지 아니함을 칭찬하신다. 로마제국 시대에는 황제를 신으로 숭배했기 때문에 교회는 심한 박해 가운데 있었다. 초대교회에서는 로마제국의 핍박으로 교인들은 감옥에 갇히고 고문당하고 짐승의 밥이나 참수형이나 십자가형을 당하였고 직장에서 쫓겨나며 사업할 땐 온갖 불이익을 당하였다. 성 어거스틴의 전기를 보면 그 당시 한 저명인사가 예수를 믿고 세례를 받게 되었을 때 그 당시 세례를 받은 것이 밝혀지면 그 사회에서 쫓겨나거나 죽음까지도 당하였기에 교회에서는 그에게 비밀히 세례를 베풀려고 했으나 그는 이것을 단호히 거부하였다는 이야기가 나온다. 이처럼 어려울 때 에베소 교인들은 주님의 이름을 위하여 참고 견디고 게으르지 아니하여 신앙의 정절을 잘 지켰다.

4절. 주님은 칭찬을 하신 후 에베소 교회가 처음 사랑을 버렸다고 책망하신다. 사랑이란 하나님의 말씀의 핵심이고 하나님에 대한 사랑과 형제들에 대한 사랑을 구분할 수 있으나 그 둘은 하나이다. 하나님을 사랑하는 자는 이웃을 사랑해야 하기 때문이다. 그들은 하나님에 대한 사랑을 완전히 잃지는 않았지만 거짓 사도와 니골라당(6절)과 싸우다 보니 처음 하나님을 향해 가졌던 열정의 깊이와 의미를 잃게 되었다.[5] 하나님에 대한 사랑이 식으면 형제들에 대한 사랑도 변질된다. 에베소 교회는 용서하고 감싸주는 처음 사랑을 잃었는데 여기서 주님의 질책은 기독교인의 가장 큰 특징인 형제사랑이 식은 모습에 대한 것이다.[6] 한국교회는 일제의 식민지 시절 신사참배를 강요받아 많은 상처를 입었다. 신사참배란 일본의 수백만이 넘는 신들을 섬기는 신도의 신사에 황제까지 신격화하여 포함시켜서 참배하는 우상숭배 행위이다. 일본은 신사참배가 종교행위가 아니라 국가의례라고 주장하고 한국과 한국의 교회에 강요하였다. 그래서 그들의 핍박과 억압에 못 이겨 한국교회들은 신사참배를 하기로 결

5) John Walvoord, 같은 책, pp. 55-56.
6) Robert H. Mounce, 같은 책, p. 88.

의하고 말았다.[7)] 그래서 반대하는 많은 교회의 지도자들이 투옥되었고 신사참배를 안 하는 교회는 문을 닫았고 성도들은 숨어서 예배를 드렸다. 해방이 되고 교회는 신사참배를 했던 자들과 반대했던 자들과 나뉘어 심하게 싸웠고 용서하는 일이 없이 갈라져 오늘날에 이르게 되었므로 한국교회는 처음 사랑을 잃었다. 에베소 교회가 이와 같았다. 에베소 교회가 싸워야 할 상대는 잘못된 교인이 아니라 그 뒤에서 유혹하는 사탄이었으며 미혹된 자들은 사탄에게서 구하여 사랑하여야 했다. 우리의 싸움은 영과 영의 싸움이므로 사랑 안에서 이겨야 한다.

5절. 그러면 어떻게 사랑을 회복하여야 하는가? 첫째로 어디서 사랑을 잃었는가를 생각하고, 둘째로 회개하고, 마지막으로 처음 사랑을 회복하라, 그렇지 않으면 주님께서 우리에게서 촛대를 옮기신다고 주님이 말씀하신다. 에베소 교회가 처음 사랑을 회복하지 않으면 주님의 보호에서 제외하신다는 말씀이다. 사랑이 없으면 교회도 아니고 성도도 아니며 구원도 없는 것이므로 사랑은 우리에게 반드시 있어야 하는 것이라는 뜻이다. 그러나 처음 사랑을 회복하면 "하나님의 낙원에 있는 생명나무의 과실을 주어 먹게 하는 축복을 주시리라"고 약속하신다. 이것은 주님의 백성, 참된 교회는 반드시 처음 사랑을 회복하므로써 영생을 누리는 천국의 축복을 받는다는 뜻이다. 그러므로 우리는 여기서 "너희는 처음 사랑을 잃지 않았는가? 처음 사랑의 때를 기억하라. 처음 사랑을 기억하고 어디서 사랑을 잃었는지를 깨닫게 되면 즉시 회개하고 바로 처음 사랑을 회복하라. 그렇지 않으면 나의 보호도 없고 천국의 영생의 축복도

---

7) 민경배, 『한국 기독교회사』, (서울: 대한 기독교서회, 1973), pp. 345-348 "감리교의 대부분은 심사참배가 정치적인 국민행위에 끝난다는 일본의 말을 글자 그대로 받아드리기로 했다. … 감리교회는 그의 3차 연회(1938, 10, 5-13)에서 미나미 총독의 축사까지 경청하였던 것이다. … 1938년 9월 9일, (장로교회의) 제27회 총회가 평양 서문밖 교회에서 개최되었을 때 경관 97명이 총대 193 총대의 틈틈에 끼어 앉아 살기 도도한 눈길로 회의 진행을 감시했다. 둘째 날 ... (총회장) 홍택기의 의식적인 가결 획책으로 신사참배가 기독교 신앙에 배치되지 않는다고 가결하고 말았다."

누리지 못하리라. 너희는 하나님의 백성이니 반드시 처음 사랑을 회복하라"는 주님의 음성을 듣고 처음 사랑을 회복하고 그 사랑을 지켜나가야 한다.

6절. 주님은 처음 사랑을 회복하라고 명령하신 후에 다시 특별히 에베소 교회가 니골라당의 행위를 미워함으로 구체적으로 교회 내의 악한 자를 미워하였음을 칭찬하신다. 니골라당은 주님도 미워하시기 때문이다. 니골라당의 기원에 대하여는 확실치는 않으나 대부분 요한계시록 2:14, 15절과 연관하여 해석한다. 요한계시록 2:14, 15를 보면 발람이 이스라엘 백성들을 유혹하여 우상의 제물을 먹게 하고 행음을 하게 하였다. 여기서 "백성을 이김 또는 백성을 삼킴"이라는 이방 선지자 이름 "발람"의 헬라어에 해당한 것이 '니골라' 이다. 이단 사설로 백성들을 삼키는 발람의 무리가 헬라어로 니골라당이다. 니골라당은 헬라의 이원론의 영향을 받아 영은 선하고 육체는 악하며 우리의 영은 구원받았으므로 악한 육체가 어떻게 살아도 구원에는 관계가 없다고 주장하는 무율법주의 또는 무도덕주의(율법폐기론)이다. 그래서 그들은 교회에서는 열심히 예배를 드리고 선한 체하나 밖에 나가서는 무도덕적으로 살았다.[8] 에베소 교회가 교회 안에서는 열심히 예배를 드리나 악을 행하는 무도덕주의자들을 용납하지 않았음으로 주님이 특별히 다시 칭찬하신다.

종말 중에 종말인 지금 사탄이 더욱 기승을 부리고 세상이 더욱 악하여짐으로 오늘날 교회 안에 니골라당이 더 많아졌다. 그래서 교회는 싸움마당이 되어가고 있다. 의를 행하려는 자들이 수단과 방법을 가리지 않고 악을 행하는 니골라당에게 오히려 교회건물도 빼앗기고 쫓겨나는 경우가 많다. 그러므로 우리는 무도덕주의자 니골라당과 같은 자들을 처음부터 용납해서는 안 된다. 교회 안에서 악을 용납하는 것은 주님의 뜻이 아니고 은혜로운 행위도 아니다. 에베

---

8) 이상근, 같은 책, p. 64 "저들은 율법의 때는 지났으므로 지킬 필요가 없다. 육신은 악이요, 영만이 선함으로 육신으로 무슨 일을 하든 관계없다. 그리스도인은 은혜로 보호를 받기 때문에 어느 곳에 가서 무엇을 행하든지 해 받음이 없다고 생각하였던 것이다 (Barclay).

소 교회처럼 악한 자를 용납해서는 안 된다고 하니 그러면 주님께서 70번씩 7번이라도 용서하라고 말씀하신 것은 무엇이냐고 항의하실 분이 있을 것이다. 물론이다. 회개하는 자는 용서해야 한다. 용서도 사랑이기 때문이다. 그러나 회개치 않는 자는 우리 중에서 용납해서는 안 된다. 주님도 니골라당을 미워하시기 때문에 그렇게 하지 않는다면 주님으로부터 칭찬은커녕 책망이 있을 것이다.

7절. 주님은 "귀 있는 자는 성령이 교회들에게 하시는 말씀을 들을지어다 이기는 그에게는 내가 하나님의 낙원에 있는 생명나무의 과실을 주어 먹게 하리라" 고 에베소 교회에 보내는 편지를 마치신다. 에베소 교회에 보내는 편지인데 주님께서 끝을 맺는말에서 "교회들에게" 라는 표현하신 것은 이 편지가 모든 교회에 읽혀지도록 보내시는 주님의 편지임을 말한다. 하나님의 말씀은 성령이 감화하심으로 듣는 자가 깨닫고 받는다. 그러므로 성령이 충만한 상태에서 다시 말하면 그리스도 안에서 교회에 하시는 말씀을 듣고 성령의 감화로 깨달아 들어야 할 것이다. 에베소 교회에 보낸 주님의 편지에서 이기는 자란 주님이 말씀하신 대로 성령감화로 주님의 말씀을 듣고 어디서 사랑을 잃었는가를 생각하고 회개하고 처음 사랑을 회복한 자이다. 주님은 이기는 자 즉 처음 사랑을 회복한 자에게 "내가 하나님의 낙원에 있는 생명나무의 과실을 주어 먹게 하리라" 고 약속하신다. "하나님의 낙원에 있는 생명나무의 과실을 주어 먹게 하신다" 는 말씀은 천국에서 죽음과 고난이 존재하지 않는 영생을 가리킨다. 주님의 말씀을 듣고 이기는 성도들은 천국에서 영원한 삶을 누릴 것이다.

나. 서머나 교회에 보낸 주님의 편지(계 2:8-11)

8 서머나 교회의 사자에게 편지하라 처음이며 마지막이요 죽었다가 살아
나신 이가 이르시되 9 내가 네 환난과 궁핍을 알거니와 실상은 네가 부요
한 자니라 자칭 유대인이라 하는 자들의 비방도 알거니와 실상은 유대인이

아니요 사탄의 회당이라 10 너는 장차 받을 고난을 두려워하지 말라 볼지
어다 마귀가 장차 너희 가운데에서 몇 사람을 옥에 던져 시험을 받게 하리
니 너희가 십 일 동안 환난을 받으리라 네가 죽도록 충성하라 그리하면 내
가 생명의 관을 네게 주리라 11 귀 있는 자는 성령이 교회들에게 하시는
말씀을 들을지어다 이기는 자는 둘째 사망의 해를 받지 아니하리라

서머나(오늘날 Izmir)는 에베소 북쪽 약 58km(약 36 마일, 약 145 리) 지점에 있는 에게 해를 끼고 있는 아름다운 항구 도시로서 당시 인구가 약 10만에 이르는 아시아의 또 다른 중요한 번영하는 도시였다. 서머나는 리디아의 수도로 주전 6세기에 패망한 후 주전 3세기에 재건되었고 로마에 충성을 했으며 주전 195년에는 아시아에서 처음으로 로마의 여신을 위한 신전도 건립하고 로마의 보호 아래 황제숭배의 중심지가 되었다. 그리고 이 도시에 유대인들의 큰 집단이 있어서 서머나 교회는 박해를 많이 받았다. 한편 서머나 교회에 대해서는 본 서신 외에 잘 알려진 것이 없으며 "폴리갑의 생애"에서 황제숭배의 중심지인 이곳에서 사도 요한의 제자이며 서머나 교회의 초대 감독이었던 폴리갑(B.C. 155-166)이 순교하였고 바울이 이곳에 전도하였다고 한다.[9] 주님이 순교를 당하기까지 핍박을 당하나 영적으로 부요한 서머나 교회에 편지하신다.

8절. 주님께서 이처럼 엄청난 핍박을 받는 서머나 교회에 편지를 하시면서 자신을 '처음이요 나중이요 죽었다가 살아나신 이' 라고 소개하신다. 그것은 성도가 잠시 순교에 이르는 핍박도 받지만 서머나 교회에 편지를 보내시는 이는 죽었다가 사망의 권세를 이기고 다시 사신 자이므로 성도가 죽어도 다시 살려서 영원한 생명을 주실 분이심을 나타낸다.

9절. 서머나 교회는 빌라델비아 교회와 함께 주님으로부터 칭찬을 받는 교회이다. 영원하시며 사망을 이기시고 부활하신 주님이 "네 환난과 궁핍을 아노니 실상은 네가 부요한 자니라" 고 칭찬하신다. 서머나는 번영한 도시였고 황제

---

9) Hughes, 같은 책, p. 54 ; 이상근, 같은 책, p. 65.

숭배의 중심지로서 로마제국 아래 있는 다른 도시들처럼 우상숭배를 하였으므로[10] 서머나 교회의 성도들은 사회에서나 직장에서나 사업체조합에서도 불이익을 당하고 쫓겨나거나 심지어는 죽음을 당하기까지 핍박을 받았다. 그러나 서머나 교회는 심한 핍박이 있는 환난과 그로 인한 궁핍 속에서도 신앙을 잘 지켰기 때문에 신앙에 있어서 부요함을 주님으로부터 인정받게 된 것이다. 약 2:5을 보면 "하나님께서는 자기를 사랑하지 않고 세상에 대하여 가난한 자를 믿음에 부요하게 하신다"고 말씀하신다. 하나님께서 서머나 교회 성도들이 환난 속에서 가난하게 되었으나 믿음에 있어서는 부요하게 하신 것이다. 물질에서 가난해도 믿음에 부요하여 주님으로부터 그 부요함을 인정받는 것이 큰 축복이 아닐 수 없다.

서머나에는 예루살렘 멸망 후에 이주한 유대인들이 많았다.[11] "자칭 유대인이라 하는 자들의 훼방도 아노니 실상은 유대인이 아니요 사탄의 회당이라"는 말씀을 볼 때 유대인들이 서머나 교회 성도들을 괴롭혔음을 알 수 있다. 서머나 감독 폴리갑(Polycarp, 69-155)이 86세에 체포되어 수사관으로부터 "황제가 주님이시다"고 말하라고 회유받고 총독으로부터 세 번이나 그리스도를 저주하면 살려주겠다는 회유를 뿌리치고 화형을 당할 때에도 유대인들은 이방의 폭도들과 협력했고 그 시체도 성도들에게 주지 못하게 하였다.[12] 서머나 교회는 폴리갑 감독의 순교에서 보는 바와 같이 황제숭배를 거부하고 신앙을 지킴으로써 로마의 심한 박해를 받았고 유대인들한테도 핍박을 받았다. 여호와 하나님을 믿는 유대인이라면 여호와의 회에 속한 자들이어야 하는데 그들은 사

---

10) George Arthur Buttrick, Editor, "Interpreter's Dictionary od the Bible", Vol. 4, Abingdon Press, New York, 1962, p. 393 "The religious life of Smyrna included a variety of cults. The city took pride in the imperial cult. There was also the cult of 'the Mother of Sipylus,' a form of Cybele-worship."

11) Wilcock, 같은 책, p. 45. "The immediate prospect was one of suffering and even death."

12) 이상근, 같은 책, p. 66.

탄이 좋아하는 대로 성경이 예언하는 메시아 예수님을 거부하고 교회 성도들을 죽이는 데 앞장을 서니 그들은 사탄의 회에 속한 자들이며 진짜 유대인이 아니다. 다시 말하면 사탄에 속한 유대인들이 사탄의 지시에 따라 성도들을 핍박한 것이다. 또한 서머나 교회 성도들은 황제숭배나 우상숭배를 거역하므로 직장에서 쫓겨나거나 조합에서 퇴출되어 사업을 하기가 어려워져서 궁핍하게 되었다. 우리가 어려울 때에는 하나님이 기도도 들어 주지 않으시고 침묵 하신다고 걱정도 하고 낙담도 하지만 주님은 다 알고 계시며 더 좋은 것으로 주시는 분이시다.

10-11절. 주님은 이어서 "네가 장차 받을 고난을 두려워 말라. 볼지어다. 마귀가 장차 너희 가운데서 몇 사람을 옥에 던져 시험을 받게 하리니 너희가 십 일 동안 환난을 받으리라" 고 잠시 있을 짧은 고난을 예고하시고 "두려워 말라" 고 당부하신다. 이방 사회와 유대인들로부터 핍박을 받아 몇 사람이 옥에 갇히는 고난을 마귀의 시험이라고 말한다. 그것은 사탄이 그들을 사용하여 서머나 교회를 핍박하는 것으로 성도에 가하는 핍박의 주체가 사탄임을 말하고 있다. 그런데 주님은 서머나 교회가 받을 환난의 기간이 "십일 동안 환난" 이라고 말씀하신다. "십일" 이란 짧은 기간을 뜻한다(창 24:55, 민 11:19, 단 1:12,14, 행 25:6). 또한 주님이 짧은 기간 "십 일" 을 언급하심은 하나님께서 사탄의 시험을 제한하심을 뜻한다.

욥의 경우를 보면 사탄이 욥을 시험하는데 그의 모든 소유물을 치게 해달라고 하나님께 요구할 때 하나님은 소유물만을 해하는 것을 허락하시고 그의 몸에는 손을 대지 말라고 사탄의 시험을 제한 하셨고 사탄이 더 심한 시험을 요구할 때에도 하나님께서 계속하여 욥이 감당할 만큼 시험을 제한하셨음을 볼 수 있다. 고전 10:13 을 보면 "사람이 감당할 시험밖에는 너희에게 당한 것이 없나니 오직 하나님은 미쁘사 너희가 감당치 못할 시험 당함을 허락지 아니하시고 시험 당할 즈음에 또한 피할 길을 내사 너희로 능히 감당하게 하시느니라" 고 말씀한다. 하나님은 서머나 교회가 시험 받는 것을 모르고 계시거나 눈을 감고 계시는 것이 아니라 서머나 교회 성도들이 감당할 수 있는 시험만을 사탄에게 허락하시고 그들이 종국적으로 사탄과 세상을 이기도록 하신 것이다. 그러므로 우리도 사탄과 이 세상의 시험이 아무리 강하다 하더라도 우리의 환난을 다 아시고 지켜보시는 주님을 의지하고 반드시 승리할 것이다.

처음이며 마지막이요, 죽었다가 살아나신 주님은 환난을 당하는 서머나 교회에 두 가지를 당부하고 약속하신다. 첫째로 "죽도록 충성하라 그리하면 내가 생명의 면류관을 네게 주리라"고 하신다. 죽도록 충성하는 일이 결코 쉬운 것이 아니다. 환난이 닥칠 때 얼마나 많은 배교자들이 나왔는지는 기독교 역사가 말하고 있다.

로마가 황제숭배를 교회에 강요한 것처럼 1930년대에 일본은 일본 왕과 무사들의 영을 섬기는 신사참배를 강요하며 이것이 종교행위가 아니고 국민의식이라고 주장하며 집요하게 한국교회를 강압하였다. 이때에 많은 교회와 학교가 폐쇄되고 주기철 목사 등 많은 순교자들이 나왔지만 이에 못지않게 더 많은 배교자들이 나왔다. 이처럼 서머나 교회도 순교를 당하는 등 엄청난 박해를 받았다. 이런 상황에서 죽도록 충성한다는 것은 어려운 일이다. 그러나 주님이 그들의 형편을 다 아시면서도 죽도록 충성하라고 명하시는 것은 어떤 사탄에 의한 고난에 타협을 하지 말라는 뜻이다. 이 땅에서 십자가의 고난을 이기시고 부활하신 우리 주님이 교회를 그 능력의 오른 손으로 붙잡고 계시기 때문이다. 그러므로 우리가 사탄과 이 세상의 시험을 스스로의 힘으로 이기려면 힘들지만 우리 앞에서 고난 받으신 주님을 바라보고 따라가면 우리는 주님 안에서 능히 승리한다(마 11:29, 30, 히 12:13). 이기고 승리하는 자에게 주님은 생명의 면류관을 약속하신다. 면류관은 운동 경기에서 승리자에게 주어진 '승리의 관'을 의미한다. 운동선수가 경기에서 끝까지 싸워 승리하듯이 온갖 핍박에서 신앙의 정절을 지킨 자에게 주님은 영원한 생명의 면류관을 주신다.

둘째로 주님은 "이기는 자는 둘째 사망의 해를 받지 아니하리라"고 약속하신다. '둘째 사망'은 비그리스도인이 당할 하나님과의 영원한 분리(分離) 곧 영원한 죽음을 가리킨다. 여기서 보면 그리스도인은 모두 다 사탄과 그의 환난을 반드시 이기고 승리하는 자이다. 주님은 사탄과 세상의 환난과 시험 앞에서 적당히 적응하면서 자신이 예수를 믿는다고 고백을 하고 세례를 받았으니 구원을 받아 둘째 사망은 당하지 않는다고 안심하고 세상을 적당히 살아가는 외양만 그리스도인인 자들을 용납하지 않는다는 것이다. 우리의 충성은 예배를 드리고 헌금을 하고 주님의 이름으로 약간의 선행을 행하는 것으로 만족해서는 안 되고 끝까지 이기는 신앙이어야 한다. 누구를 이겨야 하는가? 사탄과 그 세력이다. 베드로 전서 5:8, 9을 보면 사탄 마귀는 기회만 있으면 우는 사자처럼 성도를 공격하려고 하므로 믿음을 굳게 하여 지를 대적하라고 말씀한다. 사탄은 우리가 피하려 하면 피하거나 타협할 수 있는 존재가 아니다. 우리 주님이 십자가를 지심으로 당당히 사탄을 이기신 것처럼 주님 안에서 주님과 함께 사탄을 대적하여 이겨야 한다. 이기는 자만이 둘째 사망의 해를 받지 않을 것이다.

다. 버가모 교회에 보낸 주님의 편지 (계 2:12-17)

12 버가모 교회의 사자에게 편지하라 좌우에 날선 검을 가지신 이가 이르
시되 13 네가 어디에 사는지를 내가 아노니 거기는 사탄의 권좌가 있는 데
라 네가 내 이름을 굳게 잡아서 내 충성된 증인 안디바가 너희 가운데 곧
사탄이 사는 곳에서 죽임을 당할 때에도 나를 믿는 믿음을 저버리지 아니
하였도다 14 그러나 네게 두어 가지 책망할 것이 있나니 거기 네게 발람의
교훈을 지키는 자들이 있도다 발람이 발락을 가르쳐 이스라엘 자손 앞에
걸림돌을 놓아 우상의 제물을 먹게 하였고 또 행음하게 하였느니라 15 이
와 같이 네게도 니골라 당의 교훈을 지키는 자들이 있도다 16 그러므로 회
개하라 그리하지 아니하면 내가 네게 속히 가서 내 입의 검으로 그들과 싸
우리라 17 귀 있는 자는 성령이 교회들에게 하시는 말씀을 들을지어다 이
기는 그에게는 내가 감추었던 만나를 주고 또 흰 돌을 줄 터인데 그 돌 위

에 새 이름을 기록한 것이 있나니 받는 자 밖에는 그 이름을 알 사람이 없느니라

버가모는 서머나 북쪽으로 약 80Km(50마일, 200리) 떨어진 곳에 위치한 무시아의 수도로 당시 인구 약 15만명의 도시였다. 에베소와 서머나가 상업적 도시라면 버가모는 문화적이며 종교적인 도시였다. 그래서 버가모에는 의학교가 있었고 장서 20여만 권을 소장한 도서관이 있었으며 책을 만드는 양피지의 생산지였다. 종교적으로는 '아스클라피우스'(Asclepius)라 불리는 치료의 신을 섬기는 치유소(신전)와 일년 내내 산 제물을 제사로 드리는 '제우스'(Zeus) 신전, 버가모 시의 수호신인 아테나를 모시는 신전, 쾌락의 신을 섬기는 '디오니소스'(Dionysos)신전 등이 있었고 무시아주의 수도이므로 어느 곳 못지않게 로마황제를 섬기는 거대한 신전들이 있었던 황제숭배의 중심지였다.[13] 그래서 다른 교회들과 같이 로마의 핍박과 이방종교의 영향과 이단들의 유혹을 받는 버가모 교회에 주님이 편지하신다.

12절. 이러한 버가모 교회에 주님은 편지를 보내시면서 자신을 '좌우에 날선 검을 가진 이' 라고 소개하신다. 요한계시록 1:19에서 말씀한 대로 좌우에 날선 검이란 로마 군인들이 전투에 사용하는 양쪽에 날선 대검으로서 원수를 제압하고 심판하는 강력한 힘을 상징하며 주님이 사탄과 악한 세상을 벌하시는 심판주이심을 뜻한다.

13절. 심판 주이신 주님께서 버가모 교회에 "네가 어디 사는 것을 내가 아노니 거기는 사탄의 권좌가 있는 데라 네가 내 이름을 굳게 잡아서 내 충성된 증인 안디바가 너희 가운데 곧 사탄의 사는 곳에서 죽임을 당할 때에도 나를 믿는 믿음을 저버리지 아니 하였도다"고 칭찬하신다. '사탄의 권좌' 란 버가모에 제우스, 디오니소스, 아테나, 아스클라피우스의 네 개의 전각이 있었고 로마

13) 김명혁, "선교신학 및 선교신학 연구(신학지남 44권 2집 pp. 65-66)" 총회신학대학, 1977, pp. 9-10; 서울, 박윤선, 같은 책, p. 74; Hendriksen, 같은 책, pp. 73-75.

황제를 숭배하기 위한 두 개의 전각이 있음을 가리키며 버가모가 우상숭배의 중심지임을 밝히고 있다.[14] 그래서 버가모 교회는 주위의 우상숭배자들로부터 어느 곳 못지않게 핍박을 받았다. 주님께서는 버가모 교회가 우상의 중심지에서 엄청난 핍박을 받고 있음을 알고 계신다고 위로하신 것이다. 오늘도 하늘에 계신 주님은 우리가 이 세상이 얼마나 신앙생활을 하기가 어려운가를 다 아시고 우리를 보살피신다.

버가모 교회의 충성된 안디바 감독이 서머나의 폴리갑 감독처럼 황제숭배를 거절하고 신앙을 끝까지 지키다가 버가모에서 순교를 당하였다. 그런 박해 속에서도 버가모 교회는 신앙을 지켰다. 그래서 주님은 사단과 대항하여 신앙을 지킨 버가모 교회를 칭찬하신 것이다. 신앙인에게 주님의 칭찬은 축복이다. 우리도 사탄과 대항하여 신앙을 잘 지켜 주님이 오실 때 "잘 했다 착한 종아 네가 충성하였다"는 칭찬을 받아야 한다.

14-15절. 주님은 칭찬을 하시고 이어서 버가모 교회에게 두어 가지 책망을 하신다. 첫째 책망은 버가모 교회에 에베소 교회와 달리 발람의 교훈을 지키는 자들이 있다는 것이다. 민수기 22장 이하를 보면 이방인 술사 발람은 모압 왕 발락으로부터 이스라엘 민족을 저주하라는 사주를 받았지만 하나님의 뜻에 거역하지 못하고 번번이 저주가 아니라 축복을 하였다. 그러나 발락에게 매수된 발람은 발락을 가르쳐 그로 하여금 이스라엘 앞에 올무를 놓아 우상의 제물을 먹게 하였고 또 행음하게 하여 이스라엘 백성 중 수만 명이 하나님의 징계를 받아 죽게 하였다. 이처럼 당시 우상숭배를 하는 사업체 조합이나 직장에서 행하는 우상제사에 참여치 않으면 사업은 물론 일도 못했는데 그들의 가르침을 따르게 되면 죄의식 없이 그러한 우상제사에 참여할 수 있으므로 믿음이 약한 자들이 쉽게 넘어갔고 우상제사에 참여하고 그 음식을 먹는 행위는 그 장소에서의 매춘과 성적인 행위로 이어졌다. 버가모 교회에는 세상과 타협하여

---

14) 박윤선, 같은 책, p. 76.

이런 발람의 교훈을 지키는 자들이 있었고 버가모 교회는 아무런 조처도 취하지 않고 있었다.

회개한 자를 용서하는 것은 사랑이지만 범죄에 눈을 감는 것은 사랑도 은혜도 아니고 죄악이다. 마태복음 18:15 이하를 보면 주님께서 용서에 관하여 제자들을 가르치셨다. 교회에서 형제가 죄를 범하거든 첫 번에는 개인적으로 권면하고 다음은 두 세 증인 앞에서, 마지막으로 교회에 말하고 교회의 말도 듣지 않거든 이방인과 세리와 같이 여기라고 말씀하셨다. 그러자 베드로가 "주여 형제가 내게 죄를 범하면 몇 번이나 용서하여 주리이까 일곱 번까지 하오리이까"고 주님께 질문하였고 주님은 "일곱 번뿐 아니라 일흔 번씩 일곱 번이라도 할지니라"고 말씀하셨다. 여기서 주님이 교회에서 죄를 덮고 용납하라고 하셨는가? 회개하는 자를 용서하고 범죄를 회개치 않는 자는 이방인이나 세리 같이 여기라고 하셨다. 이방인과 세리는 그 시대에 유대의 회당이나 기타 모임에 들어 올 수 없는 사람들이었다. 이방인과 세리와 같이 여기라는 것은 주님께서는 범죄를 그대로 행하는 자들을 교회 밖으로 쫓아내라고 말씀하신 것이다.

오늘날 교회에도 발람의 교훈을 지키는 자들이 많다. 그들은 하나님의 구원의 말씀을 깨달은 그 때가 구원이고 이 구원은 육체와는 관계없이 받았고 죄라고는 전혀 없는 의로운 상태에 들어갔으므로 더 이상 죄의식을 느껴서는 안 되고 회개의 기도를 한다는 것은 그리스도의 십자가를 욕되게 한다고 주장한다.[15] 이 위험한 사상이 한국은 물론 세계로 번져가고 있다. 우리 교회는 이런 발람의 교훈을 결코 용납해서는 안 된다.

두 번째 책망은 버가모 교회에 니골라 당의 교훈을 지키는 자들이 있다는 것이다. "이와 같이 네게도 니골라 당의 교훈을 지키는 자들이 있도다"는 말씀에서 "이와 같이"는 버가모 교회가 발람의 교훈을 지키는 자들을 용납했을 뿐 아니라 니골라 당의 교훈을 지키는 자들도 용납하였다는 것이다. 이미 6절에서

15) Hughes, 같은 책, p. 50; 이상근, 같은 책, p.68.

밝혔듯이 니골라 당은 영은 예수 믿고 죄에서는 구원받아 완전히 자유자가 되었으나 육체는 원래 악한 것이어서 어떻게 살아도 괜찮다고 교인들을 유혹하여 우상숭배하고 행음을 하게 하는 교훈을 가르치고 지키는 자들로 그 교훈은 발람의 것과 같은 무도덕주의이다. 그러면 왜 발람의 교훈을 지키는 자들과 니골라 당을 지키는 자들을 구별하여 언급하였을까? 발람의 교훈을 지키는 자는 니골라 당은 아니지만 그들과 같이 교회를 다니면서도 세상과 타협하여 우상도 섬기고 행음도 마다하지 않는 자들을 말하고 니골라 당을 지키는 자들은 니골라 당에 가입하거나 그 교훈을 받아들여 지키고 행하는 자들로 여겨진다. 버가모 교회는 발람의 교훈을 지키는 자들을 용납하였기에 니골라당의 교훈을 지키는 자들도 자연스럽게 용납한 것이다.

오늘날 한국교회도 니골라 당을 엄격하게 배척하지 않고 니골라 당의 교훈과 같은 설교를 하고 이에 따른 신앙생활을 하는 자들이 많다. 예를 들면 그들은 성도가 성결의 삶을 살아야 한다는 설교보다는 요한삼서 2절을 인용하여 기복신앙에 관한 설교를 하고 교회의 성장과 헌금을 부추기고 죄의식을 삭감해주는 달콤한 설교를 한다. 그러니 많은 교인들이 예수 그리스도를 믿고 그 안에 사는 것이 아니라 구원의 말씀을 깨달았다 또는 예수 믿고 세례를 받았다는 사실만 가지고 구원받았다고 믿고 예수 그리스도 밖에서 교만과 방종, 타락의 삶을 무의식적으로 따라가며 세상과 타협하며 살아가는 것이다. 그러니 세상에 속한 표면적 그리스도인에게는 이러한 이단들이 인기가 있을 수밖에 없다. 이런 니골라 당이 성도들을 미혹하도록 해서는 결코 안 된다.

16절. 주님께서 버가모 교회에 대한 책망에 이어 "그러므로 회개하라 그리하지 아니하면 내가 네게 속히 가서 내 입의 검으로 그들과 싸우리라"고 말씀하신다. "회개하라"는 말씀은 발람과 니골라 당의 교훈을 지키는 자들에게 하신 것이 아니라 직접 그들과 같이 악을 행하지 않았지만 그들을 교회 안에서 용납한 버가모 교회의 다른 교인들에게 하신 말씀이다. 그러면 교회 안에서 발람과 니골라 당의 교훈을 지키는 자들을 미워하고 교회 밖으로 쫓아내라는 뜻인가? 아니다. 자신만 발람과 니골라 당의 교훈을 지키지 않으면 된다고 생각하지 말고 교회 안에 있는 영혼들의 책임이 교회에 있으니 사탄을 대적하여 그 교훈들에 미혹된 성도들을 발람과 니골라 당의 교훈에서 구하고 그 교훈들을 교회 안에 용납하지 말라는 뜻이다. 직접 잘못한 것만이 죄가 아니라 그들을 교회 안에 용납한 것도 하나님께 죄를 범하였다고 말씀하시는 것이다.

버가모 교회가 발람과 니골라 당의 교훈을 용납한 것을 회개치 않으면 민수기 31장에서 하나님께서 발람은 물론이고 발람의 유혹에 빠진 자들을 다 죽이셨듯이 주님께서 속히 임하여 주님의 입의 검 즉 말씀으로 그들을 심판하신다고 말씀하신다(엡 6:17; 히 4:12). '속히 임하여' 는 "미래에 임하셔서" 가 아니라 지금 바로 임하신다는 뜻이다.[16)]

현대의 교회에도 발람과 니골라 당의 교훈이 있는가? 위에 언급한대로 기복신앙에 따라 행동이 일치하지 않는 이중적인 기독교 윤리, 그리고 개혁신앙 가운데에서도 삶의 모든 분야에서 하나님의 절대주권을 인정하면서도 개인의 직업과 가정과 교회에 있어서 나타나는 성공주의, 물질 만능주의, 그리고 교회와 개인의 삶에 있어서 세상적인 방법과 가치관을 신봉하며 따라가는 세속주의와 자아 중심주의 등이 현대의 발람과 니골라당의 가르침이라고 할 수 있다.[17)] 당

---

16) Lenski, 같은 책, p. 93; 이필찬, 같은책, p. 147.

17) 니골라당의 사상은 권신찬, 이요한(전국 40여 지부, 09년), 박옥수(해외 포함 300여 지부, 09년)의 구원파와 유사하다. 크리스챤투데이가 2004년 4월 21일에 발표한 한국기독교 총연합회 (대표회장:길자연 목사) 이단사이비 대책위원회와 이단사이비 문제상담소가 발간한 '이단 사이비 종합 자료 2004' 의 내용 중에 '구원파에 대한 예장통합의 연구보고서 '에 의하면 "믿음의 한 가지 기능인 깨달음만으로 구원받는다는 구원파의 주장은 영지주의적 사고임에 틀림이 없으며, 구원의 확신이 곧 구원이라고 생각하는 점은 구원의 역사에 대한 하나님의 주권(롬 9:16)을 무시하는 처사이다. 또한 구원을 위한 단회적 회개와 성화를 위한 반복적 회개를 구별하지 못하는 것이나, 스스로를 죄인이라고 하면 지옥간다는 주장은 성경의 가르침에 위배되는 명백한 이단으로 사료된다는 연구결과에 따라 제77회 총회(1992년)에서 이단으로 규정되었다" 고 말하고 있다.

쉽게 말하면 믿음은 성경에서 구원의 진리를 알아 깨닫는 지적 요소와 그 깨달은 말씀을 확신하는 정적 요소와 하나님의 말씀에 계시된 예수 그리스도를 믿고 영접하는 의

시 버가모 교인들이 사회적 지위를 유지하기 위해, 경제적인 불이익을 모면하기 위해, 그리고 신체적인 핍박을 피하기 위해, 아니면 단순히 주위 사람들에게 왕따 당하지 않기 위해 참여하던 우상제사나 현대의 교인들이 신앙생활을 한다고 하면서도 현대문화에서 우상시하는 돈, 재물, 권력을 전심으로 추구하면서 일시적으로라도 하나님과 교회와 가정을 등한시하는 것과 무엇이 다른가? 우리는 교회에 창궐하는 발람과 니골라 당의 교훈을 결단코 용납해서는 안 될 것이다.

17절. 주님은 이어서 "귀 있는 자는 성령이 교회들에게 하시는 말씀을 들을지어다 이기는 그에게는 내가 감추었던 만나를 주고 또 흰 돌을 줄 터인데 그 돌 위에 새 이름을 기록한 것이 있나니 받는 자 밖에는 그 이름을 알 사람이 없느니라"고 신앙을 지키는 승리자에게 축복을 약속하신다.

첫째로 이기는 자에게 감추었던 만나를 주신다. 만나는 모세가 이끄는 이스라엘 백성이 애굽을 떠나 홍해를 건너 엘림과 시내 산 사이에 있는 신 광야에 이르렀을 때 먹을 것이 떨어져 애굽에서의 삶을 그리워하며 굶어죽게 되었다고 모세와 아론에게 원망하며 불평하였는데 여호와 하나님께서 하늘에서 양식을 비 같이 내리시기 시작하셨고(출 16:1 이하) 그 양식은 광야 생활 내내 이스라엘 백성들의 양식이 되었고 여호수아가 이끄는 이스라엘이 가나안을 정복하고 그 땅의 소산물을 먹은 다음 날에 만나가 그쳤다(수 5:12). 주님께서 요한복음 6:22 이하에서 친히 이 만나는 생명의 떡인 자신을 나타낸다고 밝히셨다.

지적 요소가 있다고 말씀하는데 구원파는 첫 번째의 요소만을 강조하여 하나님의 구원의 말씀을 깨달은 그 때가 구원이고 이 구원은 육과는 관계없이 받아 죄라고는 전혀 없는 의로운 상태에 들어갔으므로 더 이상 죄의식을 느껴서는 안 되고 회개의 기도를 한다는 것은 그리스도의 십자가를 욕되게 한다는 것이다. 권신찬이 1974년 3월 23일 기독신보와 회견에서 "구원은 영이 받았으므로 육으로 하는 것은 관계치 않으며 한 번 깨달으면 다시 범죄도 없고 죄를 지어도 죄가 아니며 생활 속에서 짓는 죄는 죄가 되지 않는다"고 주장했다. 구원파는 한 마디로 영은 착하여 진리를 깨달으므로 구원을 받으면 육은 원래 악한 것이니 이 땅에서 아무렇게 산다고 해도 상관이 없다고 가르친 니골라 당이다.

유대인들이 옛날 광야에서 하나님이 하늘에서 만나를 내려주시듯 메시아가 오면 만나를 먹으리라 생각하고 있는 유대인들에게 주님께서 친히 "내가 곧 생명의 떡이니라 너희 조상들은 광야에서 만나를 먹었어도 죽었거니와 이는 하늘에서 내려오는 떡이니 사람으로 하여금 먹고 죽지 아니하게 하는 것이니라(요 6:48-50)"고 말씀하셨다. 만나가 생명의 양식이신 그리스도를 상징하므로 그리스도는 감추어진 만나이다. 그러므로 "감추어진 만나"를 주신다는 것은 버가모 교회의 일부 교인들이 자신의 사회적 지위와 생계를 유지하기 위해 우상숭배에 참여하여 우상제물을 먹는 대신에 이기는 자는 생명의 양식인 그리스도를 믿고 영생을 얻는다는 뜻이다.[18)]

둘째로 주님은 새 이름이 기록된 흰 돌을 주신다. '흰 돌'은 경기장에서 우승자의 이름을 새겨주는 돌로 하나님 나라에서 신앙의 정절을 지킨 승리자에게 주는 상급이며, 영광스런 하나님 나라의 잔치에 참여케 하는 보상이다. 또한 주님은 그 흰 돌 위에 '새 이름'을 새겨서 주신다. 옛날에는 승리하고 돌아오는 유공자들에게 왕이 상급과 새 이름을 주었듯이 우리가 사탄과의 싸움에서 이기면 왕이신 주님이 우리에게 새 하늘과 새 땅에서 살아갈 새 이름과 상급을 주실 것이다(사 62:2, 참조 65:15, 43:32).

또한 그 흰 돌 위에 새 이름을 기록한 것이 있는데 받는 자밖에는 그 이름을 알 사람이 없다. 흰 돌 위에 이름이 그리스도의 새 이름이라는 주장이 있으나 문맥으로나 이사야서 62:2을 볼 때 이것은 흰 돌을 받은 자의 이름이다. 양의 우리의 비유(요 10:1-6)에서 목자이신 주님은 자기 양의 이름을 각각 불러 인도하여 내며 … 양들이 그의 음성을 아는 고로 따라온다고 말씀하신다. 그러므로 주님이 이기는 자 즉 구원받은 자에게 주시는 상급인 흰 돌 위에 쓰여진 이름이 "받는 자밖에는 그 이름을 알 사람이 없다"는 것은 주님이 부르시고 구원하시는 것은 주님과 구원을 받는 자만의 체험이므로 구원을 받는 자밖에는

---

18) Hughes, 같은 책, pp. 64-65; Hendricksen, 같은 책, p. 78.

알 수 없다는 뜻으로 보인다.[19)]

라. 두아디라 교회에 보낸 주님의 편지 (계 2:18-29)

18 두아디라 교회의 사자에게 편지하라 그 눈이 불꽃같고 그 발이 빛난 주
석과 같은 하나님의 아들이 이르시되 19 내가 네 사업과 사랑과 믿음과 섬
김과 인내를 아노니 네 나중 행위가 처음 것보다 많도다 20 그러나 네게
책망할 일이 있노라 자칭 선지자라 하는 여자 이세벨을 네가 용납함이니
그가 내 종들을 가르쳐 꾀어 행음하게 하고 우상의 제물을 먹게 하는도다
21 또 내가 그에게 회개할 기회를 주었으되 자기의 음행을 회개하고자 하
지 아니 하는도다 22 볼지어다 내가 그를 침상에 던질 터이요 또 그와 더
불어 간음하는 자들도 만일 그의 행위를 회개하지 아니하면 큰 환난 가운
데에 던지고 23 또 내가 사망으로 그의 자녀를 죽이리니 모든 교회가 나는
사람의 뜻과 마음을 살피는 자인 줄 알지라 내가 너희 각 사람의 행위대로
갚아 주리라 24 두아디라에 남아 있어 이 교훈을 받지 아니하고 소위 사탄
의 깊은 것을 알지 못하는 너희에게 말하노니 다른 짐으로 너희에게 지울
것은 없노라 25 다만 너희에게 있는 것을 내가 올 때까지 굳게 잡으라 26
이기는 자와 끝까지 내 일을 지키는 그에게 만국을 다스리는 권세를 주리
니 27 그가 철장을 가지고 그들을 다스려 질그릇 깨뜨리는 것과 같이 하리
라 나도 내 아버지께 받은 것이 그러하니라 28 내가 또 그에게 새벽 별을
주리라 29 귀 있는 자는 성령이 교회들에게 하시는 말씀을 들을지어다

두아디라는 서머나와 버가모 중간지점에 있으며 버가모에서 동남쪽으로 약 65km(약 40마일, 약 160리) 떨어진 내륙지방에 위치하고 있으며 많은 산업 중 특히 염색 산업이 유명했다. 빌립보에서 개종한 자주 장사 루디아가 이곳 출신의 여인이었는데 그녀는 이 도시에 거주한 유대인들의 영향으로 하나님을 섬

---

19) Hughes, 같은 책, pp. 66-67; 이상근, 같은 책, pp. 70-71.

기는 자가 된 것 같다(행16:14).[20] 도시가 천연 요새가 없이 노출되어 있어서 로마 수비대가 이 도시를 방어하기 위해 항시 주둔해 있었다. 이 도시는 규모가 작고 다른 도시들에 비해 내세울 것이 없는 평범한 도시였지만 많은 사람들이 자주 왕래하는 교통의 중심지로서 어느 정도 번창하는 상업도시와 무역도시가 되었다. 당시 두아디라는 모직, 직조, 염색, 털가죽, 제혁, 그릇 등을 제조하거나 거래하는 상업이 발달하여 많은 동업조합들이 있었다. 이 동업조합들은 사업의 번창을 위해 우상숭배를 행하였고 각 조합마다 수호신 우상을 갖고 있었다.[21] 그 당시 그곳에서는 조합에 가입을 하지 않고서는 취직도 사업도 할 수 없었기 때문에 우상숭배를 거부하는 교인들은 여러 면에서 불이익과 핍박을 받아야만 했다. 외부의 적으로부터의 위협과 아무것도 의지하고 자랑할 만한 것이 없는 연약한 상태에서 각종 산업들을 통해 다른 도시들을 섬기는 위치에 있는 이 도시를 향하여 주님은 일곱 교회 중에서 가장 내용이 길고 의미가 깊은 편지를 보내신다.

18절. 그러한 두아디라 교회에 주님은 편지를 하시면서 자신을 "그 눈이 불꽃같고 그 발이 빛난 주석과 같은 하나님의 아들"이라고 소개하신다. 이 모습은 다니엘서 10장 6절 이하에 나타난 심판자로서의 모습을 나타낸다. 하나님의 아들은 불꽃같은 눈으로 아무리 멀고 어두운 곳도 꿰뚫어 보시며, 빛난 주석과 같은 발로 자신의 통치에 반역하는 어떠한 세력들도 제압할 수 있으시다.[22] 1장에서 이미 언급한 바와 같이 주님은 모든 것을 다 아시고 사탄과 그 세력을 벌하시는 심판 주 하나님으로서 편지를 보내시는 것이다. 두아디라는 제우스의 아들 태양신 '아폴로'를 자신들의 수호신으로 섬겼는데[23] 주님은 쥬

---

20) Hughes, 같은 책, p. 66.
21) Hendricksen, 같은 책, p. 82.
22) Robert G. Bratcher & Howard A. Hatton, "A Handbook on the Revelation of John", New York: United Bible Societies, 1933: p. 57.
23) Mounce, 같은 책, p.102; 이상근, 같은 책, p. 71; 이필찬, 같은 책, p. 153.

피터(제우스)의 아들인 아폴로(아폴론)나 로마황제가 아니라(둘 다 자신을 하나님의 아들이라고 자칭하였음) 자신만이 모든 것을 아시고 강한 권세와 힘센 발로 사탄과 악한 세상을 벌하시는 심판주로 오시는 하나님의 아들이심을 강조하신 것이다.

19절. 하나님의 아들이시요 심판 주이신 주님은 두아디라 교회에게 "내가 네 사업과 사랑과 믿음과 섬김과 인내를 아노니 네 나중 행위가 처음 것보다 많도다" 라고 그들의 신앙의 다섯 가지 덕목을 칭찬하신다. 살전 1:3에서 믿음, 소망, 사랑을 "믿음의 역사와 사랑의 수고와 소망의 인내" 라고 표현하고 있다. 사업과 역사는 행위(work)를 가리키는 같은 뜻으로서 그 행위는 사랑, 믿음, 섬김과 인내의 행위로 나타난다. 두아디라 교회도 에베소 교회와 같이 말이나 생각으로만 믿음과 소망과 사랑을 행하는 것이 아니라 믿음의 행위와 사랑의 섬김과 소망의 인내를 동반하는 신앙의 세 가지 덕을 잘 행하였다.

에베소 교회는 처음에는 이 신앙의 덕들을 잘 행하여 주님으로부터 칭찬을 받았으나 나중에는 처음 사랑을 잃었기에 책망을 받았다. 그러나 두아디라 교회는 에베소 교회와는 달리 처음에도 잘 했지만 나중에 더 잘하여 신앙의 진보를 보였음을 칭찬하신다. 사람은 처음에는 잘하다가 나중에 자신도 모르게 습관과 전통을 만들고 그 속에 갇혀버린다. 교회에서도 처음 믿는 자가 더 순수하고 열심이나 오히려 오래 믿는 자는 흔히 교만과 편견 속에 빠져 믿음의 행위와 사랑의 섬김과 소망의 인내를 버리고 고집과 교만으로써 다른 사람들을 비난하는데 앞장을 선 것을 본다. 그러므로 우리는 항상 말로만 행하는 신앙이 아니라 주님 앞에 갈 때까지 믿음의 행위와 사랑의 섬김과 소망의 인내를 계속 더 행하므로 주님의 칭찬을 받아야 한다.

20-21절. 주님은 칭찬을 하시고 이번에는 책망을 하신다. 첫째 책망은 두아디라 교회가 성도들을 가르쳐 꾀어 행음하게 하고 우상의 제물을 먹게 하는 자칭 선지자라 하는 여자 이세벨을 용납한 것이다. 구약성경에서 '이세벨' 은 이방 시돈의 왕녀로 이스라엘 왕 '아합' 의 왕비가 되어 바알 신을 이스라

엘에 가져와 이스라엘로 하여금 우상 숭배를 하게 함으로 영적 간음을 행하게 하였다(왕상 16:31; 왕하 9:7). 이세벨의 행위는 니골라 당이나 발람의 가르침과 같다. 두아디라 교회가 용납한 자칭 선지자의 이름이 이세벨인지 이세벨 같은 자인지는 분명하지 않다. 그러나 분명한 것은 자칭 여자 선지자가 있어 구약의 이세벨처럼 두아디라 교회의 성도들을 미혹하여 우상제물을 먹고 음행을 하게 하였는데 두아디라 교회의 잘못은 그 자칭 여선지자를 용납한 것이다. 두아디라 교회는 여러 차례 권면을 하고 회개하지 않으면 징계하여 거짓 선지자의 행위를 막고 성도들을 보호했어야 했다(마 18:15-18). 에베소 교회는 니골라 당과 거짓 선지자들을 용납하지 않았지만 사랑의 행위를 잃었기 때문에 책망을 받은 반면, 두아디라 교회는 사랑의 행위를 많이 행하였고 이 면에서 진보가 있었으나 이세벨의 잘못된 교리를 받아드리고 용납하므로써 책망을 받았다.

둘째 책망은 자칭 여자 선지자 이세벨이 회개할 기회를 얻고도 회개하지 않는 사이 성도들도 미혹되어 음행에 동참한 것이다. 여기서 거짓 선지자 이세벨이 성도들을 미혹한 방법은 버가모 교회에서 나타났던 발람의 교훈처럼 자기 신앙을 타협하여 우상제사에 참여하고 행음하게 한 행위(2:14)이다(고전 8:1-13 참조). 하나님께서 거짓 선지자를 치지 않으시는 것은 회개의 기회를 주시는 것인데 그는 회개치 아니했고 그 사이 성도들이 미혹되었지만 교회는 아무런 조처도 취하지 않았으므로 주님이 책망하신 것이다. 이것은 권징이라는 참된 교회의 직무를 포기한 것이다.

오늘날의 교회나 우리의 삶에 있어서도 똑같은 상황을 보게 된다. 나(우리 교회)는 진리에 치우쳐서 은혜(사랑)를 소홀히 하는가? 아니면 은혜에 치우쳐 진리를 소홀히 하고 있는가? 그러나 주님께서는 우리가 은혜와 진리를 함께 구비하기를 원하신다. 왜냐하면 그 분은 은혜와 진리가 충만하신 분이시기 때문이다(요1:14). 오늘날 교회는 두아디라 교회처럼 잘못된 교리나 행실에 대해 권징을 하지 않을 뿐 아니라 누구도 권징을 받으려고 하지도 않는다. 권징의 목적은 미혹된 자들을 사랑으로 회복시키는 것이므로 교회는 내쫓는 징계가 아니라 사랑과 용서의 권징을 행하여야 하고 그 권징이 하나님의 말씀을 따르는 것이라면 성도는 그 권징을 겸손하게 받아야 한다. 신학적으로 참된 교회를 나타내는 특징을 참된 말씀의 선포, 정당한 성례의 집행, 그리고 신실한 권징의 시행이라고 말한다. 권징이 없으면 참된 교회가 아니다.

22절. 두아디라 교회가 거짓 선지자와 그에게 미혹되어 우상의 제물을 먹고 음행을 한 자들을 권징을 하지 않으므로 그들이 회개하지 않아 주님은 그들에 대한 심판을 선언하신다. "볼지어다. 내가 그를 침상에 던질 터이요. 또 그로 더불어 간음하는 자들도 만일 그의 행위를 회개치 아니하면 큰 환난 가운데 던지고 또 내가 사망으로 그의 자녀를 죽이리라." "침상에 던지다"는 말씀은 23절에서 "사망으로 그의 자녀를 죽이리라"는 말씀을 볼 때 각종 질병이나 사고로 자리에 눕게 되어 죽기까지 하는 심판을 말한다. 회개의 기회를 주었는데도 회개하지 않고 죄를 범하면 그는 하나님의 택한 자가 아니고 하나님의 심판을 받을 자인 것이다. 회개하지 않는 거짓 선지자뿐 아니라 그와 함께 간음하는 자들이나 그에게 속한 자들도 모두 회개치 아니하면 큰 환난 가운데 던져지고 죽임을 당하는 심판을 받을 것이다.

23절. 주님은 책망과 심판을 말씀하신 후 두아디라 교회에 회개를 촉구하신다. "또 내가 사망으로 그의 자녀를 죽이리니 모든 교회가 나는 사람의 뜻과 마음을 살피는 자인 줄 알지라 내가 너희 각 사람의 행위대로 갚아 주리라." "모든 교회가 주님이 사람의 뜻과 마음을 살피는 자인 줄 알라"는 말씀은 우리 주님이 전능하신 분으로 사람의 마음과 뜻까지 다 보고 아시니 주님 앞에서 모든 교회의 성도들은 믿음을 지키고 회개하라고 촉구하신 말씀이다. 수시로 좀도둑으로 들끓던 헬스센터 탈의실에 나이 많은 노인이 지킨 후 부터 도둑이 사라진 경우를 보았다. 하물며 불꽃같은 눈을 가지신 주님이 우리 중에 계셔서 우리를 다 보시고 계심을 상상해 보자. 성자 하나님이시며 불꽃같은 눈을 가지신 심판 주이신 주님이 우리 중에 계시면서 우리를 보고 계시는데 우리가 어떻게 죄를 범할 수 있으며 설사 죄를 범하였다고 하더라도 회개치 않고 어떻게 견딜 수가 있겠는가? 주님은 불꽃같은 눈으로 다 보시고 우리 각 사람이 행한 대로 상 주실 자에게 상을 주시고 심판하실 자를 심판하신다. 그러므로 우리는 믿음, 소망, 사랑의 신앙생활을 잘 해야 하고 우리 안에 이세벨을 용납해서는 안 된다. 주님은 이세벨을 드러내서 심판하심으로써 주님이 불꽃같은 눈으로 사람의 뜻과 마음을 살피시고 심판하시는 주님이심을 알게 하고 사탄의 깊은 것 즉 책략을 드러내서 아직 미혹되지 않은 성도들을 보호하시고자 하신다.

24-25절. 마지막으로 주님은 두아디라 교회가 이세벨은 용인했지만 두아디라에 남아 있어 그의 교훈을 받지 아니하고 소위 사탄의 깊은 것을 알지 못하는 두아디라 교회 성도들에게 권면하신다. "다른 짐으로 너희에게 지울 것은 없노라 다만 너희에게 있는 것을 내가 올 때까지 굳게 잡으라." "사탄의 깊은 것"이라는 말은 바로 앞에 있는 "이 교훈"과 병행구이다. 물론 이 교훈이란 20절에서 자칭 선지자라 하는 여자 이세벨이 두아디라 교회의 성도들을 가르쳐 꾀어 행음하게 하고 우상의 제물을 먹게 하는 이단 사설이다. "사탄의 깊은 것"이란 표현은 그 이단 사설이 거짓말을 하여 미혹하게 하는 사탄의 깊은 속내임을 나타낸다. 본문을 통해서는 "사탄의 깊은 것"이 구체적으로 무엇인지 정확히 알 수 없으나 많은 주석가들이 신비적 지식을 통해 하나님의 깊은 것을 터득한다고 주장하며 스스로를 가리켜 "깊은 것"과 교통하는 자들이라고 부르기를 좋아하는 헬라철학의 영향을 받은 영지주의의 교훈이라고 추측한다.[24] "너희에게 있는 것"은 19절에서 밝힌 바와 같이 믿음의 사업 즉 행위와 섬김의 사랑과 인내의 소망"을 실천하는 두아디라 교회의 성도들의 신앙이다. 우리 주님은 주 예수 그리스도를 믿는 자들에게 그들이 감당하기 어려운 짐을 지우지 않으신다. 우리 주님은 오히려 수고하고 무거운 짐 진 자들을 부르시고 주님께 오는 자들에게는그 짐을 벗기시고 주님 안에서 안식하게 하신다(마

24) 이상근, 같은 책, p. 74; Hughes, 같은 책, p. 71.

11:28). 주님께선 두아디라 교회가 주님의 칭찬을 받았듯이 "믿음의 사업 즉 믿음의 행위와 섬김의 사랑과 인내의 소망"을 처음에도 잘 행하였고 나중에는 더 나아지는 그 실천하는 신앙을 주님이 오실 때까지 잘 지키라고 말씀하신다.

26-29절. 주님은 권면을 하신 후에 주님의 일 즉 우상제사에 참여하고 행음하지 않을 뿐 아니라 끝까지 자신의 신앙을 지켜 승리하는 자에게 축복을 약속하신다. 첫째로 만국을 다스리는 권세를 주리라고 약속하신다. 27절에서 그리스도가 하나님 아버지로부터 철장을 가지고 질그릇 깨뜨리는 것과 같이 만국을 다스리는 권세를 받았는데 이기는 자에게 약속한 만국을 다스리는 권세는 그것과 같다고 한다. 이 약속은 시편 2:7-9을 반영하는데 이 말씀은 메시아로 오시는 주님이 왕이 되셔서 철장으로 질그릇을 깨트리는 것과 같은 강한 권세로 온 세상을 다스린다는 것을 말한다. 디모데 후서 2:11,12을 보면 "우리가 주와 함께 죽었으면 또한 함께 살 것이요 참으면 또한 함께 왕 노릇 할 것이요"라고 말씀하고 요한계시록 5:9,10에서는 어린 양 곧 왕 되신 그리스도께서 자신의 피로 산 자들로 우리 하나님 앞에서 나라와 제사장들을 삼으셨으니 그들이 땅에서 왕 노릇 하리로라고 한다. 이기는 자 즉 믿음을 끝까지 지키는 자는 왕 되신 주님의 권세를 받아 주님과 함께 왕 노릇한다. "그가 철장을 가지고 저희를 다스려"라는 말씀에서 "다스리다"의 헬라어 원문은 "양을 치다 또는 양을 돌보다"를 의미한다. 주님의 말씀은 목자가 철장을 가지고 질그릇을 깨뜨리는 것같이 주님이 원수를 박살내어 정복함으로 양을 돌보신다는 뜻이다.[25] 다시 말하면 주님이 이기는 자에게는 심판을 내리지 아니하시고 보호하시며 사탄과 세상을 심판하시는 주님의 권세에 참여하는 축복을 주신다고 약속하시는 것이다.

둘째로 주님은 이기는 자에게 새벽 별을 주리라고 약속하신다. 계 22:16에서 주님은 자신이 다윗의 뿌리요 자손이니 곧 광명한 새벽 별이라고 친히 밝히

25) 이상근, 같은 책, p. 75; 이필찬, 같은 책, 166.

셨고 백성을 미혹한 발람조차도 새로 오실 메시야를 새벽 별로 예언하였다(민 24:17). 주님께서 이기는 자에게 새벽 별이신 메시야 자신을 주시겠다고 말씀하신 것이다. 사탄이 지배하는 악한 세상은 어둠이다. 어둠 속에서 끝까지 인내하고 승리하는 자들에게 새벽을 열어주시는 구원자 주님께서 그들에게 오셔서 함께 계시리라는 뜻이다. 믿는 자에게 하나님이신 그리스도가 함께 계신다는 것은 영광 중의 영광이요 축복 중에 축복이다. 귀 있는 자 즉 믿음의 소유자는 성령이 교회들에게 하시는 이 말씀을 들어야 한다.

마. 사데교회에 보낸 주님의 편지(계 3:1-6)

> 1 사데 교회의 사자에게 편지하라 하나님의 일곱 영과 일곱 별을 가지신
> 이가 이르시되 내가 네 행위를 아노니 네가 살았다 하는 이름은 가졌으나
> 죽은 자로다 2 너는 일깨어 그 남은 바 죽게 된 것을 굳건하게 하라 내 하
> 나님 앞에 네 행위의 온전한 것을 찾지 못하였노니 3 그러므로 네가 어떻
> 게 받았으며 어떻게 들었는지 생각하고 지켜 회개하라 만일 일깨지 아니하
> 면 내가 도둑 같이 이르리니 어느 때에 네게 이를는지 네가 알지 못하리라
> 4 그러나 사데에 그 옷을 더럽히지 아니한 자 몇 명이 네게 있어 흰 옷을
> 입고 나와 함께 다니리니 그들은 합당한 자인 연고라 5 이기는 자는 이와
> 같이 흰 옷을 입을 것이요 내가 그 이름을 생명책에서 결코 지우지 아니하
> 고 그 이름을 내 아버지 앞과 그의 천사들 앞에서 시인하리라 6 귀 있는
> 자는 성령이 교회들에게 하시는 말씀을 들을지어다

사데는 두아디라 남남동 약 48km(약 30마일, 120리) 떨어진 헬무스강(Hermus)과 트몰루스산(Tmolus) 간의 언덕 위에 세워진 난공불락의 도시국가였고 그의 산 지형으로 말미암아 부강하였으나 주전 546년 페르시아(바사)에 점령을 당한 이후 그리스(헬라)의 영토가 되었다가 주전 6세기에는 로마제국의 리디아 주의 수도로 세계적인 도시가 되었다. 또한 사데는 양털 염색과 염직 공업이 흥하였고 따라서 사치스럽고 부도덕한 도시가 되었다. 종교적으로 사데는

시벨리(Cybele) 여신을 섬겼다. 그래서 사데 교회도 사데의 물질적인 부요와 핍박이 없는 안전한 환경의 영향으로 현실과 타협하는 안일한 신앙생활을 하였다.[26] 주님은 현실에 안주하는 사데 교회에 편지하신다.

1절. 사데 교회에 주님은 편지하시면서 자신을 "하나님의 일곱 영과 일곱 별을 가진 이"라고 소개하신다. '하나님의 일곱 영'은 충만한 역사를 하시는 성령을 가리키며(1:4,16,20), '일곱 별'은 교회를 수호하는 일곱 천사로서 주님이 성령의 능력과 천사들을 동원하시어 교회를 보호하심을 나타낸다.(1:20 주해 참조). '살았다는 이름은 가졌으나 죽은 자'라고 책망 받은 사데 교회에 주님은 자신이 교회 안에서 일하시는 성령과 교회를 수호하는 천사를 통하여 교회를 주관하시니 주님의 말을 듣고 깨어 회개하여 살아나라고 권고하시는 것이다. 겉모습은 살아있으나 안은 죽어있는 교회를 살릴 수 있는 것은 오직 주님의 도우시는 은혜와 주님으로부터 오는 성령의 능력이다.

성령과 천사들을 주관하시는 주님이 사데 교회를 "내가 네 행위를 아노니 네가 살았다 하는 이름은 가졌으나 죽은 자로다"고 책망하신다. 사데 교회는 라오디게아 교회와 함께 칭찬 없이 책망만 듣는 교회이다. "살았다 하는 이름은 가졌다"는 것은 사데 교회가 외적으로는 사데의 물질적인 부요와 핍박이 없는 안전한 환경의 영향으로 부흥하고 활기가 넘치지만 영적으로 죽은 것처럼 아무런 생명력의 역사도 일어나지 않고 경건의 모양만 있고 능력이 나타나지 않는 교회라는 말이다. 외부의 핍박이 가장 적은 지역이고 이단에 대한 언급이 없는 것으로 보아 이단의 공격도 없어서 교회는 풍족하고 부흥했으나 이교적 문화나 주변 환경과 타협함으로 타락하여 생명력을 잃어버린 것으로 보인다. 이 책망은 바로 오늘의 한국교회에 하신 말씀이라고 생각된다. 한국교회

---

26) 이상근, 같은 책, p. 78; 이필찬, 같은 책, p. 183.

27) 국제 투명성 기구(Trensparency International)가 2008년도 각 나라의 부패인식 지수를 발표했는데 한국은 5.6점을(10점) 받아 180개 국가 중 40위를 차지했다. 한국은 OECD 회원국의 평균 7.1점에 크게 못 미치므로 청렴 선진국 클럽에 속하지도 못한다. 한국교

는 근대에 이르러 한국사회의 풍요 속에서 사데 교회처럼 풍족하고 부흥했으나 사회보다 더 부패하여 비난의 대상이 되고 있다.[27] 한국교회는 성도 10만 이상의 대형교회가 많으며 지금도 대형교회는 잘되고 있다고 하나 한국교회 전체 성도의 수는 줄고 있다고 한다. 이것은 실제로는 주님의 생명력이 역사하지 않고 전도와 부흥이 없는 한국교회는 "살았다 하는 이름은 가졌으나 죽은 교회" 임에 틀림없다.[28]

2절. 엄하게 책망을 하신 주님은 영적으로 죽은 사데 교회에 "내 하나님 앞에 네 행위의 온전한 것을 찾지 못하였노니 너는 일깨워 그 남은 바 죽게 된 것을 굳게 하라" 고 명하신다. 죽은 자라고 책망을 받은 사데 교회는 총체적으로 부패했다고 보인다. 말세가 가까워져 가면 갈수록 하나님의 말씀이 전파되어 교회와 사회가 정화되어 이 땅에서 천년왕국이 세워지리라고 믿는 자들이 있으나 성경은 그렇게 말씀하지 않는다. 주님께서 친히 마태복음 24:12에서 말세가 되면 "불법이 성하므로 많은 사람의 사랑이 식어지리라," 누가복음 18:8에서 "내가 너희에게 이르노니 속히 그 원한을 풀어 주시리라 그러나 인자가

회가 한국을 부패가 없는 청렴한 나라로 만들기 위하여 앞장을 서야 하는데 한국교회는 일반 사회보다 더 부패하였다. 한 예로 한국사회의 선거문화는 과거에 비해 아주 많이 깨끗해졌다. 조금만 선거부정을 하여도 재판에 회부되고 많은 당선자들이 그 자리에서 쫓겨난다. 그러나 한국교회의 선거는 그 옛날 자유당시절 3,15 부정선거 수준에 머물러 있다. 각 교단 총회 총회장 선거에 "돈 없으면 출마하지 말지" 라는 말이 공공연히 총대들의 입에서 나오는 정도가 되었다. 경성 대학교 교목 박의영 목사에 의하면 이런 작태가 2009년도 각 교단 총회에서도 계속되었다. 한국국가의 청렴도가 40위라면 한국교회의 청렴도는 거의 바닥이 되지 않을까 싶다.

28) 한국에서 가장 큰 교회는 성도수가 70만 명이 넘고 10만 명 이상의 대형 교회들이 많다. 이런 대형 교회가 지금도 생기며 한 개의 대형교회가 생길 때마다 300개의 소형교회가 문을 닫는다고 한다. 그러나 전체 한국 기독교인은 줄고 있다고 한다. 세계에서 한국에만 있는 현상이다. 사데 교회처럼 한국교회가 겉으로는 부흥하고 잘 나가는 것 같지만 실제로는 전도와 부흥이 없으므로 "살았다 하는 이름은 가졌으나 죽은 교회" 임에 틀림없다. 이제 한국교회는 비판과 개혁의 대상으로 전락하였고 선지자의 소명을 포기하였고 교회는 사업체가 되어버렸고 눌리고 어려운 자의 편에서 떠나 기득권자의 편에 선 집단이 되고 있다.

올 때에 세상에서 믿음을 보겠느냐"고 말씀하셨다. 여기서 행위의 온전한 것이란 바른 신앙과 그 신앙에 근거한 사랑과 믿음과 섬김과 인내(2:19)의 행위들을 말한다. 주님께서 사데 교회에서 행위의 온전한 것을 찾지 못하신 것처럼 말세가 깊어갈수록 교회에서 온전한 것을 보기가 쉽지 않다. 그래서 주님께서는 하나님 앞에서 행위의 온전한 것을 보이지 못하는 사데 교회에 "너는 일깨워 그 남은 바 죽게 된 것을 굳게 하라"고 명하신 것이다. 주님의 지적과 같이 사데 교회는 "살았다 하는 이름은 가졌으나 죽은 자"이다. 그러므로 사데 교회는 신앙에 있어서 죽은 상태 즉 잠든 상태라고 할 수 있다. 주님은 빈사 상태에 있는 사데 교회에 거의 죽고 남은 부분을 토대로 해서 믿음을 재건하라고 명하신다.[29]

3절. 주님은 빈사 상태에 있는 사데 교회에게 남은 믿음을 일깨워 굳게 하라고 명하신 후 "네가 어떻게 받았으며 어떻게 들었는지 생각하고 지켜 회개하라 만일 일깨지 아니하면 내가 도둑 같이 이르리니 어느 때에 네게 이를는지 네가 알지 못하리라"고 회개를 촉구하신다. "일깨라"라는 말씀은 역사적으로 사데가 자신들의 성채의 견고함으로 인하여 자만하고 방심하여 외부로부터의 공격을 받고 맥없이 함락된 것을 기억하고 항상 각성하고 깨어 위험에 대비하라는 말씀이다. 사데 교회의 상황은 인류역사에서 보나 개인의 삶 속에 있어서 우리가 안전하다고 생각하고 안일한 자세로 살아갈 때 반드시 재난을 초래하게 된다는 사실을 상기시켜 준다.[30] "그 남은 바 죽게 된 것을 굳건하게 하라"라는 말은 공격적인 이방문화와 세속주의의 압박 속에서 어떻게 살아가야 할지, 어떻게 대처하고 싸워나가야 할지를 모르고 전혀 무력함과 무감각한 상태 속에 있는 사데 교회에게 다시 열심을 내고 정신을 차려 자신의 신앙과 삶을 강화함으로써 급박한 상황에 대처하라는 말씀이다. "복음을 어떻게 받았으며 어떻게 들었는지 생각하라"는 말씀은 처음 믿음을 기억하라는 뜻이다. 한국

29) 이상근, 같은 책, p. 79.
30) Mounce, 같은 책, pp. 93-94.

에서는 처음 믿음을 "꽃 믿음"이라고 말하는데 그 믿음이 순수하고 열정적임을 나타낸다. 에베소 교회에 주신 말씀과 같이 우리가 처음 믿음과 첫 사랑을 기억할 때 우리는 회개하고 그 첫 사랑을 회복할 수 있게 된다. 우리가 첫 사랑을 기억할 때 우리는 무엇이 중요한 것인지, 그리고 무엇을 지켜나가야 할지 알게 되고 회개할 것은 회개함으로써 영적갱신에 이르게 된다. 우리 주님은 우리가 영적으로 깨어나서 우리의 행위가 심판 주이신 주님 앞에서 온전한지를 살펴서 부도덕한 삶을 회개하고 처음에 어떻게 복음을 받고 들었는지를 생각하여 처음 신앙을 회복하고 열심을 회복하도록 촉구하신다.

주님께서는 회개를 촉구하시고 "만일 일깨지 아니하면 내가 도적같이 이르리니 어느 때에 네게 이를는지 내가 알지 못하리라"고 말씀하심으로 심판 주로 속히 오셔서 회개하여 신앙을 회복하지 않는 자들을 그들이 전혀 예기치 않은 때에 심판하실 것을 예고하신다. 회개하지 않고 처음 신앙으로 돌아오지 않는 자들은 아무리 신앙경력이 화려해도 하나님이 택한 자가 아니고 주님의 심판을 면할 수가 없는 것이다. 특히 한국 교회는 주님의 회개를 촉구하시는 이 음성을 듣고 회개와 개혁을 시행치 않으면 심판을 면치 못할 것이다.

4절. 주님은 회개를 강권하시고 심판을 예고하신 후에 사데 교회의 타락하지 않고 신앙을 잘 지켜 성도의 흰 옷을 더럽히지 아니한 합당한 자들 몇 명이 흰 옷을 입고 주님과 함께 다니리라고 말씀하신다. "흰 옷을 입은 자"란 어린 양의 피에 그 옷을 씻어 희게 한 자 곧 어린 양이신 예수 그리스도를 믿고 죄 씻음을 받아 의롭다함을 받은 자로 믿음으로 사탄과 세상을 이기는 자이며 그 이름이 생명책에 기록된 구원받은 자이다(계 3:5, 7:14). 그러면 "흰 옷을 더럽힌 자"란 예수 그리스도를 믿고 구원을 받았지만 성결한 삶을 살지 못하고 범죄한 자를 뜻한다. 외부의 핍박이 적고 이단의 공격도 없고 풍족한 사데 교회 성도들 대부분이 이교적 문화나 주변 환경과 타협함으로 타락하여 생명력을 잃어버렸지만 신앙을 잘 지키고 성결한 삶을 사는 소수의 성도는 주님과 함께 다니는 삶을 살고 있었다. 그러므로 현실에서 부흥하는 교회가 중요한 것이 아니라 더럽히지 않은 흰 옷을 입는 삶 곧 죄를 떠나 주님 앞에서 의의 삶을 사는가가 중요하다.

왜 주님이 사데에 그 옷을 더럽히지 아니한 자 몇 명과 함께 다니시는가? 그들은 주님에게 합당한 자들이기 때문이다. 백성 된 자가 주님과 함께 다닌다는 것은 큰 특권이고 상이다. 그 상을 받을 수 있는 자는 단지 색깔만 흰 옷만을 입은 자가 아니라 더럽히지 않은 흰 옷을 입은 자이다. 예수를 믿고 주님의 보혈로 씻어 의롭다 여기심을 받아 흰 옷을 입었지만(7:14) 주님 앞에서 의의 삶을 살지 않으면 그 옷을 더럽히는 것이 되므로 죄 씻음 받고 구원을 받은 성도는 반드시 죄를 떠나 의의 삶을 살아 그 옷을 깨끗이 하여야 한다(고전 3:10-15). 돈이나 세상 것을 우상으로 섬기며 옷을 더럽힌 자는 회개하고 흰 옷을 깨끗하게 하지 않고는 결단코 주님과 함께 다니는 상을 받을 수 없다.

5절. 주님은 신앙을 회복하고 잘 지켜 이기는 자에게 내릴 복을 약속하신다. 첫째로 이기는 자는 주님과 동행하는 자들과 같이 흰 옷을 입힐 것을 약속하신다. 성경에서 옷은 주로 그 사람의 도덕적, 영적 상태를 나타내는데 여기서 흰옷이라 함은 도덕적 순결성을 의미한다. 요한계시록 6:11, 7:9, 13-14에 보면 순교자들이 흰옷을 입고 있으며 마 28:3, 요 20:12, 사도행전 1:10에는 흰 옷을 입은 천사들이 등장한다. 택함을 받은 성도는 예수 믿고 죄 씻음을 받고 흰 옷을 입었지만 이 땅에 저주 받은 육신으로 사는 한, 죄에서 자유롭지 못하다. 주님 앞에 합당한 자는 회개와 거룩한 성도의 행위를 통하여 흰 옷을 더럽히지 않고 깨끗하게 유지하는 자이다. 이들은 마지막 때에 비로소 다시는 더럽혀지지 않는 흰 옷을 입고 주 앞에 서게 된다. 이것을 성화라고 한다. 이 땅에 사는 우리들은 항상 회개와 개혁을 해야 하며 이러한 과정을 통해 얻어지는 영원한 흰 옷의 성화는 믿는 자의 큰 축복이다. 이기는 자만이 이 축복을 받는다.

둘째로 이기는 자의 이름이 생명책에서 지워지지 않을 것을 약속하신다. '생명책에 기록되었다'는 것은 구약성경에서 천국의 시민권을 소유한 자들을 의미하였으며(출 32:32,33), 신약성경에서는 의로운 자와 불의한 자를 구별하는 의미로 쓰여 그리스도의 피로 의로워진 자들은 영생을 소유하고 하나님 나라에 속하게 되었음을 말한다(13:8; 17:8; 20:12,15; 21:27; 눅 10:20; 빌 4:3). 주님께서 승리자에게 '생명책에서 반드시 흐리지 아니하리라' 고 약속하신다. 이 말씀을 어떤 자들은 해석하길 예수 믿고 구원받아 생명책에 이름이 기록되었어도 죄를 범하고 회개하지 않고 죽으면 생명책에서 그 이름이 흐려지고 지워진다고 주장한다. 이들의 주장을 볼 때 예수 믿고 구원받았지만 나중에 그 사람의 죄의 행위가 그 구원을 망쳐버린다면 예수님의 구원은 완전하지 못하고 그 사람의 행위가 구원을 결정한다. 이것은 예수님의 십자가를 모독하는 것이다.

예수 믿고 생명책에 기록 된 자는 죄를 지어도 반드시 회개하고 바른 신앙으로 돌아와 환난에서 이기는 자이다. 그러므로 택함 받은 우리는 신앙을 잘 지켜 어떤 환난도 이기고 생명책에 기록된 대로 그 이름이 흐리지 않고 반드시 천국백성이 되어 천국의 영광을 누리게 될 것이다.

마지막으로 이기는 자의 이름을 아버지 하나님 앞과 그 천사들 앞에서 시인하실 것을 약속하신다. 마태복음 10장을 보면 주님이 복음을 전파하라고 열두 제자들을 내보내시면서 "핍박하는 자들을 두려워 말고 사람 앞에서 나를 시인하라 나도 너를 하늘에 계신 하나님 앞에서 시인하리라 그렇지 않으면 나도 부인하리라" 고 말씀하신다. 이기는 자는 어떤 환난에서도 주님의 이름을 말과 삶의 행위로 시인하는 자이다. 사데 교인들은 말로서 주님을 시인하였으나 행위로는 그렇지 않고 세상과 타협하고 적당히 살므로써 주님의 이름을 부인하였다.

현실의 교회에서는 입으로 주님을 시인하지만 세상보다 더 부패하고 악하게 살아감으로써 결과적으로 주님을 부인하는 자들을 수없이 많이 보게 된다. 주님은 그들을 모르신다고 말씀하신다는 것이다. 그러나 세상과 타협을 하지 않고 핍박 속에서도 주님을 시인하고 끝까지 이기는 자는 주님이 그것을 공적으로 인정하고 그들의 충성을 기쁘시게 여기신다. 왕 중의 왕이신 분의 인정을 받은 것은 복 중의 복이다.

바. 빌라델비아 교회에 보낸 주님의 편지(3:7-13)

> 7 빌라델비아 교회의 사자에게 편지하라 거룩하고 진실하사 다윗의 열쇠
> 를 가지신 이 곧 열면 닫을 사람이 없고 닫으면 열 사람이 없는 그가 이르
> 시되 8 볼지어다 내가 네 앞에 열린 문을 두었으되 능히 닫을 사람이 없으
> 리라 내가 네 행위를 아노니 네가 작은 능력을 가지고서도 내 말을 지키며
> 내 이름을 배반하지 아니 하였도다 9 보라 사탄의 회당 곧 자칭 유대인이
> 라 하나 그렇지 아니하고 거짓말 하는 자들 중에서 몇을 네게 주어 그들로
> 와서 네 발 앞에 절하게 하고 내가 너를 사랑하는 줄을 알게 하리라 10 네
> 가 나의 인내의 말씀을 지켰은즉 내가 또한 너를 지켜 시험의 때를 면하게
> 하리니 이는 장차 온 세상에 임하여 땅에 거하는 자들을 시험할 때라 11
> 내가 속히 오리니 네가 가진 것을 굳게 잡아 아무도 네 면류관을 빼앗지
> 못하게 하라 12 이기는 자는 내 하나님 성전에 기둥이 되게 하리니 그가
> 결코 다시 나가지 아니하리라 내가 하나님의 이름과 하나님의 성 곧 하늘
> 에서 내 하나님께로부터 내려오는 새 예루살렘의 이름과 나의 새 이름을
> 그이 위에 기록하리라 13 귀 있는 자는 성령이 교회들에게 하시는 말씀을
> 들을지어다

빌라델비아는 사데 남동쪽 약 48km(약 30마일, 120리)도 채 안 되는 곳에 위치해 있으며 두로아에서 버가모, 사데를 거쳐 이어지는 로마의 주요 통신로 상에 있었으며 상업에 매우 이상적인 위치에 있었다. 땅이 비옥하여 특별히 포도농사가 잘 되었고 옛적부터 디오니소스(Dionysus 제우스와 시벨리 사이에서 태어난 아들)를 숭배하였다.[31] 빌라델비아 교회는 소도시의 작은 교회로서 6절에서 "작은 능력을 가졌다"는 표현을 볼 때 교인수도 적고 재정능력도 없었음을 나

31) Hughes, 같은 책, p. 83; 이필찬, 같은 책, p. 192.

타낸다. 특히 이곳에는 교회를 반대하는 유대인들이 많았던 것으로 보인다. 본문의 내용을 볼 때 주님은 유대인들의 반대에도 불구하고 미혹되지 않고 신앙을 잘 지킨 빌라델비아 교회에 편지를 하신다.

7절. 빌라델비아 교회에 주님은 편지를 하시면서 자신을 "거룩하고 진실하사 다윗의 열쇠를 가지신 이 곧 열면 닫을 사람이 없고 닫으면 열 사람이 없는 자"라고 소개하신다. "거룩하고 진실하사"란 표현은 하나님에게 쓰인 표현이다(6:10 개역개정-거룩하고 참되신, 공동-거룩하시고 진실하신, KJV-holy and true). 주님께서 스스로에 대하여 "거룩하고 진실하사"라는 표현을 쓰신 것은 주님이 더 이상 제한을 받으시던 자가 아니고 완전한 하나님이심을 나타낸다. '다윗의 열쇠'는 다윗의 집 즉 하나님 나라의 문을 열 수 있는 열쇠로서 하나님 나라에 들어 갈 자와 들어갈 수 없는 자를 결정하는 권세를 의미한다(사 22:22).

그러므로 거룩하시고 진실하신 메시아 주님은 아무도 그가 천국백성을 결정하는 권한에 도전할 수 없는 절대 주권자이시다. 그런데 당시 유대인들은 오직 자신들만이 다윗의 후손으로서 율법을 지키기만 하면 메시아가 올 때 다윗의 나라를 유업으로 물려받는다고 주장하였다. 그래서 유대인들은 이방인이라도 예수 그리스도를 믿으면 천국백성이 된다고 믿는 빌라델비아 교회를 대적하여 성도들을 핍박하였다. 이러한 상황에서 주님은 유대인들의 잘못을 드러내시며 그리스도 자신만이 천국의 주권을 가진 하나님이심을 강조하고 빌라델비아 교인들을 위로하신 것이다.

8절. 천국의 주권을 가지신 주님은 "내가 네 앞에 열린 문을 두었으되 능히 닫을 사람이 없으리라 내가 네 행위를 아노니 네가 작은 능력을 가지고도 내 말을 지키며 내 이름을 배반치 아니하였도다"라고 빌라델비아 교회를 칭찬하신다. 빌라델비아 교회는 서머나 교회와 함께 주님으로부터 책망없이 칭찬만 받는 교회이다. 주님이 빌라델비아 교회 앞에 "열린 문"을 두었다는 말씀이 무엇인가? 주님이 빌라델비아 교회 앞에 둔 "열린 문"을 선교나 전도의 기회(골

4:3, 고전 16:9), 고후 2:12) 다시 말하면 전도의 문으로 또는 요 10:7에서 주님이 "나는 양의 문이다"고 하신 말씀을 근거로 개인적으로 천국의 문이라고 해석한다.[32] 후자는 빌라델비아 교회만 받은 것이 아니라 모든 교회가 주님으로부터 받는 것이므로 빌라델비아 교회만이 받은 "열린 문"으로 보는 것은 비합리적이다. 고전 16:8, 9을 보면 바울 사도가 오순절까지 에베소에 머물려는 이유는 그에게 광대하고 유효한 문이 열렸으나 대적하는 자가 많기 때문이라고 밝힌다. 이 문은 이방인의 선교사인 바울 사도에게나 그가 세운 선교지 교회인 에베소 교회에 주님이 허락하신 전도의 문이다. 빌라델비아 교회 앞에 주님이 두신 "열린 문"도 이방인이나 유대인이나 누구에게나 전도할 수 있는 기회의 문이라고 볼 수 있다. 거룩하고 진실하사 다윗의 열쇠를 가지신 이 곧 열면 닫을 사람이 없고 닫으면 열 사람이 없는 주님께서 빌라델비아 교회 앞에 열린 문을 두셨으므로 능히 닫을 사람이 없다. 이것은 또한 선교의 주체는 사람이 아니라 하나님이심을 말한다. 그래서 빌라델비아 교회는 주님의 은혜 아래 많은 도전 가운데도 전도를 열심히 한 것으로 보인다.[33]

주님은 빌라델비아 교회에 누구도 닫을 수 없는 열린 문을 주셨다고 말씀하시고 "내가 네 행위를 아노니 네가 작은 능력을 가지고도 내 말을 지키며 내 이름을 배반치 아니 하였도다"고 칭찬하신다. 여기서 "작은 능력"은 빌라델비아 교회 성도들의 신분이나 지위 등 외적능력이 변변치 못하고 교인 수도 적고 재정도 풍부하지 못하였음을 나타낸다.[34]그들은 그처럼 적은 능력을 가지고도 세상의 핍박과 유대인들의 유혹과 적대를 잘 견디고 전도에 힘씀으로 주님의 말씀대로 살며 주님의 이름을 배반하지 않았다. 사데 교회와는 정반대의 모습

---

32) 이상근, 같은 책, p. 82; 참고: Hendriksen, 같은 책, 87. "열린 문은 첫째로 복음을 전파하는 놀라운 기회를 말하며, 둘째로는 복음을 듣고자 하는 귀와 이를 받아들이려는 갈급한 심령을 만드시는 하나님의 은혜의 역사를 말한다(고후 2:12, 골 4:3, 행 14:27을 참조)."

33) Lenski, 같은 책, p. 119.

34) 이필찬, 같은 책, p. 195.

이다. 주님께서 가난한 한 과부가 연보궤에 적은 두 렙돈의 헌금을 넣는 것을 보시고 "이 가난한 과부가 모든 사람보다 많이 넣었도다.... 이 과부는 그 구차한 중에서 자기의 있는 바 생활비 전부를 넣었느니라"(눅 21:1-4)고 칭찬하신 것처럼 작은 교회, 작은 능력이지만 최선을 다하여 세상의 악한 자들과 타협을 하지 않고 하나님의 말씀을 잘 지키고 주님의 이름을 높이며 살았음을 칭찬하신 것이다. 교회가 크고 작고, 성도가 능력이 있고 없고가 문제가 아니라 얼마나 하나님의 말씀을 잘 지키고 주님의 이름을 배반하지 않았는가가 중요하다.

오늘날 교회는 어떻게 신앙생활을 하는가를 무시하고 크고 재력이 있느냐를 따지는 결과주의만을 신봉한다고 말한다. 오늘날 교인들은 작은 교회는 무시하고 큰 교회만을 찾아다닌다.

예루살렘 교회를 비롯하여 초대교회가 어떻게 부흥하였는가? 이들은 전도하여 부흥하였다. 그러나 오늘날 한국에는 대형교회가 생기고 큰 교회가 부흥하지만 전체 교인수가 매년 줄고 있다고 하니 결과적으로 한국교회는 전도하지 않는다고 보아야 한다. 그러면 어떻게 대형교회가 생기며 큰 교회가 부흥하는가? 전도를 하여 부흥하는 것이 아니라 더 교회를 잘 짓고 좋은 프로그램을 만들어 이미 전도된 교인들을 흡수하기 때문이다. 과정이 어떠하건 교회가 커지면 성공한 교회요 성공한 목사이다. 이것이 결과주의이다. 주님은 결과만을 보시지 않고 과정도 중요하게 보신다. 그러므로 우리는 결과에 연연하지 말고 지금 가진 적은 능력으로 하나님의 말씀을 잘 지키고 있는가 그리고 어느 때나 어느 곳에서나 주님을 시인하고 그 이름이 거룩히 여김을 받도록 하는 삶을 사는가를 항상 점검하며 힘씀으로써 주님으로부터 빌라델비아 교회처럼 칭찬을 받아야 한다.

9절. 주님께서 칭찬을 하시고 이어서 "보라 사탄의 회당 곧 자칭 유대인이라 하나 그렇지 않고 거짓말하는 자들 중에서 몇을 네게 주어 그들로 와서 네 발 앞에 절하게 하고 내가 너를 사랑하는 줄을 알게 하리라"고 빌라델비아 교회를 위로하신다. 그리고 그들을 괴롭히는 유대인들이 오히려 그들에게 굴복할 것을 선언하신다. 빌라델비아 교회의 문제는 황제 숭배나 이세벨주의, 니골라 당 같은 이단이 아니라 유대인들의 유혹과 핍박이었다(2:9 주해 참조). 유대인들은 하나님의 선택을 받은 아브라함과 이삭과 야곱의 자손이면 누구나 율법을 지켜 구원받고 메시아가 와서 건설할 천국에 들어간다고 주장하고 유대교에 개종하라고 유혹하면서 예수 그리스도를 믿어야만 구원을 받는다고 주장하는 교회를 핍박하였다. 그들은 여호와의 회에 속한 자들이 아니라 하나님의 아들 그리스도와 교회를 대적하는 사탄의 회에 속한 자들이므로 진짜 유대인이 아니고 거짓말하는 자칭 유대인일 뿐이다. 오늘날에도 교회 내에도 그런 자칭 유대인 즉 자칭 성도가 많다. 자신들의 집단에 속하여만 구원이 있다고 주장하는 이단들, 자신들처럼 성령 받은 증거를 가지고 있어야 구원을 받는다거나 7년 대 환난에서 구원받고 어린양 혼인잔치에 들어간다고 주장하는 자들이다. 세례만 받으면, 또는 어떤 구원의 진리를 깨닫기만 하면 구원받고 죄에서 완전히 자유롭기 때문에 다시는 회개할 필요가 없다고 주장하는 가짜 교회나 교인들은 빌라델비아의 유대인들처럼 사탄의 회일뿐이다.

이사야서 60-62장에는 메시야가 오면 이방인들이 이스라엘에게 와서 복속할 것을 예언하고 있다. 특히 이사야서 60:14을 보면 이스라엘을 괴롭히며 멸시하던 모든 자가 이스라엘의 발아래 엎드리어 오히려 이스라엘의 거룩한 자의 시온 즉 예루살렘을 찬양하리라고 말씀한다. 이것은 메시야가 오시면 참 이스라엘인 성도들은 승리하고 불신자들은 패배하여 굴복하리라는 뜻인데 유대인들은 글자 그대로 메시야가 오면 이방인들이 자신들에게 찾아와 굴복할 것이라고 믿었다. 그래서 주께서는 천국의 절대권을 가진 주님을 믿는 빌라델비아 교회에게 오히려 그 유대인들 중에 몇이 와서 굴복하는 것을 보여 줌으로써 주님이 빌라델비아 교회를 사랑하는 줄 알게 하리라고 말씀하신 것이다.

10절. 주님은 이어서 둘째 상으로 "네가 나의 인내의 말씀을 지켰은즉 내가 또한 너를 지키어 시험의 때를 면하게 하리니 이는 장차 온 세상에 임하여 땅에 거하는 자들을 시험할 때라"고 환난 가운데서도 인내하고 하나님의 말씀을 잘 지킨 빌라델비아 성도들은 닥칠 시험(환난)을 면하리라고 위로의 말씀을 주신다. 예수님이 말씀하신 "나의 인내의 말씀"이란 사탄이 주장하는 악한 세상에서 오래 참음으로 믿음을 지키고 하나님의 말씀을 잘 지켜 사탄과 세상을 이기라고 우리에게 가르쳐 주신 하나님의 말씀이며(눅 6:15, 21:19, 계 13:10, 14:12) 나아가서는 이 땅 위에서 주님이 친히 본을 보이신 인내의 모습이다.[35) 여기서 '시험의 때' 란 "환난의 때"인데 이 환난을 소위 주님 재림 전 환난이나 최후의 심판이라고 하나 이 편지를 받는 빌라델비아 성도들에게는 관계가 없는 때이므로 그것은 의미상 적합하지 않고 요한계시록에서 나오는 일곱째 인에서 하나님의 백성이 아닌 세상에 부으시는 나팔 재앙과 대접 재앙으로 보아야 한다. "시험의 때"는 이 땅의 사람들(안 믿는 자들)을 향한 것이며 믿는 자는 시험을 면하게 될 것이다. 그 것은 예수님이 나타나셔서 그들을 세상으로부터 옮기는 것이 아니라 악의 세력에 대항하여 영적으로 보호해 주실 것임을 말한다.[36) 세대주의자들은 "시험의 때를 면하게 한다"는 것을 휴거를 가리키는 것으로 설명하나 올바른 해석은 위에서 시험의 때를 피하게 하는 것이 아니라 시험(환난) 중에 보호해 주시는 것이다. 이렇게 주장하는 또 다른 근거는 요한계시록 6:9-11, 11:10에서 보는 바와 같이 환난 때에 믿는 자들이 시험의 때로부터 옮겨지는 것이 아니라 세상 사람들로부터 박해받고 순교 당하는 모습을 보여주고 있기 때문이다. 성경에서 "… 지켜 … 면하게 한다 (keep… from)"라는 표현은 이 구절 외에 요한복음 17:15절 "내가 비옵는 것은 그들을 세상에서 데려가시기를 위함이 아니요 다만 악에 빠지지 않게 보전하시기를 위함이니이다"라는 예수님의 기도에만 나오는데 이 기도의 내용은 시험의 때로부터 피신케 하는 것이 아니라 그 시험에서 영적으로 보호하고 보존하시는 것을 말한다. 우리 주님은 하나님을 대적하고 교회를 핍박하는 세상에 재앙을 주시나

35) Hughes, 같은 책, p. 87.
36) 이필찬, 같은 책, p. 202.

성도들은 그 환난 가운데서 주님이 지키신다.

11절. 주님은 계속해서 "내가 속히 임하리니 네가 가진 것을 굳게 잡아 아무나 네 면류관을 빼앗지 못하게 하라"고 권면을 하신다. 주님이 속히 임하리라는 말씀은 하나님이 정하신 계획에 따라 지체치 않고 오신다는 말씀으로 꼭 마지막 종말에만 해당된 말씀이 아니라 성도들에게 항상 언제든지 주님이 금방이라도 임하실 수 있음을 뜻한다.

"네가 가진 것"은 주님께서 굳게 잡으라고 말씀하시는 것을 볼 때 주님으로부터 칭찬을 받은 것으로 보인다. 그렇다면 이것은 8절에서 빌라델비아 교회가 작은 능력을 가지고서도 주님의 말씀을 지키며 주님의 이름을 배반하지 아니하고 신앙을 지키고 주님이 허락하신 열린 문 즉 전도의 기회를 놓치지 않고 열심히 일을 한 빌라델비아 교회의 충성되고 열심 있는 신앙을 말한다.[37)]

'면류관'은 경기장에서 승리한 선수에게 주어지는 상을 말한다. '네 면류관을 빼앗지 못하게 하라'는 말은 경기장에서 선수가 상을 잃지 않도록 끝까지 최선을 다하는 것과 마찬가지로(히 12:1-4) 계속해서 환난과 핍박 속에서도 주님이 오실 때까지 인내의 말씀을 지켜 승리해야 함을 뜻한다. 승리란 과정도 중요하지만 결과가 좋게 끝나는 것을 말한다. 주님은 우리에게 승리의 면류관을 지키기 위해서는 인내의 말씀을 굳게 잡고 충성하고 행함의 신앙을 지키면서 끝까지 많은 노력을 하라고 말씀하신다.

12-13절. 주님은 칭찬과 위로와 권면의 말씀을 하신 후에 끝까지 이기는 자에게 주실 복을 선언하시는데 첫째로 "이기는 자는 내 하나님 성전에 기둥이 되게 하리니 그가 결코 다시 나가지 아니하리라"고 말씀하신다. 그 시대 그 지역의 건물은 주로 돌로 기둥을 세워 건축하였는데 기둥이란 그 건물이 부셔져 폐허가 되었어도 남았다. 그래서 기둥이란 건물의 다른 부분과 달리 절대로 빼낼 수가 없는 것이다. 주님께서 적은 능력을 가졌을지라도 인내의 말씀을

---

37) Mounce, 같은 책, p.103.

잘 지키고 주님의 이름을 배반하지 않고 이기는 자는 하나님 나라에서 절대로 제외될 수 없고 또한 중요한 하나님이 거주하시는 하나님 성전의 기둥 즉 요지부동의 천국일꾼이 되게 하신다고 약속을 하신 것이다.

둘째로 “내가 하나님의 이름과 하나님의 성 곧 하늘에서 내 하나님께로부터 내려오는 새 예루살렘의 이름과 나의 새 이름을 그이 위에 기록하리라”고 약속하신다. 빌라델비아는 주전 2세기 버가모 왕조의 앗탈루스(Attalus) 2세가 건립하여서 왕의 형에 대한 사랑의 표시로 빌라델비아(형제의 사랑)로 명명하였다.[38] A.D. 17년에 지진으로 인해 폐허가 되었을 때 로마 황제 티베리우스(Tiberius)의 도움으로 재건된 후 ‘네오가이사랴’(Neocaesarea)라는 이름을 부여받았고 후에 베스파시안(Vespasian) 황제의 성을 따라 ‘플라비아’(Flavia)로 개명되었다.[39] 이러한 경험을 가진 빌라델비아 교인들에게 그리스도께서 새 이름을 부여하신다고 약속하신 것은 은혜를 부여받는 축복을 의미하였을 것이다. 주님은 두 새 이름을 그 기둥 위에 기록하시겠다고 말씀하신다. 곧 “하나님의 이름 곧 그리스도의 새 이름”과 “하나님의 성 곧 하늘에서 내 하나님께로부터 내려오는 새 예루살렘의 이름”이다. 이름을 적는다는 것은 소유를 나타내는 것으로써 주님이 오셔서 새 하늘과 새 땅에 새로운 나라 영원한 천국을 건설하시고 그 나라에 새 이름을 가지신 주님으로서 왕이 되실 것이다. 새 예루살렘의 이름을 주시겠다는 것은 주님이 바로 이기는 자를 새 하늘과 새 땅의 천국 백성으로 삼으시고 왕이신 주님의 새로운 일꾼으로 삼으신다고 약속하시는 것이다. 믿음의 귀가 있는 성도는 성령을 통하여 교회들에게 하시는 주님의 이 말씀을 잘 들어야 할 것이다.

---

38) 이상근, 같은 책, p. 81.
39) 권성수, 같은 책, p. 110.

사. 라오디게아 교회에 보낸 주님의 편지(계 3:14-22)

14 라오디게아 교회의 사자에게 편지하라 아멘이시요 충성되고 참된 증인
이시요 하나님의 창조의 근본이신 이가 이르시되 15 내가 네 행위를 아노
니 네가 차지도 아니하고 뜨겁지도 아니하도다 네가 차든지 뜨겁든지 하기
를 원하노라 16 네가 이같이 미지근하여 뜨겁지도 아니하고 차지도 아니
하니 내 입에서 너를 토하여 버리리라 17 네가 말하기를 나는 부자라 부요
하여 부족한 것이 없다 하나 네 곤고한 것과 가련한 것과 가난한 것과 눈
먼 것과 벌거벗은 것을 알지 못하는도다 18 내가 너를 권하노니 내게서 불
로 연단한 금을 사서 부요하게 하고 흰 옷을 사서 입어 벌거벗은 수치를
보이지 않게 하고 안약을 사서 눈에 발라 보게 하라 19 무릇 내가 사랑하
는 자를 책망하여 징계하노니 그러므로 네가 열심을 내라 회개하라 20 볼
지어다 내가 문 밖에 서서 두드리노니 누구든지 내 음성을 듣고 문을 열면
내가 그에게로 들어가 그와 더불어 먹고 그는 나와 더불어 먹으리라 21 이
기는 그에게는 내가 내 보좌에 함께 앉게 하여 주기를 내가 이기고 아버지
보좌에 함께 앉은 것과 같이 하리라 22 귀 있는 자는 성령이 교회들에게
하시는 말씀을 들을지어다

라오디게아는 빌라델비아 남동쪽 약 80km(약 50마일, 약 200리) 떨어진 곳에 위치한 도시로서 라이커스(Lycus) 계곡 서안에 위치하며 히에라볼리 교회가 맞은 편 약 10km 지점에 그리고 골로새 교회가 약 14km 지점에 위치해 있었다(골 4:13,16). 그 지점은 에베소와 버가모로 갈라지는 삼거리로 교통의 요충지였고 모직물 공업의 중심지였으며 유명한 의학교가 있었고 금융거래가 활발한 부유한 도시였다. 이 지역에서 생산되는 검은 양털과 눈에 바르는 안약은 전 아시아에 걸쳐 그 명성이 알려져 있었다. 따라서 라오디게아 교회도 부유했고 모든 조건이 갖추어져 있었으며 밖으로는 핍박이 없었고 안으로는 이단이나 부도덕 같은 폐단이 없었다.[40] 주님은 이런 환경에서 신앙이 미지근하여 무

40) Hughes, 같은 책, p. 91.

기력해진 라오디게아 교회에 편지하신다.

14절. 주님은 라오디게아 교회에 편지를 하시면서 "아멘이시요 충성되고 참된 증인이시오 하나님의 창조의 근본이신 이"라고 자신을 소개하신다. '아멘이시요'는 "신실하고 진실하시다"는 뜻으로 그가 하시는 말씀이 모두 참되고 진실되다는 의미이다. "충성되고 참된 증인이시오"는 "아멘이시오"와 같은 뜻으로 하나님의 구원사역을 온전한 순종과 성실함으로 구약의 모든 예언을 십자가에 죽으시기까지 충성되게 성취하신 분이심을 뜻한다. 그리고 "창조의 근본이신 이"란 적당히 믿어야 할 피조물이 아니고 절대적으로 믿어야 할 창조주이시며 모든 피조물들을 통치하시는 분이심을 말씀한다. 주님께서는 라오디게아 교회가 현실의 안일을 택하여 하나님께 온전히 순종하고 충성하지 않고 미지근한 신앙생활을 하였음을 지적하시기 위하여 자신을 "진실하고 충성된 증인이며 만물의 통치자이신 창조주"로 소개하신 것이다.

15-16절. 진실하고 충성된 증인이며 창조주이신 주님은 라오디게아 교회에 두 가지 책망을 하신다. 첫 번째로 주님은 "내가 차지도 아니하고 뜨겁지도 아니한 네 행위를 아노니 차든지 뜨겁든지 하라 그렇지 않으면 내 입에서 너를 토하여 버리리라"고 라오디게아 교회를 책망하신다. 라오디게아는 자체에서 물이 생산되지 않아 멀리 떨어진 온천지에서 물을 끌어들여 사용했다.[41] 기나긴 수로를 통해 라오디게아에 도착한 물은 이미 식어버려 미지근한 물이 되었고 주민들은 다른 방도가 없어 이러한 미지근한 물을 마실 수밖에 없었다. 주님은 라오디게아 교회의 믿음이 이 물과 같이 차지도 아니하고 뜨겁지도 않다고 말씀하신다. 라오디게아는 부유한 도시이므로 교회도 분명 부유했고 그곳은 다른 곳과 달리 정치도시가 아니어서 황제숭배의 핍박도 약했고 이단의 피해도 없었으므로 라오디게아 교회는 안일함에 빠졌고 신앙은 미지근하여 무기력하였던 것으로 보인다. 에베소 교회나 서머나 교회가 지금 공산권과 모슬렘

41) 이상근, 같은 책, p. 86; Hendriksen, 같은 책, p. 89.

권과 같이 악한 권세로부터 핍박을 받는 교회들의 모형이라면 라오디게아 교회는 우리 한국을 포함하여 잘 사는 자유국가에서 겉으로는 부흥하는 것 같으나 영적으로는 무기력한 교회들의 모형이라고 생각된다.

물맛은 섭씨 13도 정도로 찰 때와 섭씨 70도로 뜨거울 때가 가장 맛있다고 한다. 반대로 물이 가장 맛이 없어서 마시면 토하고 싶을 때의 온도가 바로 35도에서 40도 사이로 뜨겁지도 않고 미지근할 때이다. 우리의 신앙의 온도도 하나님 앞에서 언제나 뜨거워야 하고 죄와 사탄에 대하여는 항상 차가워야 한다. 그런데 하나님 앞에서 열심도 없고 죄와 사탄 앞에서 냉엄하지도 못하고 타협하는 신앙이라고 한다면 물로 말하면 미지근한 물로서 쓸모도 없고 칭찬을 받을 수 없는 상태임에 틀림없다. 주님은 이와 같이 라오디게아 교회의 미지근한 상태의 신앙을 아시고 "차든지 뜨겁든지 하라 그렇지 않으면 내 입에서 너를 토하여 내치리라"고 그들의 미지근한 신앙의 행위에 대하여 질책하신다.

17절. 주님은 라오디게아 교회에 "나는 부자라 부요하여 부족한 것이 없다 하나 네 곤고한 것과 가련한 것과 가난한 것과 눈 먼 것과 벌거벗은 것을 알지 못하는도다"라고 두 번째로 책망하신다. 라오디게아 교회 성도들이 "나는 부자라 부요하여 부족한 것이 없다"라고 한다는 것은 자신들이 부유하기 때문에 자기만족에 빠져 있음을 지적하신 것이다. 누가복음 12:16 이하를 보면 주님께서 자기만족에 빠져있는 어리석은 자의 비유를 말씀하신다. 한 부자가 그 밭에서 곡식을 풍성히 거두고 곡간을 더 크게 만들어 그 곳에 쌓아 두리라고 계획을 세우고 "여러 해 쓸 물건을 많이 쌓아 두었으니 평안히 쉬고 먹고 마시고 즐거워하자"라고 말하지만 하나님께서 "어리석은 자여 오늘 밤에 네 영혼을 도로 찾으리니 그러면 네 예비한 것이 뉘 것이 되겠느냐"라고 말씀하셨다. 가난했으나 영적으로 부요했던 서머나 교회와 반대로 라오디게아 교회는 물질적인 부요와 안일함으로 자기만족에 빠져 이처럼 평안히 쉬고 먹고 마시고 즐거워하려는 어리석은 부자가 된 것이다.

주님은 라오디게아 교회가 "부요하여 부족한 것이 없는 것이 부자가 아니다.

네가 네 곤고한 것과 가련한 것과 가난한 것과 눈 먼 것과 벌거벗은 것을 알지 못하기 때문에 그렇게 말한다"고 그들의 상태와 영적 분별력이 없음을 지적하신다. "곤고한 것"이란 로마서 7:24에서 죄의 법에 사로잡혀 있는 비참함을 나타내고 "가련한 것"은 고린도전서 15:19에서 부활을 믿지 않는 사람을 묘사함으로 생명이 없는 삶을 나타내고 "가난한 것"은 영적 빈곤을 뜻하고 "눈 먼 것"은 영적 분별력이 없음을 뜻하고 "벌거벗은 것"은 천국의 복장인 의의 옷이 없음을 나타낸다. 주님은 자기만족에 빠져있는 부자를 어리석은 자라고 말씀하신다.[42] 옛날 한국교회는 가난했으나 순수하여 부패하지 않았고 물질 만능주의에 빠지지 않았었다. 그러나 오늘날 한국교회는 라오디게아 교회처럼 물질적 부요로 세상의 형통이 하나님의 축복이요 은혜라고 믿는 기복신앙에서 오는 자기만족에 빠짐으로써 주님이 지적한대로 영적으로 초라한 라오디게아 교회처럼 어리석은 부자가 되지 않았나 싶다.[43]

18절. 주님은 라오디게아 교회를 책망하신 후에 "내게서 불로 연단한 금을 사서 부요하게 하고 흰 옷을 사서 입어 벌거벗은 수치를 보이지 않게 하고 안약을 사서 눈에 발라 보게 하라"고 권면하신다. "불로 연단한 금"이란 시련을 통하여 순결하게 정화된 굳건한 믿음을 뜻한다. 주님은 자신들의 부귀에 안주하며 스스로 자기 만족에 빠져있는 상태에서 자신들의 죄를 회개하고 삶 속에 있는 모든 죄악과 불순물을 제거하여 정결한 신앙을 가지므로 영적으로 부요한 자가 되라고 권면하신다.

또한 라오디게아는 광택 있는 검은 양모 생산지로 유명하였다. 주님께서 말씀하시는 "흰 옷"은 검은 양모 옷이 아니라 예수 그리스도를 믿고 죄 사함을 받고 의롭다하심을 받은 성도의 신분과 상태를 나타내는 성도의 의의 옷이다(17:14 참조). 그리고 "벌거벗은 수치"란 죄악으로 거룩하지 못한 상태를 나타

42) 이필찬, 같은 책, p. 206.
43) 이상근, 같은 책, pp. 87-88.

낸다. 그러면 "흰 옷을 사서 입어라"는 말씀은 무슨 뜻인가? 흰 옷이 구원받아 의인이 된 그리스도인의 신분만을 의미한다면 그것은 사는 것이 아니다. 그러나 "흰 옷"이 의인된 성도의 상태를 나타낸다면 이야기는 다르다. 성도들은 의인의 신분을 가졌지만 죄로 오염된 육신을 가지고 이 땅에 사는 한 죄에서 완전히 자유롭지 못하며 죄에 빠져 의의 흰 옷을 더럽히기도 한다. 따라서 성도는 회개하므로써 사하심을 받고 깨끗함을 회복하게 된다(요일 1:9). 그러므로 주님은 흰 옷을 사서 입어, 즉 회개하고 노력하여 죄악에서 벗어남으로써 거룩하지 못한 벌거벗은 수치를 보이지 않게 하라고 권면하신다.

또한 라오디게아는 의학교가 있었고 좋은 안약 생산지이기도 하였는데 주님은 그런 좋은 안약을 돈을 주고 사듯 노력이라는 값을 지불해서라도 믿음의 눈을 떠서 영적 분별력을 가지라고 권면하신다. 그들이 자신의 부유함으로 인해 스스로 자족감과 안일함에 빠져있을 때 주님은 그들에게 "내게서 금과 흰옷과 안약을 사서" 부끄러운 상태를 면하라고 말씀하시는 것이다. 많은 현대의 교회들은 부유해지면서 영적인 활력과 생명력을 잃어가고 있다. 개인이나 교회가 부요해지면 자신도 모르게 안일함과 자만심에 빠지게 되며 모든 문제를 스스로의 방법으로 해결하려 들게 되고 그리스도가 필요한 것을 깨닫지도 못하고 그에게 구하지도 아니한다. 처음 시작할 때의 감격이나 사랑과 자기희생의 정신은 없고 자기의 필요를 채우고 자기가 스스로 높아지려는 생각으로 대치된다(신 8:12-17, 딤후 3:6). 이 때 우리가 주님의 말씀에 귀를 기울여 노력이라는 값을 지불해서라도 믿음의 눈을 떠서 영적 분별력을 가지라고 권면하신다.

19절. 주님은 라오디게아 교회에게 "무릇 내가 사랑하는 자를 책망하여 징계하노니 그러므로 네가 열심을 내라 회개하라"고 책망과 징계를 말씀하신다. 주님께서 신앙이 미지근하고 무기력하여 칭찬을 받지 못하는 라오디게아 교회를 사랑하신다는 것에 놀라지 않을 수 없다. 우리 주님은 우리가 부족하여도 사랑하신다는 것이 부족한 우리에게 큰 위로가 된다. 히브리서 12:6의 "주께서 그 사랑하시는 자를 징계하시고 그가 받아들이시는 아들마다 채찍질하심이라"는 말씀과 같이 잘못을 하고도 깨닫지도 못하고 회개도 하지 않고 무기력하여 열심이 없는 라오디게아 교회를 주님께서 사랑하시고 책망과 징계를 하신다. 그러므로 교회에서의 책망과 징계도 사랑 안에서 행해져야 할 것이다.

주님은 신앙이 미지근하고 무기력한 상태에서 벗어나 "열심을 내라"고 책망하시고 "회개하라"고 징계하신다. 주님의 일군 된 성도로서 열심을 내지 않은 것은 책망을 받을 죄이다. "열심을 내라"는 헬라어 동사의 시제가 현재형으로 계속하여 열심을 내라는 뜻이고 "회개하라"는 헬라어 동사의 시제가 부정과거형으로 죄는 과거나 현재나 모두 한번 결정적으로 회개하라는 뜻이다.[44] 우리는 미지근하여 열심을 내지 않은 것이 죄라는 것을 명심하고 회개하고 주님의 일에 열심을 내야 한다.

20절. 주님은 라오디게아 교회에게 혹독한 책망을 하신 후에 "볼지어다 내가 문 밖에 서서 두드리노니 누구든지 내 음성을 듣고 문을 열면 내가 그에게로 들어가 그로 더불어 먹고 그는 나로 더불어 먹으리라"는 사랑의 권면을 하신다. 이 권면의 말씀은 흔히 전도할 때 주님을 믿고 영접하라고 권면하는 경우에 사용되는데 주님이 사랑하시는 라오디게아 교회에 보내는 편지이므로 이 말씀은 그리스도를 중심에 모시지 않은 라오디게아 교회의 성도들의 미지

---

44) 한국에 기독교가 들어 온지 125년이 지났는데 (1885 부활절 언더우드와 아펜셀러) 세계 어떤 나라보다 급성장하였지만 어떤 나라보다 더 부패하고 기복신앙에 빠져 있다고 많은 사람들이 주장한다. 이 기복신앙은 한국의 샤머니즘 즉 무속신앙의 영향을 받았다고 본다. 무속의 기복신앙은 무당의 굿을 통하여 귀신을 쫓거나 달래어 병을 낫고 해를 피하고 복을 얻는 것으로 철저히 현세적이고 물질적인 것으로 정신적이고 영적인 복의 개념이 없다. 무당은 돈을 받고 굿을 해주고 현실적인 복을 빌어주되 누구를 믿으라든지 또는 선을 행하고 악을 버리라는 말은 하지도 않고 관심도 없다. 한국교회에 이 기복신앙이 들어와 강단에서는 목사들이 자신들만이 받았다고 주장하는 축복권을 자랑하고 축도를 하며 십일조 축복 등 물질 축복을 선포하고 성도들은 병낫고 부자되고 성공하기를 빌고 또 빈다. 물질이 풍부해지면 스스로 자신이 하나님의 은혜를 받은 자라고 생각하고 자기만족의 신앙에 빠져서 그 신앙은 거기서 멈추고 뜨겁지도 차지도 않게 된다. 우리도 한국교회라는 사회 속에 있으므로 라오디게아 교회처럼 뜨겁지도 차지도 않은 부유와 안일로 자기만족하는 신앙을 가지고 있지는 않는가를 살피며 자신들을 바로 바라보아야 한다.

근한 신앙상태를 말한다. 이것은 그리스도를 믿고 세례를 받았지만 마음 중심에 모시지 않고 주님으로 섬기지 않는다는 뜻이다. 그들은 그리스도를 하나님의 아들이요 구세주라고 믿으나 마음 중심에 주님으로 모시지 않기 때문에 교회를 다니면서도 세상과 죄와 적당히 타협하고 부유하고 안일한 현실에 만족하고 자신의 부유한 상태가 하나님께 은혜 받은 것이라는 자족감과 안일함으로 인해 눈먼 자들의 미지근한 상태의 신앙을 살아간다. 그들은 자기중심적인 생각과 인본주의적인 방법으로 인해 주님을 교회 밖으로 내쫓은 결과를 초래한 것이다.

이러한 상황에서 주님은 놀라운 겸손과 온유로써 다시 들어와 그들과 함께 교제하기를 원하신다.[45] 주님은 이들에게 "회개하라, 내가 너희 안에 들어가려고 너희 마음의 문을 두드리는 소리를 들으라, 마음의 문을 열고 나를 영접하라, 그러면 내가 친히 너의 안에 들어가 함께 먹으리라, 즉 너희와 함께 교제하리라"고 말씀하시는 것이다. 구원받은 믿음은 적극적으로 주님을 마음속에 모시는 것이며 주님은 그 믿음의 소유자들과 함께 교제를 하시겠다고 약속하시는 것이다. 주님과의 교제는 환난에서 힘이고 큰 위로이고 축복이다. 그러므로 적극적으로 주님을 마음에 모시는 신앙의 사람이 되어 주님과 교제하는 복을 누려야 할 것이다.

21-22절. 주님은 마지막으로 "이기는 그에게는 내가 내 보좌에 함께 앉게 하여 주기를 내가 이기고 아버지 보좌에 함께 앉은 것과 같이 하리라"고 승리자의 복을 약속하신다. 그리스도께서 보좌에 앉으심은 그의 왕적 지위를 말한다. 여기서 글자 그대로 보면 이기는 자에게 왕의 지위를 주어서 주님과 함께 왕 노릇한다는 뜻이다. 다시 말해서 "주님의 보좌에 주님과 함께 앉는다"는 말씀은 우리가 천국의 왕이신 주님의 통치에 참여하고 주님이 누리시는 영광을 우리도 똑같이 누린다는 말이다. 이기는 자 즉 성도가 언제 주님과 함께 왕

45) Mounce, 같은 책, p. 113.

노릇하는가? 천년 왕국주의자들은 주님이 재림하신 후 천년동안 왕 노릇하는 시기가 있다고 말한다. 그러나 성경은 예수님이 이 땅에 왕으로 오셨다고 말씀하고 주님이 성령을 통하여 귀신을 쫓으신 것은 이미 천국이 임한 것이라고 말씀하고 있다(마 12:22-45, 막 3:20-30, 눅 11:14-28). 이기는 성도는 이 땅에서부터 주님과 함께 왕 노릇을 하고 천국의 영광도 주님과 함께 누린다. 믿음의 귀가 있는 자는 성령을 통하여 주님이 온 교회들에게 하시는 이 말씀을 듣고 뜨거운 신앙의 삶을 살아가야 할 것이다.

Ⅱ

본 론

요한계시록 4:1-18:24

본 론

요한계시록 4:1-18:24

1. 하늘 보좌와 일곱 인으로 봉한 두루마리(계 4:1-5:14)

2. 첫째에서 여섯째 인의 개봉 (계 6:1-17)
    *삽경 1. 인침을 받은 무리 (계 7:1-17)

3. 일곱째 인, 일곱 나팔 재앙 (계 8:1-9:21, 11:15-19)
    가. 일곱째 인의 심판의 재앙 선포 (계 8:1-5)
    나. 첫 번째 네 나팔, 경고의 자연재앙 (계 8:6-13)
    다. 다섯째와 여섯째 나팔 사탄의 세력 황충과 유브라데 강 전쟁의 재앙 (계 9:1-21)
        *삽경 2. 작은 두루마리를 가진 천사 (계 10:1-11)
        *삽경 3. 성전척량과 두 증인 (계 11:1-14)
    라. 일곱째 나팔 (계 11:15-19)
        *삽경 4. 여자와 아이, 그리고 용 (계 12:1-17)
        *삽경 5. 바다와 땅에서 올라 온 짐승들 (계 13:1-18)
            1) 바다에서 올라 온 짐승 (계 13:1-10)
            2) 땅에서 올라온 짐승 (계 13:11-18)
        *삽경 6. 교회의 승리와 최후의 대 심판 경고 (계 14:1-20)
            1) 교회의 승리 (계 14:1-13)
            2) 최후의 대 심판 경고 - 세상 끝 날의 추수 (계 14:14-20)

4. 일곱째 나팔의 일곱 대접 재앙 (계 15:1-16:21)
    가. 일곱째 나팔로 대접 재앙 예고 (불이 섞인 유리바다와 성전의 열림) (계 15:1-8)
    나. 첫째에서 넷째까지 진노의 대접, 자연 재앙 (계 16:1-9)
    다. 다섯째 진노의 대접, 짐승의 나라가 어두워짐 (계 16:10-11)
    라. 여섯째 진노의 대접, 아마겟돈 전쟁 (계 16:12-16)
    마. 일곱째 진노의 대접, 최후의 대심판 (계 16:17-21)
        *삽경 7. 바벨론 멸망 (계 17:1-18:24)
            1) 여자와 짐승의 관계 (계 17:1-6)
            2) 여자와 짐승의 사역 (계 17:7-18)
            3) 여자와 짐승의 멸망 (계 18:1-24)

1. 하늘 보좌와 일곱 인으로 봉한 두루마리

가. 하늘 보좌의 환상(계 4:1-11)

1 이 일 후에 내가 보니 하늘에 열린 문이 있는데 내가 들은 바 처음에 내
게 말하던 나팔 소리 같은 그 음성이 이르되 이리로 올라오라 이 후에 마
땅히 일어날 일들을 내가 네게 보이리라 하시더라 2 내가 곧 성령에 감동
되었더니 보라 하늘에 보좌를 베풀었고 그 보좌 위에 앉으신 이가 있는데
3 앉으신 이의 모양이 벽옥과 홍보석 같고 또 무지개가 있어 보좌에 둘렸
는데 그 모양이 녹보석 같더라 4 또 보좌에 둘려 이십사 보좌들이 있고 그
보좌들 위에 이십사 장로들이 흰 옷을 입고 머리에 금관을 쓰고 앉았더라
5 보좌로부터 번개와 음성과 우렛소리가 나고 보좌 앞에 켠 등불 일곱이
있으니 이는 하나님의 일곱 영이라 6 보좌 앞에 수정과 같은 유리 바다가
있고 보좌 가운데와 보좌 주위에 네 생물이 있는데 앞뒤에 눈들이 가득 하
더라 7 그 첫째 생물은 사자 같고 그 둘째 생물은 송아지 같고 그 셋째 생
물은 얼굴이 사람 같고 그 넷째 생물은 날아가는 독수리 같은데 8 네 생물
은 각각 여섯 날개를 가졌고 그 안과 주위에는 눈들이 가득 하더라 그들이
밤낮 쉬지 않고 이르기를 거룩하다 거룩하다 거룩하다 주 하나님 곧 전능
하신 이여 전에도 계셨고 이제도 계시고 장차 오실 이시라 하고 9 그 생물
들이 보좌에 앉으사 세세토록 살아 계시는 이에게 영광과 존귀와 감사를
돌릴 때에 10 이십사 장로들이 보좌에 앉으신 이 앞에 엎드려 세세토록 살
아 계시는 이에게 경배하고 자기의 관을 보좌 앞에 드리며 이르되 11 우리
주 하나님이여 영광과 존귀와 권능을 받으시는 것이 합당하오니 주께서 만
물을 지으신지라 만물이 주의 뜻대로 있었고 또 지으심을 받았나이다 하더라

주님은 자신의 초림과 재림 사이에 각 교회가 처할 형편을 아시고 각 형편에 있어 모델이 될 소아시아의 일곱 교회를 택하시어 편지를 보내심으로 온 교회 즉 우리들에게 말씀하신다. 3장에서 서론이 끝나고 4장부터는 본론(4:1-

18:24)이 시작된다. 요한계시록의 본론은 1. 하늘 보좌와 인봉된 책을 개봉하는 어린양(4:1-5:14), 2. 첫째에서 여섯째 인(6:1-17), 3. 일곱째 인의 나팔재앙(8:1-9:21)과 대접 재앙(15:1-17:21), 그리고 4. 보충 설명을 하는 일곱 삽경이[1] 사이사이에 끼어 있다. 앞으로 밝히겠지만 각 단원들이 순서대로 쓰인 것이 아니라 그 내용이 주님의 초림에서 재림까지 일어나는 사건들로서 주제별로 각 단원들이 병행하기도 한다. 이제, 본론은 4장의 하늘 보좌의 환상으로 시작한다.

1절. 사도 요한은 일곱 교회에 보내는 주님의 편지를 받은 후에 환상으로 하늘에 열린 문을 본다. 이 하늘은 우리가 보는 파란 창공이 아니라 영적 하늘이다. 하늘에서 "이리로 올라오라 이 후에 마땅히 일어날 일을 내가 네게 보이리라"는 나팔소리 같은 음성이 난다. 나팔소리란 하나님의 위엄과 임재를 알리는 것으로 영적 하늘에 계시는 주님이 친히 사도 요한을 그곳으로 부르시고 이 후에 마땅히 될 일을 보이시는 것이다(1:10, 11). "이 후에 마땅히 일어날 일"은 요한계시록의 내용이 하나님이 작정하신 대로 역사 속에서 반드시 일어날 사건임을 말한다. 다시 말하면 "지금 있는 일과 장차 될 일" 즉 현재부터 미래에 일어날 일들을 말하는 것이다. 그러므로 요한계시록의 내용을 주 재림 직전에 있을 재앙의 사건으로만 해석하는 것은 부당함을 알 수 있다.

2-3절. 사도 요한은 성령에 감동하여 하늘 보좌를 보게 된다. 어떤 이들은 하늘 보좌를 문자적으로 해석하여 이것이 실제로 하늘에 있는 보좌라고 주장한다. 1988년도에 펄시 콜레라는 사람이 한국에서 와서 돌풍을 일으킨 적이 있다. 그의 저서 '내가 본 천국' 에서 그는 천사와 함께 어마어마한 거리를 순식간에 날아가 천국에 도달하였고 천국에 들어서니 하나님의 큰 보좌가 중앙에 있었다고 하였다. 그 책의 내용은 요한계시록을 뼈대로 한 상상소설에 불

---

1) 1. 인침을 받은 무리 7:1-17, 2. 작은 책을 가진 천사 10:1-11, 3. 두 증인 11:1-13, 4. 여자와 남자 아이 그리고 용 12:1-17, 5. 두 짐승 13:1-18, 6. 교회의 승리와 대심판 예고 14:1-20, 7. 바벨론 멸망 17:1-18:24.

과했다. 여기서 하늘의 보좌는 실제가 아니라 요한에게 보여주신 환상이며 영적으로 하나님의 보좌를 설명하는 상징이다. 하나님께서 하늘 보좌에 앉으심은 하나님이 하늘과 땅 모두를 통치하심을 나타낸다.

하늘 보좌에 앉으신 이의 모습은 "모양이 벽옥과 홍보석 같고 또 무지개가 있어 보좌에 둘렸는데 그 모양이 녹보석 같다." 여기에 세 개의 보석 중 '벽옥'과 '홍보석'은 현재 어떤 종류의 보석인지 정확하게 알 수 없으나 벽옥(Jasper)은 녹색으로 수정처럼 투명하며(계 21:11) 홍보석(sardine stone/sardius)은 선홍색(deep orange-red)인 것으로 보인다.[2] 벽옥은 하나님의 성결과 의로우심을 나타내고 홍보석은 죄에 대한 하나님의 심판을 나타낸다고 본다. 그리고 무지개란 빛이 공중에 떠 있는 작은 물방울을 통과할 때 나타나는 일곱 가지 색을 말하므로 무지개는 빛 그 자체를 나타내며 또한 창세기 9:12에서 보면 무지개는 언약의 증거이다. 또한 녹보석은 녹색을 띠는 투명한 에머랄드로 금(줄무늬)이 많이 나 있어 무지개가 있는 것처럼 보인다. 그러므로 하늘 보좌에서 둘러 비춰는 녹보석 같은 무지개는 하나님의 은혜의 언약을 상징하는 영광이며 하나님이 심판주이시고 은혜의 언약의 하나님이심을 나타낸다.

4절. 심판주이시고 구원과 언약과 은혜의 하나님이 앉으신 보좌의 주위에 "이십사 보좌들이 있고 그 보좌들 위에 이십사 장로들이 흰 옷을 입고 머리에 금관을 쓰고 앉아 있다." 어떤 이는 이십사 보좌를 성도들이 미래에 하늘에서 앉아 하나님을 찬양할 보좌라고 주장하나[3] 상징을 실제로 보는 것은 바람직하지 못하다. 또한 이십사 장로를 우주 속에서 하나님의 통치를 돕는 천사들이라는 주장이 있으나[4] 이십사 장로는 요한계시록 21:12-14에서 새 예루살렘 성의 문들 위에 12지파의 이름이 있고 성의 열 두 기초 석에 열 두 사도의 이름

---

2) George A. Buttrick, Editor, 같은 책, vol. 2, p. 805, and vol. 4, p. 222.
3) 조용기, 『요한계시록 강해』, (서울: 서울서적, 1985), p. 109.
4) Ladd, 같은 책, p. 75; Mounce, 같은 책, p. 135.

이 있는 것을 볼 때 구약의 열 두 족장과 신약의 열 두 사도를 상징하는 것으로 구약시대와 신약시대의 온 성도 즉 교회를 가리킨다고 본다.[5] 왜냐하면 요한계시록 20:4에서 그 보좌에 앉은 자들은 "예수의 증거와 하나님의 말씀을 인하여 목 베임을 받은 자의 영혼들과 짐승과 그의 우상에게 경배하지도 아니하고 이마와 손에 그의 표를 받지도 아니한 자들"이라고 말하기 때문이다. 이 표현에 대해 여러 해석이 있을 수 있으나 그들이 하나님의 구원을 받은 백성들임은 부인할 수 없는 사실이다(20:4 주해 참조). 그러므로 이십사 장로는 천사가 아니라 죽은 영혼이거나 이 땅에 살아 있는 존재이거나 모든 구원 받은 성도들을 대표한다. 믿음으로 흰 옷을 입고 즉 의롭다함을 입고 머리에 금 면류관을 쓰고 즉 환난과 시험에서 승리한 온 성도들이 하늘 보좌 주위에 둘러 각 자의 보좌에 앉아 있다.

왜 이십사 장로들이 금관을 쓰고 보좌에 앉아 있는가? 이십사 장로들이 모든 성도들을 상징한다고 하면 성도들이 하늘나라에 가면 왕이 된다는 말인가? 아니다. 주님은 우리를 위하여 십자가에서 대속의 피를 흘리심으로 우리를 이미 구원하셨으니 구원받은 성도들이 앞으로 사탄과 이 세상을 이기고 승리하리라고 말씀하시는 것이다. 주님은 온 인류 중에서 우리를 그의 피로 사서 하나님 앞에서 나라와 제사장으로 삼으셨다. '나라'는 그리스도의 피로 구속을 받아 왕 되신 그리스도의 통치에 참여하는 천국 백성을 의미하고(1:6; 20:6) '제사장을 삼으셨다'는 말은 구약에서 죄인을 하나님께 인도하여 하나님의 은

---

5) Hughes, 같은 책, p. 103; Sweet, 같은 책, p. 118; 박윤선, 같은 책, p. 118; A. Plummer, 같은 책, p. 145; Steve Gregg, Ed., Steve Gregg, editor, *Revelation - Four Views, a parallel commentary*, (Nashville: Thomas Nelson Publishers, 1997), pp. 87-88 Spiritual View; Herman Hoeksema, "*Behold, He Cometh*," (Grand Rapids: Reformed Free Publishing Association, 1969), pp. 158-159; Henry M. Morris, "*The Revelation Record*," (Wheaton: Tyndale House Publishers, Inc., 1983), p. 87; John R. Yeatts, "*Revelation/Believers Church Bible Commentary*," (Scottdale: Herald Press, 2003), p. 98; Wilcock, 같은 책, p. 61; Criswell, 같은 책 Vol. 3, p. 31; cf. MacArthur, 같은 책 Vol. 1, p. 150 "they represent that raptured, glorified, coroneted church,"

혜를 받게 하는 제사장처럼 그리스도의 구속의 피로 개인이 직접 하나님께 담대히 나아가며 죄인들을 하나님께로 인도하는 직책을 주셨음을 뜻한다(히 13: 15, 16, 17). 그러므로 주님이 우리의 왕이 되시고 우리는 주님의 왕권에 참여하여 함께 왕 노릇 하는 것이다. 이것이 네 생물들과 이십사 장로들이 부르는 새 노래의 내용이다.

미래에 주님이 재림하신 후에 우리가 주님과 왕 노릇 하는 것이 아니라 이 땅에서 지금부터 주님이 오실 그 때까지 천국 백성이 되어 새 노래로 주님을 찬송하며 우리의 삶을 통하여 주님을 왕으로 인정하고 찬양하고 죄인들을 주님께로 인도하는 주님의 제사장이라는 일군의 직무를 수행함으로 주님과 함께 왕 노릇 하는 것이다. 요한계시록 20:4에서 보좌에 앉은 자들이 죽은 성도들의 영혼과 이 땅에서 신앙을 지키고 사는 자들이라고 말하므로 이것은 먼 미래의 장면이 아니라는 것을 알 수 있다(20:4 주해 참조).[6] 그렇다면 하늘 보좌를 둘러싸고 있는 모든 성도들이 금관을 쓰고 보좌에 앉은 것은 하늘 보좌가 하나님의 통치를 상징함으로 성도들이 하나님의 통치에 참여하여 그와 함께 왕 노릇 하고 있음을 나타낸다.[7]

5절. 사도 요한이 하늘 보좌를 보니 거기서 번개와 음성과 우렛소리가 나고 보좌 앞에 하나님의 일곱 영인 등불 일곱이 켜져 있다. 요한이 보는 일곱 등불은 하나님의 일곱 영이며, 일곱이라는 숫자는 성령의 온전하심을 상징한다. 보좌로부터 나오는 번개와 음성과 뇌성은 그 보좌에 계신 분이 하나님이심을 말할 뿐 아니라 하나님의 일곱 영인 성령도 하나님이심을 의미한다.

어떤 이들은 "그 보좌로부터 번개와 음성과 뇌성이 나고"라는 표현이 무서

---

(6) Henry Barclay Sweet, "*The Apocalypse of St John*," (London: Mcmillan and Co, Limited, 1906), p. 68. "Thus the 24 elders are the church in its totality, … but already potentially realized in the Resurrection and Ascension of the Head; cf. Eph. ii. 6."

(7) Hughes, 같은 책, p. 103.

운 심판을 표현하므로 하늘의 보좌는 종말을 암시하는 심판의 보좌를 상징한다고 말한다.[8)] 그러나 그 표현은 일반적인 하나님의 임재의 표현이지 심판만을 나타내는 표현은 아니다. 그리고 그 보좌가 펼쳐지고 네 생물과 이십사 장로와 천사들과 만물들이 보좌 주위에서 경배와 찬송을 하는 것을 볼 때 하늘의 보좌는 심판만이 아니라 하나님이 의의 왕으로서 의와 은혜로 하늘과 땅 모두를 주재하시며 모든 창조물로부터 경배와 찬양을 받으시는 시공을 초월한 하나님과 피조물과의 영원한 관계를 나타낸다.[9)]

6절. 또한 사도 요한은 보좌 앞에서 "수정과 같은 유리 바다"를 본다. '수정'의 헬라어는 '얼음'을 의미하는 것으로 투명한 결정체를 가리킨다(출 24: 10; 욥 37:8; 겔 1:22). 또한 '유리'는 헬라어로는 '빗방울'로 이 땅의 바다와는 달리 아무 것도 섞이지 않고 맑은 바다를 의미한다.[10)] 그러므로 하늘 보좌 앞에 펼쳐진 '수정과 같은 유리 바다'는 하나님 나라가 완전한 거룩함과의 위에 서 있음을 나타내는 것으로 보인다.

7-8절. 이번에는 사도 요한이 보좌 중심 주위에서 "여섯 날개가 있고 앞뒤에 눈이 가득한 네 생물"을 본다. 네 생물은 에스겔서 1:4-14를 보면 천사들과 같이 하나님 가까이에서 하나님을 경배하고 찬양하며 하나님의 영광을 나타내는 천상의 영적 존재들로 "여섯 날개와 앞뒤에 가득한 눈"은 네 생물이 신속성과 통찰력을 가지고 하나님의 뜻을 수행함을 나타내고 에스겔서 10:20에서는 그들이 하늘의 지위가 높은 천사 그룹들이라고 말한다. 그들의 모습이 각각 "사자 같고, 송아지 같고, 얼굴이 사람 같고, 독수리 같다"는 것은 그들이 각각 그 모습이 상징하는 하나님의 속성을 나타낸다는 말이다. 사자는 동물의

(8) 이상근, 신성종, 필립 E. 휴즈, 이필찬, 권성수, Lehman Strauss 주장.

(9) 사와무라 로고, "요한계시록." 오만석 역, 복음사, San Francisco, 2000, p. 90. "하나님께 드리는 예배; Hendriksen, 같은 책, p. 103. "보좌는 하늘 성전의 지성소에 있는 것으로 그 곳에 하나님이 계셔서 우주를 통치하심을 보여줌".

10) 이상근, 같은 책, p. 95.

왕으로 하나님의 왕권으로 다스리시는 주권을(시 103:19, 단 4:17), 송아지는 힘(power)을 쓰는 동물로 하나님의 전능하심을(계 19:6), 사람은 창조물 중에 가장 지혜로운 존재로 하나님의 전지하심을(마 10:30, 히 4:13), 그리고 독수리는 '민첩함' 을 나타내는 동물로 하나님의 무소부재하심(렘 23:24)을 나타낸다고 여겨진다. 하나님께서는 하나님의 천사들을 사용하셔서 자신의 절대주권의 능력과 전지전능하심과 무소부재하신 하나님의 속성들을 드러내심으로써 찬양을 받으시고 하나님의 영광을 비취신다.

그들이 밤낮 쉬지 않고 "거룩하다 거룩하다 거룩하다 주 하나님 곧 전능하신 이여 전에도 계셨고 이제도 계시고 장차 오실 이라"고 하나님을 찬양한다. 성경에서 하나님을 찬양할 때 세 번 반복함은 하나님을 찬양하는 최상의 표현이다. 그들은 하나님이 완전히 거룩하시고 전능하시고 영원하시고 시공을 초월하여 언제든지 우리에게 오셔서 섭리하시고 보호하시며 인도하시는 이심을 찬양하고 있다.

9-10절. 그 생물들이 영광과 존귀와 감사를 보좌에 앉으신 영원하신 하나님께 돌릴 때에 이십 사 장로들이 보좌에 앉으신 하나님 앞에 엎드려 경배하고 자기의 관을 보좌 앞에 드린다. 이십 사 장로들은 이미 앞에서 밝힌 바와 같이 신구약의 모든 구원받는 하나님의 백성들을 대표하며 상징한다. 보좌에 앉으신 하나님 앞에 엎드려 경배하는 것은 성도가 하나님 앞에 자신을 낮추고 예배하는 존재임을 말한다. 예배란 의식을 갖춘 예배만을 생각하기 쉬우나 로마서 12장의 말씀대로 우리 몸을 하나님이 기뻐하시는 거룩한 산 제물로 드리는 것이 우리가 드려야 할 영적 예배이다. 영적 예배를 드리는 자가 참된 의식의 예배를 하나님께 드릴 수 있다. 이십사 장로들이 하나님 앞에서 자기의 관을 던지는 행위는 자기의 승리의 모든 영광을 하나님의 은혜에 돌리며 하나님을 찬양하는 행위이다. 이것은 성도들이 사탄과 세상을 이긴 모든 영광을 자신에게 돌리지 않고 하나님께 돌리는 존재임을 말한다. 하나님의 백성인 우리는 이십사 장로들처럼 하나님 앞에서 자신을 낮추고 의식의 예배만이 아니라 자

신의 몸을 하나님이 기뻐하시는 거룩한 산 제물로 드리는 영적 예배를 드려야 한다.

11절. 이십사 장로들이 보좌에 앉으신 하나님 앞에 엎드려 경배하고 자기의 관을 보좌 앞에 드리며 "우리 주 하나님이여 영광과 존귀와 능력을 받으시는 것이 합당하오니 주께서 만물을 지으신지라 만물이 주의 뜻대로 있었고 또 지으심을 받았나이다"라고 찬양한다. "만물이 주의 뜻대로 있었고 또 지으심을 받았다"라는 말은 하나님의 뜻 즉 그분의 목적에 의해서 우리가 창조되었고 하나님의 섭리로써 우리를 포함하여 만물이 보존되어 왔다는 뜻이다. 그러므로 이십사 장로들은 "우리 주 하나님만이 영광과 존귀와 능력을 받으시는 것이 합당하다"라고 하나님을 찬양한다. 하나님만이 우리를 포함하여 만물을 지으신 창조자이시고 우리를 당신의 뜻대로 존재케 하신다. 그래서 우리가 이 땅에 살며 존재하는 것이 모두 주님의 뜻이며 그래서 우리 각자의 삶에 대한 주님의 선한 뜻이 있다(엡 2:10). 그러므로 우리를 향한 주님의 뜻을 잘 헤아리고 행하며 하나님께 경배하고 찬양해야 한다.

이제 마지막으로, 하나님의 보좌를 상상해 보길 바란다. 사도 요한이 하늘 문이 열린 것을 보니 수정 같이 맑은 유리 바다 위에 하나님의 보좌가 있고 보좌 중심에 앉으신 이가 있는데 벽옥과 홍보석 같고 그 주위에 녹보석 같은 무지개가 둘러 있다. 보좌 앞에 네 생물이 있어 하나님을 찬양하고 그 뒤에 보좌 주위에 둘러 선 이십사 장로가 하나님께 경배하며 찬양하고 있다. 요한계시록 5장을 보면 이십사 장로 뒤에 천사들이, 그리고 그 뒤에 모든 피조물들이 경배하며 찬양한다. 하늘 천국에 실제로 보좌가 있고 보좌 앞에 일곱 등잔이 있고 어린양이 있으며 이십사 장로와 천사들과 만물들이 경배하며 찬양하고 있는가? 이단이 아닌 바에는 누구도 그렇게 해석하지 않고 이것을 상징으로 본다. 지금 이 시간도 의와 심판의 하나님이시요 은혜의 언약의 하나님 아버지께서 성자 하나님 예수 그리스도와 성령 하나님과 함께 온 우주 중심인 의의 하늘나라에 계셔서 하나님의 영광을 나타내시고 온 성도들과 천사들과 만물들은 하나님께 경배하고 찬양하고 있는 영적 세계를 상징으로 보여 주신 것이다.

그 하늘 보좌를 보니 네 생물들이 밤낮 쉬지 않고 "거룩하다 거룩하다 거룩하다 주 하나님 곧 전능하신 이여 전에도 계셨고 이제도 계시고 장차 오실 자라"고 외치며 영광과 존귀와 감사를 보좌에 앉으사 세세토록 사시는 이에게 돌릴 때에 이십사 장로들이 보좌에 앉으신 이 앞에 엎드려 세세토록 사시는 그분에게 경배하고 자기의 면류관을 보좌 앞에 던지며 "우리 주 하나님이여 영광과 존귀와 능력을 받으시는 것이 합당하오니 주께서 만물을 지으신지라 만물이 주의 뜻대로 있었고 또 지으심을 받았나이다"라고 찬양한다. 이런 보좌의 모습은 시간과 공간을 초월하여 거룩하신 왕이신 아버지 하나님이 성령과 아들 하나님 그리스도와 함께 은혜의 언약으로 하늘과 땅을 다스리시고 천사들과 하나님의 백성들로부터 경배와 찬양을 받으시는 관계를 설명한다.[11)]

나. 인봉된 두루마리를 개봉하는 어린양께 경배(5:1-14)

1 내가 보매 보좌에 앉으신 이의 오른손에 두루마리가 있으니 안팎으로 썼
고 일곱 인으로 봉하였더라 2 또 보매 힘 있는 천사가 큰 음성으로 외치기
를 누가 그 두루마리를 펴며 그 인을 떼기에 합당하냐 하나 3 하늘 위에나
땅 위에나 땅 아래에 능히 그 두루마리를 펴거나 보거나 할 자가 없더라 4
그 두루마리를 펴거나 보거나 하기에 합당한 자가 보이지 아니하기로 내가
크게 울었더니 5 장로 중의 한 사람이 내게 말하되 울지 말라 유대 지파의
사자 다윗의 뿌리가 이겼으니 그 두루마리와 그 일곱 인을 떼시리라 하더
라 6 내가 또 보니 보좌와 네 생물과 장로들 사이에 한 어린 양이 서 있는

11) 렌스키, 같은 책, p. 144. "하늘나라에서는 시간조차 존재하지 않는다. 물론 공간도 존재하지 않는다. 우리는 무시간과 무공간의 어휘들을 생각하기가 쉽지 않다. 요한계시록은 시간과 공간을 상상케 하도록 격을 낮춘 것이다."; 박윤선, 같은 책, p. 115. "보좌는 천당과 천당의 질서를 상징한다고 함"; Hendriksen, 같은 책, p. 99. "4장과 5장은 우리가 보는 하늘의 모습이다... 이 환상의 목적은 보좌에 앉으신 주님에 의해 모든 것이 다스림을 받는다는 아름다운 상징을 우리에게 보여주는데 있다."

> 데 일찍이 죽임을 당한 것 같더라 그에게 일곱 뿔과 일곱 눈이 있으니 이
> 눈들은 온 땅에 보내심을 받은 하나님의 일곱 영이더라 7 그 어린 양이 나
> 아와서 보좌에 앉으신 이의 오른손에서 두루마리를 취하시니라 8 그 두루
> 마리를 취하시매 네 생물과 이십사 장로들이 그 어린 양 앞에 엎드려 각각
> 거문고와 향이 가득한 금 대접을 가졌으니 이 향은 성도의 기도들이라 9
> 그들이 새 노래를 불러 이르되 두루마리를 가지시고 그 인봉을 떼기에 합
> 당하시도다 일찍이 죽임을 당하사 각 족속과 방언과 백성과 나라 가운데에
> 서 사람들을 피로 사서 하나님께 드리시고 10 그들로 우리 하나님 앞에서
> 나라와 제사장들을 삼으셨으니 그들이 땅에서 왕 노릇 하리로다 하더라 11
> 내가 또 보고 들으매 보좌와 생물들과 장로들을 둘러 선 많은 천사의 음성
> 이 있으니 그 수가 만만이요 천천이라 12 큰 음성으로 이르되 죽임을 당하
> 신 어린 양은 능력과 부와 지혜와 힘과 존귀와 영광과 찬송을 받으시기에
> 합당하도다 하더라 13 내가 또 들으니 하늘 위에와 땅 위에와 땅 아래와
> 바다 위에와 또 그 가운데 모든 피조물이 이르되 보좌에 앉으신 이와 어린
> 양에게 찬송과 존귀와 영광과 권능을 세세토록 돌릴지어다 하니 14 네 생
> 물이 이르되 아멘 하고 장로들은 엎드려 경배하더라

성령에 감동된 사도 요한은 하늘 보좌의 환상을 보고 있다. 하늘의 보좌의 중심에 앉으신 이가 계시는 데 그 형상은 볼 수 없으나 의의 심판을 상징하는 벽옥과 홍보석 같은 모양이 보이고 주위에 구원의 언약을 상징하는 녹보석 같은 무지개가 둘러 있다. 보좌 가운데 그리고 앞에는 성령을 상징하는 일곱 등불이 보이고 그 뒤에는 통찰력을 가지고 신속하게 하나님의 속성을 드러내며 일을 하는 하나님의 사역자를 상징하는 네 생물들, 여섯 날개가 있고 앞 뒤에 눈이 가득한 생물들이 보인다. 보좌 앞에는 하나님 나라가 거룩함과 의로움 위에 있음을 상징하는 수정 같은 유리 바다가 펼쳐져 있고 그 뒤로 보좌에 둘러 이십사 보좌가 있고 그 위에 이십사 장로가 흰옷을 입고 금 면류관을 쓰고 앉아 있다. 네 생물은 밤낮 쉬지 않고 "거룩하다, 거룩하다, 거룩하다" 고 하나님을 찬양하고 이십사 장로는 자신들의 금 면류관을 던지며 하나님께 엎드려 경

배하며 하나님의 영광과 존귀와 능력과 창조와 섭리의 뜻을 찬양하고 있다.

사도 요한의 하늘 보좌의 환상은 5장에서 계속된다. 보좌에 앉으신 하나님의 오른손에 일곱 인으로 봉한 두루마리가 있다. 일찍 죽임을 당한 것 같은 어린 양 그리스도가 나아와서 그 두루마리의 인들을 떼신다. 그 두루마리의 내용은 그가 땅에서 그의 피로 사서 구원하신 자들을 하나님의 나라와 제사장으로 삼으시고 그들의 기도에 응답하여 사탄과 그의 세력을 물리치시고 그들과 함께 왕 노릇 하심으로 영원히 승리하시리라는 것이다. 두루마리의 인들이 떼어지고 그 내용이 선포되기 전에 보좌와 생물들과 장로들을 둘러 선 많은 천사들의 큰 음성이 "죽임을 당하신 어린 양은 능력과 부와 지혜와 힘과 존귀와 영광과 찬송을 받으시기에 합당하도다"라고 찬양하고 이어 모든 피조물들이 그와 같이 찬양할 때 네 생물이 "아멘"으로 화답하고 장로들은 엎드려 경배한다. 그러므로 4장과 5장은 두 환상이 아니라 하나이다.

이 환상은 실제로 하늘 어디엔가 보좌가 있고 일곱 등불이 있고 보좌에 둘러 이십사 보좌와 장로들이 있다는 것이 아니라 하나님이 온 우주와 영적 세계의 주인이시며 의의 심판주이시고 구원과 은혜의 언약의 하나님이시며 영적 존재들과 구원받은 온 성도들과 온 우주 만물의 경배와 찬양을 받으시며 아들 하나님이신 그리스도가 성령과 함께 친히 세상의 역사 속에 들어오셔서 구원을 이루시고 사탄과 그 세력을 이기시고 하나님의 나라를 세우시고 구원받은 하나님의 백성들과 왕 노릇 하시리라고 설명하는 내용이다.[12)]

5:1절. 성령에 감동된 사도 요한은 보좌에 앉으신 이와 하나님의 오른 손에 있는 두루마리를 본다. 오른 손이란 권능과 권세를 나타낸다(출 15:6; 사 41:10; 행 2:33). 그 두루마리 안에 기록된 내용은 하나님의 주권 안에 이루어지는 일들을 의미한다. 그 두루마리는 안팎으로 썼고 일곱 인으로 봉하였다.

12) Wilcock, 같은 책, pp. 66-69.

'안팎으로 썼다"는 뜻은 써야할 내용을 충실하게 빼곡히 썼다는 뜻으로 이해되고 '일곱 인으로 봉하였다' 는 뜻은 어떤 누구도 알 수 없는 비밀스런 내용이어서 오직 하나님만이 스스로 밝히 보이실 수 있음을 상징한다.

2-4절. 사도 요한이 보니 힘 있는 천사가 큰 음성으로 "누가 두루마기를 펴며 그 인을 떼기에 합당하냐"고 소리를 치는데 하늘 위에나 땅 위에나 땅 아래에 능히 책을 펴거나 보거나 할 이가 없다. "하늘 위에나 땅 위에나 땅 아래에"에서 "땅 아래"를 악한 영들이 거하는 곳이라고 해석하려는 시도는 합당치 않은데 "하늘 위에나 땅 위에나 땅 아래"는 성경에서 전 우주와 모든 피조물을 가리킬 때 사용되기 때문이다(출 20:4, 11; 욥 11:809; 시 146:6; 빌 2:10).[13]

사도 요한은 밧모 섬에서 성령에 감동하여 앞으로 보는 것을 두루마리에 기록하여 일곱 교회에 보내라는 명을 받았고(1:9-11) 하늘 보좌 환상을 보기 전에도 "이 후에 마땅히 일어날 일"을 보여주신다는 주님의 약속을 받았고 전하라는 사명을 받았는데 하나님의 오른 손에 있는 두루마기를 열 수 없으니 얼마나 답답한 노릇인가? 나약한 100세 노인인 사도 요한은 답답한 나머지 크게 울고 또 울었다.

5절. 이 때 장로 중 하나가 요한에게 "울지 말라 유대 지파의 사자 다윗의 뿌리가 이기었으니 이 두루마리와 그 일곱 인을 떼시리라"고 말해준다. 유다 지파의 사자는 유다 지파의 왕 다윗을 말하고(창 49:1-28, 히 7:14) 다윗의 뿌리란 다윗의 자손 메시아 예수 그리스도를 가리킨다(사 11:1-10, 마 1:1). 다윗의 자손으로 이 땅에 오신 우리 주님은 우리의 죄를 지고 십자가에 죽으셔서 형벌을 받으시고 부활하심으로 사탄을 이기시고 우리를 구원하셨으므로 하나님의 오른 손 안에 있는 두루마리의 인을 떼기에 합당한 자이시며 온전한 승리를 성취하시는 분이시다.

6절. 사도 요한이 보니 하늘 보좌와 네 생물과 장로들 사이에 일찍 죽임

---

13) Mounce, 같은 책, p. 143; 이필찬, 같은 책, p. 262.

을 당한 것 같은 어린 양이 서 있는 것을 본다. 아무리 문자적으로 성경을 해석하기를 원하는 자나 이단이더라도 어린 양이 예수 그리스도의 상징이 아니고 실제 동물인 어린 양이라고 주장하는 자는 없다. 이 "일찍 죽임을 당한 것 같은 어린 양"의 환상은 예수 그리스도가 우리의 죄를 지시고 십자가에 죽으셨다가 부활하신 분이심을 보여 준다. 사도 요한이 자세히 보니 어린양에게는 일곱 뿔과 일곱 눈이 있다. '일곱 뿔' 은 주님의 완전무결하신 권세와 능력을 뜻하고(민 23:22; 신 33:17; 삼상 2:1; 왕상 22:11; 시 75:4; 단 7:7, 20; 빌 2:9-11) '일곱 눈' 은 주님의 완전한 지혜와 통찰력을 상징한다(슥 3:9; 4:10).

7절. 어린 양이 나아와서 보좌에 앉으신 이의 오른손에서 두루마리를 취하신다. 다니엘서 7:13-14에서 그리스도를 상징하는 인자 같은 이가 옛적부터 항상 계신 이, 곧 하나님으로부터 '영원하고 옮기지 않는 권세와 영광과 폐하여지지 않는 나라' 를 받는다.[14] 이처럼 어린 양 되시는 주님이 앞으로 일어날 일을 기록한 책을 하나님의 손에서 취하시는 것은 세상의 구속을 위한 왕권을 위임받는 것으로 볼 수 있다.[15] 9, 10절을 보면 그리스도가 일곱 인으로 봉한 두루마리를 받아 그 인봉을 떼기에 합당한 이유는 일찍이 죽임을 당하여 각 족

---

14) 단 7:13-14. "내가 또 밤 환상 중에 보니 인자 같은 이가 하늘 구름을 타고 와서 옛적부터 항상 계신 이에게 나아가 그 앞으로 인도되매 그에게 권세와 영광과 나라를 주고 모든 백성과 나라들과 다른 언어를 말하는 모든 자들이 그를 섬기게 하였으니 그의 권세는 소멸되지 아니하는 영원한 권세요 그의 나라는 멸망하지 아니할 것이니라." 여기서 펼쳐지는 광경은 그리스도의 영원한 하나님 나라의 왕위 즉위식이라고 말할 수 있다. 그리스도가 하나님 앞으로 인도되어 하나님으로부터 "권세와 영광과 나라"를 받는다. 이 "영광과 권세와 나라"는 영과 육의 모든 세계를 창조하시고 통치하시는 하나님에게 속한 것이다. 느부갓네살이 하나님으로부터 "영광과 권세와 나라"를 받았고(단 2:37) 그가 하늘과 땅의 주재이신 하나님을 거스릴 때 그 모든 것을 빼앗겼다(단 4:30-33). 그 후 다리오 왕도 그것들이 하나님께만 속하였다고 고백하였다(6:26). 하나님께서 그리스도에게 주신 것들은 세상 왕들에게 허락하신 것들과 다르다. 세상의 왕들이 받은 것과 달리 그리스도가 받은 권세와 영광은 소멸되지 않는 영원한 것들이요 그의 나라는 멸망하지 않을 것이다.

15) Hendriksen, 같은 책, pp. 106-107, 이필찬, 같은 책, p. 291.

속과 방언과 백성과 나라 가운데에서 사람들을 피로 사서 하나님께 드리시고 그들로 우리 하나님 앞에서 나라와 제사장들을 삼으셨기 때문이라고 말한다. 그것은 그리스도께서 십자가의 구속사역을 이루시고 하나님 나라의 왕으로서 하나님의 주권 안에 이루어지는 일들을 기록한 두루마리를 받아 왕 노릇 하심을 뜻한다.

8절. 어린 양이 그 두루마리 책을 취하자 네 생물과 이십사 장로들이 왕이신 어린양 앞에 각각 거문고와 향이 가득한 대접을 가지고 엎드린다. 이 향은 성도들의 기도를 상징한다(계 8:3, 4). 다시 말하면 어린 양이 세상의 구속을 위한 왕권을 위임받자 네 생물과 이십사 장로들이 성도들의 기도를 들으시는 중보자이신 주님 앞에 일제히 순복하였으며 그의 권위와 능력을 찬양하고 기도하며 경배 자세를 갖춘 것이다.

9-10절. 네 생물과 이십사 장로들은 새 노래로 "두루마리를 가지시고 그 인봉을 떼기에 합당하시도다 일찍 죽임을 당하사 각 족속과 방언과 백성과 나라 가운데서 사람들을 피로 사서 하나님께 드리시고 그들로 우리 하나님 앞에서 나라와 제사장을 삼으셨으니 그들이 땅에서 왕 노릇 하리로다"고 노래한다. 새 노래란 이스라엘 백성들이 종살이 하던 애굽에서 풀려나 홍해를 건너 애굽의 군대로부터 완전히 구원을 받은 후에 하나님의 구원을 찬양하던 노래이다(출 15:1-18, 계 15:3, 시 13:3, 시 40:3). 이 새 노래는 예수 그리스도로 말미암아 구원받은 성도들이 부르는 구원의 찬송, 새로운 노래를 상징한다. 바로 네 생물들과 이십사 장로들이 예수 그리스도의 구원의 찬송, 새 노래를 불러 주님의 구원을 찬양하는 것이다.

주님은 우리를 위하여 십자가에서 대속의 피를 흘리심으로써 사탄을 이기시고 우리를 이미 구원하셨으니 그 두루마리의 인봉을 떼시기에 충분한 조건을 갖추셨다. 주님은 온 인류 중에서 우리를 그의 피로 사서 하나님 앞에서 나라와 제사장으로 삼으셨다. '나라' 는 그리스도의 피로 구속을 받아 왕 되신 그리스도의 통치에 참여하는 천국 백성을 의미하고(1:6; 20:6) '제사장을 삼으셨다' 는 말은 구약에서 죄인을 하나님께 인도하여 하나님의 은혜를 받게 하는 제사장처럼 그리스도의 구속의 피로 개인이 직접 하나님께 담대히 나아가며 죄인들을 하나님께로 인도하는 직책을 가졌음을 뜻한다(히 13:15, 16, 17). 그러므로 주님이 우리의 왕이 되시고 우리는 주님의 왕권에 참여하여 함께 왕 노릇 하는 것이다. 이것이 네 생물들과 이십사 장로들의 새 노래의 내용이다.

'그들이 땅에서 왕 노릇 하리로다' 에서 '왕 노릇 하리로다' 의 시제가 사본에 따라 현재형이나 일인칭 미래형으로 되어 있다. 그런데 미래형만을 취하여 주님 재림 후 천년왕국에서 왕 노릇 하는 것을 뜻한다고 하는 것은 무리다.[16] 오직 미래에 주님이 재림하신 후에 우리가 주님과 왕 노릇 하는 것이 아니라 이 땅에서 지금부터 주님이 오실 그 때까지 천국 백성이 되어 새 노래로 주님을 찬송하며 우리의 삶을 통하여 주님을 왕으로 인정하고 찬양하고 죄인들을 주님께로 인도하는 주님의 제사장이라는 일군의 직무를 수행함으로 주님과 함께 왕 노릇 하는 것이다.

전(前)천년 왕국주의자들의 주장에 의하면 "각 족속과 방언과 백성과 나라 가운데에서 사람들을 피로 사서 하나님께 드리시고 그들로 우리 하나님 앞에서 나라와 제사장들을 삼으셨으니"와 "그들이 땅에서 왕 노릇 하리로다"라는 말씀 사이에 거의 2,000년의 시간적 간격이 있다. "각 족속과... 나라와 제사장들을 삼으셨으니"는 주님의 초림에서 이뤄졌고 "그들이 땅에서 왕 노릇 하리로다"는 주님의 초림에서 거의 2,000년이 지난 지금도 이뤄지지 않고 있기 때문이다. 그러나 두 말씀 사이에 시간적 간격을 찾는 것은 이해하기 어렵고 그것을 뒷받침 해주는 증거도 없다. 우리 주님께서 자신의 피로 우리를 구원하시고 나라와 제사장으로 삼으시고 주님과 함께 왕 노릇 하게 하신 것이다.

---

16) 이상근, 같은 책, pp. 103-104. "저희가 왕 노릇 하리로다 - XP의 읽기나(또한 Hippolytus, Bengel, Aland), 그 외 현재형인 것(AQ, 또한 Tisch., Alf., Charles), 제 2인칭 미래형인 것(2432, 또한 Bede)등이 있다. 본문 자체로는 오히려 둘째의 가능성이 더 크나 문맥상 첫째를 취하는 것이 무난하다."

고린도전서 15:23 이하를 보면 주님이 재림하실 때에 우리가 부활을 하고 그 후에는 마지막 세상의 종말인데 그리스도가 모든 원수를 그 발아래에 둘 때까지 반드시 왕 노릇 하시리라고 말씀한다. 전천년주의자들은 사탄을 무저갱에 가두고 천 년 동안 왕 노릇한다고 주장하지만 주님께서는 사탄을 포함한 모든 원수를 발 아래 둘 때까지 그 이전 내내 우리와 함께 왕 노릇하신다. 또 디모데후서 2:10 이하를 보면 사도 바울은 자신이 택함 받은 자들을 위하여 모든 것을 참는데 그리하면 함께 왕 노릇한다고 말한다. 우리는 바울 사도처럼 하나님이 택하신 자들을 예수 그리스도의 피로 씻어 구원하여 하나님께 드리기 위하여 인내로써 사탄과 원수들을 주님의 발 아래 복종시킬 때까지 그리스도와 함께 왕 노릇할 것이다.

11-12절 사도 요한은 "보좌와 생물들과 장로들을 둘러 선 그 수가 만만이요 천천의 많은 천사들을 보고 그들의 음성을 듣는다. "수가 만만이요 천천이라"는 표현은 만 x 만 = 1억, 천 X 천 = 백만이 아니라 셀 수 없을 정도의 많은 무리를 묘사한다. 그 수를 "만만"이라거나 "천천"이라고 하지 않고 한 수를 "만만과 천천 둘로 나타냈기 때문이다. 하나님 나라의 왕이신 우리 주님은 모든 천사에게도 찬양받으시기에 합당한 분이시다. 천사들은 큰 음성으로 "죽임을 당하신 어린 양이 능력과 부와 지혜와 힘과 존귀와 영광과 찬송을 받으시기에 합당하도다"고 찬양한다. 이 찬양의 내용은 보좌에 앉으신 이 즉 하나님께 드리는 찬양과 같다. 천사는 우리와 같이 주님을 찬양하는 존재임을 시사한다.

13-14절 사도 요한은 또 다른 음성을 듣는다. 하늘 위에와 땅 위에와 땅 아래와 바다 위에와 또 그 가운데 모든 만물이 보좌에 앉으신 이와 어린양에게 "찬양과 존귀와 영광과 능력을 세세토록 돌릴지어다"고 찬양한다. 모든 피조물들의 이 화답송은 하늘 보좌와 피조물과의 관계가 사람만이 아니라 만물이 속한 온 우주도 하나님이 처음 창조하실 때처럼 에덴의 상태로 회복된 상태에서 하나님을 찬양함을 말해준다(롬 8:19-21). 이 환상에서 보여 주는 하나님

의 나라는 영적 나라이고 악한 천사도 없고 악한 사람도 없고 만물이 하나님과 주님을 찬양하는 나라이다. 네 생물이 "아멘"이라고 화답하고 이십사 장로들은 엎드려 경배한다. 피조물의 찬송에 호응하여 네 생물과 장로들이 아멘 즉 '찬송과 존귀와 영광과 능력'이 하나님께 있음을 동의하여 찬송하고 삼위 하나님께 경배함으로 하늘 보좌의 환상이 끝을 맺는다.

2. 첫째에서 여섯째 인의 개봉(계 6:1-17)

가. 네 말과 그 탄 자들: 첫째 인에서 넷째 인까지(계 6:1-8)

> 1 내가 보매 어린 양이 일곱 인 중의 하나를 떼시는데 그 때에 내가 들으
> 니 네 생물 중의 하나가 우렛소리 같이 말하되 오라 하기로 2 이에 내가
> 보니 흰 말이 있는데 그 탄 자가 활을 가졌고 면류관을 받고 나아가서 이
> 기고 또 이기려고 하더라 3 둘째 인을 떼실 때에 내가 들으니 둘째 생물이
> 말하되 오라 하니 4 이에 다른 붉은 말이 나오더라 그 탄 자가 허락을 받
> 아 땅에서 화평을 제하여 버리며 서로 죽이게 하고 또 큰 칼을 받았더라 5
> 셋째 인을 떼실 때에 내가 들으니 셋째 생물이 말하되 오라 하기로 내가
> 보니 검은 말이 나오는데 그 탄 자가 손에 저울을 가졌더라 6 내가 네 생
> 물 사이로부터 나는 듯한 음성을 들으니 이르되 한 데나리온에 밀 한 되요
> 한 데나리온에 보리 석 되로다 또 감람유와 포도주는 해치지 말라 하더라
> 7 넷째 인을 떼실 때에 내가 넷째 생물의 음성을 들으니 말하되 오라 하기
> 로 8 내가 보매 청황색 말이 나오는데 그 탄 자의 이름은 사망이니 음부가
> 그 뒤를 따르더라 그들이 땅 사분의 일의 권세를 얻어 검과 흉년과 사망과
> 땅의 짐승들로써 죽이더라

첫째에서 넷째 인의 말들의 색깔은 스가랴서 6:1-8에서 나오는 네 병거의 말들의 색의 반영으로 보고 네 병거가 세상에 내리는 재앙이라 해석하여 일곱 인 모두를 재앙으로 보는 자들이 있다. 그러나 내용으로 볼 때 네 병거의 말들

이라는 점 외에는 관계가 없고 색도 일치하지 않는다. 그리고 스가랴 6장에서는 색에 별다른 의미를 부여하지 않고 있지만 요한계시록에서는 색에 따라 역할이 다르게 표현이 되고 있다. 혹 스가랴 6장의 네 병거의 말들의 색을 계시록의 넷째 인의 청황색 말을 탄 자와 연관을 지을 수는 있어도 네 말을 탄 자들을 설명하는 데는 도움이 안 된다고 보인다. 또한 "지금 있는 일과 장차 될 일"을 계시록 1장에서 3장까지를 지금 일어나는 일, 4장부터는 당장 일어날 일이 아닌 먼 미래 즉 심판 직전에 일어날 일이라고 해석하여 하늘 보좌를 심판의 보좌라고 말하고 일곱 인으로 개봉하는 책의 내용을 심판 전에 있을 재앙이라 해석하는(1:19 참조) 자들은 재앙의 첫째인인 흰말 탄 자를 어떤 정복사나 적그리스도로 해석할 수밖에 없다. 그러나 그 주장대로 4장 이후 모두가 심판 전후의 재앙이라는 주장은 근거가 약하다. 요한계시록 1:19에서 계시록의 전 내용을 "지금 있는 일과 장차 될 일" 즉 현재 일어나는 일들과 장차 일어날 일들이라고 말하는 것은 주님의 재림 직전에 있을 재앙만이 아니고 주님의 초림부터 재림까지 일어날 모든 일들이다. 특별히 다섯째 인(계 6:9-11)에 나오는 하나님의 말씀과 저희의 가진 증거를 인하여 죽임을 당한 영혼들의 부르짖음은 누가 보아도 재앙이 아니다. 이제, 어린양 그리스도께서 인을 떼심으로 주님의 초림에서 재림 사이에 나타나는 일들이 환상으로 전개되는 것이다.

6:1-2절. 어린 양이 첫째 인을 떼시니 사도 요한이 네 생물 중의 하나가 "오라"는 우렛소리 같은 큰 목소리로 말하는 것을 듣고 보니 흰 말을 탄 자가 활을 가졌고 면류관을 받고 나아가서 이기고 또 이기려고 한다. 활을 가지고 승리를 상징하는 면류관을 쓴 것으로 보아 흰 말 탄 자는 승리자요 정복자인 것이 분명하다. 대부분 이 흰 말 탄 자를 한 편은 어떤 정복자, 적그리스도 그리고 악의 세력이라고[17] 다른 한 편은 그리스도, 그리스도의 복음 그리고 교회로

---

17) "어떤 정복자": 이상근, 같은 책, p. 108; Hughes, 122-123; 이필찬, "요한계시록을 어떻

[18]해석한다. 이 둘의 차이는 도저히 정반대가 되므로 서로 타협할 수 없는 간격이라고 말할 수 있다.

첫째 인의 흰 말 탄 자를 단지 활을 가지고 있다는 것에 초점을 두고 역사적 고찰을 통하여 파르티안 군대와 같은 군대를 지휘한 정복자라고 하는 주장이 있다.[19] 요한계시록의 묵시 문학적 표현은 구약 성경에서 대부분 찾을 수가 있는데 사도 요한 당시 로마시대에 활을 잘 사용한 파르티안 군대의 전황을 배경으로 한 말씀이라는 것은 자연스럽지 않다. 활을 굳이 해석하려 한다면 구약에서 의미를 찾아야 할 것이다. 구약에서 "활(페쉐트 קֶשֶׁת)"이라는 단어는 실제 전쟁에 사용한 활과 활 모양의 무지개를 지칭하는 데 사용되었다. 창세기 27:3에서는 "페쉐트"가 사냥과 전쟁의 무기인 활로 사용되었고 창세기 9:13 이하에서는 언약의 증거로서 무지개로 사용되었다. 그러므로 흰 말 탄 자의 활의

게 읽을 것인가," 성서유니온선교회, 서울, 2009, pp. 86, 88; 이필찬, "내가 속히 오리라," pp. 321, 327; 권성수, 같은 책, pp. 175-176; Mounce, 같은 책, p. 152: "적그리스도" Lehman Strauss, "*Revelation*," (New Jersey: Loizeaux Brothers, Neptune, 1964), pp. 155-156; 천정웅, "요한계시록," (서울: 말씀의 집, 1990), p. 127; Krodel, 같은 책, pp. 173-174; Donald Grey Barnhouse, "*Revelation*," (Grand Rapids: Zondervan Publishing House, 1977), p. 122; cf. MacArthur, 같은 책 Vol. 1, p. 178. "But since the other three riders represent not individual persons but impersonal forces (war, famine, and death) it is best to view the first one as a force as well. That force is defined as a worldwide peace, shattered by the second rider(6:4). However Antichrist, as will be seen, will play a leading role at the end of the Tribulation, not at its beginning."; Criswell, 같은 책, p. 94. "The first one represents the great deceiver, the great and final Antichrist,"

18) 박윤선, 같은 책, p. 152. "백말 탄 자는 그리스도, 활은 말씀"; Hendriksen, 같은 책, pp. 110-114. "백말 탄 자는 그리스도"; 렌스키, 같은 책, p. 183; 사와무라 로고, 같은 책, p. 107. "백말 탄 자는 그리스도"; 신성종, 같은 책, p. 86. "그리스도께서 주재하시는 복음운동"; A. Plummer, 같은 책, pp. 183-184. "A symbolic representation of the abstract idea of the Church as a victorious body"; Ladd, 같은 책, "the proclamation of the gospel of Christ I all the world"; Sweet, 같은 책, p. 139. "Christian witness"; Hoeksema, 같은 책, p. 190. "Christ"; Morris, 같은 책, p. 122. "Christ"; Wilcock, 같은 책, p. 70. "Christ and the conquering gospel"

19) 이상근, 같은 책, p. 108; 이필찬, 같은 책, pp. 321, 327; 권성수, 같은 책, pp. 175-176.

의미를 애써서 파르티안 군대에서 찾아 낼 것이 아니라 성경에서 활 즉 무지개가 언약을 상징하는데서 찾아야 할 것이다.[20] 활을 가지고 흰 말을 타고 이기고 이기시는 이는 구원의 언약을 이루시기 위하여 이 땅에 오셔서 구원사역을 행하시며 언약의 복음을 들고 사탄과 세상을 이기시고 이기시는 주님으로 보아야 한다.[21] 또한 스가랴서 10:4을 보면 유다에서 나오는 모퉁이 돌과 말뚝과 싸우는 활과 권세 잡은 자가 나와서 승리할 것을 말하는데 이 때에 모퉁이 돌이신 그리스도와 활이 동반하는 것을 볼 수 있다. 결론적으로 마태복음 24:14에서 그리스도로 인한 이 천국 복음이 이 세상의 끝이 오기 전에 모든 민족에게 증언되어 온 세상에 전파되리라는 말씀을 볼 때 흰 발 탄 자는 그리스도와 교회의 복음으로서 확실한 승리를 한다는 것이 요한계시록의 전체의 문맥에서도 적합하다. 보좌에 앉으신 이의 오른 손에 있는 두루마리는 이 세상을 위한 하나님의 비밀스러운 경륜인데 이 두루마리가 풀리면서 처음부터 그리스도의 이야기로 시작되는 것은 너무나도 당연하다. 요한계시록은 하나님의 말씀과 예수 그리스도의 증거 (계 1:2)에 관한 것이기 때문이다.

또한 첫째 인의 흰 말 탄 자가 다음에 나오는 두, 세 번 째 인들과의 관계에서 볼 때에도 그리스도와 그의 복음이어야 한다. 주님께서 마태복음 10:34-39에서 친히 말씀하시기를 "내가 세상에 화평을 주러 온 줄로 생각지 말라 화평이 아니요 검을 주러 왔노라 서로 불화하게 하려함이니 자기 십자가를 지고 나를 좇으라 자기 목숨을 얻는 자는 잃을 것이요 나를 위하여 자기 목숨을 잃는 자는 얻으리라"고 하셨다. 주님이 이 땅에 오신 것은 사탄과 그 세력을 이기고 이기려고 오셨지만 반면 주님은 세상에 화평을 주러 오신 것만이 아니고 검을 주러 오셨다는 것이다. 흰 말을 탄 자가 나오고 이어서 검을 가진 붉은 말을 탄 자가 뒤이어 나온 것은 이 주님의 말씀과 부합된다.[22] 그러므로 우리 주님

---

20) Morris, 같은 책, p. 112.

21)박윤선, 같은 책, p. 153 "활은 하나님의 말씀을 상징"; Sweet, 같은 책, p. 139 "It(The bow) could well suggest God's word."

은 십자가상에서 이미 승리하셨고 사도 요한 때부터 주님의 재림 때까지 하늘 나라 왕으로서 이 세상을 다스리시며 언약의 복음으로써 사탄과 그 세력들을 이기시고 또 이기시며 우리로 하여금 이기게 하신다.

3-4절. 어린양이 둘째 인을 떼니 사도 요한은 둘째 생물의 "오라"는 호령에 따라 붉은 말을 탄 자가 나오는 것을 본다. 일부 주석가들은 붉은 말을 탄 자가 "땅에서 화평을 제하여 버리고 서로 죽이게 하고 무기인 큰 칼을 가지고 있다"는 이유로 당연히 주님의 재림 전에 있을 전쟁이라고 해석한다. 그러나 그들 대부분은 넷째 인의 청황색 말을 탄 자가 "검과 흉년과 사망과 땅의 짐승으로써 죽이더라"는 표현에서 검도 전쟁을 의미한다고 해석한다.[23] 그러면 전쟁이 두 번 나오는 셈이 된다. 요한계시록이 주님이 직접 계시한 것으로서 얼마나 논리적인가를 인정한다면 그런 해석은 자연스럽지 않다. 디모데후서 1:8에서 사도 바울은 "오직 하나님의 능력을 따라 복음과 함께 고난을 받으라"고 말한다. 복음에는 고난이 따른다는 말씀이다. 첫째 인의 흰 말과 그 탄 자가 그리스도와 그리스도의 복음이라면 복음에는 고난이 따른다는 말씀은 흰 말 탄 자의 뒤를 따르는 세 말을 탄 자들이 고난을 말하고 있음을 알 수 있다. 붉은 색은 핏빛으로 살육을 암시하므로, 붉은 말을 탄 자는 사람들을 죽음으로 몰아넣는 사탄과 그의 세력들이 가하는 종교적 박해로 보인다(12:3; 왕하 3:22,23; 슥 1:8; 6:2).[24]

이미 앞에서 마태복음 10:34-9을 인용하여 언급하였듯이 주님께서 자신이 가시는 승리의 길에는 검에 의해 죽이기까지 하는 종교적 핍박이 따를 것을 말씀하신 것이다. 당시 무서운 핍박으로 많은 순교자가 나왔으므로 많은 성도들

---

22) A. Plummer, 같은 책, p. 184; Hendriksen, 같은 책, p.117.

23) "전쟁": 이상근, 박윤선, 권성수, 이필찬, 렌스키, 김승곤(『요한계시록 강해』, (서울: 국제성서출판사, 1993), p. 160, 사와무라 로고, 신성종, Wilcock, Yeatts, Criswell, MacArthur; cf. "무질서와 무정부를 조장하는 폭력" 필립 E. 휴즈 주장.

24) Hendriksen, 같은 책, pp. 117-118.

이 "왜 주님이 하늘의 왕으로 계시는데 우리를 사자굴에서 다니엘을 보호하시듯이 돌아보지 않으시고 내버려두시는가?"고 생각하였을 것이다. 그리고 실제 우리의 삶 속에서도 믿음에는 고난이 따르고 영적전쟁의 양상이 나타나는 것을 볼 수 있다. 여기에 대해 주님께서 그 대답을 해주신 것이다. 주님은 흰 말을 탄 주님을 따르는 성도의 신앙의 길에는 죽이려 드는 무서운 핍박이 위협을 하지만 이 모든 것이 하나님의 허락 하에 있으며 궁극적으로 그리스도와 그를 따르는 성도를 이기지 못하고 실패하고 하나님의 심판을 받을 것이며 성도는 승리할 것이라고 말씀하신다.

붉은 말을 탄 자가 허락을 받아 땅에서 화평을 제하여 버리며 서로 죽이게 하고 또 큰 칼을 받았다. 사람들을 죽음으로 몰아넣는 사탄의 세력이 누구의 허락을 받아 땅에서 화평을 제하여 버리는가? 물론 하나님의 허락을 받는다. 욥기 서를 보면 사탄이 욥을 시험하고자 할 때 하나님의 허락을 받는다. 하나님을 대적하는 사탄도 하나님의 허락이 없으면 아무 것도 할 수가 없다. 하늘 보좌의 환상에서 보았듯이 하나님만이 온 우주와 영적 세계의 중심이시고 은혜의 언약과 의와 심판으로 지배하시며 인간의 역사를 주관하시므로 사람들을 죽음으로 몰아넣는 사탄의 세력도 하나님의 주재 아래 있으며 그 세력까지도 하나님의 계획을 성취하시는데 사용하신다. 여기서 "죽이게"라는 용어는 단 한 번의 경우를 제외하고는(계 13:3) 그리스도의 죽음이나 성도들의 처형을 의미할 때만 사용하고 "큰 칼"은 제물을 죽일 때 사용한다. 그러므로 이 모든 것을 종합하여 볼 때 붉은 말과 그 탄자는 성도들을 죽이는 데까지 이르게 하는 종교적 핍박임이 확실하다.

5-6절. 어린 양이 셋째 인을 떼니 셋째 생물의 "오라"는 소리에 사도 요한이 쳐다보니 검은 말을 탄 자가 손에 저울을 가지고 있다. "검은 말을 탄 자"를 많은 사람들이 주님의 재림 전에 있을 기근을 말한다고 한다.[25] '검은

25) 이상근, 박윤선, 필립, E. 휴즈, 이필찬, Mounce 주장.

색'은 성경에서 비애와 기근을 나타내나(렘 4:28, 말 3:14) '손에 저울을 가졌다' 는 것을 볼 때 경제를 손에 쥐고 있음을 말한다.[26] 이 때 "한 데나리온에 밀 한 되요 한 데나리온에 보리 석 되로다 또 감람유와 포도주는 해치 말라" 는 음성이 들린다. '한 데나리온'은 보통 노동자의 하루 품삯이다. 그러므로 한 장정의 하루 품삯으로 겨우 밀 한 되나 보리 석 되를 살 수 있다는 것은 경제가 어려워 먹고 살기가 힘들다는 것을 보여준다. 많은 사람들이 이것을 주님의 재림 전에 있을 기근을 말한다고 말하나 경제적 힘으로 성도들을 핍박하는 사탄과 그 세력과 그들이 가져오는 고난이라고 보아야 한다. 사도 요한이 계시록을 기록할 당시도 황제숭배와 많은 우상숭배를 거절하다가 성도의 일부가 순교를 당하기도 하였고 일반 성도들은 직장에서 쫓겨났고 조합에서 퇴출되어 사업도 못하였으므로 먹고 살기가 몹시 힘들었다. 그 당시만 그런 것이 아니라 그 때부터 주님이 오실 때까지 주님을 따르는 성도들은 자유 국가에서는 비교적 박해가 적지만 다른 지역에서는 교회를 다니는 것만으로도 사회에서 불이익을 당한다. 우리가 사는 자유로운 나라에서도 하나님의 말씀을 잘 지키려니 수단과 방법을 가리지 않고 속이고 공격하는 자들과 경제 활동하는 것이 쉽지 않고 때로는 불이익을 감수해야 한다.

우리는 검은 말을 탄 자에게 명하는 그 다음 말에 귀를 기울여야 한다. 검은 말을 탄 자에게 내린 "감람유와 포도주는 해치지 말라" 는 명령은 "감람유와 포도주는 경제적 제제수단으로 쓰지 말라" 고 해석해야 한다. 지금 한국에서는 감람유와 포도주가 고가이고 사치품인지는 몰라도 그 당시 특히 유대사회에는 밀과 보리와 같이 식생활의 필수품이었다. 그러므로 "감람유와 포도주를 해치 말라" 는 것은 하나님께서 생필품에 대한 사탄과 세력의 경제적 핍박을 제한하신 것으로 보아야 한다. 사도 요한 당시 성도들은 황제숭배와 우상숭배 거부로 겪는 경제적 어려움 때문에 앞이 캄캄하였고 당황했을 것이다. 우리 주님께서

26) Hendriksen, 권성수 주장.

검은 말을 탄 자의 환상을 통해 경제적 어려움을 겪는 성도들에게 당황하지 말라, 하나님이 그들의 권세를 제한하고 있으니 믿음으로 인내하고 이기라고 말씀하신 것이다.

7-8절. 어린 양이 넷째 인을 떼니 사도 요한이 넷째 생물의 "오라"는 음성을 듣고 청황색 말을 탄자가 나오는 것을 본다. 청황색 말 탄 자의 이름이 사망이라고 하는 것을 볼 때 죽음을 상징하는 것으로 보인다. 그래서 청황색 말을 탄 자는 항상 음부가 뒤 따른다. 음부란 죽은 자들의 영혼이 육신을 떠나 존재하는 상태를 가리키는 단어이다. 사망이란 이름을 가진 청황색 말 탄 자의 뒤를 음부가 따른다는 말은 청황색 말 탄 자에게는 죽음의 고난이 항상 함께 함을 말한다. 청황색 말을 탄 자의 세력은 땅 사분 일의 권세를 얻어 검과 흉년과 사망과 땅의 짐승으로써 사람들을 죽인다.

검과 흉년을 전쟁과 기근이라고 보더라도 별로 논란이 없이 이해할 수 있으나 다음 둘은 분명하지 않다. 이 말씀은 에스겔서 14:21에서 하나님이 범죄한 이스라엘에게 "내가 나의 네 가지 중한 벌 곧 칼과 기근과 사나운 짐승과 온역을 예루살렘에 함께 내려 사람과 짐승을 그 중에서 끊으리니 그 해가 더욱 심하지 않겠느냐"고 하신 말씀의 반영이라고 보인다. 여기서 보면 셋은 같고 사망 대신 전염병(온역)이 쓰여 있다. "사망(θάνατος)"은 히브리어 "데벨"과 더불어 염병을 가리킨다.[27] 그리고 "사나운 짐승"은 옛날에는 길을 다닐 때 맹수로부터 흔히 당하는 재난으로 로마시대에는 짐승의 밥이 되게 하는 핍박이 있었고 지금에는 사고와 같은 재난을 뜻하는 것으로 보인다. 그러므로 청황색 말을 탄 자는 하나님의 저주를 받은 이 세상에서 신자와 불신자를 가리지 않고 인간들이 겪어야 하는 환난으로서 사탄과 그 세력이 이것들을 이용하여 복음을 전하는 성도들에게 가하는 핍박과 고난을 상징한다고 볼 수 있다.

청황색 말을 탄 자와 그의 세력이 땅 사분의 일의 권세를 얻어서 사람들을

27) 이상근, 같은 책, p. 111.

죽인다는 말은 그 환난이 하나님의 제한 아래 있음을 뜻한다. 저주받은 이 세상에는 전쟁이나 기근이나 질병이나 사나운 짐승을 만나는 등등의 사고가 일어나 사람들이 죽지만 그 환난이 하나님의 제한 아래 있을 뿐이며 흰 말을 탄 그리스도와 복음이 승리하는데 지장이 될 수가 없다는 것을 말한다.

상상해 보라. 어린 양이 하나님에게서 책을 취하여 첫째 인을 떼니 활을 가지고 면류관을 쓴 흰 말을 탄자 승리자의 모습으로 그리스도와 그의 복음이 승리에 승리를 거두며 나아간다. 둘째 인을 떼니 붉은 말을 탄 자 즉 피를 흘리게 하는 심한 핍박이 그리스도의 복음의 진로를 방해하며 순교자를 내는 핍박을 자행하나 이는 하나님의 제한 하에 있으며 셋째 인을 떼니 손에 저울을 가진 검은 말을 탄 자 즉 경제적 핍박이 그리스도와 복음을 대적하지만 그것도 하나님의 허락 아래 있으며 넷째 인을 떼니 청황색 말을 탄 자 즉 전쟁이나 기근이나 질병이나 짐승의 조우와 같은 환난으로 죽음을 가져다주는 사망이 신자와 불신자를 가리지 않고 해하지만 하나님이 사분의 일로 제한하였기에 그 모든 것들은 완전히 승리하지 못하고 그리스도와 그의 복음만이 궁극적으로 승리하며 승리를 위하여 나아간다. 이것이 주님이 오실 때까지 우리가 살아가는 세상이다. 승리자 주님을 따르므로 우리에게는 어떤 핍박과 환난이 오더라도 승리만이 있을 것이다.

나. 다섯째 인, 죽임을 당하여 제단 아래 바쳐진 영혼들의 부르짖음 (계 6:9-11)

9 다섯째 인을 떼실 때에 내가 보니 하나님의 말씀과 그들이 가진 증거로
말미암아 죽임을 당한 영혼들이 제단 아래에 있어 10 큰 소리로 불러 이르
되 거룩하고 참되신 대 주재여 땅에 거하는 자들을 심판하여 우리 피를 갚
아 주지 아니하시기를 어느 때까지 하시려 하나이까 하니 11 각각 그들에
게 흰 두루마기를 주시며 이르시되 아직 잠시 동안 쉬되 그들의 동무 종들
과 형제들도 자기처럼 죽임을 당하여 그 수가 차기까지 하라 하시더라

사도 요한은 어린 양이 하나님에게서 책을 취하여 일곱 인을 떼시는 것을 본다. 일곱 인으로 봉하여진 책의 내용은 사도 요한 때부터 주님이 재림하실 때까지 지금도 일어나고 있고 앞으로도 일어날 일들이다. 일곱 인 중에 처음 네 인의 내용도 마찬가지이다.

9절. 사도 요한은 어린 양이 다섯째 인을 떼니 "제단 아래에서 하나님의 말씀과 그들의 가진 증거로 말미암아 죽임을 당한 영혼들"을 본다. 물론 하늘에 실제 제단이 있는 것이 아니고 이것은 환상이며 상징이다. "하나님의 말씀과 그들이 가진 증거로 말미암아 죽임을 당하여 제단 아래 있는 영혼들"이 누구인가? 제단 아래 죽임을 당한 영혼들이란 사람들이 쉽게 순교자들의 영혼들이라고 말한다. 어떤 이는 역사상에 있는 순교 사건들을 일반적으로 가리킨다고,[28] 어떤 이는 둘째 인을 뗄 때 죽임을 당한 영혼들이라고,[29] 어떤 이는 넷째 인의 재앙 중에 순교한 영혼들이라고,[30] 그리고 어떤 이는 주 재림 직전 대환난 때 순교한 자들이라고[31] 주장한다. 그러나 "제단 아래 죽임을 당한 영혼들"은 성전에서 제사를 할 때 번제단에서 죽임을 당하는 희생제물을 묘사하고 있다. 실제로 사람이 제단 아래에서 죽임을 당하는가? 아니다. 이 말씀은 상징이다. "죽임을 당한(slain)"의 헬라어는 요한계시록 5:6에 어린양에 사용된 것과 같고 향단이 아니라 번제단(altar)과 조화를 이룬다.[32] 그러므로 제단 아래 있는 죽은 영혼이란 하나님께 드려져 제물이 된 성도들을 뜻한다고 보아야 한다.

꼭 죽어야만 하나님이 받으시는 제물이 되는가? 아니다. 로마서 12:1을 보면 바울 사도가 "너희 몸을 하나님이 기뻐하시는 거룩한 산 제물로 드리라 이

---

28) 어떤 이는 역사상에 나타난 순교 사건들을 일반적으로 가리킨다고(박윤선, 이상근, 김승곤, Lehmann Strauss, Hoeksema).

29) 어떤 이는 둘째 인을 뗄 때 죽임을 당한 영혼들이라고(Hendriksen).

30) 어떤 이는 넷째 인의 재앙 중에 순교한 영혼들이라고(신성종).

31) 어떤 이는 주 재림 직전 대 환난 때 순교한 자들이라고(권성수, Morris).

32) A. Plummer, 같은 책, p. 188; Ladd, 같은 책, p. 103; Hoeksema, 같은 책, p. 221.

는 너희가 드릴 영적 예배니라" 고 말씀하시는데 이는 순교의 죽음을 하라는 뜻이 아니라 삶을 하나님께 제물로 바치라는 뜻이다. 순교(martyrdom)는 종교적 핍박(persecution) 중에 가장 큰 핍박이므로 모든 종교적 핍박을 대표한다고 말할 수 있다. 죽임을 당했건 아니건 순교에 이르는 모든 핍박을 받고 승리하는 모든 성도가 하나님께 드리는 제물이 되는 것이다(롬 12:1). 마이클 윌칵(Michael Wilcock)이 말한 바대로 자신들의 목숨을 바친 순교자들은 그리스도를 위해 어떤 방법으로든 고난을 당한 모든 사람을 가리킨다는 주장에 전적 동의한다.[33] 요한계시록 8:3-5에서 다른 천사가 제단 즉 금향단 곁에 서서 모든 성도의 기도와 합하여 보좌 앞 금 제단에 드리고자 금향로를 가지고 많은 향을 받아서 하나님께 향연을 올리고 제단 즉 금향단의 불을 담아다가 땅에 쏟으니 하나님이 그 응답으로 하나님의 나타나심과 심판의 상징인 우레와 음성과 번개와 지진이 난다.

여기 내용이 다음 10절에서 제단 아래 죽임을 당한 영혼들이 그들의 기도를 하나님께 올리는 광경이라고 말할 수 있다. 그렇다면 "하나님의 말씀과 그들이 가진 증거로 말미암아 죽임을 당하여 제단 아래 있는 영혼들" 이 삶을 하나님께 제물로 바치고 기도하는 모든 성도임을 알 수 있다.

그 당시 성도들은 죽음에 이르는 핍박을 항상 염려하며 신앙생활을 하지 않을 수 없었다. 지금도 진정으로 예수님을 따르며 주님의 말씀대로 살며 사명을 다 하려면 반드시 사탄과 그 세력들의 핍박이 따른다. 이 핍박을 거부하지 않

---

33) Willcox, 같은 책, p. 72. "The martyrs who have given their lives (for 'the life ... is in the blood', Lv. 17:11) may represent all who suffer in any way for Christ's sake, and all such devotion is a sacrifice acceptable to God."; 필립 E. 휴즈, 같은 책, pp. 127-128; "순교자들의 영혼이 제단 아래 있다는 것은 이 사람들이 자신을 제물로 드린 것을 상징한다고 이해하는 것이 가장 좋은 것이다." A. Plummer, 같은 책, p. 188. "The martyrs are therefore regarded as having offered themselves as sacrifices upon the altar of God by yielding up their lives for him."; Ladd, 같은 책, p. "Facing death, the apostle Paul wrote, 'For I am ready on the point of being sacrificed(II Tim 4:6).'··· Thus Christian martyrs are viewed as sacrifices offered to God."

고 싸워 승리하면 바로 그 영혼은 하나님께 드리는 제물이 되는 것이다. 우리 예수님이 성전 안에서 소와 양과 비둘기를 파는 사람들과 돈 바꾸는 사람들이 앉은 것을 보시고 노끈으로 채찍을 만들어 양이나 소를 다 성전에서 내쫓으시고 돈 바꾸는 사람들의 돈을 쏟으시며 상을 엎으셨다(요 2:14-16; 마 21:12-13; 막 11:15-16; 눅 19:45-46). 하나님의 집에는 제물이 아닌 상품은 들어 갈 수가 없기 때문이다. 이처럼 하나님은 하나님 나라에 사는 우리가 쓸모 있고 가치 있는 자가 되기만을 바라시는 것이 아니라 하나님 앞에 제물이 되기를 원하신다. 우리가 하나님 앞에 바쳐지는 제물이 되는 삶을 살 때 하나님이 기뻐하시고 은혜를 주신다. 그러므로 우리들은 항상 자신에게 "나는 하나님 앞에 바쳐진 제물인가?" 란 질문을 하고 그 대답을 하며 살아야 한다.

10절. 제단 아래 있는 죽임을 당한 영혼들이 큰 소리로 "거룩하고 참되신 대 주재여 땅에 거하는 자들을 심판하여 우리 피를 신원하여 주지 아니하시기를 어느 때까지 하시려나이까" 라고 하나님을 부르며 땅에 거하는 자들을 빨리 심판하시길 호소한다. "대 주재(Sovereign Lord)" 는 무제한적 절대 권력자인 하나님을 칭하는 말이다. '땅에 거하는 자들' 은 하나님을 거역하고 대적하는 불신자들을 가리킨다. 얼른 보면 죽임을 당한 영혼들이 자신들을 핍박하여 죽음에 이르게 한 자들을 하나님이 심판하여 보복하여 주실 것을 부르짖고 있는 것으로 보인다. 자신들을 해친 자들을 심판해주기를 구하는 것은 어디를 보아도 보복이며 "원수를 사랑하라" 는 주님의 가르침과 반한다고 생각할 수 있다. 순교자 스데반 집사는 복음을 전하다가 돌에 맞아 순교의 죽음을 당하는 현장에서 성령이 충만하여 자신을 돌로 쳐 죽이는 자들을 위하여 "주여 이 죄를 저들에게 돌리지 마옵소서" 라고 주님께 호소하였다.

그러나 본문과 스데반의 경우는 아주 다르다. 스데반의 경우는 직접 자기를 돌로 치는 자들을 위하여 기도했으나 죽임을 당한 영혼들은 자신들을 죽인 자들을 대적하여 구하는 것이 아니고 "땅에 거하는 자들" 즉 모든 불신자들에 대하여 기도한다. 그것도 그들 자신들의 개인적인 보복이 아니라 하나님이 예고하신 심판에 대해 말한 것이다. 주어질 하나님의 심판 앞에서는 긍휼이 없다. 승리하는 그리스도인들은 죽임을 당한 영혼들처럼 핍박을 이기고 산 제물로 자신을 하나님께 드리고 사탄과 악을 일소하는 하나님의 심판과 주님의 재림이 빨리 와서 영원한 하나님 나라가 이루어지기를 간구하고 기다려야 한다.

11절. 하나님의 구원의 역사를 대적하는 사탄과 악한 자들을 심판하여 하나님의 주권과 공의와 위엄을 나타내시기를 간구하는 제단 아래의 죽은 영혼들에게 대 주재이신 하나님은 그들 각각에게 흰 두루마기(white robe)를 주신다. '흰 두루마기'는 순결, 의, 거룩함 또는 승리를 상징하는 천국의 옷을 뜻한다. 하나님께서 제단 아래 죽임을 당한 영혼들 즉 하나님께 바쳐진 모든 성도들에게 흰 두루마리를 주시는 것은 영생과 승리를 보장하심을 뜻한다. 우리 주님께서는 하나님의 말씀과 저희의 가진 증거를 인하여 죽임을 당한 영혼들, 즉 환난을 이기고 승리하는 모든 성도들에게 영생과 승리의 보장인 천국의 옷 흰 두루마기를 주신다.

하나님은 죽임을 당한 영혼들의 간구를 들으시고 영생과 승리를 보장하는 흰 옷을 주심으로 그들의 기도가 응답될 것이라는 확신을 주시면서 심판의 때가 아직 이르지 않았다고 말씀하신다. "아직 잠시 동안 쉬되 저희 동무 종들과 형제들도 자기처럼 죽임을 받아 그 수가 차기까지 하라." 먼저 '아직 잠시 동안 쉬라'고 말씀하신다. 그들을 위해 신원할 심판은 아직 이르므로 천상에서 쉬라는 말씀이다. '쉬다' 는 말은 이기는 자의 축복으로 하나님과 함께 거하는 안식을 말한다. 히브리서 4:9,10을 보면 "그런즉 안식할 때가 하나님의 백성에게 남아 있도다. 이미 그의 안식에 들어간 자는 하나님이 자기 일을 쉬심과 같이 자기 일을 쉬느니라" 고 말씀하고 요한계시록 14:13에서 "또 내가 들으니 하늘에서 음성이 나서 가로되 기록하라 자금 이후로 주 안에서 죽는 자들은 복이 있도다 하시매 성령이 가라사대 그러하다 저희 수고를 그치고 쉬리니 이는 저희의 행한 일이 따름이라 하시더라" 고 말씀하신다. 이기는 하나님의 백성은 잠시 동안 즉 주님이 오실 때까지 안식하고 있으면 그 후에 하나님의 심판이 있으리라고 말씀하신 것이다.

하나님은 이어서 잠시 동안 쉬는 기간 즉 주님의 재림하실 때까지의 기간을 "저희 동무들과 형제들도 자기처럼 죽임을 받아 그 수를 채우는 기간"이라고 설명하신다. '저희 동무 종들과 형제들'은 모두가 죽임을 당한 영혼들 즉 하나님께 드려진 제물임을 나타낸다. 다시 말하면 구원받은 모든 천국 백성의 수가 차기까지 안식하고 있으라고 말씀하신 것이다. 모든 천국백성의 수를 요한계시록 7:2,3에서 밝히신다. 네 천사가 말하기를 "우리가 우리 하나님의 종들의 이마에 인치기까지 땅이나 바다나 나무나 해하지 말라"는 말을 사도 요한이 들은 후에 인 맞은 자의 수가 이스라엘 자손의 각 지파 중에서 십사만사천이라는 음성을 듣는다. 인 맞은 십사만사천의 이스라엘 자손은 구원받은 백성, 영적 이스라엘의 충만한 수의 상징이다. 이것은 확실한 이단 외에는 다 인정한다. 그러므로 하나님의 말씀과 저희의 가진 증거를 인하여 죽임을 당한 제단 아래의 영혼들의 충만한 수는 이기는 자 즉 구원받은 자의 충만한 수이다. 이것은 마태복음 24:14에서 "이 천국 복음이 모든 민족에게 증언되기 위하여 온 세상에 전파되리니 그제야 끝이 오리라"고 주님이 친히 하신 말씀과 일치한다. 이 땅에 복음이 충분히 전파되고 하나님께서 작정하신 하나님의 백성들을 다 구원하시면 하나님께 제물로 바쳐진 성도들의 기도는 응답되고 땅에 거하는 자들 즉 불신자들은 하나님의 심판을 받을 것이다.

다. 여섯째 인, 최후의 심판(계 6:12-17)

12 내가 보니 여섯째 인을 떼실 때에 큰 지진이 나며 해가 검은 털로 짠
상복 같이 검어지고 달은 온통 피 같이 되며 13 하늘의 별들이 무화과나무
가 대풍에 흔들려 설익은 열매가 떨어지는 것 같이 땅에 떨어지며 14 하늘
은 두루마리가 말리는 것 같이 떠나가고 각 산과 섬이 제 자리에서 옮겨지
매 15 땅의 임금들과 왕족들과 장군들과 부자들과 강한 자들과 모든 종과
자유인이 굴과 산들의 바위 틈에 숨어 16 산들과 바위에게 말하되 우리 위
에 떨어져 보좌에 앉으신 이의 얼굴에서와 그 어린 양의 진노에서 우리를

가리라 17 그들의 진노의 큰 날이 이르렀으니 누가 능히 서리요 하더라

하늘 보좌에 앉으신 이 하나님의 오른 손에서 어린양이 "지금 있는 일과 장차 있을 일"을 기록한 책을 취하여 첫째에서 부터 넷째 인을 뗌에 따라 흰 말을 탄자 즉 승리자 그리스도와 그의 복음이 사탄과 그의 세력들을 이기고 계속 승리하려 나아간다. 그러나 그 뒤를 이어 붉은 말을 탄 자가 화평을 제하고 성도들을 죽이기까지 종교적 핍박을 행하고, 검은 말을 탄 자 즉 경제적 핍박이 성도들을 힘들게 하고, 청황색 말을 탄 자 즉 전쟁이나 기근과 질병이나 환난으로 죽음을 가져다주는 사망이 신자와 불신자를 가리지 않고 죽이며 주님과 주님의 복음을 방해하나 그것들은 하나님의 제한 아래 놓여 있으므로 승리하지 못하고 주님과 복음이 이기고 이긴다.

어린양이 다섯째 인을 뗌에 따라 성도들을 죽이고 경제적으로 어렵게 하는 핍박과 전쟁과 기근과 질병과 환난 가운데서 신앙을 지키다가 죽임을 당한 영혼들 즉 하나님께 바쳐진 제물이 된 성도들이 제단 아래 있는 것을 본다. 이들은 죽음에 이르는 핍박 속에서도 굴하지 아니하고 하나님께 제물로 바쳐진 성도들로서 하나님의 심판과 재림이 빨리 오길 탄원한다. 이들은 영생과 승리를 보장하는 천국의 옷인 흰 두루마기를 받고 구원받은 자가 충만히 차기까지 하나님과 함께 거하는 안식을 축복으로 받는다.

12-14절. 사도 요한은 환상 중에 어린 양이 여섯째 인을 떼시므로 큰 지진이 나며 해가 검은 털로 짠 상복 같이 검어지고 달은 온통 피같이 되며 하늘의 별들이 무화과나무가 대풍에 흔들려 설익은 열매가 떨어지는 것 같이 땅에 떨어지며 하늘은 두루마리가 말리는 것 같이 떠나가고 각 산과 섬이 제 자리에서 옮기는 장면을 본다. 이 천지변동의 환상은 하나님의 심판이 완전하며 온 우주에 걸쳐 이루어짐을 의미한다. 심판의 날을 예고하는 천체와 지상의 대 변동의 이 환상을 어떤 이들은 장래에 나타날 사실로 보고 또 다른 이들은 상징으로 본다. 이 환상을 사실로 보는 자들은 묵시문학이 아닌 마태복음 24장(소

계시록)과 베드로후서 3:10에서 천지 대변동을 말하고 있으므로 본문의 환상도 사실이라고 주장한다.[34] 그러나 신약성경 그 두 곳도 묵시문학으로 쓰인 구약의 말씀을 인용하거나 반영하고 있으므로 그들 주장의 확실한 근거가 될 수 없다. 상징이라고 주장하는 자들은 마태복음 24장의 해와 달과 별의 변동은 바벨론(사 13:10), 애굽(겔 32:7, 8), 에돔(사 34:4, 5)이 하나님의 심판을 받을 일을 예언할 때도 상징으로 사용되었고 묵시문학은 상징으로 기술한 것이므로 본문의 천지대변동은 상징으로 본다.[35] 그러므로 본문의 천지 대변동을 상징으로 보는 것이 성경적이고 자연스럽다. 눅 23:30을 보면 예수님께서 친히 최후의 심판을 상징하는 예루살렘의 멸망을 예언하시면서 "그 때에 사람이 산들을 대하여 우리 위에 무너지라 하며 작은 산들을 대하여 우리를 덮으라 하리라"고 상징적으로 말씀하신 것을 볼 때에 더욱 분명하다.[36] 왜냐하면 지진은 지금도 일어나는 현상이므로 본문의 "큰 지진"이 사실이라고 쉽게 믿어지지만 그 다음의 환상은 그렇지 않다. 특히 "하늘의 별들이 땅에 떨어지는 환상"은 사실일 수가 없다. 하늘의 별은 대부분 지구보다 크기 때문에 지구는 별들은 고사하고 별 하나도 그 위에 떨어지는 것을 감당할 수 없기 때문이다.[37]

본문을 상징으로 본다고 해서 베드로후서 3:10와 요한계시록 21:1에서 말씀하시는 천지 대변동 즉 처음 하늘과 땅과 바다가 없어지고 새 하늘과 새 땅으로 변하는 회복을 부인하는 것은 아니다. 하나님의 진노가 있은 후 주님이 재림하시고 새 하늘과 새 땅이 회복되고 거기에 영원한 천국이 세워질 것이다. 다음은 사도 요한이 본 최후의 심판에 일어날 천지변동의 환상이다.

첫 번째로 사도 요한은 큰 지진이 나는 환상을 본다. 성경에서 지진은 하나

34) 이상근, 렌스키, 김승곤, 시와무라 로고 주장.

35) 이필찬, Hendriksen, 박윤선, 필립 E. 휴즈, 권성수, Mounce, Sweet, Ladd, Wilcock 주장.

36) 권성수, 같은 책, p. 189.

37) Hendriksen, 같은 책, p. 127; Ladd, 같은 책, p. 108.

님의 투기와 맹렬한 진노를 나타내는 징조로 표현된다(곡의 심판 겔 38:19, 여호와의 날의 징조 욜 2:10, 세상 끝의 징조 마 24:7-8, 막 13:8). 마태복음 24:3 이하를 보면 예수님께서 감람 산 위에 앉으셨을 때에 제자들이 조용히 와서 "주의 임하심과 세상 끝에는 무슨 징조가 있사오리이까"하고 물으니 주님께서 친히 "민족이 민족을, 나라가 나라를 대적하여 일어나겠고 처처에 기근과 지진이 있으리니 이 모든 것이 재난의 시작이니라"고 말씀하셨다. 본문에서 말씀하는 "큰 지진"은 진노의 시작을 알리는 지진이 아니고 마지막 심판의 진노의 엄청나게 큰 지진이다. 땅이 갈라지고 솟아오르고 꺼져 내려가는 큰 지진은 하나님의 진노가 얼마나 무서운가를 나타내준다.

둘째로 사도 요한은 해가 검은 털로 짠 상복 같이 검어지고 달은 온통 피 같이 되는 환상을 본다. 이것은 해와 달이 빛을 잃게 됨을 말한다. 해와 달과 별의 변동은 앞에서 밝혔듯이 바벨론, 애굽 그리고 에돔에 대한 하나님의 심판을 말할 때에도 쓰인 표현이다. 실제로 바벨론이나 애굽이나 에돔이 멸망할 때 천지가 변동되었는가? 그 천지 변동은 묵시 문학적 상징으로 표현된 것이다. 검은 털로 짠 상복이란 검정 염소 털로 짠 옷으로서 상복으로 사용되었다.[38] 해가 슬픔을 상징하는 상복같이 검게 되었다는 것은 불신자들이 하나님의 진노를 받아 해가 빛을 상실하여 어둠에 처하여 슬픔을 당하게 되었음을 상징하고 달이 핏빛으로 변하는 것은 어둡고 무서운 종말의 현상을 묵시적으로 나타낸다.

셋째로 사도 요한은 하늘의 별들이 무화과나무가 대풍에 흔들려 설익은 열매가 떨어지는 것 같이 땅에 떨어지는 환상을 본다. 잎이 나오기 전에 겨울에 맺히는 설익은 무화과 열매는 약한 바람에도 잘 떨어지는데 그처럼 하늘의 별들이 떨어진다는 말이다. 실제로 우주의 별들 중에 작은 별, 태양에 속한 지구, 부피로는 태양의 백삼십만(1,300,000) 분의 일이며 질량으로는 삼십삼만(330,000)

38) 이상근, 같은 책, p. 114.

분의 일밖에 안 되는 극히 작은 지구에 태양보다 큰 별들이 우수수 떨어진다는 것은 말이 안 된다. 마태복음 24:29의 "해가 어두워지며 달이 빛을 내지 아니하며 별들이 하늘에서 떨어지며 하늘의 권능들이 흔들리리라"는 표현에서 해와 달과 별들을 하늘의 권능들이라고 말한다. 에베소서 2:2을 보면 공중의 권세 잡은 자를 지금 불순종의 아들들 가운데서 역사하는 영 즉 사탄이라고 말씀한다. 권능과 권세는 같은 말이므로 하늘의 권능은 공중의 권세를 잡은 사탄을 뜻한다. 그러므로 해와 달과 별들의 변동은 하나님을 대적하던 나라의 권세들에 소멸시키는 하나님의 심판이 임함을 상징한다. 그처럼 별들이 땅에 떨어지는 환상은 종말이 임박하였다는 사실을 나타낸다.

넷째로 사도 요한은 하늘이 두루마리가 말리는 것 같이 떠나가는 환상을 본다. 이사야서 34:4, 5에서 에돔의 멸망을 예언하면서 "하늘들이 두루마리 같이 말리되"라고 말한다. 그러므로 이 환상도 하나님의 진노가 임함을 상징하는 것으로 하늘이 떠나갔다는 말은 파란 하늘이 없어지고 암흑상태가 되어 세상이 망하였다는 표현이다. 두 번째에서 다섯 번째까지의 환상은 하늘의 해와 달과 별들이 빛을 잃음으로 파란 하늘이 사라져 하나님의 진노의 심판을 상징하는 완전한 어둠이 덮었다는 것을 상징한다.

마지막으로 사도 요한은 각 산과 섬이 제자리에서 옮겨지는 환상을 본다. 예레미야서 4:23, 24를 보면 예레미아 선지자가 이스라엘이 죄를 범하고 회개하지 않으면 바벨론의 침략을 받아 예루살렘이 멸망하게 될 때 하나님의 진노를 "보라 내가 땅을 본즉 혼돈하고 공허하며 하늘에는 빛이 없으며 내가 산들을 본즉 다 진동하며 작은 산들도 요동한다"고 예언을 하였다. '각 산과 섬이 제자리에서 옮긴다'는 말은 첫 번째 환상에 큰 지진이 일어나는 결과로 그 진동으로 산들과 섬들이 움직여 다른 곳으로 이동하는 것으로서 하나님의 진노의 심판을 나타낸다.

사도 요한이 본 환상을 마음속으로 그려보자. 땅에 큰 지진이 일어나 크게 흔들거리고 해가 빛이 가리어져 슬픔을 상징하는 검은 상복같이 깜깜하여진다.

달은 무섭고 섬뜩하게 보이는 핏빛으로 변하여졌고 별들이 소나기처럼 땅 위로 쏟아지고 파란 하늘은 종이 축이 말리는 것처럼 사라져버려 온 세상이 깜깜하게 된다. 지진은 더 거세지며 진동하여 산들과 섬들이 이리 저리로 이동한다. 얼마나 두렵고 절망적인 광경인가? 이것이 악인들에게 준비된 하나님의 진노의 두렵고 절망적인 모습이다.

15-17절. 사도 요한은 하나님의 무섭고 절망적인 심판 앞에서 공포에 떠는 일곱 계층의 사람들 즉 땅의 임금들과 왕족들과 장군들과 부자들과 강한 자들과 모든 종과 자유인이 굴과 산들의 바위 틈에 숨어 있은 것을 본다. 일곱의 심판의 징조가 완전한 하나님의 심판을 뜻하듯 일곱 계층의 사람은 하나님의 진노가 모든 계층의 사람에게 임할 것임을 말해준다. 하나님 앞에서는 왕이든 장군이든 부자든 강한 자든 종이든 자유인이든 하나의 심판의 대상에 불과하다. 사회적 지위와 성취에 의미를 두고 그것에 매어 살 던 자들은 허무할 뿐이다. 그들은 하나님의 진노의 심판이 임하자 굴과 산과 바위틈에 숨고자 하나 누구에게도 또는 어디에도 숨을 곳이 없다.

그래서 그들은 산과 바위에게 "우리 위에 떨어져 보좌에 앉으신 이의 낯에서와 어린 양의 진노에서 우리를 가리우라"고 부르짖는다. 그들은 하나님의 심판 앞에서 그들이 섬겼던 사탄이나 우상이나 돈이나 권력이나 무엇도 의지할 수 없음을 알고 아무런 반응도 할 수 없는 산과 바위를 향하여 하나님과 어린 양 그리스도의 진노를 가려달라고 요구하고 있는 것이다. 이것은 종말의 재앙이 얼마나 참혹한가를 말해준다.

한국교회 큰 지도자 중에 한 분의 계시록 강해를 보니 "이 어리석은 군중들이 회개하지 않고 바위와 돌멩이에게 기도하고 있는데 하나님은 그 때라도 회개하면 구원하시려고 하는데 참으로 안타까운 일입니다"고 말한다.[39] 그러나 이 말은 진실이 아니다. 본문 17절을 보면 "그들의 진노의 큰 날이 이르렀으니 누가 능히 서리요 하더라"고 말씀한다. 이 불신자들을 멸하는 진노의 큰 날에 누구도 설 수 없고 당할 수밖에 없다는 뜻이다. 여기서 회개도 없고 구원의 기회도 보이지 않는 것은 하나님의 작정 안에 있는 것이고 하나님의 마지막 심판 앞에서는 긍휼의 기회가 없음을 말한다. 그것을 이렇게 하면 어떻게 될 텐데 하고 설명할 권리가 우리에겐 없다. 다만 계시된 말씀을 아멘으로 받아야만 하는 것이다.

갑자기 땅이 갈라지고 산과 섬들이 옮겨갈 정도로 진동하는 큰 지진이 일어나고 해가 빛을 잃고 달이 핏 빛으로 변하고 별들이 떨어져 없어지듯 온 세상이 캄캄하여지며 두렵고 절망적인 상황 속에서 하나님과 어린양 그리스도의 진노가 이 세상의 어떤 계층을 막론하고 하나님을 대적하는 사탄의 세력, 불신자들 모두에게 불가항력적으로 내려진다. 그러니 죽음에 이르기까지 핍박에 굴하지 않고 싸워 승리한 우리 하나님의 백성들은 이 진노를 받지 않고 재림의 주님을 만나 새 하늘과 새 땅의 영원한 천국으로 인도받아 갈 것이다. 그래서 주님은 사탄과 그 세력 아래서 핍박을 받는 성도들에게 두렵고 절망적인 하나님의 심판 아래서 절망하며 망할 수밖에 없는 세상의 권력과 핍박하는 자들을 두려워하지도 부러워하지도 말고 승리자 주님을 따라 승리하라고 위로와 소망을 주신다.

---

39) 조용기, 같은 책, p. 159.

*삽경 1. 인침을 받은 무리(계 7:1-17)

1. 하늘 보좌와 일 곱 인으로 봉한 두루마리 (계 4:1-5:14)
2. 첫째에서 여섯째 인의 개봉 (계 6:1-17)
   ***삽경 1. 인침을 받은 무리 (계 7:1-17)**
3. 일곱째 인, 일곱 나팔 재앙 (계 8:1-9:21, 11:15-19)
   가. 일곱째 인의 심판의 재앙 선포 (계 8:1-5)
   나. 첫 번째 네 나팔, 경고의 자연재앙 (계 8:6-13)
   다. 다섯째와 여섯째 나팔 사탄의 세력 황충과 유브라데 강 전쟁의 재앙 (계 9:1-21)

1 이 일 후에 내가 네 천사가 땅 네 모퉁이에 선 것을 보니 땅의 사방의
바람을 붙잡아 바람으로 하여금 땅에나 바다에나 각종 나무에 불지 못하게
하더라 2 또 보매 다른 천사가 살아 계신 하나님의 인을 가지고 해 돋는
데로부터 올라와서 땅과 바다를 해롭게 할 권세를 받은 네 천사를 향하여
큰 소리로 외쳐 3 이르되 우리가 우리 하나님의 종들의 이마에 인치기까지
땅이나 바다나 나무들을 해하지 말라 하더라 4 내가 인침을 받은 자의 수
를 들으니 이스라엘 자손의 각 지파 중에서 인침을 받은 자들이 십사만 사
천이니 5 유다 지파 중에 인침을 받은 자가 일만 이천이요 르우벤 지파 중
에 일만 이천이요 갓 지파 중에 일만 이천이요 6 아셀 지파 중에 일만 이
천이요 납달리 지파 중에 일만 이천이요 므낫세 지파 중에 일만 이천이요
7 시므온 지파 중에 일만 이천이요 레위 지파 중에 일만 이천이요 잇사갈
지파 중에 일만 이천이요 8 스불론 지파 중에 일만 이천이요 요셉 지파 중
에 일만 이천이요 베냐민 지파 중에 인침을 받은 자가 일만 이천이라 9 이
일 후에 내가 보니 각 나라와 족속과 백성과 방언에서 아무도 능히 셀 수
없는 큰 무리가 나와 흰 옷을 입고 손에 종려 가지를 들고 보좌 앞과 어린

> 양 앞에 서서 10 큰 소리로 외쳐 이르되 구원하심이 보좌에 앉으신 우리
> 하나님과 어린 양에게 있도다 하니 11 모든 천사가 보좌와 장로들과 네 생
> 물의 주위에 서 있다가 보좌 앞에 엎드려 얼굴을 대고 하나님께 경배하여
> 12 이르되 아멘 찬송과 영광과 지혜와 감사와 존귀와 권능과 힘이 우리 하
> 나님께 세세토록 있을지어다 아멘 하더라 13 장로 중 하나가 응답하여 나
> 에게 이르되 이 흰 옷 입은 자들이 누구며 또 어디서 왔느냐 14 내가 말하
> 기를 내 주여 당신이 아시나이다 하니 그가 나에게 이르되 이는 큰 환난에
> 서 나오는 자들인데 어린 양의 피에 그 옷을 씻어 희게 하였느니라 15 그
> 러므로 그들이 하나님의 보좌 앞에 있고 또 그의 성전에서 밤낮 하나님을
> 섬기매 보좌에 앉으신 이가 그들 위에 장막을 치시리니 16 그들이 다시는
> 주리지도 아니하며 목마르지도 아니하고 해나 아무 뜨거운 기운에 상하지
> 도 아니하리니 17 이는 보좌 가운데에 계신 어린 양이 그들의 목자가 되사
> 생명수 샘으로 인도하시고 하나님께서 그들의 눈에서 모든 눈물을 씻어 주
> 실 것임이라

요한계시록 4장의 하늘 보좌의 환상에서는 시간과 공간을 초월하여 거룩한 왕이신 아버지 하나님이 성령과 아들 하나님 그리스도와 함께 은혜의 언약으로 하늘과 땅을 다스리시고 천사들과 하나님의 백성들로부터 경배와 찬양을 받으시는 관계를 설명하고 있다. 요한계시록 5장에서는 어린양 그리스도가 하나님의 오른 손에서 "이 후에 마땅히 될 일(4:1)" 즉 "지금 있는 일과 장차 될 일 (1:19)"이 기록된 일곱 인으로 봉한 두루마리를 받고 요한계시록 6장에서 첫째로부터 여섯째 인을 개봉하심으로 주님의 초림에서 재림 사이에 일어날 일들이 환상으로 나타난다. 일곱째 인은 하나님께서 세상에 내리시는 재앙인데 그 일곱째 인이 개봉되기 전에 사도 요한은 구원받아 하나님의 인치심을 받은 무리들의 환상을 본다. 일곱 인들이 개봉되어 "이 후에 마땅히 될 일"이 전개되는 중간 중간에 보충 설명을 하도록 삽입되는 환상이 다섯 개, 즉 인치심 받은 무리(7:1-17), 작은 책을 가진 천사(10:1-11), 성전 척량과 두 증인(11:1-13), 여자와 남자 아이와 용(12:1-17), 바다와 땅의 짐승(13:1-18)이 있고, 일곱

째 인 후에 일곱 째 인의 마침이 되는 최후의 대심판 예고(14:1-20)와 그 결론이 되는 바벨론 멸망(17:1-18:24))이 있는데 이 일곱 삽경 중에 하나님의 인치심을 받은 무리들의 환상이 그 첫 번째이다.

7:1절. "이 일 후에"라는 표현은 일곱 삽경 중에 오직 7장의 "인침을 받은 무리들"의 환상에만 있다. 그것은 다른 삽경들은 시간적 순서에 묶이지 않고 어떤 주제를 설명하지만 7장은 시간적으로 앞에 있는 일들 뒤에 있음을 나타낸다. 사도 요한은 네 천사가 땅 네 모퉁이에 선 것을 본다. '네 천사'는 2절에서 살아 계신 하나님의 인을 가지고 해 돋는 데로부터 올라와서 땅과 바다를 해롭게 할 권세를 받은 네 천사라고 설명을 한 것을 보면 이들은 동서남북 사방에서 이 땅을 멸할 특권을 가진 천사들이다. 그들은 땅의 사방의 바람을 붙잡아 바람으로 하여금 땅에나 바다에나 각종 나무에 불지 못하게 하고 있었다. '바람'은 파괴나 전쟁 같은 재앙을 상징함으로(렘 49:36-38; 51:1) '땅의 사방의 바람'은 종말에 온 세상에 임할 커다란 재앙을 뜻한다(왕상 19:11; 욥 1:19; 21:18). 그러므로 네 모퉁이에서 바람을 붙잡아 땅에나 바다에나 각종 나무에 불지 못하게 하는 것은 곧 임박한 심판을 하나님이 중지시키고 있음을 의미한다. 그 이유가 바로 다음에 나온다.

2-3절. 네 천사가 아닌 다른 천사가 살아 계신 하나님의 인을 가지고 해 돋는 데로부터 올라와서 "우리가 우리 하나님의 종들의 이마에 인치기까지 땅이나 바다나 나무나 해하지 말라"고 말한다. '해 돋는 데'란 빛이신 하나님이 계시는 곳을 의미한다(창 3:24, 겔 11:23). "인"은 문서, 소유물, 노예 등에 대한 소유권(엡 1:13)과 보호의 보증으로(고전 1:22)[1] "이마에 인을 친다"는 말은 하나님이 자신의 소유로 삼으심을 의미한다. 하나님께서 천사를 보내시어 하나님의 소유인 택한 종들을 다 구원하여 하나님의 자녀로 삼기까지 세상과 불신자들에게 내릴 심판을 유예하신 것이다. 사도들이 "주께서 가까우시니라

---

1) 이상근, 같은 책, p. 117.

(빌 4:5)," "잠시 잠깐 후면 오실 이가 오시리니 지체하지 아니하시리라(히 10:37)" 그리고 "주의 강림이 가까우니라"고 가르친 것을 볼 때에 초대교회 성도들은 주님이 지체치 않고 속히 오실 것을 믿고 소망하였음이 틀림이 없다.[2] 그런데 우리의 시간으로 보면 핍박은 점점 심하여지고 살기는 더욱 더 힘들어지는데 주님이 빨리 오셔서 핍박하는 자들을 심판하시지 왜 이렇게 더디 오시는가라고 생각할 수 있다. 주님께서 이 의문에 대해 "하나님의 택한 종들을 구원하는 중이니 인내하라. 다 구원하면 지체치 않고 속히 와서 심판을 준비한 천사를 시켜 심판하리라"고 말씀하신 것이다. 주님께서 친히 마태복음 24:14에서 "이 천국 복음이 모든 민족에게 증거되기 위하여 온 세상에 전파되리니 그제야 끝이 오리라"고 하신 말씀과 일치하는 내용이다. 그러므로 사도 요한 시대의 성도들처럼 우리도 또한 주님이 속히 오실 것을 소망하고 주님을 맞을 준비를 하며 살아야 한다.

4-8절. 사도 요한이 인침을 받은 자들을 볼 수는 없고 그 수 만을 듣는다. 그 수가 아직 채워지지 않았기 때문이다. 그 수가 십사만 사천이다. 이 수는 물론 실제 숫자가 아니고 상징이다. 이 수는 12곱하기 12곱하기 1,000으로 되어 있다. 구약의 성도를 대표하는 12지파와 신약의 성도를 대표하는 열두 사도와 충만하고 많은 수(10x10x10)를 가리키는 1,000을 곱한 수이다.[3] 그러므로 열두 문에는 이스라엘의 열두 지파의 이름에 새겨져 있고 열두 초석에는 열두 사도의 이름이 새겨져 있다(계 21:12-1). 또한 요한계시록 21:17에서 어린 양의 신부 곧 구원받은 모든 성도를 상징하는 예루살렘 성의 성벽의 높이도 144 규빗임을 볼 때 십사만 사천의 인 맞은 자는 구원받은 모든 성도들 즉 새 이스라엘을 가리킨다.

본문에 새 이스라엘의 12지파가 소개되고 각 지파가 12,000명으로 계수되었다. 그런데 이 열두지파는 구약의 열두지파와 다르다. 구약에서 열두 지파는

---

2) 박윤선, 『성경주석 바울서신』, (서울: 영음사, 1979), p. 235.
3) 박윤선, 같은 책, p. 174; Lenski, 같은 책, p. 206.

생태적으로 분류한 열두 지파(출 1:1-5)가 있고 구약교회적 열두 지파(민 1:21-47)가 있다. 생태적 열두 지파를 보면 르우벤, 시므온, 레위, 유다, 단, 납달리, 갓, 아셀, 잇사갈, 스블론, 요셉, 베냐민 지파이고 구약 교회적로 보면 하나님이 레위지파를 자신의 소유로 빼시고 대신 요셉지파를 요셉의 두 아들 므낫세와 에브라임을 두 지파로 삼으셨다. 그런데 본문에 소개된 새 이스라엘 지파는 유다 지파로 시작하여 르우벤, 갓, 아셀, 납달리, 므낫세, 시므온, 레위, 잇사갈, 스불론, 요셉, 베냐민 지파이다. 본문에 나타난 새 이스라엘 열두 지파는 구약 교회적 열두 지파와 세 가지 차이가 보인다.

첫째로 구약성경에서 열두 지파는 야곱의 장자인 르우벤이 먼저 등장하는 것과는 달리 본문에서는 유다 지파가 가장 먼저 등장한다. 유다 지파에서 나신 메시야가 믿음으로 구원받은 백성 새 이스라엘의 근본이시기 때문이다. 둘째로 단 지파가[4] 생략되어 있고 셋째로 구약교회적 열두 지파는 요셉의 아들 므낫세와 에브라임이 각각 지파로 분류되었는데 에브라임이 빠지고 대신 아버지

---

4) 여기서 사라진 단 지파에 대하여 집고 넘어가고자 한다. 사라진 단 지파가 북 왕조 이스라엘이 기원전 721 또는 722년에 멸망을 당하자 400년을 걸쳐 시리아, 이란, 중앙아시아 알타이 산맥, 몽고, 만주를 거처 한반도로 이주해 와서 단군조선 즉 고조선을 세웠다고 주장하는 자들이 있다. 그 이유로 첫째는 대동강 변에서 출토된 히브리어 글씨가 쓰였다는 기왓장 3개와 백두산에서 출토되었다고 하는 "단군지석"이고 둘째는 이스라엘의 샤론의 장미가 무궁화로 단 지파가 시리아가 원산지인 무궁화를 가지고 와서 한국의 꽃이 되었고 마지막으로 한국어도 알타이어도 우랄어도 아닌 특이한 언어라는 것이다. 그러나 고조선의 기왓장과 단군지석에 있다는 히브리 문자라는 것도 많은 사람들은 히브리 문자라기보다 동아시아에서 유물이 발견되는 상형문자인 카이다문자로 본다. 무궁화는 전 세계에 1,500종이 여섯 대륙에 분포되어 있으며 무궁화의 원산지는 시리아보다는 동아시아가 더 유력하고 특히 한국의 무궁화는 한반도 서해안과 중국의 요동반도에 분포되어 있고 중국의 고서에서도 한국을 근역 즉 무궁화의 나라로 기록된 것을 볼 때 한국의 무궁화는 한반도가 원산지일 것으로 본다. 우리말은 몽고 사람들이 쓰는 퉁구스어이지 히브리어와는 거리가 너무 멀고 히브리어는 오히려 인도 유럽인 어와 가깝다. 인종은 말할 것도 없이 이스라엘인들과 우리는 아주 다르다. 북 왕조 이스라엘이 기원전 722~721년에 멸망하고 400년을 걸려서 한반도에 왔다면 주전 약 300년이 되는데 단군조선이 기원전 2333년에 세워졌고 1122년에 기자조선으로 바뀌었다. 그러니 도저히 연대적으로 맞지 않는다. 이 주장은 너무 근거가 희박하고 황당하며 단 지파가 새 이스라엘 지파에서

요셉의 이름이 들어갔다. 북왕조 이스라엘의 초대 왕 여로보암이 예루살렘으로 백성들이 내려가지 못하도록 단 지파 지역과 에브라임 지파의 지역 벧엘에 금 송아지를 만들어 놓고 우상숭배를 하였기에 두 지파를 빼고 대신 구약교회 열두 지파에 들어가지 않은 레위 지파가 단 지파를 대신하고 에브라임 대신 그의 아버지 요셉의 이름으로 대신하여 요셉 지파로 한 것으로 보인다.

9절. 사도 요한은 144,000명의 인 맞은 자 즉 구원받은 하나님의 백성, 새 이스라엘의 수를 구체적으로 들은 후에 보니 각 나라와 족속과 백성과 방언에서 아무라도 능히 셀 수 없는 큰 무리가 흰 옷을 입고 손에 종려가지를 들고 보좌 앞과 어린 양 앞에 서 있은 것을 본다. "각 나라와 족속과 백싱과 방언에서 아무라도 능히 셀 수 없는 큰 무리"란 누구인가? 십사만사천의 인 맞은 자를 언급한 뒤 바로 나왔기 때문에 그들이 십사만사천의 인 맞은 자들을 가리키는 것이 분명하다. 십사만사천을 능히 셀 수 없는 큰 무리라고 표현한 것은 십사만사천이 실수가 아니고 상징임을 말해준다. 또한 그들이 각 나라와 족속과 백성과 방언에서 온 사람들이란 그들이 생태적 이스라엘인이 아니고 세계 모든 백성 중에 예수 그리스도를 믿음으로 구원받은 참 이스라엘, 새 이스라엘임을 가리킨다. 더 분명한 것은 그들이 흰 옷을 입고 손에 종려가지를 들고 보좌와 어린양 앞에 서 있는 것이다. 흰 옷은 구원받은 자가 입은 천국의 옷이며 (3:4 주해 참조) 종려가지는 승리나 승리의 기쁨을 나타냄으로 그들이 구원받은 충만한 수 십사만 사천의 새 이스라엘임이 분명하다.

이 구원받은 자의 충만한 수인 십사만 사천은 구원받고 죽은 자들과 살아 있는 성도들과 미래의 성도들을 모두 포함한다. 이들은 종말 후의 성도들이 아니라 죽었거나 살았거나 과거와 현재와 미래의 모든 성도들을 포함하는 것으로서 불신자들을 가리키는 "땅에 거하는 자들"과 대칭을 이루는 "하늘에 거하는 자"들을 말한다. 우리는 하나님의 인을 맞은 자들로 이 땅에서 믿음으로 구

제외되었기 때문에 구태여 억지로 단 지파와 우리를 연결시키는 것은 자랑스러운 일도 아니다.

원받은 자들의 충만한 수 십사만사천 안에 있으며 핍박을 이기고 승리하여 영원한 천국에 들어가 하나님과 예수 그리스도 앞에 서게 될 것이다.

10-12절. 그들은 큰 소리로 "구원하심이 보좌에 앉으신 우리 하나님과 어린 양에게 있도다"라고 하나님이 그리스도 안에서 자신들을 구원하심에 대하여 하나님과 어린 양 그리스도를 찬양한다. 모든 천사가 보좌와 장로들과 네 생물의 주위에 섰다가 보좌 앞에 엎드려 얼굴을 대고 하나님께 경배하며 "아멘 찬송과 영광과 지혜와 감사와 존귀와 능력과 힘이 우리 하나님께 세세토록 있을지로다 아멘"하고 찬송으로 화답한다.

13-14절. 장로 중에 하나가 그들의 찬양에 응답하여 사도 요한에게 "이 흰 옷 입은 자들이 누구며 또 어디서 왔느뇨"하고 질문하니 사도 요한은 "내 주여 당신이 알리이다"고 대답함으로 그 장로에게 설명하여 줄 것을 부탁한다. 그 장로는 "이는 큰 환난에서 나오는 자들인데 어린 양의 피에 그 옷을 씻어 희게 하였느니라"고 말한다. 흰 옷 입은 자들은 애굽을 심판하실 때 이스라엘을 살리신 유월절 어린 양과 같이 유월절 어린 양 되신 그리스도께서(고전 5:7) 우리의 죄를 대신 지시고 십자가에 죽으심으로 그를 믿는 우리의 죄를 씻어 깨끗하게 하시고 하나님으로부터 의롭다 칭하심을 받게 하신 구원받은 성도들이다(사 1:18, 히 9:14, 요일 1:7).

"큰 환난"이 무엇을 가리키는가에 대하여 두 견해가 있다. 하나는 모든 시대의 성도가 겪는 보편적인 환난이고[5] 다른 하나는 종말에 겪을 환난이다.[6] 본 환상이 여섯째 인의 종말의 환난 뒤에 나온 말이므로 보편적인 환난에 비하여 종말의 심판을 말하고 있다고 보기 쉬우나 십사만 사천의 구원받은 자들이 종말에 구원받은 자들만을 가리키지 않고 인류의 전 역사를 통하여 그리스도로 말미암아 구원을 받은 자들이므로 이 큰 환난은 모든 시대의 성도가 겪는 보편적인 환난으로 보는 것이 더 자연스럽다. 예수 그리스도를 믿고 구원받아

---

5) Hendriksen, Lenski, 박윤선, 이필찬, 권성수 등의 주장.
6) Mounce, 이상근 주장.

그의 피로 죄 씻음을 받아 의롭다함을 입은 인침 받은 무리인 우리 성도들은 흰 말을 탄 자이신 그리스도를 따라가며 이기고 이기는데 붉은 말이나 검은 말이나 청황색 말을 탄 자의 핍박과 환난은 받으나 종말에 하나님의 진노는 받지 않고 들림 받아 하나님의 보좌 앞에 가게 된다.[7] 또한 성경은 우리의 이 세상 생활 다시 말하면 땅 위의 삶을 가리켜 신자들과 교회들에 대하여는 비애, 핍박, 궁핍, 위험이라고 한다(창 5:29, 47:9; 시 90:10; 요 16:33).[8] 그러므로 여기서 큰 환난은 모든 환난을 언급한 모든 성구에 나오는 환난을 말한다.[9]

15-17절. 그 장로는 이어서 어린 양의 피에 그 옷을 씻어 흰 옷을 입은 자들이 큰 환난에서 나와 승리한 결과를 "그러므로 그들이 하나님의 보좌 앞에 있고 또 그의 성전에서 밤낮 하나님을 섬기매 보좌에 앉으신 이가 그들 위에 장막을 치시리니 그들이 다시 주리지도 아니하며 목마르지도 아니하고 해나 아무 뜨거운 기운에 상하지 아니하리니 이는 보좌 가운데 계신 어린 양이 그들의 목자가 되사 생명수 샘으로 인도하시고 하나님께서 그들의 눈에서 모든 눈물을 씻어 주실 것이라"고 설명한다. 구원받은 천국 백성의 옷인 흰 옷을 입고 모든 환난에서 나오는 인침 받은 성도들은 하나님의 보좌 앞에서 밤낮 하나님을 섬기며 하나님이 마련하신 성전 안에 있다. 그러므로 성전에서 밤낮 하나님을 섬기는 그들 십사만 사천은 전 역사를 통하여 구원을 받은 성도들을 가리킨다. 요한계시록 21:22을 보면 종말 후에 새 하늘과 새 땅의 새 예루살렘에서는 하나님과 어린양 그리스도가 성전이므로 성전이 없다.

구원받은 성도들은 이 땅에서도 하늘에 거하는 자들로서 보좌 가운데 계신 우리 주님이 친히 목자가 되셔서 생명수 샘으로 인도하시며 보호하시고 눈에서 모든 눈물을 씻어 주심으로 다시 주리지도 아니하며 목마르지도 아니하고

---

7) Hendriksen, 같은 책, p. 134.

8) 박윤선, 같은 책, p. 176. "그러므로 여기서 큰 환난은 모든 환난을 언급한 모든 성구의 환난을 말한다."

9) Lenski, 같은 책, p. 214.

해나 아무 뜨거운 기운에 상하지 아니하며, 다시 말하면 하나님의 은혜와 보호를 받으며, 절대적인 기쁨과 평안과 안식을 누리면서 영생의 삶을 살아가게 될 것이다.

일곱째 인, 일곱 나팔 재앙

1. 하늘 보좌와 일 곱 인으로 봉한 두루마리(계 4:1-5:14)
2. 첫째에서 여섯째 인의 개봉(계 6:1-17)
   *삽경 1. 인침을 받은 무리(계 7:1-17)
3. **일곱째 인, 일곱 나팔 재앙(계 8:1-9:21, 11:15-19)**
   가. 일곱째 인의 심판의 재앙 선포(계 8:1-5)
   나. 첫 번째 네 나팔, 경고의 자연재앙(계 8:6-13)
   다. 다섯째와 여섯째 나팔 사탄의 세력 황충과 유브라데 강 전쟁의 재앙(계 9:1-21)
      *삽경 2. 작은 두루마리를 가진 천사(계 10:1-11)
      *삽경 3. 성전척량과 두 증인(계 11:1-14)
   라. 일곱째 나팔(계 11:15-19)
      *삽경 4. 여자와 아이, 그리고 용(계 12:1-17)
      *삽경 5. 바다와 땅에서 올라 온 짐승들(계 13:1-18)
         1) 바다에서 올라 온 짐승(계 13:1-10)
         2) 땅에서 올라온 짐승(계 13:11-18)
      *삽경 6. 교회의 승리와 최후의 대 심판 경고(계 14:1-20)
         1) 교회의 승리(계 14:1-13)
         2) 최후의 대 심판 경고 - 세상 끝 날의 추수(계 14:14-20)

3. 일곱째 인, 나팔 재앙(계 8:1-9:21)

가. 일곱째 인의 심판의 재앙 선포(계 8:1-5)

1 일곱째 인을 떼실 때에 하늘이 반 시간쯤 고요하더니 2 내가 보매 하나
님 앞에 일곱 천사가 서 있어 일곱 나팔을 받았더라 3 또 다른 천사가 와
서 제단 곁에 서서 금 향로를 가지고 많은 향을 받았으니 이는 모든 성도
의 기도와 합하여 보좌 앞 금 제단에 드리고자 함이라 4 향연이 성도의 기
도와 함께 천사의 손으로부터 하나님 앞으로 올라가는지라 5 천사가 향로
를 가지고 제단의 불을 담아다가 땅에 쏟으매 우레와 음성과 번개와 지진
이 나더라

사도 요한은 성령에 감동되어 본 환상 중에서 일곱 촛대 사이로 다니시는 그리스도를 본다. 촛대는 주님의 몸 된 모든 교회의 상징으로 빛이신 그리스도가 교회 즉 믿음의 자녀인 우리를 통하여 빛을 세상에 발하시는 모습을 나타낸다. 교회 중에 계시면서 교회를 보호하시고 다스리시는 주님이 온 교회에 자애로운 경고와 책망, 그리고 위로와 소망을 주시는 일곱 통의 편지를 일곱 교회에 주신다. 이어서 그가 하늘 보좌에 앉으신 이 하나님의 오른 손에서 일곱 인으로 봉한 두루마리를 취하여 인을 뗌에 따라 흰 말을 탄자 즉 승리자 그리스도와 그의 복음이 사탄과 그의 세력들을 이기고 계속 승리하려 나아간다. 그 뒤를 이어 붉은 말을 탄 자 즉 성도들을 죽이고 화평을 제하고 성도를 죽이는 핍박이 온 후에 검은 말을 탄 자 즉 경제적 핍박이 성도들을 힘들게 하고 청황색 말을 탄 자 즉 전쟁이나 기근이 신자들을 핍박하고 질병이나 환난으로 죽음을 가져다주는 사망이 신자와 불신자를 가리지 않고 죽이나 그것들은 하나님의 제한 아래 놓여 있어 완전히 승리하지 못하며 주님과 복음이 이기고 또 이긴다. 이어서 사도 요한은 핍박과 환난에서 신앙을 지키다가 승리한, 하나님께

드려져 제물이 된 성도들을 상징하는 제단 아래 죽임을 당한 영혼들이 하나님의 심판과 재림이 빨리 오길 탄원하고 영생과 승리를 보장하는 흰 두루마기 천국의 옷을 받는 환상을 보고 그 이후에 교회 즉 성도들을 괴롭힌 세상을 멸하는 최후의 심판을 예고하는 환상을 본다. 여기까지가 일곱 인으로 봉한 두루마리의 첫째에서 여섯째 인까지의 내용이다. 여섯 째 인 최후의 심판의 환상 후에 구원받아 최후의 심판을 면제 받은 이스라엘만이 아닌 세계 각처에서 구원받아 이마에 하나님의 인을 맞은 자, 새 이스라엘 십사만 사천이 소개된다.

이제, 어린 양이 일곱째 인을 떼시어 그 비밀을 드러내신다. 일곱째 인은 요한계시록 8:7-9:21에서 일곱 나팔 재앙 중 여섯 나팔 재앙을 소개하고, 일곱째 나팔 재앙은 16:1-21에서 일곱 대접 재앙을 소개한다. 일곱째 인은 여섯 째 인 뒤에 나오기 때문에 시간적으로 여섯째 인의 최후의 심판의 예고 후, 주님의 재림 바로 직전에 있을 재앙이라고 말하는 사람들이 있지만 일곱째 인은 하나님께서 성도들의 기도를 응답하시어 하나님을 대적하고 성도들을 핍박하는 이 세상에 내리시는 재앙이므로 앞에 여섯 인들의 기간과 같이 주님의 초림에서 재림 사이에 있을 재앙이다. 나팔과 대접 재앙을 보면 나팔 재앙의 첫 네 재앙은 우박이 땅에 내라는 재앙으로 시작하여 바다, 강과 물, 그리고 천체에 내리는 재앙으로서 피해가 1/3이고, 대접 재앙의 첫 네 재앙은 땅에 있을 독종 재앙으로 시작하여 역시 바다, 강과 물, 그리고 천체에 내리는 재앙으로 피해가 제한이 없다. 여기서 두 가지를 알 수 있는데 하나는 나팔과 대접 재앙이 순서적이 아니고 반복적이며 나팔은 경고하는 재앙이고 대접은 쏟아 붓는 본격적인 재앙임을 알 수 있다.[10] 또 하나는 우박이나 독종 재앙 등은 언제나 있는 재앙이므로 일곱 인의 재앙을 주님 재림 직전의 시간으로 한정하는 것은 자연스럽지 못한다. 그리스도와 그의 복음이 어려운 핍박과 환난 가운데서 승리해 나가는 기간 동안 이와 동시에 하나님께서는 그를 대적하고 교회 즉 성도들을

10) Hendriksen, 같은 책, p. 137.

핍박하는 이 세상에 일곱째 인의 재앙을 내리시고 최후의 심판으로 끝을 맺으신다. 이처럼 요한계시록은 연속된 사건의 기록이 아니라 말하고자 하는 주제들에 따라서 사도 요한의 때부터 주님의 재림까지의 기간이 반복됨을 알 수 있다.

8:1-2절. 어린양이 일곱 째 인을 떼실 때에 하늘이 반 시간 동안쯤 고요하여진다. 요한계시록 8:3-7만 보아도 일곱째 인은 첫째에서 여섯째 인과 달리 단순히 세상에서 일어날 일이 아니고 세상에 내리는 하나님의 진노의 재앙이다. 제단 아래 죽임을 당한 영혼 즉 하나님께 헌신하는 성도들의 기노와 함께 향로를 가지고 금제단에서 향을 피움으로써 세상에서 핍박 받는 성도들의 신원의 기도를 하나님께 드리는 천사가 제단의 불을 담아다가 땅에 쏟으니 하나님의 진노를 상징하는 우레와 음성과 번개와 지진이 났으며 일곱 나팔을 가진 첫째 천사가 나팔을 부니 피 섞인 우박과 불이 나와서 땅에 쏟아지고 땅에 재앙이 내려진다. 성경은 하나님의 진노의 심판 앞에서 잠잠하라고 명한다(사 40:1, 합 2:20, 습 1:7, 2:13). 그러므로 하나님의 진노의 재앙의 일곱째 인을 떼실 때에 하늘이 반시간 쯤 고요한 것은 하나님의 진노 앞에 긴장감과 두려움을 나타내며 인간들을 향한 하나님의 심판의 준비경고로 보인다. 사도 요한은 반 시간 쯤의 고요를 깨고 하나님 앞에 서있는 일곱 천사가 일곱 나팔을 받는 것을 본다. 일곱 나팔은 불신자들을 향한 하나님의 심판의 경고이다.

3절. 사도 요한은 금향로를 가진 또 다른 천사가 제단 곁에 와서 많은 향을 받아 서있는 것을 보는데 그는 모든 성도의 기도와 합하여 보좌 앞 금 제단에 드리고자 한다. 제단(the altar)이라는 것은 그 위에서 제물을 죽이고 태워 제사를 드리는 놋으로 된 번제단이고 금 제단(the golden altar)은 향을 피우는 제단으로 평소에 성소와 지성소의 중심부인 지성소 휘장 바로 앞에 있으며 대제사장이 일 년에 한 번 지성소 안에 있는 하나님의 법궤 앞에 갈 때 금 제단을 들고 들어간다(레 4:13-18, 16:11-13, 10:1-2). 여기서 제단은 구체적으로 무엇을 가리키는가? 예루살렘 성전의 구조를 보면 제물을 가지고 와서 제사를 드리려는 자는 성소 앞에 있는 번제단으로 와야 한다. 번제단은 성소 앞에 있어 성전 안의 중심이며 번제단을 중심으로 바로 뒤에는 성소(holy place)와 지성소(holy of holies), 제단 뒤 성소의 양쪽에 있는 낭실 옆에는 제사장들의 뜰이 있고(욜 2:17) 제사장들의 뜰의 뒤로 이스라엘 즉 남자들의 뜰이 있으며 번제단 앞 쪽에 여자들의 뜰이 있다(11:1 참조). 제사를 드리려는 자는 제사장이 제물의 머리에 안수할 때 자신의 죄를 자복하여 그 모든 죄를 제물에 전가하고 제사장은 그 제물로 제사를 드린다(레 5:5,6; 레 16:21).[11] 그러므로 여기서 제단은 당연히 번제단이다.

왜 금향로를 가진 또 다른 천사가 와서 제단 곁에 서서 많은 향을 받고 있는가? 요한계시록 6:9-10에서 하나님의 말씀과 그들이 가진 증거로 말미암아 죽임을 당한 영혼들이 제단 아래에 있어 큰 소리로 불러 "거룩하고 참되신 대주재여 땅에 거하는 자들을 심판하여 우리 피를 갚아 주지 아니하시기를 어느 때까지 하시려 하나이까" 하고 하나님께 땅에 거하는 자들을 심판하여 신원하여 주시기를 기도한다. 하나님의 말씀과 그들이 가진 증거로 말미암아 죽임을 당한 영혼들이란 순교자만을 말하는 것이 아니라 예수 그리스도를 믿고 구원받아 주님과 함께 죽고 함께 산 자들로서 하나님께 산 제사를 드리는 모든 성도들이다(계 6:9-10 주해 참조). 그러므로 그 천사는 제단 아래에서 이 성도들의 기도를 담아 지성소 앞 금제단에 드리고자 한다.

4절. 천사가 금 제단에서 분향할 때 향연이 성도의 기도와 함께 천사의 손으로부터 하나님 앞으로 올라간다. 누가복음 1:8 이하를 보면 세례 요한의 아버지 제사장 사가랴가 주의 성소에 들어가 분향할 때 모든 백성은 그 분향하는 시간에 밖에서 기도하였다. 구약의 제사장의 분향이 바로 성도들의 기도를 하나님께 전하는 역할을 했다. 이제는 제사장이 아니라 하나님의 일꾼들인 천

11) 김희보, "구약신학논고," 예수문서선교회, 서울, 1976, p. 169.

사가 성도의 기도를 하나님께 전한다. 로마서 8:34을 보면 하나님 우편에 계신 그리스도가 우리를 위하여 간구하신다고 말씀하고 히 4:14에서는 그리스도가 우리의 큰 대제사장이라고 말씀한다. 그리스도는 큰 대제사장이 되셔서 우리의 기도를 들으시고 대제사장이 금 제단 들고 지성소에 들어가듯 우리를 위하여 하나님 앞에서 중보기도를 하신다.

금향로를 들고 있는 천사가 누구라고 말하는 것은 추측일 뿐이다. 그리스도가 아니고 미가엘, 우리엘, 라파엘, 브리엘 같은 고급 천사라고 주장하는 이들이 있으나 추측에 불과하고 누구라고 하던 결과는 변하지 않는다. 그리스도가 이떤 친사라도 사용하여 일을 하실 수 있기 때문이다. 분명한 것은 여기 나오는 다른 천사가 들고 있는 금향로에서 향연이 성도들의 기도와 함께 하나님 앞으로 올라가는 것은 그리스도의 중보의 기도를 가리킨다. 그러므로 우리의 기도가 연약하더라도 그리스도의 중보기도에 힘입어 하늘에 상달되는 것을 믿고 담대히 나아가는 것이다. 사도 요한 당시 심한 핍박을 받는 성도들은 자신들이 아무리 기도를 해도 핍박은 더 심하여지니 자신들의 기도가 금방 응답이 없어 기도가 소용이 없다고 공허함을 느꼈을 것이다. 그런 성도들에게 주님은 "너희들의 기도가 헛된 것이 아니고 내가 너희들의 기도는 하나도 빠짐없이 듣고 하나님이 들으시고 응답하시도록 내가 너희 기도와 함께 하나님께 중보의 기도를 하고 있다"고 말씀하신 것이다. 여기서 성도가 핍박 속에서 할 수 있는 일이 오직 주님의 이름으로 기도하며 신앙을 지키는 것임을 알 수 있다. 성도에게 주어지는 핍박은 피하거나 대적해야 하는 것이 아니라 판결과 심판은 하나님께 맡기고 십자가를 지시고 수난을 당하신 주님을 따라가는데 겪어야 하는 과정임을 알 수 있다. 그러므로 어떤 핍박도 두려워하지 말고 기도하며 주님을 따르므로써 주님의 중보기도의 힘으로 승리하여야 할 것이다.

5절. 금향로와 많은 향을 받은 천사가 성도의 기도와 함께 하나님 앞으로 향연을 올리고 향로에 금 제단의 불을 담아다가 땅에 쏟으니 우레와 음성과 번개와 지진이 나는 광경을 사도 요한은 목격한다. 향로에 담긴 '불'은 성도들의 기도가 드려진 그 제단에서 담아온 것이므로 성도들의 기도가 하나님의 심판을 시행함에 있어 중요한 역할을 하고 있음을 시사한다. 이것은 요한계시록 6:9 이하에서 땅에 거하는 자들 즉 불신자들을 심판하시고 하나님 나라가 빨리 임하길 간구하는 제단 아래 죽임을 당한 영혼들에게 하나님께서 천국을 약속하시면서 순교에 이르기까지 핍박을 받고 승리하는 자의 수가 차면 그 기도를 들어주시겠다고 약속하신 내용의 응답이다.[12] 뇌성과 음성과 번개와 지진이 하나님의 임재를 의미하므로 이 약속의 대답은 하나님이 친히 핍박을 받는 성도들의 기도를 들으시고 진노의 불을 쏟으신다는 것을 뜻한다.

나. 첫 번째 네 나팔, 경고의 자연재앙(계 8:6-13)

6 일곱 나팔을 가진 일곱 천사가 나팔 불기를 준비하더라 7 첫째 천사가
나팔을 부니 피 섞인 우박과 불이 나와서 땅에 쏟아지매 땅의 삼분의 일이
타 버리고 수목의 삼분의 일도 타 버리고 각종 푸른 풀도 타 버렸더라 8
둘째 천사가 나팔을 부니 불 붙는 큰 산과 같은 것이 바다에 던져지매 바
다의 삼분의 일이 피가 되고 9 바다 가운데 생명 가진 피조물들의 삼분의
일이 죽고 배들의 삼분의 일이 깨지더라 10 셋째 천사가 나팔을 부니 횃불
같이 타는 큰 별이 하늘에서 떨어져 강들의 삼분의 일과 여러 물 샘에 떨
어지니 11 이 별 이름은 쓴 쑥이라 물의 삼분의 일이 쓴 쑥이 되매 그 물
이 쓴물이 되므로 많은 사람이 죽더라 12 넷째 천사가 나팔을 부니 해 삼
분의 일과 달 삼분의 일과 별들의 삼분의 일이 타격을 받아 그 삼분의 일
이 어두워지니 낮 삼분의 일은 비추임이 없고 밤도 그러하더라 13 내가 또
보고 들으니 공중에 날아가는 독수리가 큰 소리로 이르되 땅에 사는 자들
에게 화, 화, 화가 있으리니 이는 세 천사들이 불어야 할 나팔 소리가 남아

12) 필립 E. 휴즈, 같은 책, pp. 127-128; 이필찬, 같은 책, pp. 328-329 "모든 성도는 잠재적 순교자란 말로 죽임을 당한 영혼들과 여기의 성도들을 동일시"; Lehman Strauss, 같은 책, p. 183 와 Robert H. Mounce, 같은 책, p. 182-183. "성도의 기도의 내용을 제단 아래 죽임을 당한 영혼들(순교자들)의 기도에서 찾음"

있음이로다 하더라

사도 요한 시대부터 주님이 오실 때까지 일어날 그리스도와 복음의 승리와 여러 핍박과 환난과 그로 인한 제단 아래 죽임을 당한 영혼들의 부르짖음과 최후의 심판을 알리는 여섯 인들을 어린양이 떼시고 구원받은 하나님의 인을 맞은 충만한 수 십사만사천을 소개하는 환상이 있은 후에 하늘이 반시간 동안쯤 고요해진다. 하나님의 진노 앞에서 두려움의 침묵의 시간이 지나자 일곱 째 인의 재앙이 선포된다. 일곱 째 인은 먼저 일곱 나팔 재앙으로 나타난다. 사도 요한은 환상 중에 하나님 앞에 서있는 일곱 천사가 일곱 나팔을 받는 것을 본다. 이 일곱 나팔은 하나님의 심판의 재앙을 알리는 나팔이다. 이 심판의 나팔 재앙은 핍박을 받는 성도들의 기도 응답의 시작이다.

먼저, 첫째에서 넷째 나팔 재앙이 소개된다. 나팔과 대접 재앙의 첫째에서 넷째를 보면 땅, 바다, 강과 물 샘, 그리고 천체에 일어나는 재앙이 소개된다. 그런데 이 내용들을 상징으로 보느냐 문자적으로 보느냐 하는 문제가 생긴다. 10절에서 "큰 별이 하늘에서 떨어져 강들의 삼분의 일과 여러 물 샘에 떨어지다"는 표현은 현실에서 불가능하기 때문에 문자적 해석은 자연스럽지 못하다.[13] 그렇다면 상징적 해석인데 그것도 둘로 나눌 수 있다. 예를 들면 첫째 나팔의 "피 섞인 우박과 불"을 광신주의로 일어나는 박해, 고트족의 로마 침입,[14] 또는 천벌로 일어난 전쟁을[15] 상징한다는 영해가 있으나 너무나 문맥에서 먼 해석들이고 첫째에서 넷째의 나팔과 대접이 소개하는 재앙은 땅, 바다, 강과 물 샘, 그리고 천체에 일어나는 어떤 포괄적 자연의 현상을 상징한다고

13) 지구는 지름이 태양의 1/109이고 질량이 약 1/330,000이고 부피는 약 1/1,00,000이다. 그런데 태양과 같은 별들이 땅의 물 샘에 떨어진다는 것은 감당할 수 없는 것이다(위키백과).

14) 이상근, 같은 책, p. 127. "예를 들면 첫째 나팔의 "피 섞인 우박과 불"을 불신앙의 광신주의로 일어나는 박해(Lange), 고트족의 로마 침입(Elliott)으로 본다.

15) 박윤선, 같은 책, p. 195 "천벌로 일어난 전쟁"

보는 것이 자연스럽다.[16]

6절. 일곱째 인이 개봉되고 하나님 앞에서 일곱 천사가 일곱 나팔을 받고 한 편 다른 천사가 제단 곁에 서서 향을 모든 성도의 기도와 합하여 금 향로에 담아 보좌 앞 금 제단에 드림으로써 향연이 성도의 기도와 함께 천사의 손으로부터 하나님 앞으로 올라가고 천사가 향로를 가지고 제단의 불을 담아다가 땅에 쏟으니 하나님의 심판을 알리는 우레와 음성과 번개와 지진이 났다. 이어서 사도 요한은 일곱 나팔 가진 일곱 천사가 나팔 불기를 예비하는 것을 본다. 이 진노의 나팔은 내용상 두 가지로 나눌 수 있다. 처음의 네 재앙들은 회개를 촉구하는 자연계에 대한 심판이고 나머지 세 재앙은 회개하지 않는 자들의 생명을 위협하는 심판이다.

7절. 첫째 천사가 나팔을 부니 피 섞인 우박과 불이 나서 땅에 쏟아지니 땅의 삼분의 일이 타 버리고 수목의 삼분의 일도 타 버리고 각종 푸른 풀도 타 버린다. 이것은 이스라엘 민족이 출애굽할 때 애굽에 내린 열 가지 재앙 중 일곱 번째 재앙처럼 땅에 대한 자연재앙을 묘사한다. "피 섞인 우박과 불"을 천벌로 인하여 일어나는 전쟁, 로케트와 핵폭탄 또는 수소폭탄을 상징하는 것으로 해석하는 것은 네 나팔이 자연에 대한 재앙이라는 문맥에 부자연스럽고 애굽에 내린 열 가지 재앙 중 일곱 번째 재앙처럼 땅에 대한 자연재앙을 상징한다.[17] 오히려 전쟁이나 무기는 전쟁을 말하는 여섯째 나팔재앙에서 나오는 "불과 연기와 유황"으로 보아야 하고 "피 섞인 우박과 불"에서 불은 하나님의 심판을 상징하므로(마 3:12; 5:22; 7:19; 13:40; 벧후 3:7; 계 8:5,7; 11:15; 14:10; 15:2; 18:8; 20:14,15) "피 섞인 우박과 불"은 땅에 부어진바 된 하나님의 심판

---

16) Hendriksen, 같은 책, pp. 140-147. 198-202.

(17) "피 섞인 우박과 불"을 천벌로 인하여 일어난 전쟁(박윤선), 로케트와 핵폭탄(신성종) 또는 핵전쟁(조용기)을 상징하는 것으로 해석하는 것은 네 나팔이 자연에 대한 재앙이라는 문맥에 부자연스럽고 애굽에 내린 열 가지 재앙 중 일곱 번째 재앙처럼 땅에 대한 자연재앙을 상징한다(Hendriksen, Mounce).

과 자연 재앙과 희생을 나타낸다.

출애굽기 9:18 이하에서 뇌성과 우박과 불이 애굽 전역에 내려서 밖에 있던 애굽 사람과 짐승을 무론하고 밭에 있는 것들이나 나무들을 다 쳐서 죽이고 망가뜨렸으나 이스라엘 백성들이 사는 고센 땅에는 우박이 내리지 아니했고 바로의 신하라도 하나님을 두려워하고 심판의 경고를 듣고 집에 머물고 가축을 들에 내보지 않은 자들은 재앙을 면하였다. 애굽에 내린 재앙은 이스라엘 백성을 하나님이 구원하실 때 실제로 내린 것이지만 앞으로 하나님이 세상에 내릴 재앙의 상징이기도 하다. 애굽에 내린 재앙은 이스라엘 백성이 아닌 애굽인들에게 내린 것처럼 일곱 인의 재앙도 성도들이 아닌 이 세상에 내리는 것이다. 또한 삼분의 일만 태운다는 것은 하나님이 완전히 심판하시는 것이 아니라 경고하심을 뜻한다. 오늘날에도 하나님께서는 우박과 같은 자연 재앙을 통하여 첫 번째 나팔 재앙을 세상에 내리셔서 불신자들에게 경고하신다.

8-9절. 둘째 천사가 나팔을 부니 불붙는 큰 산과 같은 것이 바다에 던져지니 바다의 삼분의 일이 피가 되고 바다 가운데 생명 가진 피조물들의 삼분의 일이 죽고 배들의 삼분의 일이 깨어진다. '불붙는 큰 산과 같은'에서 "같은"은 "불붙는 큰 산'이 상징임을 말한다. 바다에 던져지는 큰 산 같은 불덩어리는 태풍이나 해일이나 쓰나미나 해상 오염 같은 바다에 대한 자연재앙을 나타낸다. 바다에 사는 짐승들은 물론 배나 사람들도 죽고 다치게 하는 자연재앙은 세상에 대한 하나님의 심판의 경고이다.

2004년 12월 26일 인도네시아에 9.0 지진이 발생하여 바닷물이 넘치는 쓰나미가 일어나 23만여 명의 목숨을 앗아갔다. 그 후로도 자주 지진이 발생하였고 최근 인도네시아에 7.7 강진이 발생하여 서부 자바섬을 덮친 쓰나미로 최소 105명이 숨지고, 127명이 실종됐다고 한다. 현재 지진과 홍수와 태풍 등 자연재해가 전 세계에 걸쳐 빈번하게 나타난다. 이런 자연재해는 우연히 일어나는 것 같지만 점점 타락해가고 성도들을 핍박하는 세상에 성도들의 기도의 응답으로 하나님이 내리시는 심판의 재앙이라는 것이다. 그러므로 우리는 자연재앙을 보며 하나님의 경고하시는 음성을 듣고 더 위로와 확신을 가지고 승리하는 신앙생활을 하여야겠다.

10-11절. 셋째 천사가 나팔을 부니 횃불같이 타는 큰 별이 하늘에서 떨어져 강들의 삼분의 일과 여러 물 샘에 떨어지니 이 별의 이름은 쑥이라 물들의 삼분의 일이 쑥이 되니 그 물들이 쓰게 됨을 인하여 많은 사람이 죽는다. 별이 하늘에서 떨어진다는 것은 별이 빛을 잃는 다는 뜻이며 성경에서 하나님의 심판을 상징하는 표현으로 사용된다(겔 32:7; 욜 2:10; 마 24:29). 큰 별이 하늘에서 떨어져 강과 물 샘에 떨어진 것은 애굽에 내려진 첫째 재앙처럼(출 7:20) 강과 물에 하나님의 재앙이 임함을 뜻한다. 강과 물 샘에 떨어진 별의 이름인 '쑥' 이라고 번역된 식물은 중동 지방에서 자라는 아주 쓴 물풀(artemisia)로 구약 성경에서 슬픔과 고통의 상징으로 사용되었다(잠 5:3, 4; 애 3:19; 암 5:7).[18] 쑥이 거짓 선지, 진리를 흐리게 하는 이단사상이나 교권주의나 합리주의 등등, 유물론, 급진적 자유주의 신학, 허무주의 사상 등, 복음을 조롱하여 말로 종교적 미혹을 행하는 것이라는 해석들이 있으나 이 주장은 첫째에서 넷째 나팔이 자연재앙이라는 문맥에 맞지 않는다. 강과 물 샘 삼분의 일이 쑥이 되었다는 말은 공해로 인하여 물이 오염된다는 뜻이고 그 결과 그 물을 먹고 많은 사람이 죽는다는 것이다.[19]

세계 인구는 1940년 23억 명에서 1990년 53억 명으로 불었고, 2025년에는 83억 명으로 급증할 것으로 예측되고 인간들이 함부로 버리는 쓰레기 공해로 지금처럼 물 사용이 늘어나고 소비 행태가 개선되지 않는다면 2025년에는 25

(18) George A Buttrick. The Interpreter's Dictionary of The Bible Vol. 4, p. 878.

(19) 쑥이 거짓 선지(박윤선), 진리를 흐리게 하는 이단사상이나 교권주의, 합리주의 등등(이상근), 유물론, 급진적 자유주의 신학, 허무주의 사상 등(신성종), 복음을 조롱하여 말로 종교적 미혹을 행하는 것(렌스키)이라는 해석들이 있으나 첫째에서 넷째 나팔이 자연재앙이라는 문맥에 맞지 않는다. 강과 물샘 삼분의 일이 쑥이 되었다는 말은 공해로 인하여 물이 오염된다는 뜻이고 그 결과 그 물을 먹고 많은 사람이 죽는다는 것이다(Hendriksen, 권성수, Mounce).

억 명 가량이 물 부족을 겪으리라는 것이 유엔의 전망이다. 한국도 당장 물이 심각하게 부족한 '물 부족 국가' 는 아니지만 덴마크, 폴란드, 남아프리카 공화국 등과 마찬가지로 유엔 국제인구 행동연구소(PAI)가 분류한 '물 스트레스 국가' 로 분류 되어 있다. 물 문제에 지혜롭게 대처하지 않으면 머지않아 심각한 물 부족에 시달릴 날이 오게 되리라는 경고로 받아들여야 한다는 의미이다. 전 세계 물 문제는 공급량 부족뿐 아니라 수질 오염 때문에 먹는 물을 확보하기 어렵다는 점에서 더욱 심각해지고 있다(연합뉴스. 2010/03/22). 세계적으로 수질오염의 가장 큰 피해자는 어린이이며 한 해에 약 340만 명의 어린이가 물 관련 질환으로 사망한다고 한다(한겨레 3.25.10). 그래서 유엔은 3월 22일을 '세계 물의 날' 로 정하고 물 문제를 해결하기 위해 국제사회를 독려하고 있다. 강과 물 샘이 부족하고 오염되는 것도 하나님이 좋은 물을 많이 주시고 자연적으로 정화케 허락하시면 문제가 안 되겠지만 하나님께서 그것을 허락치 않으시고 재앙으로 주시니 누가 이것을 해결할 수가 있겠는가? 더욱 물 문제는 악화되고 주님이 오실 날은 다가올 것이다. 우리는 이것을 보며 하나님의 경고의 음성을 듣고 주님의 재림을 기다리며 승리의 삶을 살아야겠다.

12절. 넷째 천사가 나팔을 부니 해 삼분의 일과 달 삼분의 일과 별들의 삼분의 일이 타격을 받아 그 삼분의 일이 어두워지니 낮 삼분의 일은 비췸이 없고 밤도 그러하다. 해와 달과 별들이 '타격을 받는다(struck)' 는 말은 천체들이 제 기능을 못함을 말한다. 이 재앙은 삼 일 동안 애굽 전역에 걸쳐 내려진 '흑암의 재앙' 과 여섯째 인의 재앙과 유사하다. 해와 달과 별들이 제 기능을 못하면 지구가 더워지거나 추워져 지상의 생물이 살기 힘들어진다. 실제로 지구는 해와 달과 별의 천체가 제 기능을 못하므로 기후변동을 일으켜 전 세계가 물난리, 눈사태, 태풍 등등으로 몸살을 하고 있다.[20] 이것은 우리에게 무서운

---

(20) 지난 20세기 동안 북극지대 대기온도는 지구표면의 평균 온도 상승폭보다 5배나 빠른 속도로 약 5도가 증가하여 빙하감소, 북극지방 호수의 피빙 기간 감소 등 직접적 영향을

재앙이다. 이것은 자연발생적인 재앙 같으나 이미 요한계시록에 예언된 것이며 죄악된 세상에 내리시는 하나님의 경고의 재앙이다. 그러므로 우리가 이 재앙을 극복하려고 노력을 해야 하지만 먼저 이 재앙을 통해 하나님의 경고의 음성을 듣고 더욱 신앙 위에 굳게 서서 승리의 삶을 살아가야 한다.

13절. 사도 요한은 넷째 천사의 나팔 재앙을 본 후 공중에 날아가는 독수리를 보는데 그 독수리가 큰 소리로 "땅에 거하는 자들에게 화, 화, 화가 있으리로다" 고 외치는 소리를 듣는다. '독수리' 는 성경에서 재앙에 대한 상징(렘 48:40; 겔 17:3; 호 8:1; 마 24:28)이나 하나님의 명령을 전달하거나 수행하는 사자의 역할(12:14)을 한다. 이 광경은 하나님께서 이후에 행하실 강력하고 참혹한 심판에 대해 선포하고 전달하는 역할을 하고 있음을 말해준다. "땅에 거하는 자들" 이란 요한계시록 6:10 다섯째 인에서 죽임을 당한 영혼들의 탄원하는 기도를 볼 때 성도를 제외한 불신자들을 가리킨다. 우리는 이 땅에 살지만 하늘에 거하는 천국 백성이다. 그리고 "화, 화, 화" 는 극심한 화를 강조한 것이며 다섯째에서 일곱째 나팔 재앙이 남았음을 말한다. 이제까지 있었던 나팔의 심판의 경고도 불신자들을 향한 것이지만 나머지 세 나팔의 재앙은 불신자들에게 극심한 재앙이 전개될 것을 확실하게 알리고 있는 것이다.

초래하고 있다. 그래서 1966, 1997년 라인강 홍수, 1995년 중국 홍수, 1998, 2000년 동유럽 홍수, 2000년 모잠비크 및 유럽 홍수, 그리고 2004년 방글라데시의 전국토의 60%가 침수하는 우기홍수 등 전 지구적으로 집중호우와 폭풍우에 의한 홍수가 빈발하고 있다. 또한 심한 가뭄으로 아프리카 니제르, 챠드호 및 세네갈 지역에서는 전체 이용가능한 물의 양이 40~60%나 감소하고 있고, 남북서부 아프리카에서는 년 평균 강수량이 감소함으로써 사막화 현상이 가속화되고 있다. 지난 20세기 동안에 해수면은 평균 10~20cm 높아졌으며, 앞으로도 지속적인 해수면 상승이 예상된다. 만약 이같이 해수면이 크게 상승할 경우 방글라데시와 같이 인구가 해변에 밀집되어 있는 국가에서는 바닷물 범람에 의한 심각한 피해가 우려되고, 몰디브와 같은 작은 섬나라는 완전히 사라지게 될 것이다. 따라서 해수면 상승은 수십억 인구가 사용하는 물을 오염시킬 뿐만 아니라 대규모 인구의 이주를 유발시킬 것이다(UNFCCC 2005).

다. 다섯째와 여섯 째 나팔 사탄의 세력 황충과 유브라데 강 전쟁의 재앙(계 9:1-21)

1 다섯째 천사가 나팔을 불매 내가 보니 하늘에서 땅에 떨어진 별 하나가
있는데 그가 무저갱의 열쇠를 받았더라 2 그가 무저갱을 여니 그 구멍에서
큰 화덕의 연기 같은 연기가 올라오매 해와 공기가 그 구멍의 연기로 말미
암아 어두워지며 3 또 황충이 연기 가운데로부터 땅 위에 나오매 그들이
땅에 있는 전갈의 권세와 같은 권세를 받았더라 4 그들에게 이르시되 땅의
풀이나 푸른 것이나 각종 수목은 해하지 말고 오직 이마에 하나님의 인침
을 받지 아니한 사람들만 해하라 하시더라 5 그러나 그들을 죽이지는 못하
게 하시고 다섯 달 동안 괴롭게만 하게 하시는데 그 괴롭게 함은 전갈이
사람을 쏠 때에 괴롭게 함과 같더라 6 그 날에는 사람들이 죽기를 구하여
도 죽지 못하고 죽고 싶으나 죽음이 그들을 피하리로다 7 황충들의 모양은
전쟁을 위하여 준비한 말들 같고 그 머리에 금 같은 관 비슷한 것을 썼으
며 그 얼굴은 사람의 얼굴 같고 8 또 여자의 머리털 같은 머리털이 있고
그 이빨은 사자의 이빨 같으며 9 또 철 호심경 같은 호심경이 있고 그 날
개들의 소리는 병거와 많은 말들이 전쟁터로 달려 들어가는 소리 같으며
10 또 전갈과 같은 꼬리와 쏘는 살이 있어 그 꼬리에는 다섯 달 동안 사람
들을 해하는 권세가 있더라 11 그들에게 왕이 있으니 무저갱의 사자라 히
브리어로는 그 이름이 아바돈이요 헬라어로는 그 이름이 아볼루온이더라
12 첫째 화는 지나갔으나 보라 아직도 이 후에 화 둘이 이르리로다 13 여
섯째 천사가 나팔을 불매 내가 들으니 하나님 앞 금 제단 네 뿔에서 한 음
성이 나서 14 나팔 가진 여섯째 천사에게 말하기를 큰 강 유브라데에 결박
한 네 천사를 놓아 주라 하매 15 네 천사가 놓였으니 그들은 그 년 월 일
시에 이르러 사람 삼분의 일을 죽이기로 준비된 자들이더라 16 마병대의
수는 이만 만이니 내가 그들의 수를 들었노라 17 이같은 환상 가운데 그
말들과 그 위에 탄 자들을 보니 불빛과 자줏빛과 유황빛 호심경이 있고 또
말들의 머리는 사자 머리 같고 그 입에서는 불과 연기와 유황이 나오더라
18 이 세 재앙 곧 자기들의 입에서 나오는 불과 연기와 유황으로 말미암아
사람 삼분의 일이 죽임을 당하니라 19 이 말들의 힘은 입과 꼬리에 있으니

꼬리는 뱀 같고 또 꼬리에 머리가 있어 이것으로 해하더라 20 이 재앙에 죽지 않고 남은 사람들은 손으로 행한 일을 회개하지 아니하고 오히려 여러 귀신과 또는 보거나 듣거나 다니거나 하지 못하는 금, 은, 동과 목석의 우상에게 절하고 21 또 그 살인과 복술과 음행과 도둑질을 회개하지 아니하더라

어린 양이신 그리스도가 보좌에 앉으신 하나님에게서 취한 두루마리의 일곱 인을 떼심에 따라 그리스도와 복음의 승리와 여러 핍박과 환난과 그로 인한 순교자들의 부르짖음과 최후의 심판을 알리는 환상이 나타난다. 이제, 일곱째 인은 핍박 속에서 성도들이 부르짖는 기도의 응답으로 세상에 내리는 심판의 경고를 알리는 일곱 나팔 재앙과 심판을 쏟아 부으시는 대접 재앙으로 나타난다. 첫째에서 넷째 나팔은 땅과 바다와 강과 샘물과 해와 달과 별의 천체의 일부에 부으시는 하나님의 심판의 경고성 자연재앙이다. 넷째 나팔 후에 사도 요한은 "땅에 거하는 자들에게 화, 화, 화가 있으리로다"고 큰 소리로 외치며 공중에 날아가는 독수리를 본다. 이것은 앞에 있은 네 재앙의 경고보다 더 큰 재앙 셋이 다가옴을 알리는 신호이다.

9:1절. 사도 요한은 다섯째 천사가 나팔을 불 때 무저갱의 열쇠를 받아 하늘에서 땅에 떨어진 별 하나를 본다. 성경에서 별은 천사나 하늘에서 높은 지위에 있는 자를 표현하고(민 24:17;단 8:10) 사탄을 암시하기도 한다(사 14:12). 여기서 무저갱의 열쇠를 받아 하늘에서 땅에 떨어진 별이 사탄이라는 데에 이의를 제기하는 자들이 거의 없는 것 같다. 누가복음 10장을 보면 둘씩 짝을 지은 70인 전도자들이 돌아와 주님께 "주여 주의 이름으로 귀신들도 우리에게 항복하더이다"라고 보고하니 주님은 "사탄이 하늘로서 번개같이 떨어지는 것을 내가 보았노라 내가 너희에게 뱀과 전갈을 밟으며 원수의 모든 능력을 제어할 권세를 주었으니 너희를 해할 자가 결단코 없으리라"고 말씀하신다. 그리고 마태복음 12:22 이하를 보면 예수님은 귀신의 왕 바알세불을 힘입어 귀

신을 쫓아낸다고 비난하는 바리새인들에게 사탄의 부하인 귀신을 쫓아낸 것은 사람이 먼저 강한 자를 결박하고 그 집에 들어가 늑탈하는 것과 같이 나도 사탄을 결박한 것처럼 사탄을 하늘에서 쫓아내고 그의 능력을 제한시켰다고 말씀하신다. 하늘에서 땅에 떨어진 별 하나는 바로 하늘에서 쫓겨난 사탄으로서 하나님으로부터 무저갱의 열쇠를 받았다. 무저갱은 바닥이 안 보이는 깊은 사탄의 거소를 말한다. 사탄이 무저갱의 열쇠를 받았다는 것은 사탄의 권세도 하나님의 권세 아래 있으며 사탄까지도 하나님이 사용하셔서 하나님의 뜻을 이루심을 말해준다.

2절. 사도 요한은 시탄이 무지갱을 여니 그 구멍에서 큰 화덕의 연기 같은 연기가 올라와서 해와 공기가 어두워지는 것을 본다. 사탄이 불 못인 무저갱을 열고 연기를 뿜어낸다는 말은 사탄이 죄악의 세력을 세상에 퍼트림을 상징한다. 사도 요한은 이어서 해와 공기가 그 구멍의 연기로 인하여 어두워지며 전갈의 권세와 같은 권세를 받은 황충이 연기 가운데로부터 땅 위에 나오는 광경을 본다. '무저갱에서 나오는 연기' 는 사탄과 악령들의 영향으로 나타나는 기만과 미혹, 죄와 슬픔, 도덕적 흑암과 타락 등등을 나타낸다.[21] 그래서 해와 공기로 밝고 깨끗한 사회가 악하고 죄에 취한 사회가 되어 사람들을 고통 속에 몰아넣는 것이다.

3절. 또 사도 요한은 황충이 땅에 있는 전갈의 권세와 같은 권세를 받아 연기 가운데로부터 땅 위에 나오는 광경을 본다. 황충은 메뚜기의 한 종류로 큰 떼를 이루며 사는 곤충으로서 이 떼가 지나가는 곳은 초토화가 된다. 이러한 황충은 구약성경에서 이스라엘 백성이 범죄 할 때 하나님의 징계의 도구로 사용되었고 하나님의 징계를 상징한다(출 10:1-20; 욜 1:2-2:11). 무저갱에서 나오는 연기 가운데로부터 땅 위에 나오는 황충은 사람을 해치는 전갈의 권세와 같은 사탄의 권세를 받아 세상에서 사탄의 일을 수행하는 사탄의 세력을 말

(21) Hendriksen, 같은 책, p. 144.

한다.[22] 하나님은 악인들을 징계하실 때 착한 자들을 사용하시는 것이 아니라 사탄과 그 세력들을 사용하신다.

4절. 전갈의 권세와 같은 권세를 받은 황충이 "땅의 풀이나 푸른 것이나 각종 수목은 해하지 말고 오직 이마에 하나님의 인 맞지 아니한 사람들만 해하라"는 명을 받는다. 본래 황충이란 나무나 풀을 해치는 곤충이지만 황충이 상징하는 사탄의 악의 세력이 땅의 풀이나 푸른 것이나 각종 수목은 해하지 말라는 것은 두 가지를 생각할 수 있다. 하나는 황충이 실제가 아니고 상징이라는 것이고 또 하나는 황충이 상징하는 사탄의 악한 세력이 물질적이나 육체적인 고통을 주는 것만이 아니고 영적인 고통을 주는 것임을 말하는 것이다(2절 주해 참조). 하나님께서 사탄과 그 악한 세력이 세상을 악하게 함으로 하나님의 인을 받은 하나님의 백성이 아니라 오직 이마에 하나님의 인 맞지 아니한 사람들만 해치게 허락하신다. 애굽의 이스라엘 민족이 구원받아 출애굽을 할 때 자신들의 집 문설주와 문 인방에 어린양의 피를 바른 이스라엘 백성들이 하나님의 재앙에서 피할 수 있었던 것처럼(출 12:1-28) 황충이 상징하는 사탄의 악의 세력이 세상을 악하게 함으로 세상 사람들을 고통 속으로 몰아넣지만 하나님의 인을 맞은 성도들은 해치지 못한다. 이것은 성도들이 누리는 하나님의 축복이요 은혜이며 용기를 주는 기쁨이다.

5-6절. 황충은 하나님으로부터 인 맞지 아니한 자를 해하나 그들을 죽이지는 못하게 하고 다섯 달 동안만 전갈이 사람을 쏠 때처럼 큰 고통을 주라는 명을 받는다. "다섯 달 동안"의 "다섯"은 세상의 만 수인 열의 절반으로 미완성이며 제한된 부족함을 나타냄으로 "다섯 달 동안"은 제한된 기간을 나타내

(22) 박윤선, 같은 책, P. 205. "널리 빨리 퍼지는 배교운동"; Hughes, 같은 책, p. 160. "무저갱의 사자 즉 사탄을 그들의 임금으로 모시고 있는 배교한 천사들의 귀신의 세력인 악한 영들이다."; 권성수, 같은 책, p. 225. "사탄의 악행의 권세를 받은 귀신들"; 이필찬, 같은 책, p. 426. "불신자들에게 피해를 주는 사탄의 세력"; Hendriksen, 같은 책, pp. 145-146. "인간의 모든 빛을 훔치는 사탄의 악한 귀신들"; Plummer, 같은 책, p. 263. "heretics and infidels"; Ladd, 같은 책, p. 131. "demonic powers"

는 것 같다.[23] "죽이지는 못하게 하시고 전갈이 쏘는 것처럼 다섯 달 동안만 고통을 주라"고 하심은 하나님께서 사탄과 그 세력의 악행의 정도와 기간을 제한하심을 말한다.

그 날에는 사람들이 죽기를 구하여도 죽지 못하고 죽고 싶으나 죽음이 그들을 피하리라고 한다. 그것은 그 고통이 참기 어려울 정도로 심함을 나타낸다. "그 날"은 마지막 심판 때가 아니라 사탄이 주님의 초림 즈음에 하늘에서 쫓겨나서 땅 위에서 그리스도를 대적하는 시기이므로 주님의 초림에서 종말까지의 기간을 나타내는 말이다. 하나님을 대적하고 성도들을 괴롭히는 불신자들은 하나님의 진노의 심판으로 사탄의 영향 아래 죄악 속에 살면서 사탄과 그 세력으로부터 죽고 싶어도 죽지 못하는 재앙을 부분적이며 제한적으로 받게 될 것이다.

7-10절. 사도 요한이 본 황충들의 모양은 전쟁을 위하여 준비한 말들 같고 그 머리에는 금 같은 관 비슷한 것을 썼으며 그 얼굴은 사람의 얼굴 같고 머리털은 여자의 머리털 같고 그 이빨은 사자의 이빨 같으며 철 호심경(가슴을 보호하는 철갑) 같은 호심경이 있다. 이 모습은 사탄의 악한 세력이 얼마나 흉측하고 무서운 존재인가를 말한다. 황충이 상징하는 사탄의 악한 세력이 완벽하게 무장되었는데 그 머리에 가짜 승리자를 상징하는 금 같은 관 비슷한 것을 썼고 그 얼굴은 사람의 얼굴 같고 여자의 머리털 같은 머리털이 있는데 그 이빨은 사자의 이빨 같아 무서운 괴물의 모습이며 가슴에는 철 호심경 같은 호심경이 있어 쉽게 공격을 받아 쓰러뜨릴 수 없게 보인다. 사탄의 악한 세력이 강하고 무섭고 완벽하게 보이나 금 면류관을 쓴 승리자가 아니라 패배할 수밖에 없는 가짜 금관 즉 금 같은 관 비슷한 것을 쓴 존재에 불과한 것이다.

그 황충의 날개들의 소리는 병거와 많은 말들이 전장으로 달려 들어가는 무

(23) Mounce, 같은 책, p. 195. "a limited period of time"; 이상근, 같은 책, p. 132. "10이 세속적인 만수이므로 그 절반의 5는 미완성적 기간(Hengestenberg) 등. 아마 사탄의 지배 아래 당하는 일정한 고통의 기간을 상징하는 것으로 볼 것이다."

서운 기세이며 또 전갈과 같은 꼬리와 쏘는 살이 있어 그 꼬리에는 다섯 달 동안 사람들을 해하는 권세가 있다. 황충들이 함께 날 때 나는 소리가 전쟁에서 적진을 향해 돌진하는 수많은 병거들의 소리와도 같다는 것은 사탄의 악한 세력이 그 수가 엄청나며 그 공격이 신속하고 강함을 나타낸다. 또한 그들은 독침이 있는 전갈의 꼬리와 같은 공격무기가 있어 불신자들을 제한된 기간 동안 해할 권세가 있다. 그렇지만 그들은 승리자가 아니다.

11절. 황충의 떼에는 왕이 있는데 그는 무저갱의 사자 즉 타락한 천사로서 히브리 음으로 이름은 아바돈이요 헬라어로는 그 이름이 아볼루온이다. 무저갱의 임금은 두말할 것도 없이 하늘에서 땅에 떨어져 무저갱의 열쇠를 받은 사탄이다. 왜냐하면 '무저갱의 사자'의 이름 아바돈과 아볼루온의 뜻이 사탄을 뜻하는 파괴자이기 때문이다(욥 28:22; 31:12; 시 88:11; 잠 15:11). 사탄은 성도들을 괴롭히지 못하고 오히려 자기의 백성인 불신자들을 더욱 악하게 만들고 파멸로 몰아넣는 것이다. 그러므로 우리 성도는 사탄도 어떤 재앙도 두려워하지 말고 주님을 따라 승리의 길을 힘차게 가야할 것이다.

12-14절. 이제, 일곱 나팔 재앙의 나머지 세 가지 큰 화 중에 첫째 화 즉 다섯 번째 나팔 재앙은 지나갔으나 아직도 이후에 화 둘이 남아 있다. 두 번째 큰 화가 여섯째 천사의 나팔소리와 함께 시작한다. 여섯째 천사가 나팔을 부니 하나님 앞 금단 네 뿔에서 한 음성이 나서 나팔 가진 여섯째 천사에게 "큰 강 유브라데에 결박한 네 천사를 놓아주라"고 말한다. 여기서 금단이란 주님의 중보기도를 뜻하는 금 제단(향단)이므로 '하나님 앞 금단 네 뿔에서 나온 한 음성"은 모든 성도들이나 제단 아래 있는 죽은 영혼들(6:10)의 기도에 대한 하나님의 응답이다.

사도 요한은 나팔 가진 여섯째 천사로 부터 "큰 강 유브라데에 결박한 네 천사를 놓아주라"는 음성을 듣는다. 여기서 네 천사는 요한계시록 7:1-3에서 나오는 네 천사와 다르다. 7장에 나오는 네 천사는 최후에 이 땅을 멸할 특권을 가진 천사들이나 큰 강 유브라데에 결박한 네 천사는 여섯째 나팔 재앙으로 사람 삼분의 일을 죽이기로 준비된 천사들이다. '유브라데 강'은 하나님의 언약의 땅인 가나안의 동쪽 경계선으로 유브라데 강 건너편에 앗시리아 등 이방인들의 지역을 말한다. 그래서 북쪽 이방의 강대국들이 이 유브라데 강을 건너 이스라엘을 공격하였다. 그러므로 유브라데에 결박한 네 천사는 바로 하나님의 백성을 공격하는 유브라데 강 건너 편에 있는 이방인들 즉 "땅에 거하는 자"인 불신자들을 죽이는 임무를 가진 천사들이다.

그러면 이들은 선한 천사들인가? 아니면 악한 천사들인가? 이 문제가 문맥을 이해하는데 결정적 영향을 주는 것이 아니고 억제를 상징하는 단순히 결박을 당했다는 것만으로는 그들이 악한 천사라고 말할 수 없으므로 하나님의 명령에 따라 심판을 행하는 존재라는 의견에[24] 일부 수긍이 간다. 그러나 굳이 시비를 가려야 한다면 이 결박은 사탄과 이 네 천사에게만 사용되었고 하나님이 그들에게 큰 강 유브라데에 결박된 그들에게 사람을 죽이라고 명하지 않고 그냥 놓아 주었을 때 그들이 사람들을 죽이는 것을 볼 때 그들이 결박되지 않았더라면 그와 같은 악행을 행하는 존재라고 보아야 한다. 그러므로 하나님이 큰 강 유브라데에 그들을 결박한 것은 그들이 사람을 죽이는 것을 제한하셨음을 말한다. 결론적으로 말하면 그들은 사탄의 부하들로서 사람들을 시켜 전쟁을 일으켜 사람들을 죽이는 악한 천사들로 여겨진다.[25]

15절. 네 천사가 풀려났는데 그들은 불신자들을 하나님이 정한 그 년, 월, 일, 시에 사람 삼분의 일을 죽이기로 예비한 자들이다. 사탄과 악한 천사가 사람을 해하는 능력을 가진 것 같으나 그 모든 것이 하나님의 주권 아래 있고 죽이는 것은 '그 년 월 일 시'까지도 전적으로 하나님의 통치 아래에 있다. 삼분의 일만 죽인다는 것은 그 심판이 부분적이며 아직 최후의 심판이 아니라 하나님의 심판의 경고에 그치고 있음을 말해준다.

---

(24) 이필찬, 같은 책, pp. 430-431.
(25) Hendricksen, 같은 책, p. 146; 이상근, 같은 책, p. 134.

16-17절. 네 천사가 이끄는 세력 마병대의 수는 이만만이다. "이만만"은 계산하면 2억에 해당한다. 그래서 이 수를 실제의 수로 해석하려는 시도가 있으나 요한계시록에서 다른 수들이 상징으로 해석 되었듯이 상징으로 해석되어야 한다. 요한계시록 5:11에서 하나님의 보좌와 생물들과 장로들을 둘러 선 많은 천사의 수가 만만이요 천천이라고 말한다(시 68:17). 여기서 "만만"만 있다면 천사의 수가 일억이라고 할 수 있을지 몰라도 뒤에 "천천"이 역시 천사의 수를 말하기 때문에 "만만"과 "천천"은 실제의 수라고 해석하는 것은 무리이다. 여기서 "만만"이 많은 무리를 표현하는 상징이라면 "만만"의 배인 "이만만"은 어떻게 해석해야 하는가? 역시 천사의 수와 같이 "이만만"은 "만만"보다 그 수가 강조된 상징으로 보아야 한다.[26]

사도 요한은 불빛과 자주빛과 유황빛 흉갑을 입은 마병대의 말과 그 탄 자들을 보는데 말들의 머리는 사자 머리 같고 그 입에서는 불과 연기와 유황이 나오는 광경을 본다. 먼저, 사자 머리 같은 말들의 머리를 보자. 말은 민첩하고 힘센 전쟁의 필수적인 도구인데 거기다가 머리가 사자 같으니 무섭고 잔인하기까지 하다. 말들은 전차와 같은 전쟁의 무기의 모습을 상징한 것이다. 또 말들의 입에서는 불과 연기와 유황이 나온다. 불과 유황과 연기는 현대전의 폭탄의 특성과도 같다. 말들과 탄 자들이 흉갑의 색도 바로 불빛과 자주빛과 유황빛으로 무서운 전쟁과 잔인한 모습을 나타내고 있다. 그러면 이 전쟁은 어떤 특정한 전쟁을 상징하는가? 이 전쟁을 3차 대전으로 해석하려는 시도가 있지만 그것은 어떤 확실한 근거가 없고 추측에 불과하다. 지금까지 나팔 재앙이 어떤 특정한 사건을 가리키지 않았듯이 이 전쟁의 나팔 재앙도 과거, 현재, 미래의 일반적인 모든 전쟁을 말한다.[27] 이런 전쟁도 사탄과 인간의 사악함에서 나오나 하나님은 이것들까지도 사망자를 삼분의 일로 제한하시듯 그 시기와

---

(26) Hughes, 같은 책, p. 163-164; Hendriksen, 같은 책, p. 147.
(27) Hendriksen, 같은 책, p. 146.

정도를 제한하시고 하나님의 심판의 도구로 사용하시는 것이다. 이 나팔 재앙들은 부분적 재앙이며 앞으로 올 대접 재앙의 경고이다.

18-19절. 말들의 입에서 나오는 세 재앙 불과 연기와 유황과 머리가 달린 뱀꼬리 같은 말들의 꼬리로 인하여 사람 삼분의 일이 죽임을 당한다. 사람을 해치는 전갈과 뱀은 사람들이 혐오하는 생물들로 사자의 이빨 같은 강한 이를 가진 입과 머리가 달린 뱀꼬리 같으며 꼬리에서 독침을 내는 전갈의 꼬리 같은 꼬리를 가진 말들은 잔인하고 혐오스런 전쟁의 각양의 도구를 상징한다. 이 전쟁의 재앙은 하나님이 정한 그년, 월, 일, 시에 일어나므로 어느 특정한 전쟁이라고 말할 수 있으나 지금까지 문맥으로 보아 이느 상징도 특정한 깃을 가리키지 않으므로 이 전쟁도 인류 역사 속에서 일어나는 모든 전쟁을 가리킨다고 보아야 한다. '불과 연기와 유황' 이라는 전쟁무기가 계속 발전하여 오므로 역사가 진행하면서 더 무서운 무기가 만들어지고 더 많은 사람을 죽여 왔다. 이런 전쟁도 사탄과 인간의 사악함에서 나오나 하나님은 이것들까지도 사망자 삼분의 일로 제한하시듯 그 시기와 정도를 제한하시고 하나님의 심판으로 사용하시는 것이다.

20-21절. 그러나 사도 요한은 이 재앙에 죽지 않고 살아남은 사람들이 그 손으로 행하는 일을 회개치 아니하고 오히려 여러 귀신과 또는 보거나 듣거나 다니거나 하지 못하는 금, 은, 동과 목석의 우상에게 절하고 또 그 살인과 복술과 음행과 도적질을 회개치 아니하는 슬픈 광경을 본다. 고린도전서 10:20은 "대저 이방인의 제사하는 것은 귀신에게 하는 것이요 하나님께 제사하는 것이 아니니 나는 너희가 귀신과 교제하는 자 되기를 원치 아니하노라"고 말씀한다. 불신자들이 금이나 은, 동, 돌, 혹은 나무로 만든 '우상'을 숭배하는 것은 귀신을 섬기는 것이요 우상은 귀신의 형상이다. 이스라엘의 출애굽 당시 애굽이 바로와 그의 신하들이 하나님의 능력에 의해 일어난 여러 재앙들을 경험했음에도 불구하고 그 마음이 완악하여서 귀신과 우상숭배하기를 그치지 않은 것처럼 '불과 연기와 유황'의 재앙이라는 죽음의 심판을 목격하고도 겨우 살아

남은 자들은 하나님이 택하지 않으신 불신자들이니 회개하기는커녕 도리어 우상숭배에 더욱 열중한다. 불신자들을 향한 하나님의 심판의 경고의 나팔이 울려 퍼지는 데도 세상은 더욱 타락해가고 악인들은 회개하는 일 없이 최후의 진노의 심판을 향하여 달려갈 뿐이다.

*삽경 2. 작은 두루마리를 가진 천사(계 10:1-11)

3. 일곱째 인, 일곱 나팔 재앙(계 8:1-9:21, 11:15-19)
   가. 일곱째 인의 심판의 재앙 선포(계 8:1-5)
   나. 첫 번째 네 나팔, 경고의 자연재앙 (계 8:6-13)
   다. 다섯째와 여섯째 나팔 사탄의 세력 확충과 유브라데 강 전쟁의 재앙(계 9:1-21)
      ***삽경 2. 작은 두루마리를 가진 천사(계 10:1-11)**
      *삽경 3. 성전척량과 두 증인(계 11:1-14)
   라. 일곱째 나팔(계 11:15-19)
      *삽경 4. 여자와 아이, 그리고 용(계 12:1-17)
      *삽경 5. 바다와 땅에서 올라 온 짐승들(계 13:1-18)
      *삽경 6. 교회의 승리와 최후의 대 심판 경고(계 14:1-20)

1 내가 또 보니 힘 센 다른 천사가 구름을 입고 하늘에서 내려오는데 그
머리 위에 무지개가 있고 그 얼굴은 해 같고 그 발은 불기둥 같으며 2 그
손에는 펴 놓인 작은 두루마리를 들고 그 오른 발은 바다를 밟고 왼 발은
땅을 밟고 3 사자가 부르짖는 것 같이 큰 소리로 외치니 그가 외칠 때에
일곱 우레가 그 소리를 내어 말하더라 4 일곱 우레가 말을 할 때에 내가
기록하려고 하다가 곧 들으니 하늘에서 소리가 나서 말하기를 일곱 우레가
말한 것을 인봉하고 기록하지 말라 하더라 5 내가 본 바 바다와 땅을 밟고
서 있는 천사가 하늘을 향하여 오른손을 들고 6 세세토록 살아 계신 이 곧
하늘과 그 가운데에 있는 물건이며 땅과 그 가운데에 있는 물건이며 바다
와 그 가운데에 있는 물건을 창조하신 이를 가리켜 맹세하여 이르되 지체
하지 아니하리니 7 일곱째 천사가 소리 내는 날 그의 나팔을 불려고 할 때
에 하나님이 그의 종 선지자들에게 전하신 복음과 같이 하나님의 그 비밀
이 이루어지리라 하더라 8 하늘에서 나서 내게 들리던 음성이 또 내게 말
하여 이르되 네가 가서 바다와 땅을 밟고 서 있는 천사의 손에 펴 놓인 두

> 루마리를 가지라 하기로 9 내가 천사에게 나아가 작은 두루마리를 달라 한
> 즉 천사가 이르되 갖다 먹어 버리라 네 배에는 쓰나 네 입에는 꿀 같이 달
> 리라 하거늘 10 내가 천사의 손에서 작은 두루마리를 갖다 먹어 버리니 내
> 입에는 꿀 같이 다나 먹은 후에 내 배에서는 쓰게 되더라 11 그가 내게 말
> 하기를 네가 많은 백성과 나라와 방언과 임금에게 다시 예언하여야 하리라
> 하더라

어린 양 그리스도가 하나님의 보좌로부터 일곱 인으로 봉한 두루마리를 받아 첫째에서 여섯째 인을 떼심에 따라 사도 요한 시대부터 주님이 오실 때까지 일어날 그리스도와 복음의 승리와 여러 핍박과 환난과 그로 인한 제단 아래 죽임을 당한 영혼들의 부르짖음과 최후의 심판을 알리는 환상이 전개된다. 요한계시록의 흐름과 관계없이 중간에 특별히 소개되는 일곱 환상 중에 첫째 삽경, 하나님의 인을 맞은 십사만 사천의 환상이 있은 후 일곱째 인이 성도들의 기도의 응답으로 세상에 내리는 심판의 경고를 알리는 나팔 재앙과 심판을 쏟아 부으시는 대접재앙으로 전개된다.

먼저, 첫째에서 넷째 나팔을 울리는 소리와 함께 땅과 바다와 강과 샘물과 해와 달과 별의 천체의 일부에 부으시는 하나님의 심판의 경고인 자연재앙이 나타나고 그 후 세 개의 화(禍) 중에 두 화(禍)인 다섯과 여섯째 나팔 소리와 함께 사탄의 세력 황충과 유브라데 강의 전쟁의 재앙이 전개된다. 이제, 마지막 화인 일곱 째 나팔 재앙이 남아 있는데 일곱째 나팔 재앙은 일곱 대접 재앙을 부른다. 사도 요한은 일곱 째 나팔이 불기 전에 특별히 소개되는 일곱 삽경 중에 두 번째에서 세 번째인 두 삽경을 본다. 두 번째가 "작은 두루마리를 가진 천사"의 환상이다.

10:1절. 사도 요한은 머리 위에 무지개가 있고 그 얼굴은 해 같고 그 발은 불기둥 같은 힘센 다른 천사가 구름을 입고 하늘에서 내려오는 광경을 본다. 이 힘센 천사가 누구인가? 그리스도는 유일하신 분이시고 계시록에서 천사로 나온 적이 없고 10:6에서 하나님을 가리켜 맹세하는 것은 그리스도에게는

맞지 않기 때문에[1] "힘센 다른 천사"는 그리스도가 아니고 고급 천사라는 주장이 있으나[2] 구약에는 이 땅에 사람으로 오시기 전 영광의 그리스도가 한 천사로 나타나시는 경우는 아주 많다(창 16:7-13; 18:1-19:29, 22:1-19, 32:22-32; 출 3:1-22, 32:20-23; 수 5:13-6:3; 행 7:38). 부활하셔서 하늘에 계시는 그리스도는 영광 중에 계시므로 구약에서와 같이 천사로 나타나는 것이 이상하지 않다. 또한 우리는 할 수 없지만(마 5:34) 삼위일체 하나님이신 그리스도는 오히려 하나님을 가리켜 맹세함이 자연스럽다. 그러므로 그리스도는 다른 천사와 구별하여 힘센 다른 천사이다.

이 천사의 머리 위에 무지개가 있다. 요한계시록 4:3을 보면 하늘 보좌에 앉으신 이 주위에 둘러 있는 무지개는 하나님의 구원의 언약을 뜻한다. 이 무지개가 머리 위에 있다는 말은 이 천사가 보통 천사가 아니라 하나님의 구원의 언약을 행하시는 분이심을 알 수 있다. 또한 그 얼굴은 해와 같이 빛이 나고 그 발은 불기둥 같다. 이것은 요한계시록 1:15,16에서 소개된 그리스도의 모습이다. 그 천사는 구름을 입고 하늘에서 내려온다. 요한계시록 1:7에서 그리스도가 구름을 타고 온다고 이미 밝히셨고 마 26:64에서 예수님께서 친히 "내가 너희에게 이르노니 이 후에 인자가 권능의 우편에 앉은 것과 하늘 구름을 타고 오는 것을 너희가 보리라"고 말씀하셨다. 그러므로 여기 힘센 천사는 우리에게 나타나셔서 하나님의 구원의 역사를 실행하시는 그리스도이심이 분명하다.[3]

---

1) Mounce, 같은 책, p. 207. "This identification(This another strong angel is Christ) is rejected by most because in the Apocalypse Christ never appears as an angel. His use of an oath in the verse 6 would be inappropriate for Christ." 권성수, 같은 책, p. 239.

2) 고급천사: 박윤선, 이필찬; 다른 천사: 필립 E. 휴즈, 이상근, 권성수, 렌스키, Mounce, Yeatts; 그리스도를 대신한 천사: 김승곤, 천정웅; Walvoord, 같은 책, p. 169. "The word another(Gr. 'allon') ordinary means 'another of the same kind,' that is, an angel similar to other angels. Wilcock, 같은 책, p. 100. "The angel is a noble figure, resembling the Christ of ch. 1.; Criswell, 같은 책 Vol. 3, p. 197. "This angel is a full, ambassadorial representative of the Lord."

2-3절. 힘센 천사는 그 손에 펴 놓인 작은 두루마리를 들고 그 오른발은 바다를 밟고 왼발은 땅을 밟고 사자가 부르짖는 것같이 큰 소리로 외치니 일곱 우레가 소리를 낸다. 바다는 세상의 권력을, 땅은 심판을 당하는 국가들이라는 해석이 있다.[4] 물론 요한계시록에서 바다는 세상의 국가 권력을 총체로, 땅은 사탄이 지배하는 이 세상을 상징하기도 하므로 여기서 바다와 땅은 세계 전체를 가리키는 말로 보는 것이 자연스럽다.[5] 또한 사자의 울부짖음(호 11:10; 암 3:8)은 성경에서 하나님의 음성을 표현하는 데 사용된다.

"천사의 손에 펴 놓인 작은 두루마리"는 무엇인가에 대하여 여러 해석이 있으나[6] 여기의 힘센 천사가 그리스도라면 이것은 두말할 것도 없이 하나님의 비밀 즉 하나님의 말씀이고 그리스도의 복음이다.[7] 복음과 하나님의 말씀 신구약 성경이나 요한계시록 5:1의 두루마리를 구별하는 것은 바람직하지 않다. 신구약성경에 그리스도와 연관되지 않은 말씀이 없기 때문이다. 요한계시록 5:1의 두루마리는 일곱 인으로 봉한 요한계시록의 내용이다. 요한계시록 1:2을 보면 요한계시록은 사도 요한이 본 환상인데 그 내용은 "하나님의 말씀과 예수 그리스도의 증거"라고 말한다. 5:1의 두루마리의 내용도 미래에 일어날 사건을 말한 예언서가 아니고 신구약 성경과 같이 하나님의 구원의 비밀을 묵시문학의 형태로 펼쳐 놓은 하나님의 말씀이다. "펴 놓인 작은 두루마리"는 요한

---

3) Hendriksen, 같은 책, pp. 149-150; 신성종, 같은 책, p. 103; 사와므라 로고, 같은 책, p. 143; Lehman Strauss, 같은 책, p. 201; A. Plummer, 같은 책, p. 274; Hoeksema, 같은 책, p. 337-340; Henry Morris, 같은 책, pp. 176-177; Krodel, 같은 책, pp. 212-213; Donald Grey Barnhouse, Revelation, (Grand Rapids: Zondervan Publishing House, 1977), p. 179.

4) A. Plummer, 같은 책, p. 274; 이상근, 같은 책, p. 142. "Hengestenberg의 주장"

5) Hendriksen, 권성수, 이필찬 주장.

6) 5:1의 책와 같은 책(박윤선, 이필찬, 필립 E. 휴즈, 사와므라 로고), 11:1-13(이상근, 같은 책, p. 142. "Charles의 주장")과 11장과 12장의 사탄에게서 교회를 보호하심에 관한 말씀(이상근, Mounce).

7) Hendriksen, 렌스키, 박성수, 신성종, 김승곤 주장.

계시록 5:1에서 "안팎으로 많은 내용이 쓰인 인봉된 두루마리"와 구별하여 이미 주님이 예언된 말씀들을 실현하신 십자가의 죽음과 부활을 통한 구원을 이루신 간단명료한 복음임을 나타내는 것으로 보인다. 그러므로 이 장면은 하나님의 능력을 소유하신 그리스도가 구원의 복음을 들고 그 뜻하신 바를 힘 있게 외쳐 온 세상에 펴심을 보여준다.

그리스도가 복음을 들고 힘 있게 외칠 때 "일곱 우레가 소리를 낸다." "일곱 우레가 소리를 내다"란 표현은 "일곱 우레들이 각기 제 소리를 내다"이다. 이것은 시편 29:3-9에서 그 배경을 찾을 수 있다. 여기서 "여호와의 소리"가 일곱 번 나오는데 본문의 일곱 우레에 정관사가 붙어 있으므로 유대인들에게는 이미 알려진 시편 29편의 여호와의 소리를 나타내는 일곱 우레를 가리킨다고 보인다.[8] 일곱 우레는 일곱이 완전을 뜻하므로 여호와의 완전하고 온전하고 충만한 뜻임을 나타낸다. 그러므로 이것은 그리스도의 복음이 온전한 여호와 하나님의 뜻에서 나온 것임을 표현한다.

4절. 힘센 천사가 외칠 때 일곱 우레 소리가 나서 사도 요한이 그 소리의 내용을 기록하려고 하는데 하늘에서 "일곱 우레가 발한 것을 인봉하고 기록하지 말라"는 소리가 난다(시 29:3-9, 77:18, 104:7). 요한에게 기록하는 것을 금지시킨 것은 그 내용이 감춰진 것임을 암시한다. 하나님께서 감추신 내용을 의도적으로 알려고 하는 것은 하나님의 권한을 넘어서려 하는 것이다(신 29:29). 그래서 주께로부터 하늘의 엄청난 계시를 보고 들었던 바울도 다른 이들에게 나타내지 않았다(고후 2:2-4).[9]

5-8절. 이어서 사도 요한은 바다와 땅을 밟고 서 있는 천사가 하늘을 향하여 오른손을 들고 세세토록 살아계신 이 곧 하늘과 그 가운데 있는 물건이며 땅과 그 가운데 있는 물건이며 바다와 그 가운데 있는 물건을 창조하신 이를 가리켜 맹세하는 광경을 본다. 이 힘센 천사가 창조주 하나님을 가리켜 맹세한

8) 박윤선, 같은 책, p. 213.
9) 박윤선, 같은 책, p. 212-213, 이상근, 같은 책, p. 142.

것은 가까워진 대심판을 예고하기 전에 재판장이신 창조주 하나님께 한 맹세라는 주장이 있으나[10] 7절에서 "일곱째 천사가 소리 내는 날 그의 나팔을 불려고 할 때에"란 최후의 대심판이 아니라 이 땅에 내리시는 일곱 째 인의 일곱째 나팔재앙 즉 일곱 대접 재앙이다.

이 일곱 대접 재앙 역시 첫째에서 여섯째 나팔 재앙과 같이 네 개의 자연 재앙과 사탄에 의한 영적 재앙과 전쟁 재앙이 전개되고 마지막 일곱 째 대접 재앙이 최후의 심판이다. 그러므로 일곱째 나팔 재앙인 일곱 대접 재앙 역시 주님의 초림에서 주님의 재림 사이에 이루어지는 세상에 대한 하나님의 재앙이다. 이 힘센 천사가 창조주 하나님을 가리켜 맹세한 내용은 주님의 재림 전 심판의 예고가 아니라 주님의 초림의 위치에서 세상에는 하나님의 재앙이 펼쳐지나 구원의 복음을 사도 요한이 받아먹고 많은 백성과 나라와 방언과 임금에게 다시 즉 구약시대에 이어서 계속하여 예언하여야 하리라고 주님이 선포하시는 것이다.

힘센 천사는 "지체하지 아니하리니 일곱째 천사가 소리 내는 날 그 나팔을 불게 될 때에 하나님의 비밀이 그 종 선지자들에게 전하신 복음과 같이 이루리라"고 하나님 아버지께 맹세하신다. 여기서 먼저 "하나님의 비밀"이 무엇인가를 생각해보자. 하나님의 비밀은 하나님 백성에게만 알도록 허락된 것이고(마 13:11; 막 4;11; 눅 8:10) 그 비밀 그 자체가 예수 그리스도이시고(골 2:2) 우리 성도들은 그 비밀을 맡아(고전 4:1) 전해야 한다(엡 6:19). 그것이 바로 우리에게 주신 복음이다. 그러면 본문에서 선지자들이 전한 복음과 하나님의 비밀은 다른 것인가? 아니다. 선지자들이 전한 복음 즉 구약은 오실 예수 그리스도와 그의 구원을 예시하는 복음이고 여기서 말하는 하나님의 비밀은 신구약을 통 털어 예수 그리스도가 와서 십자가에서 구원을 이루시고 다시 오셔서 하나님이 택한 백성을 온전히 구원하는 복음의 전체 내용을 말한다. 하나님의 비

---

10) Hughes, 같은 책, p. 169.

밀인 구원의 복음은 구약의 예언들이 이루어진 것처럼 반드시 지체되지 않고 이루어진다는 말씀이다.

9-10절. 사도 요한은 "네가 가서 바다와 땅을 밟고 서 있는 천사의 손에 펴 놓인 두루마리를 가지라"는 하늘의 소리를 듣고 천사에게 나아가 작은 두루마리를 달라고 말하니 천사가 "갖다 먹어버리라. 네 배에는 쓰나 네 입에는 꿀같이 달리라"고 말한다. 사도 요한은 천사의 손에서 작은 두루마리를 갖다 먹으니 입에는 꿀같이 다나 먹은 후에 배에서는 쓰게 되었다. 여기서 "하나님의 비밀 즉 하나님의 말씀인 복음을 먹는다"는 뜻이 무엇인가? 읽는다는 말인가? 공부한다는 말인가? 설교를 듣는다는 말인가? 아니다. 하나님의 말씀을 먹는다는 것은 음식을 먹으면 소화되어 피와 살이 되듯이 복음인 하나님의 말씀을 받아서 성령의 도움으로 잘 깨달아 감동받고 영혼의 양식이 되어 삶 속에 나타나는 것을 말한다. 하나님의 말씀을 먹고 소화시키지 못하면 설교도 할 수 없고 하나님의 말씀을 전하는 전도도 할 수가 없다. 말씀을 전하는 자는 하나님의 말씀을 외워서 다른 사람에게 옮기는 것이 아니라 하나님의 말씀을 먹고 소화해서 즉 깨닫고 감동받고 변화된 그 은혜를 전해야 하는 것이다. 사도 요한이 작은 두루마리를 받아먹으니 입에는 꿀같이 다나 먹은 후에 배에서 쓰게 되었다는 말씀은 하나님의 백성들이 하나님의 말씀을 받고 깨닫고 감동받을 때는 기쁘나 그 말씀을 따르고 전할 때에는 고통이 따름을 말한다.

11절. 그가 사도 요한에게 "네가 많은 백성과 나라와 방언과 임금에게 다시 예언하여야 하리라"고 말한다. 이것은 하나님의 말씀을 받고 깨닫고 감동받는 자들이 세계만방에 자신들이 깨닫고 감동받은 하나님의 말씀 즉 복음을 전해야 함을 말한다. 흰 말을 탄자 즉 그리스도와 복음 뒤에는 붉고 검고 청황색 말 탄 자 즉 죽이고 경제적 고통을 주는 핍박과 전쟁과 환난이 뒤따르나 하나님의 백성들이 복음을 받아먹고 소화하여 전함으로 그리스도가 승리하고 승리하는 것이다. 힘센 주님이 복음을 주시고 우리를 내보내시니 우리에게 승리는 보장되어 있다.

*삽경 3. 성전 척량과 두 증인(계 11:1-14)

3. 일곱째 인, 일곱 나팔 재앙(계 8:1-9:21, 11:15-19)
   가. 일곱째 인의 심판의 재앙 선포(계 8:1-5)
   나. 첫 번째 네 나팔, 경고의 자연재앙 (계 8:6-13)
   다. 다섯째와 여섯째 나팔 사탄의 세력 확충과 유브라데 강 전쟁의 재앙(계 9:1-21)
      *삽경 2. 작은 두루마리를 가진 천사(계 10:1-11)
      ***삽경 3. 성전척량과 두 증인(계 11:1-14)**
   라. 일곱째 나팔(계 11:15-19)
      *삽경 4. 여자와 아이, 그리고 용(계 12:1-17)
      *삽경 5. 바다와 땅에서 올라 온 짐승들(계 13:1-18)
      *삽경 6. 교회의 승리와 최후의 대 심판 경고(계 14:1-20)

1 또 내게 지팡이 같은 갈대를 주며 말하기를 일어나서 하나님의 성전과
제단과 그 안에서 경배하는 자들을 측량하되 2 성전 바깥 마당은 측량하지
말고 그냥 두라 이것은 이방인에게 주었은즉 그들이 거룩한 성을 마흔두
달 동안 짓밟으리라 3 내가 나의 두 증인에게 권세를 주리니 그들이 굵은
베옷을 입고 천이백육십 일을 예언하리라 4 그들은 이 땅의 주 앞에 서 있
는 두 감람나무와 두 촛대니 5 만일 누구든지 그들을 해하고자 하면 그들
의 입에서 불이 나와서 그들의 원수를 삼켜 버릴 것이요 누구든지 그들을
해하고자 하면 반드시 그와 같이 죽임을 당하리라 6 그들이 권능을 가지고
하늘을 닫아 그 예언을 하는 날 동안 비가 오지 못하게 하고 또 권능을 가
지고 물을 피로 변하게 하고 아무 때든지 원하는 대로 여러 가지 재앙으로
땅을 치리로다 7 그들이 그 증언을 마칠 때에 무저갱으로부터 올라오는 짐
승이 그들과 더불어 전쟁을 일으켜 그들을 이기고 그들을 죽일 터인즉 8
그들의 시체가 큰 성 길에 있으리니 그 성은 영적으로 하면 소돔이라고도
하고 애굽이라고도 하니 곧 그들의 주께서 십자가에 못 박히신 곳이라 9

백성들과 족속과 방언과 나라 중에서 사람들이 그 시체를 사흘 반 동안을
보며 무덤에 장사하지 못하게 하리로다 10 이 두 선지자가 땅에 사는 자들
을 괴롭게 한 고로 땅에 사는 자들이 그들의 죽음을 즐거워하고 기뻐하여
서로 예물을 보내리라 하더라 11 삼 일 반 후에 하나님께로부터 생기가 그
들 속에 들어가매 그들이 발로 일어서니 구경하는 자들이 크게 두려워하더
라 12 하늘로부터 큰 음성이 있어 이리로 올라오라 함을 그들이 듣고 구름
을 타고 하늘로 올라가니 그들의 원수들도 구경하더라 13 그 때에 큰 지진
이 나서 성 십분의 일이 무너지고 지진에 죽은 사람이 칠천이라 그 남은
자들이 두려워하여 영광을 하늘의 하나님께 돌리더라 14 둘째 화는 지나
갔으나 보라 셋째 화가 속히 이르는도다

사도 요한은 어린 양 그리스도가 일곱 인을 떼심에 따라 흰 말 탄 자 곧 그리스도와 복음이 여러 핍박과 환난이 뒤따를지라도 승리하는 첫 네 개의 인의 환상과 제단 아래 죽임을 당한 영혼들의 부르짖음과 이에 따른 최후의 심판을 알리는 다섯과 여섯 째 인의 환상이 끝나고 하나님의 인을 맞은 충만한 수 십사만 사천의 환상을 본다. 어린양에 의하여 일곱 째 인이 개봉되고 심판의 재앙을 경고하는 일곱 나팔의 환상이 소개된다. 첫째에서 넷째 나팔이 불 때에 성도들의 기도의 응답으로 불신자들에 대한 심판의 경고로 하나님께서 땅과 바다와 강과 샘물과 해와 달과 별의 천체의 일부에 부으시는 자연재앙을 본다. 그 후 사도 요한은 다섯과 여섯째 나팔 소리와 함께 사탄의 세력 황충과 유브라데 강의 전쟁의 재앙으로 불신자들이 죽고 싶어도 죽지도 못하는 고통을 당하고 삼분의 일이 죽임을 당하는 것을 본다. 그러나 남은 자들은 자신들의 행위를 회개치 아니하고 오히려 우상숭배를 함으로 그들에겐 마지막 일곱째 나팔의 재앙이 기다리고 있다. 사도 요한은 일곱 째 나팔이 불기 전에 특별히 소개되는 두 가지 환상을 본다. 요한계시록에 일곱 가지 삽입되는 환상 중에 두 번째 "작은 책을 가진 힘센 천사"의 환상 후에 세 번째 환상 "성전 척량과 두 증인"이 전개된다.

11:1절. 사도 요한은 지팡이 같은 갈대를 받으며 "일어나서 하나님의 성전과 제단과 그 안에서 경배하는 자들을 척량하라"는 명령을 받는다. 본문에서 누가 사도 요한에게 갈대를 주었는지는 정확히 밝히지 않고 있지만 바로 앞 절에서 힘센 천사 그리스도가 사도 요한에게 "네가 많은 백성과 나라와 방언과 임금에게 다시 예언하여야 하리라"고 말씀하신 후에 "또"로 시작하여 사도 요한에게 명령이 주어지므로 힘센 천사가 명령을 준다고 보아야 자연스럽고 당연하다. 또한 본문 3절에서 성전이 가리키는 교회를 두 증인으로 표현하였는데 "나의 두 증인들"이라고 말한 것을 볼 때 사도 요한에게 명령을 하시는 이는 그리스도이시다.

갈대는 중동 지역에서 흔히 자라는 식물로 길이를 측정하는 도구인 자로 사용하였다. "성전과 제단과 그 안에서 경배하는 자들을 척량하라"고 하시는데 척량하라는 말이 무슨 뜻인가? 성경에서 자로 재는 척량은 재건이나 보존을 의미하거나(렘 31:39; 슥 1:16; 2:1-5) 파괴를 의미하기도 한다(삼하 8:2; 왕하 21:13; 사 28:17; 34:11). 본문에서는 척량이 하나님의 인도와 보호를 의미한다.[11] 왜냐하면 다음 절에서 척량되지 않은 것은 이방인들에 의해 짓밟힘을 당하기 때문이다. 주님께서 사도 요한에게 척량하라고 하시는 것은 보호하시겠다고 말씀하시는 것이다.

주님이 보호하시겠다는 대상은 하나님의 성전과 제단과 그 안에서 경배하는 자들 셋이다. 먼저 알아 둘 것은 "하나님의 성전"에서 "성전"은 예루살렘 성전의 구조를 살펴 볼 때[12] 이방인의 마당을 포함하는 예루살렘 성전 전체를 가리키는 성전(ἱερόν: temple)이 아니고 성소와 지성소 즉 이스라엘의 마당(남자들의 마당)과 여인들의 마당과 제사장들의 마당 안에 있는 안쪽 성전(inner temple)을 가리키는 나오스(ναός)이다.[13] 둘째 대상인 제단을 계 8:3과 9:13

---

11) Hendriksen, 같은 책, p. 151.
12) IDB, vol. 4. p. 556.
13) 이상근, 같은 책, p. 147; Plummer, 같은 책 p. 288; 이필찬, 같은 책, p. 474.

과 연관하여 금 제단(분향단)으로 해석하고 세 번째 대상 경배하는 자들의 기도와 연관하는 해석이 있다.[14] 그러나 예루살렘 성전의 구조를 보면 안쪽 건물은 번제단을 중심으로 바로 뒤에는 성소(holy place}와 지성소(holy of holies), 제단 뒤 성소의 양쪽에 있는 낭실 옆에는 제사장들의 뜰이 있고(욜 2:17) 제사장들의 뜰의 뒤로 이스라엘 즉 남자들의 뜰이 있으며 번제단 앞 쪽에 여자들의 뜰이 있다.[15] 그러므로 여기서 하나님의 성전은 성전의 안쪽 건물이고 제단은 번제단이어야 자연스럽다.

그러면 주님의 보호의 대상인 하나님의 성전(inner temple)과 제단과 제단 주위 마당에서 경배하는 자들이란 십자가에 죽임을 당하시고 구원을 이루신 예수 그리스도를 믿고 구원을 받고 하나님께 예배(제사)하는 모든 성도를 가리키며 주님의 몸 된 교회를 나타낸다(요 2:21, 엡 1:23, 5:23, 골 1:18, 24). 그렇다면 이방인의 마당을 포함한 예루살렘 성전 전체(ἱερόν: temple)는 이 땅에 존재하는 지상 교회로 보아야 할 것이다. 하여간 결론은 주님께서 성전 척량의 환상을 통하여 주님의 몸인 교회 즉 하나님의 백성들을 보호하시겠다고 말씀하시는 것이다.

2절. 사도 요한은 이어서 "성전 밖 마당은 척량하지 말고 그냥 두라"는 명을 받는다. 이미 말했듯이 헤롯이 지은 예루살렘 성전(ἱερόν: temple)의 마당은 크게 둘로 나뉘는데 안쪽 건물 안에 있는 제단을 중심으로 제사장들의 마당과 남자의 마당 즉 이스라엘인의 마당과 여자들의 마당이 있으며 안쪽 건물의 문 밖에는 이방인의 뜰이 있다. 이 둘은 엄격히 구분되어 있어서 이방인이 성전 안의 마당에 들어 갈 수가 없었다. 주님의 보호의 대상에서 제외된 "성전 밖 마당" 즉 이방인의 마당은 척량하지 말고 그냥 두라는 것은 교회 밖의 불신자들을 보호하지 않으시고 심판하신다는 뜻이다.

---

14) Hughes, 같은 책, pp. 173-175; Hendriksen, 같은 책, pp. 151-154; Mounce, 같은 책, pp. 219-220.

15) IDB, Vol. 4, p. 556.

그런데 성전 밖 이방인의 마당은 이방인에게 주었으니 저희가 즉 이방인들이 성전 밖에 있는 거룩한 성을 마흔 두 달 동안 짓밟으리라고 한다. 성전 밖 이방인의 마당도 예루살렘 성전의 일부이므로 성전 밖 마당을 이방인에게 내어 줘 예루살렘 성과 함께 그들에게 마흔 두 달 동안 짓밟히게 되리라는 것은 이 세상에서 고난 받는 교회의 외적 모습을 상징적으로 보여주는 것인가?[16] 또는 이스라엘의 심판을 말하는가?[17]

먼저, "이방인의 마당을 이방인에게 주었다"는 뜻이 무엇인가를 생각해보자. 유대인들은 이방인들을 개라고 칭할 정도로 싫어하고 미워했다. 그런데 왜 유대인들은 그들에게 성전에 접한 뜰을 제공하였는가? 율법이 이방인의 구원을 말하고 있기 때문이다. 이스라엘의 시작은 아브라함이고 구체적으로 말하면 아브라함과의 하나님의 언약이다. 그 언약은 창세기 12:2, 3에서 하나님이 "아브라함이 큰 민족을 이루고 창대케 되고 복의 근원이 되어 땅의 모든 족속이 아브라함을 인하여 복을 얻을 것이니라"고 하신 것이다. "땅의 모든 족속" 안에 이방인이 포함되어 있음은 말할 것도 없다. 실제로 이스라엘 회중에 일일이 열거할 필요가 없을 정도로 이방인이 많이 끼어 있었다. 에스겔서 47:22에서 진정한 이스라엘이 회복되면 이스라엘 12지파와 같이 타국인에게도 똑 같이 기업을 분배하라고 하나님께서 명하신다. 우리 주님께서 친히 가버나움에서 한 백부장이 자신을 종으로 낮추며 자신의 하인의 중풍병을 고쳐주시기를 간구할 때(마 8:5) 이스라엘 중 아무에게서도 이만한 믿음을 만나 보지 못하였노라고 칭찬을 아끼지 않으셨고(마 8:5-10), 귀신들린 딸을 데리고 와서 "개들도 제 주인의 상에서 떨어지는 부스러기를 먹나이다"고 병을 고쳐주시길 강청하는 가나안 여자를 "네 믿음이 크도다"고 칭찬을 하셨고(마 15:22-28), 고침 받은 열 명의 문둥이 중에 오직 이방인 사마리아인만이 감사하므로 "일어나 가라

16) 이필찬, 같은 책, p. 477; Plummer, 같은 책, p. 289; Yeatts, 같은 책, p. 191.
17) Morris, 같은 책, p. 192; Krodel, 같은 책, p. 219.

네 믿음이 너를 구원하였느니라" 고 칭찬하셨다. 그러므로 이방인에게 성전의 이방인의 마당을 주신 것은 하나님의 축복이었다.

이제 하나님의 아들 예수 그리스도가 우리를 위하여 십자가에 죽으심으로 지성소의 휘장도 위에서 아래로 찢어져 누구나 하나님 앞에 나아갈 수 있게 되었다. 그러므로 성전의 여러 뜰 즉 제사장의 뜰과 남자들의 뜰과 여인들의 뜰의 경계선도 사라졌다. 이제는 제사장뿐 아니라 누구나 성소 안에 들어갈 수 있고 성전 안에 들어와야 한다. 이제 오직 경계선은 성전 안과 성전 밖만 존재한다. 그러므로 교회 안만이 구원의 대상이고 교회 밖은 심판의 대상이다. 그래서 하나님의 보호에서 벗어나 최후의 심판을 받을 대상은 성전 밖 마당을 위시하여 예루살렘과 세상 모두이다. 본문 8절을 보면 "저희 시체가 큰 성 길에 있으리니 그 성은 영적으로 하면 소돔이라고도 하고 애굽이라고도 하니 곧 저희 주께서 십자가에 못 박히신 곳이니라" 고 말씀한다. 여기서 큰 성은 말할 것도 없이 예루살렘성이다. 그러므로 "성전 안" 은 성도 모두를 가리키고 "성전 밖 마당" 은 교회를 찾아 와서 열심을 내고 예배에는 참여할지라도 참 성도가 아닌 자들로 시작하여 세상의 모든 불신자들을 가리킨다.[18] 그러므로 구약시대에서는 성전 밖 마당이 이방인에게 축복이었으나 예수 그리스도에 의해서 진정한 예루살렘이 회복이 이루어진 후에는 이방인 즉 불신자들에게 내준 심판의 대상일 뿐이다. 성도들이 성전 밖에서는 다시 말하면 그리스도 밖에서는 환난을 당하므로 성도는 항상 그리스도 안에 거하여 한다.

마지막으로 이방인들이 성전 밖에 있는 거룩한 성 즉 불신자들의 세상을 마흔 두 달 동안 짓밟으리라고 한다. 여기서 "거룩한 성" 은 주님이 이 땅에 오셔서 교회를 세우신 후부터는 하나님이 함께 하시던 예루살렘 성이 아니다. 이 성은 "성전 밖에 있는 거룩한 성이라고 일컬었던 성" 일 뿐이다. 성전 밖 마당이 측량되지 않고 하나님의 보호에서 벗어난 것처럼 이젠 거룩한 성이라고 불

18) Hendriksen, 같은 책, p. 153; 박윤선, 같은 책, p. 220; Wilcock, 같은 책, p. 104.

리던 곳도 이젠 성전 밖에 있어 하나님의 심판의 대상이다. 그러므로 성도들은 더 이상 성전 밖에 있는 예루살렘 성에 거하면 안 된다. 성전 밖 예루살렘 성은 이름뿐인 교회나 성도를 가리킨다고 볼 수 있다. 본문의 "마흔 두 달"은 요한계시록 13:5를 보면 짐승으로 표현된 사탄이 자신의 권세를 세상에 행하도록 허락받은 기간이기도 하므로 불신자들이 사탄의 권세 아래에서 성전 밖 불신 세상을 스스로 짓밟아 황폐케 하는 기간이다.

"마흔 두 달"이 구체적으로 어느 시기인가? "마흔 두 달"은 날짜로 계산하면 "천이백 육십 일"이고 년수로 계산하면 삼년 반이다. 왜 삼년 반인가? 구약에서는 다니엘서 9장에서 그 단서를 찾을 수 있다. 다니엘서 9:24을 보면 하나님께서 하나님의 백성과 거룩한 성을 위하여 일흔 이레를 기한으로 정하였는데 이 기간 동안에 허물이 그치며 죄가 끝나며 죄악이 용서되며 영원한 의가 드러나며 환상과 예언이 응하며 또 지극히 거룩한 이가 기름 부음을 받으리라고 말씀하신다. 기름부음을 받은 거룩한 이는 두말할 것 없이 그리스도이다. 여기서 말하는 일흔 이레는 그리스도가 죄에서 완전히 구원을 이뤄 영원한 의를 드러내는 영원한 기간이다.

다니엘서 9:25-27절까지의 내용은 그 기간을 구체적으로 설명한다. "예루살렘을 중건하라(restore and rebuild)는 영이 날 때부터 기름 부음을 받은 자 곧 왕이 일어나기까지 일곱 이레와 예순두 이레가 지날 것이요 그 곤란한 동안에 성이 중건되어 광장과 거리가 세워질 것이며 예순두 이레 후에 기름 부음을 받은 자가 끊어져 없어질 것이며 장차 한 왕의 백성이 와서 그 성읍과 성소를 무너뜨리려니와 그의 마지막은 홍수에 휩쓸림 같을 것이며 또 끝까지 전쟁이 있으리니 황폐할 것이 작정되었느니라. 그가 장차 많은 사람들과 더불어 한 이레 동안의 언약을 굳게 맺고 그가 그 이레의 절반에 제사와 예물을 금지할 것이며 또 포악하여 가증한 것이 날개를 의지하여 설 것이며 또 이미 정한 종말까지 진노가 황폐하게 하는 자에게 쏟아지리라 하였느니라."

구약에 보면 예루살렘 성의 건축에 관한 바벨론 왕들의 명령이 세 곳이 나온다.

첫 번째는 고레스가 원년 B.C. 538에 "유다 예루살렘에 성전을 건축하라"고 조서를 내렸다(스 1:1-2). 이 조서로 스룹바벨이 인도하는 1차 포로귀한이 이루어져 포로에서 풀려난 자들이 예루살렘을 건축하다가 중간에 인근 민족들의 방해를 받아 중단되었다가 다리오 2세 BC 515(6)에 스룹바벨에 의해 성전이 완공되었다.

두 번째로 아닥사스다(에스더 양자) 1세가 7년 BC 457(8)에 에스라에게 2차 포로귀환을 명하고 많은 재물을 주어 건축한 성전에 예물을 즐거이 드리라(스 7:16)는 조서를 내렸다(스 7:1-28). 그리고 마지막으로는 느헤미야가 유다로부터 온 유대인들로부터 그들이 유대에서 "큰 환난을 당하고 능욕을 받으며 예루살렘 성은 허물어지고 성문들은 불탔다는 말을 듣고 수심에 차 있을 때 아닥사스다 1세가 20년(BC 444(5))에 그의 말을 듣고 예루살렘을 중건하도록 조서를 내렸다(느 2:1-20).

여기서 보면 첫 번째는 예루살렘 성이 완전 파괴되었고 성전도 없는 상태였으므로 고레스는 중건이 아니라 "유다 예루살렘에 성전을 건축하라"고 조서를 내렸다. 두 번째는 이미 예루살렘 성과 성전이 완공된 상태이므로 건축이라는 말 자체가 없다. 마지막 세 번째는 건축된 예루살렘성이 일부 허물어지고 성문이 불탔으므로 중건이라는 말이 이 경우에 필요하다. 그러나 느헤미야 2:5을 보면 느헤미야가 히브리 원어로 볼 때 "그 성을 건축하게 하옵소서"라고 왕에게 고하였다. 그래서 개역개정이나 킹제임스 번역본은 "그 성을 건축하게 하옵소서(that I may build it)"라고 원문대로 번역을 하였으나 한글개역, 표준번역, 우리말번역과 NIV & NASV는 "그 성을 중건하게 하옵소서(that I can rebuild it"라고 문맥에 맞게 번역하였다. 지금까지 살펴 본 바 예루살렘의 중건 령을 발한 시기는 아닥사스다 1세 20년 B.C. 444(5)임을 알 수 있다.

먼저, "예루살렘을 중건하라는 영이 날 때부터 기름 부음을 받은 자 곧 왕이 일어나기까지 일곱 이레와 예순두 이레가 지날 것이요 그 곤란한 동안에 성이 중건되어 광장과 거리가 세워질 것이라"고 한다. "성이 중건되어 광장과 거리가 세워지다"란 예루살렘 성이 중건되어 회복됨을 말한다. 그러나 그 기간은 "그 곤란한 동안"이므로 어려운 기간임을 뜻한다. 그런데 왜 일곱 이레와 육십이 이레로 나뉘어 있는가? 역사적으로 볼 때 일곱 이레(7X7)는 하루를 일 년으로 계산하는 예언적 표현에 의하면 49년으로 유대인들이 바벨론에서 풀려나 예루살렘 성과 성전의 건축을 완공하고 회복한 기간이고 육십 이 이레(62X7)는 그 이후 434년이 지나 기름부음을 받은 자 그리스도에 의해서 영적 이스라엘이 회복됨을 나타내는 것으로 보인다, "예순두 이레 후에 기름 부음을 받은 자가 끊어져 없어질 것이며 장차 한 왕의 백성이 와서 그 성읍과 성소를 무너뜨리려니와 그의 마지막은 홍수에 휩쓸림 같을 것이며 또 끝까지 전쟁이 있으리니 황폐할 것이 작정되었느니라"는 말씀은 그리스도가 십자가에 죽으시고 로마가 예루살렘 성과 성전을 파괴할 것을 나타낸다. 이레는 보통 1주, 즉 일곱 날을 말하지만 일곱 이레와 육십 이 이레(7X7+62X7=483)를 하루를 일 년으로 계산하면 483년인데 예루살렘 성의 중건령의 시기를 아닥사스다 1세 20년 444(5)년으로 보면 기름부음을 받은 자가 끊어질 때가 주후(AD) 39년이 된다. 계산하면 그리스도께서 33세에 십자가를 지시고 죽으셨으므로 6년 차이가 난다. 그러나 6세기에 로마의 신학자 디오니시우스(Dionysius Exiguus, 533년)가 "주님의 성육신의 해, ab incarnatione Domini"를 기점으로 한 그리스도 기원을 제정하였으나 많은 학자들에 의해 주님의 탄생 해는 주전 4년에서 8년까지 오차가 있음이 밝혀졌다.[19] 그러므로 기름부음을 받은 자가 끊어진 때 6년이 그리스도의 기원의 계산의 4년에서 8년의 착오 안에 들어가므로 이 다니엘서 9장의 예언이 참으로 정확하게 이루어졌음을 알 수 있다.

마지막으로, "그가 장차 많은 사람들과 더불어 한 이레 동안의 언약을 굳게 맺고 그가 그 이레의 절반에 제사와 예물을 금지할 것이며 또 포악하여 가증한

19) 이상근, 같은 책, p. 57.

것이 날개를 의지하여 설 것이며 또 이미 정한 종말까지 진노가 황폐하게 하는 자에게 쏟아지리라"고 한다. 하나님 나라의 왕이신 그리스도가 성도들과 더불어 겨우 한 이레나 7년 동안만 언약을 세우신다는 말인가? 그러면 여기서 기름 부음을 받은 자 곧 왕 메시아이신 그리스도가 하나님의 나라를 세우시고 한 이레 동안의 언약은 무슨 뜻인가? 다니엘 서 2:44을 보면 그리스도께서 인간의 역사 중에 오셔서 한 나라를 세우시는데 그 나라는 영원히 설 것이라고 한다. 그렇다면 나라를 세운 왕이 그 나라가 번창하는 기간 동안의 언약을 세우는 것이 당연하다. 그 기간은 영원이다. 그리스도는 그의 백성인 성도들과 영원한 구원과 은혜의 언약을 맺고 그들을 구원하고 이레 절반에 구약의 율법의 제사와 예물을 금지하고 율법에서 자유하게 하실 것이다(히 7:18, 9:25-26, 10:8-9, 골 2:16,17).[20] 그러나 동시에 "포악하여 가증한 것이 날개를 의지하여 설 것이며" 즉 우상을 섬기고 황폐하게 하는 자에게는 이미 정한 종말까지 진노가 쏟아질 것이다. 7은 하나님의 완전수로 7일은 그리스도가 하나님의 백성과 언약을 맺은 영원한 기간이고 그 기간 중 삼일 반은 그리스도가 그의 백성을 구원하여 율법에서 자유케 한 이 땅 위에서의 하나님 나라 (천국)이고 나머지 삼일 반은 새 하늘과 새 땅에서의 하늘의 천국이라고 본다.

그렇다면 "그 이레 절반"은 그리스도께서 모든 예언을 실현시키시어 구원의 사역을 이루시고 그리스도의 구속사역을 상징하는 모든 제사와 예물을 폐지한 그리스도 초림에서부터 종말까지의 전 은혜의 시대를 뜻함이 분명하다. 이 하루를 일 년으로 계산하는 예언서 계산에 의하면 "삼일 반"은 삼년 반이 된다. 3절에서 교회를 상징하는 두 증인이 천 이백 육십 일을 예언하리라고 하는데 교회가 언제 예언을 하는가? 주님이 오실 때까지 해야 한다. 그러므로 달로 계

---

20) John Calvin, 『구약성서 주석, 다니엘 』, (서울: 존칼빈 성경주석 출판위원회, 1982), pp. 222-223; Thomas Robinson, "The Preacher's Complete Homiletic Commentary(베이커 성경주석), Daniel," 박종구역, (서울: 기독교문사, 1984), pp. 411-412; 박윤선, 『성경주석 다니엘서』, (서울: 영음사, 1981), p. 500

산하면 마흔두 달인 천 이백 육십 일은 주님의 초림에서 재림 사이다. 요한계시록 12:14에서 교회를 상징하는 여자가 사탄을 상징하는 뱀을 피하여 이 세상을 상징하는 광야로 가서 한 때 두 때 반 때를 양육을 받는 내용과 일치한다. 교회가 언제 세상에서 하나님의 보호를 받으며 양육을 받고 복음을 전하는 예언을 하는가? 두 말할 것도 없이 주님의 초림에서 재림 사이다. 그러므로 "마흔 두 달 동안"이란 기간은 본문 3절에서 교회를 상징하는 두 증인이 하나님의 말씀을 전하는 기간, "천 이백 육십 일"과 같은 기간이요 교회가 광야 즉 힘든 세상에서 하나님의 양육을 받는 기간, "한 때와 두 때와 반 때"이다.[21)]

"그 이레 절반" 즉 삼년 반은 주님의 초림에서 재림까지 은혜의 시대로 이 땅에서 하나님 나라이고 "일곱이레"의 남은 이레 절반인 삼년 반은 새 하늘과 새 땅에 펼쳐질 영원한 하나님 나라임을 알 수 있다. 그래서 이방인들이 성전 밖 마당과 예루살렘 성을 짓밟으리라는 마흔 두 달 즉 삼년 반은 주님의 재림 직전이후 문자 그대로 삼년 반이라고 주장하거나[22)] 다니엘서 9장의 한 이레에서 7년 대 환난을 유추하는 것은[23)] 말이 안 되며 하나님의 창조가 한 이레이듯 그리스도의 나라의 한 이레는 그리스도가 세우신 영원한 나라의 기간이다.

3절. 사도 요한은 성전 밖 마당에 대한 말씀에 이어 주님으로부터 "내가 나의 두 증인에게 권세를 주리니 저희가 굵은 베옷을 입고 일 천 이백 육십 일

---

21) 박윤선, 『요한계시록』, p. 220; Hendriksen, 같은 책, p. 153; 권성수, 23-254; 이필찬, 같은 책, p. 479-480.

22) Walvoord, 같은 책, p. 177. "The decision is complicated by the fact that in verse 3 another reference is made to the three and one-half years as the period during which the two witness give their testimony... If the point of view is adopted, however, that Revelation is primarily concerned with the latter half of Daniel's seventh week, this perspective would seem to give weight to the conclusion that this is the latter half of the week or the last three and one-half years prior to the second coming especially in light of the details of judgements portrayed in the seals, trumpets, and vials."; 이상근, 같은 책, p. 148-149; Ladd, 같은 책, p. 158.

23) Criswell, 같은 책 Vol. 4, pp. 19-20.

을 예언하리라"는 말씀을 듣는다. "두 증인"에 대한 견해는 에녹과 엘리야, 모세와 엘리야, 미래의 두 예언자, 베드로와 바울, 교회 안에 유대인, 그리스도인들과 이방인 등등 다양하다.[24] 그러나 이런 주장들은 확실한 근거도 없이 두 증인을 추측해보려는 시도일 뿐이다. 또한 모세와 엘리야를 계승한 종으로서 특정 인물들을 상징한다는 주장은[25] 계시록의 숫자가 상징이라는 점이나 예언이라는 복음 사역이 성도이면 누구나 전해야 하는 복음의 일반성에서 볼 때 그런 주장은 자연스럽지 못하다. "두 증인"에서 "두"는 계시록에서 다른 숫자들이 상징이듯 역시 증인을 상징하는 숫자이다. 성경에서 증인이 둘이라는 사실은 증언의 신실성을 의미하고 있으며(신 19:15; 요 8:17,18) 예수님께서도 제자들을 보내실 때 둘씩 함께 보내셨다(막 6:7; 눅 10:1). 사도행전 1:8에서 주님은 승천하시기 앞서 성도들에게 "오직 성령이 너희에게 임하시면 너희가 권능을 받고 예루살렘과 온 유대와 사마리아와 땅 끝까지 이르러 내 증인이 되리라"고 명하신다. 이것이 성도들인 교회에 내리신 주님의 지상명령이다. 그러므로 여기서 "두 증인"은 주님의 지상명령을 수행할 교회를 상징한다.[26] 그리고 "굵은 베옷"은 죄인의 옷으로 회개와 애곡을 나타내는 말로(왕하 1:8, 사 22:12, 마 3:4) 두 증인이 굵은 베옷을 입고 예언하는 것은 구약의 선지자들이 예언의 내용을 자신이 상징으로 나타내 보이며 예언을 하였던 것같이(렘 13:1-14, 19:10-13, 27:1-7, 겔 4:1-17, 5:1-4, 12:1-7) 교회가 자신이 죄인임을 나타내며 죄인들에게 그리스도를 믿도록 전하라는 뜻이다. 그러므로 "천이백육십 일"은 두 증인으로 표현된 교회가 예언 즉 하나님의 말씀을 전하는 기간이다. 삼년 반을 일수로 계산하여 "천이백육십 일"로 표현한 것은 매일 증인의 삶을 살라는 의미로 보인다.[27]

---

24) 이상근, 같은 책, p. 148.

25) 이상근, 같은 책, p. 148; Mounce, 같은 책, p. 222; Lehman Strauss, "Revelation," Loizeaux Brothers, Neptune, New Jersey, 1964, p. 214.

26) Hendriksen, 박윤선, 필립 E. 휴즈, 렌스키, 이필찬, 권성수 주장.

4절. 주님께서는 사도 요한에게 두 증인에 대하여 계속하여 설명하시기를 "이는 이 땅의 주 앞에 서 있는 두 감람나무와 두 촛대라" 고 말씀하신다. "두 증인" 은 '이 땅의 주 하나님 앞에 있는 두 감람나무와 두 촛대라고 하시는데 그 둘은 무엇을 의미하는가? 두 증인은 구약교회와 신약교회를 말하고 두 감람나무는 성령의 기름을 상징하고 촛대란 빛을 밝히는 복음을 말한다는 주장이 있다.[28] 그러나 4절에서 두 증인은 두 감람나무와 두 촛대라고 말하고 있기 때문에 그처럼 셋을 다르게 해석하는 것은 이해가 안 된다. 구약교회와 신약교회 둘로 나누어 말하지만 주님을 머리로 하는 교회란 둘이 아니고 하나이다. 또 스가랴 4장에서 두 감람나무가 기름부음을 받은 자 스룹바벨과 여호수아를 가리키듯 모세나 엘리야와 같은 특정 인물을 가리킨다는 주장이 있다.[29] 그러나 앞에서 살펴보았듯이 두 증인이 예수 그리스도의 증인의 역할을 강조한 교회라고 할 때 두 감람나무는 헌신하는 일군이 강조된 교회이고 두 촛대는 복음의 빛을 밝히는 역할을 강조한 교회라고 보아야 한다.[30]

감람나무와 등대 즉 촛대는 스가랴 4장에서 볼 수 있다. 스가랴 4장을 보면 양쪽의 두 감람나무에서 순금 등대에 감람유를 공급하여 빛을 밝힌다. "순금" 은 성막의 내부가 순금으로 만들어졌듯이 거룩한 하늘의 것을 나타낸다. 그리고 계 1:20에서 촛대 즉 등잔은 교회라고 말한다. 그러므로 "순금등잔" 은 진정한 하늘의 교회 즉 주님이 세우시는 하나님 나라의 교회를 가리킨다. 그러면 이 교회가 구약교회인가 아니면 신약교회인가 그 둘을 합한 것인가? 다니엘서나 에스겔서나 스가랴서 모두가 예수 그리스도에 의한 진정한 예루살렘 회복에 관한 말씀이므로 순금등잔은 일차적으로는 당시의 교회를 말하지만 실질적

27) Hendriksen, 같은 책, p. 155; Lenski, 같은 책, p. 270.
28) 신성종, 같은 책, p. 107.
29) 이상근, 같은 책, p. 149; Tim Lahaye, 김의자 역, *Revelation*, (서울: 보이스사, 1980), p. 279; Strauss, 같은 책, p. 214..
30) 박윤선, Hendriksen, 필립 E. 휴즈, 렌스키, 이필찬, 권성수, Mounce, Krodel, Hoeksema 주장.

으로 예수 그리스도에 의해서 세워지는 신약 교회를 가리킨다.[31] 그리고 순금 등잔에 기름을 제공하여 불을 밝히는 두 감람나무는 일차적으로 기름부음 받은 자 둘, 통치자 총독 스룹바벨과 대제사장 여호수아로 보나 그들은 구약의 교회의 대표이고 궁극적으로는 하나님의 교회를 이루는 성도들을 상징한다고 보아야 한다. 결론을 짓자면 두 감람나무는 자신의 몸에서 기름을 내어 금등대의 불을 밝히는 감람나무처럼 자신을 희생하여 교회의 불을 밝히는 성도를 상징하고(마 5:14-16, 요 1:4, 5, 9) 두 촛대도 성령에 의하여 증인의 역할을 다하는 교회를 상징한다. 이 일은 사람이 하는 것이 아니라 하나님의 신, 성령이 하시기 때문이다.

5절. 주님은 계속하여 두 증인에 대하여 말씀하시기를 "만일 누구든지 그들을 해하고자 하면 그들의 입에서 불이 나와서 그 원수를 삼켜 버릴 것이요 누구든지 해하고자 하면 반드시 그와 같이 죽임을 당하리라"고 말씀하신다. 두 증인의 "입에서 나오는 불"은 그들이 선포하는 예언의 말씀을 말한다. 하나님의 예언의 말씀은 좌우의 날선 검처럼(히 4:12) 믿는 자들에게는 축복이요 불신자 원수들에게는 그들을 삼키는 심판이 된다. 하나님께서는 원수들이 두 증인을 해하려 할지라도 원수들의 손에서 두 증인을 보호하시고 말씀의 선포가 지속되게 하실 뿐만 아니라 두 증인의 입으로 선포하는 불과 같은 말씀으로 그 원수들을 철저히 파멸시키신다.

6절. 주님의 말씀은 계속된다. "그들이 권능을 가지고 하늘을 닫아 그 예언을 하는 날 동안 비가 오지 못하게 하고 또 권능을 가지고 물을 피로 변하게 하고 아무 때든지 원하는 대로 여러 가지 재앙으로 땅을 치리로다." 하나님의 교회가 권능을 가지고 행하는 두 가지 이적은 선지자 엘리야가 기도로 비를 오지 못하게 한 사실(왕상 17:1)과 모세가 애굽에서 행한 열 가지 재앙(출 7:20; 8:12)을 배경으로 하고 있다. 세례 요한에 대해 누가가 '엘리야의 심령과 능력

---

31) 박윤선, 같은 책, p. 22.

으로' 온 자라고 말한 것처럼(눅 1:17) 두 증인 즉 교회는 모세와 엘리야의 능력과 심령을 소유하고 복음을 전한다. 다시 말하면 주님과 주님의 교회가 복음을 전하는 현장에는 성령의 능력이 나타나 핍박하는 세상을 정죄하고 심판하며 주님께서 핍박받는 성도들의 기도에 대한 응답으로 악한 세상에 끊임없이 재앙을 내리신다(계 8:3-5).[32]

7절. 사도 요한은 두 증인이 그 증거를 마칠 때에 "무저갱으로부터 올라오는 짐승이 그들과 더불어 전쟁을 일으켜 그들을 이기고 그들을 죽일 터인즉 그들의 시체가 큰 성 길에 있으리니 그 성은 영적으로 하면 소돔이라고도 하고 애굽이라고도 하니 곧 그들의 주께서 십자가에 못 박히신 곳이라"는 음성을 듣는다. "두 증인이 그 증거를 마칠 때"가 언제인가? 앞에 3절에서 우리 주님이 두 증인 즉 교회에 권세를 주셔서 회개하라고 일천 이백 육십일 즉 주님의 초림에서 재림 사이에 복음을 전하라고 명하시고 마 24:14에서 주님이 친히 "이 천국 복음이 모든 민족에게 증언되기 위하여 온 세상에 전파되리니 그제야 끝이 오리라"고 말씀하신다. 여기서 우리는 교회가 증거를 마칠 때란 주님의 재림 바로 직전임을 알 수 있다.

주님의 재림 직전에 무저갱 즉 지옥에서 올라온 짐승이 교회와 전쟁을 일으켜 심하게 핍박하고 죽이기까지 한다. 여기서 짐승이 누구인가? 이 "짐승(히브리 원어 The beast)"에 정관사가 붙어 있으나 이 짐승에 해당하는 말은 앞에 없고 요한계시록 12장부터 용과 바다에서 나온 짐승과 땅에서 나온 짐승이 나타난다. 12장에서 나오는 짐승인 용은 짐승(beast)이라고 하지 않고 용(dragon)이라고 표현하고 요한계시록 13장에서 나오는 바다와 땅에서 나온 것들만 짐승이라고 한다. 또한 요한계시록 17:8을 보면 바다에서 나온 짐승을 "네가 본 짐승은 전에 있었다가 지금은 없으나 장차 무저갱으로부터 올라와 멸망으로 들어갈 자"라고 말씀한다. 하나님을 대적하는 세상의 모든 권력을 상

---

32) Hendriksen, 같은 책, p. 156.

징하는 바다에서 나온 짐승 즉 악한 세상의 권력은 무저갱에서 나왔고 그 곳으로 들어갈 존재이다. 그러므로 무저갱 즉 지옥에서 올라온 짐승은 13장에서 나오는 바다에서 나온 짐승으로서 무저갱의 주인인 사탄의 권세를 받아 하나님을 대적하고 교회를 핍박하는 짐승이다.

여기서 전쟁터는 주님이 십자가에 못 박히신 곳 예루살렘이다. 그리스도가 오셔서 진정한 예루살렘 즉 하나님 나라를 세우신 후에는 유대 땅 예루살렘은 성전 밖 이방인의 지역일 뿐이다. 하나님의 백성이 사는 곳은 하나님이 임재하시는 성전 안이다. 세계 온 족속 중에 불신자들이 핍박에 가담하고 그 시체를 장사하지 못하게 할 정도이다. 이것은 주님이 재림 하실 때가 가까이 올수록 적그리스도와 세상이 더욱 교회를 핍박할 것임을 말한다.

8-9절. 짐승의 핍박으로 두 증인 즉 교회의 성도들의 시체가 큰 성 길에 있는데 그 성은 영적으로 하면 소돔이라고도 하고 애굽이라고도 하니 곧 그들의 주께서 십자가에 못 박히신 곳이다. 앞에서도 이미 밝혔지만 그 성은 영적으로 하면 거룩한 성 예루살렘이 아니라 성전 밖일 뿐이고 소돔이라고도 하고 애굽이라고도 하는 악한 세상을 상징하는 예루살렘이다. 땅에 거하는 사람들, 즉 불신자들이 그 시체를 사흘 반 동안을 목도하며 무덤에 장사하지 못하게 한다고 한다. 사탄과 그 세력이 합하여 세상 사람들이 성도들을 죽이기까지 핍박하나 사흘 반 동안만이라고 말씀하신다. 사흘 반은 짧은 기간이다.[33] 교회의 핍박은 있으나 그 기간이 극히 짧을 것이니 놀라지 말고 뒤에 계시는 힘센 주님을 믿고 승리하라는 말씀이다.

10-11절. 이 두 선지자는 예언하는 교회를 상징하는 두 증인을 말한다. 사도 요한은 이 두 증인 즉 교회가 땅에 거하는 자들 즉 불신자들의 죄를 지적하고 회개를 촉구하며 복음을 전하여 그들의 양심을 건드려 괴롭게 한 고로 땅에 거하는 자들이 저희의 죽음을 즐거워하고 기뻐하여 서로 예물을 보내리라

---

33) Hendriksen, 같은 책, p. 185-186; Mounce, 같은 책, p. 227.

는 음성을 듣는다. 불신자들은 양심은 가지고 있으나 교회가 하나님의 말씀을 전하여 그 양심의 소리가 울리는 것을 싫어한다. 오히려 양심의 소리를 거부하고 사는 그들은 교회를 핍박하며 교회가 없어졌다는 사실에 서로 예물을 보낼 정도로 즐거워한다. 그러나 삼일 반 후, 즉 하나님이 정하신 극히 짧은 시간이 지나고 하나님이 두 증인에게 생기를 불어 넣으심으로 그들은 부활하여 다시 살아난다. 이것은 에스겔의 마른 뼈들의 부활의 환상을 반영한다(겔 37:5,10-12). 하나님의 택한 백성은 영적으로 죽은 상태에서 예수 그리스도를 믿음으로써 영적 부활을 하고 주님의 재림 때에 신령한 몸으로 몸의 부활을 할 것이다.[34] 다시 말하면 주님이 재림하시는 이 세상 끝에 교회 즉 성도들은 부활하여 구원받고 세상의 온 족속들은 그 놀라운 사건을 구경하고 크게 두려워할 것이며 최후의 심판을 받게 될 것이다.

12-14절. 짐승 즉 적그리스도가 교회를 핍박하는 짧은 기간이 지난 후에 사도 요한은 두 증인이 하늘로부터 "이리로 올라오라"는 큰 음성을 듣고 구

34) 우리가 언제 다시 살아나는가? 우리는 우리가 죽었다가 주님이 다시 오실 때 부활한다고 생각한다. 그러나 우리의 부활은 이 땅에서부터 시작한다. 주님이 오실 때는 우리가 신령한 몸으로 다시 사는 몸의 부활을 하고 우리가 예수 그리스도를 처음 믿을 때는 영의 부활을 한다. 엡 2:1 이하를 보면 우리가 영적으로 죽은 상태에서 이 세상 풍조를 따르고 공중의 권세 잡은 자, 곧 불순종의 아들들 가운데서 역사하는 영 사탄을 따르고 육체의 욕심을 따라 지내며 육체와 마음의 원하는 것을 하여 다른 이들과 같이 본질상 진노의 자녀이었다. 그런 허물과 죄로 영적으로 죽었던 우리들을 하나님께서 큰 사랑을 인하여 그리스도와 함께 살리셨고 우리는 은혜로 구원을 받은 것이다. 하나님께서는 구원받은 우리를 "그리스도와 함께 일으키시어" 그리스도 예수 안에서 함께 하늘에 앉히셨다. 그래서 우리는 이 땅에서부터 하늘에 거하는 자이다.

"그리스도와 함께 일으키셨다"는 뜻은 우리가 예수 그리스도를 믿음으로 그리스도와 하나가 되고 그리스도와 함께 그리스도의 부활에 참여하여 그리스도와 함께 부활하였음을 말한다. 우리는 이미 영적으로 부활한 사람들이다. 그리고 주님이 다시 오실 때 신령한 몸으로 몸의 부활을 할 것이다. 그러므로 우리는 더 이상 무덤에 머물러선 안 된다. 무덤은 사탄이 지배하는 이 세상의 풍조를 따르며 육체의 욕심을 따라 지내며 육체와 마음의 원하는 것을 하는 본질상 진노의 자녀의 삶이다. 우리는 부활한 자들로서 사탄의 지배를 거부하고 이 세상의 풍조를 떠나 하나님의 자녀의 삶을 살아가야 한다.

름을 타고 하늘로 올라가니 저희 원수들도 구경하는 환상을 본다. 여기서 구름은 관사가 붙어 "그 구름"으로서 보통 공중에 떠 있는 구름이 아니라 엘리야의 승천(왕하 2:11)과 그리스도의 승천과 재림 (행 1:9, 계 1:7)에 나타나는 구름을 가리킨다.[35] 두 증인 즉 교회, 온 성도들은 그리스도께서 승천하셔서 구름 속으로 올라가셨듯이 다시 오시는 주님의 영접을 받으며 세상의 온 족속이 보는 앞에서 들림을 받을 것이다.

그 때에 큰 지진이 나서 성 십분의 일이 무너지고 지진에 죽은 사람이 칠천 명이고 그 남은 자들이 두려워하여 영광을 하늘의 하나님께 돌린다. 여기서 "그 때에" 라는 말에 주목해야 한다. 여기시 "그 때에"는 "그 후에"가 아니고 어떤 시기를 말함으로 바로 앞에서 언급한 성도의 부활과 휴거 후가 아니라 그 이전을 포함하는 시간이라는 뜻이다. 그렇다면 어떤 시기인가? 14절에서 "둘째 화는 지나갔으나 보라 셋째 화가 속히 이르는도다"고 하시는데 셋째 화는 일곱째 나팔 재앙인 일곱 대접재앙을 말한다. 일곱 대접재앙은 주님의 초림에서 재림 사이에 부어질 불신자들에 대한 재앙이므로 "그 때에"가 마지막 때가 될 수 없다.

요한계시록 11:1-3을 보면 "하나님의 성전과 제단과 그 안에서 경배하는 자들" 즉 교회를 측량하나 "성전 바깥 마당"은 측량하지 말고 그냥 두라고 한다. 측량하지 않은 곳인 성전 바깥마당에서부터 예루살렘 성은 이방인들의 땅이고 마흔 두 달 동안 짓밟힘을 당하나 그 기간 마흔 두 달과 같은 천 이백 육십 일 동안 교회인 두 증인은 권세를 받아 굵은 베옷을 입고 예언한다. 그러므로 "그 때에"는 바로 두 증인인 교회가 천 이백 육십 일 동안에 교회인 권세를 받아 굵은 베옷을 입고 예언하는 때인 동시에 세상에 재앙이 임하는 때이다.

큰 지진은 하나님이 발하시는 심판과 징계에서 오는 재앙을 뜻한다(6:12;겔 38:19, 20; 마 27:54). 하나님의 재앙 큰 지진이 나서 성 즉 예루살렘 성 십분

---

35) 이상근, 같은 책, p. 151-152.

의 일이 무너지고 지진에 죽은 사람이 칠천 명이다. "십분의 일"은 모든 것을 대표하거나 상징하는 수이다. 창세기 28:22에서 야곱이 벧엘에서 하나님의 축복을 받고 "하나님께서 내게 주신 모든 것에서 십분의 일을 내가 반드시 하나님께 드리겠나이다"라고 서원한다. 그는 자신이 소유한 것들이 모두 자신이 노력하여 얻은 것이라고 하지 않고 하나님이 주신 것이라고 고백하면서 그 뜻으로 그 소유물의 십일조를 하나님께 드리겠다고 서원한 것이다. 이처럼 나팔 재앙으로 세상을 치심으로 십분의 일이 무너지는 것은 세상 전체를 멸망시키시겠다는 경고이다. 그리고 "죽은 자가 칠천"이라는 말도 상징으로서 성의 십분의 일이 무너지는 때에 그만큼 정해진 수가 죽으리라는 것으로 보인다. 숫자 칠(7)은 완전수를 상징하므로 칠천은 하나님께서 재앙으로 죽이시기로 정하신 완전한 수이며 십분의 일이 전체를 대표하여 성 전체를 멸하리라는 경고이듯이 모든 불신자들을 멸하리라는 경고로 보인다.[36]

하나님이 재앙으로 성의 일부분을 파괴하시고 많은 사람들이 죽을 때에 그 남은 자들이 두려워하여 영광을 하늘의 하나님께 돌린다. 그 남은 자들이란 재앙으로 죽임을 당하지 않은 불신자들이다. 그러면 그들이 두려워하여 영광을 하늘의 하나님께 돌린다는 것은 그들이 회개하였다는 뜻으로 이해될 수도 있다. 그러나 성전 밖 성에 사는 자들은 척량되지 못한 멸망할 성의 주민들인 불신자들이므로 회개하지 않는다. 불신자가 회개하는 것이 아니라 하나님이 택하신 자들 중 잃어버린 어린양과 같이 하나님의 부르심을 받을 자들이 회개한다. 그러므로 그 남은 자들은 하나님의 재앙으로 치심을 보고 두려워하고 하나님을 인정할 뿐이다. 느부갓네살이 자주 하나님께 영광을 돌리던 것과 같은 것이다(단 2:47, 3:28, 4:1 이하).

또한 14절에서 이 화가 둘째 화라고 말하는데, 그러면 둘 째 화는 언제인가? 요한계시록 8:13에서 첫째에서 넷째 나팔 재앙이 끝난 후 "공중에 날아가는 독

---

36) Hendriksen, 같은 책, p. 158.

수리가 큰 소리로 이르되 땅에 사는 자들에게 화, 화, 화가 있으리니 이는 세 천사들이 불어야 할 나팔 소리가 남아 있음이로다"고 외친다. 이것은 첫째에서 넷째 나팔 재앙 즉 삼분의 일이 해를 당하는 자연재앙이 있은 후 다섯째 나팔 재앙 즉 무저갱의 주인 사탄으로부터 이 세상에 가하는 황충의 재앙인데 이것이 첫째 화이고(9:1-12) 둘째 화는 여섯째 나팔 재앙 즉 전쟁으로 인한 이 세상에 대한 하나님의 재앙이다(9:13-21 참조). 그리고 마지막으로 셋째 화는 일곱째 나팔 재앙으로 삼분의 일의 해를 가져다주는 나팔 재앙에 비해 전체적으로 해를 가하는 일곱 대접 재앙이다. 마지막 화는 시기적으로 나팔 재앙 뒤에 있고 나팔 재앙이 경고적 재앙이라면 마지막 화 대접 재앙은 하나님이 이 세상에 본격적으로 쏟아 붇는 재앙이다. 이렇게 둘째 화는 지나가고 마지막 셋째 화 일곱째 나팔 재앙인 일곱 대접 재앙이 속히 올 것이라는 하늘의 음성과 함께 두 증인의 환상이 끝난다. ■

3. 일곱째 인, 일곱 나팔 재앙(계 8:1-9:21, 11:15-19)
  가. 일곱째 인의 심판의 재앙 선포(계 8:1-5)
  나. 첫 번째 네 나팔, 경고의 자연재앙 (계 8:6-13)
  다. 다섯째와 여섯째 나팔 사탄의 세력 황충과 유브라데 강 전쟁의 재앙(계 9:1-21)
    *삽경 2. 작은 두루마리를 가진 천사(계 10:1-11)
    *삽경 3. 성전척량과 두 증인(계 11:1-14)
  라. 일곱째 나팔(계 11:15-19)
    *삽경 4. 여자와 아이, 그리고 용(계 12:1-17)
    *삽경 5. 바다와 땅에서 올라 온 짐승들(계 13:1-18)
      1) 바다에서 올라 온 짐승(계 13:1-10)
      2) 땅에서 올라온 짐승(계 13:11-18)
    *삽경 6. 교회의 승리와 최후의 대 심판 경고(계 14:1-20)

라. 일곱째 나팔의 배경(11:15-19)

15 일곱째 천사가 나팔을 불매 하늘에 큰 음성들이 나서 이르되 세상 나라
가 우리 주와 그의 그리스도의 나라가 되어 그가 세세토록 왕 노릇 하시리
로다 하니 16 하나님 앞에서 자기 보좌에 앉아 있던 이십사 장로가 엎드려
얼굴을 땅에 대고 하나님께 경배하여 17 이르되 감사하옵나니 옛적에도
계셨고 지금도 계신 주 하나님 곧 전능하신 이여 친히 큰 권능을 잡으시고
왕 노릇 하시도다 18 이방들이 분노하매 주의 진노가 내려 죽은 자를 심판
하시며 종 선지자들과 성도들과 또 작은 자든지 큰 자든지 주의 이름을 경
외하는 자들에게 상 주시며 또 땅을 망하게 하는 자들을 멸망시키실 때로
소이다 하더라 19 이에 하늘에 있는 하나님의 성전이 열리니 성전 안에 하
나님의 언약궤가 보이며 또 번개와 음성들과 우레와 지진과 큰 우박이 있
더라

요한계시록 8:13을 보면 첫째에서 넷째 나팔의 재앙이 끝나고 사도 요한은 공중에 날아가는 독수리가 큰 소리로 이르되 땅에 거하는 자들에게 "화, 화, 화가 있으리로다"는 음성을 듣는다. 여기서 세 가지 화는 다섯째와 여섯째와 일곱째 나팔 재앙을 말한다.

세상에서 핍박을 받는 성도들의 기도의 응답으로 심판의 재앙을 경고하는 나팔들이 울릴 때 불신자들을 향한 하나님의 심판의 경고로 땅과 바다와 강과 샘물과 해와 달과 별의 천체의 일부에 부으시는 자연재앙이 있은 후 사탄의 세력 황충의 재앙과 세상 권력의 싸움 즉 유브라데 강의 전쟁의 재앙으로 불신자들이 죽지도 못하는 고통을 당하고 삼분의 일이 죽임을 당한다. 그러나 남은 자들은 자신들의 행위를 회개치 아니하고 오히려 우상 숭배를 하므로써 그들에겐 마지막 화 일곱째 나팔의 재앙이 기다리고 있다. 그러나 세상을 지배하시는 힘센 천사로 나타나신 우리 주님이 성도 우리에게 복음을 맡기시고 우리를 척량하시고 즉 보호하시며 우리가 성령이 충만하여 불을 밝히는 교회가 되어 주님이 오실 때까지 회개를 촉구하는 베옷을 입고 복음을 세상에 전하라고 명

하신다. 복음을 전하는 두 증인 즉 교회는 주님으로부터 권세를 받아 복음을 전하며 잠시 핍박을 받으나 승리하고 죽은 자들은 부활하여 휴거될 것이다. 그러나 주님은 교회, 즉 성도들을 해하려 하는 자들을 심판하시므로 잠시 동안 핍박을 가하고 즐거워하던 사탄과 그의 세력인 성전 밖 세상은 하나님의 진노의 재앙만을 기다리며 이제 마지막 일곱째 나팔의 재앙을 받을 차례일 뿐이다.

15절. 사도 요한은 환상 중에 일곱째 천사가 나팔을 불 때 하늘에 큰 음성들이 나서 "세상 나라가 우리 주와 그의 그리스도의 나라가 되어 그가 세세토록 왕 노릇하시리로다"는 음성을 듣는다. '큰 음성' 이 누구의 음성인가에 대해서는 구체적으로 나타나지 않으나 그 음성이 하늘에서 나오므로 하나님의 뜻임에는 분명하다. 시편 2편은 메시야 장으로서 시편 2:6-8에서 하나님께서 그리스도에게 "너는 내 아들이라 오늘 내가 너를 낳았도다" 고 선언하심으로 그리스도를 왕으로 세우시고 이방 나라를 유업으로 주신다고 말씀한다. 이와 같이 하늘의 큰 음성은 이방 나라 즉 이 세상 나라를 더 이상 사탄의 지배하에 두지 않으시고 우리 하나님과 그리스도의 나라로 만들어 그리스도가 세세토록 왕노릇 하게 될 것이라는 하나님의 계획을 선포한다. 성경은 그리스도가 오셔서 사역을 시작할 때 사탄은 하늘에서 땅으로 쫓겨났으며(눅 10:18) 사탄은 결박되어 그의 권세가 제한되었음을 말한다(마 12:22-29, 계 20:2). 언제나 하늘과 땅 모두가 하나님의 통치 아래 있지만 저주 받은 세상은 잠시 사탄의 지배 아래 버려두었었다. 그러나 왕이신 예수 그리스도가 이 땅에 오심으로 이 땅이 하나님 아버지와 그리스도의 나라가 되었고 그 분이 이 땅에서 영원히 지배하신다. 그러므로 계시록에서 주님이 왕 노릇 하신다는 말을 재림 후에 있을 일로 보는 것은 잘못이다(20:4, 6 주해 참조).

16-17절. 사도 요한은 하나님 앞에서 자기 보좌에 앉아 있던 이십사 장로가 엎드려 얼굴을 땅에 대고 하나님께 경배하여 말하기를 "감사하옵나니 옛적에도 계셨고 지금도 계신 주 하나님 곧 전능하신 이여 친히 큰 권능을 잡으시고 왕 노릇 하시도다" 라고 말하는 환상을 본다. 이십사 장로가 흰 옷을 입고

머리에 금관을 쓰고 하나님의 보좌에 둘려 있는 24보좌 위에 앉아(4:4) 엎드려 얼굴을 땅에 대고 하나님께 경배하는 것은 그들이 하나님께 경배하는 즉 섬기는 존재임을 나타낸다. 그들이 바로 앞 절에서 하늘에 큰 음성들이 "세상 나라가 우리 주와 그의 그리스도의 나라가 되어 그가 세세토록 왕 노릇 하시리로다"고 하는 말을 듣고 화답하여 경배함에 유의해야 한다. 그것은 그들이 그리스도를 섬기며 그의 왕 노릇에 동참함을 나타낸다. 그 이십사 장로는 구약시대와 신약시대의 모든 성도들을 가리키는 상징적 존재이며 우리 모든 성도들을 가리킨다. 그러므로 우리 성도는 그리스도와 함께 이 세상에서 하나님 나라를 세우고 다스리는 왕 노릇하여야 한다(딤후 2:11-12, 계 20:6).

이십 사 장로 즉 하늘에 거하는 자들 다시 말하면 성도들이 예배하고 감사하고 찬양하는 대상인 왕이신 그리스도는 옛적에도 계셨고 지금도 계신 주 하나님이시고 친히 큰 권능을 잡으신 전능하신 하나님이시다. "옛적에도 계셨고 지금도 계시고 전능하신 하나님"이란 칭호는 계 1:8에서 그리스도를 소개한 ' 이제도 있고 전에도 있었고 장차 올 자요 전능한 자라는 칭호가 생략되어 있다. 이것은 이제 하나님의 오심이 성취되어서 이미 통치하시기 시작하셨음을 나타낸다.[37] 이 때는 나팔 재앙이 끝나고 대접 재앙이 시작하는 기점이다.

18절. 예배와 찬양과 감사에 이어서 이십 사 장로는 "이방들이 분노하니 주의 진노가 내려 죽은 자를 심판하시며 종 선지자들과 성도들과 또 작은 자든지 큰 자든지 주의 이름을 경외하는 자들에게 상을 주시며 또 땅을 망하게 하는 자들을 멸망시키실 때로소이다"라고 말한다. 여기서 이방은 성전 안에 있는 새 이스라엘이 아닌 성전 밖에 있는 불신자들을 가리킨다. 그리스도가 왕으로 이 땅에 오시니 이방인 출신 헤롯왕부터 어린 아기 예수 그리스도를 죽이려 했고 이방은 물론 유대인들까지 합세하여 그리스도를 십자가에 못 박았고 교회를 핍박해 왔다. 그러므로 성도들의 기도는 당연히 세상 사람들의 심판과 새

---

37) Mounce, 같은 책, p. 231.

이스라엘의 승리에 초점이 맞추어져 있다.

첫째로 주의 진노가 임하여 죽은 자를 심판하시기를 구한다. '죽은 자'는 누구를 가리키는가? 대부분 주석가들이 "죽은 자"를 죽은 모든 불신자들이라고 말한다.[38] 그러나 18절을 보면 "죽은 자"는 상을 받는 주의 이름을 경외하는 자들과 대칭되는 말이므로 "죽은 모든 불신자들"이 아니라 주를 경외하지 않는 모든 불신자이어야 하며 이미 죽은 불신자들만이 땅을 망하게 하는 자들이라고 하는 것은 자연스럽지 못하다. 성경은 불신자가 영적으로 죽은 자라고 말하기 때문이다(엡 2:1). 그러므로 여기서 "죽은 자"는 죽었거나 살아있거나 이제까지 있어왔고 앞으로 있을 모든 불신자들을 가리킨다.[39] 또한 바로 앞에 "이방들이 분노하매"라는 말을 주목하자. 이방 즉 불신자들이 분노하니까 죽은 자를 심판한다는 말은 이방 불신자들이 바로 죽은 자임을 말한다. 성도의 기도의 내용은 바로 성전 밖 즉 교회 밖에 있는 하나님의 통치를 배척하는 불신자들에 대한 하나님의 진노의 심판이다.

둘째로 종 선지자들과 성도들과 또 무론 대소하고 주의 이름을 경외하는 자들에게 상주시기를 구한다. 하나님의 칭찬과 보상받을 자에 대해 세 부류로 나누고 있다. 이 셋을 선지자들과 성결한 생활을 보낸 자들과 단순히 하나님을 두려워하는 평신도라고 분류하는 주장이 있으나[40] 이것은 자연스럽지 못하다. 하나님이 특별히 세우신 선지자들과 성도들은 쉽게 이해할 수 있으나 마지막 "주의 이름을 경외하는 자들"을 어떻게 해석하느냐가 관건이다. 선지자들과 성도 외에 "하나님을 경외하는 자들"을 포함시킨 것은 유대인만 상 받을 자로 해석함을 배제하시기 위한 것이라고 여겨진다. 우리 하나님은 선지자들과 성도

---

38) 이상근, 이필찬, 박윤선, Walvoord 주장.

39) Mounce, 같은 책, p. 232 "If the wrath of God is the judgement of the wicked, a New Jerusalem(21:9-22:5) with the presence of God its crowning joy is the reward of the faithful."

40) 이상근, 같은 책, p. 154-155.

들과 모든 시대에 걸쳐 모든 족속 중에 하나님을 경외하는 자 즉 믿는 자 모두에게 상 주실 것이다.

마지막으로 땅을 망하게 하는 자들을 멸망시키실 때라고 간구한다. '땅을 망하게 하는 자들' 은 땅에 거하는 불신자들이 아니라 그들을 망하게 한 바벨론 즉 악한 세상이나 사탄과 그 세력을 뜻한다. 그들은 하나님을 대적하지만 언제나 하나님의 주권 아래 있으며 멸망의 대상일 뿐이다. 그러므로 하나님을 두려워하는 우리는 그들을 두려워하지 말고 믿음을 지켜 승리하여야 할 것이다.

19절. 사도 요한은 이십 사 장로들의 간구를 들은 후에 하늘에 있는 하나님의 성전이 열리고 성전 안에 하나님의 언약궤가 보이며 또 번개와 음성들과 뇌성과 지진과 큰 우박이 있는 환상을 본다. 여기의 언약궤가 있는 성전은 땅에 있는 성전의 본체(실제)로서 하늘의 성전이라는 주장이 있다.[41] 그러면 하늘에 성전이 있고 성소가 있다는 말인가? 이런 주장은 많은 이단들에게 허구를 만들어 내게 하는 빌미를 주므로 신중해야 할 것이다.[42] 성경은 구약의 성전이 하늘의 성전의 그림자가 아니라 예수님의 몸인 교회의 그림자라고 말하므로 성전의 본체는 그리스도이다(요 2:21, 엡 1:23). 히브리서 9장을 보면 그리스도께서 대제사장으로 오셔서 염소와 송아지의 피로 아니하고 오직 자기 피로 영원한 속죄를 이루시고 손으로 짓지 아니한, 곧 이 창조에 속하지 아니한 더 크고 온전한 장막 성소, 참 하늘에 단번에 들어가셔서 우리를 위하여 하나님 앞에 계신다고 말씀한다(히 9: 11-12, 24). 여기서 보면 하늘의 성소라고 말하는

---

41) 이상근, 같은 책, p. 155.

42) 안식교는 창시자 윌리암 밀러(William Miller, 1782-1849)가 단 9장을 근거로 1843년 3월 21일이 아니면 다음 해 1844년 3월 21일에 주님이 재림한다고 예언을 하였다. 그러나 두 날 다 주님의 재림은 없었다. 그러자 안식교 두 번째 창시자라고 할 수 있는 히람 에디슨(Hiram Edison)이 1844년 3월 21일에서 일곱 째 달 즉 1844년 10월 10일에 그리스도가 이 땅에 재림하는 대신 하늘 지성소에 들어가시는 환상을 보았다고 주장하였다.

것은 언약의 하나님이 계시는 참 하늘을 말한다. 그러면 본문의 하나님의 성전과 성소는 무엇인가? 실제가 아니라 하나님과 그리스도가 계시는 참 하늘의 환상이다.

사도 요한은 하늘에 있는 하나님의 성전이 열리고 성전 안에 번개와 음성들과 뇌성과 지진과 큰 우박이 있는 가운데 하나님의 언약궤가 있는 것을 본다. 뒤에 전개될 일곱째 나팔 재앙을 최후의 환난으로 보고 그 환난이 오기 전에 하늘의 지성소가 열린다는 주장이 있다.[43] 그러나 일곱째 나팔은 일곱 대접 재앙으로서 다른 나팔 재앙과 같이 그리스도의 초림에서 재림 사이에 하나님이 세상에 부으시는 재앙이다(계 8:1-6 참조). 예루살렘 성진의 지성소가 인제 열렸는가? 예수 그리스도가 십자가에서 죽으시니 예루살렘 성전의 성소 휘장이 위로부터 아래까지 찢어져 둘이 되고 땅이 진동하며 바위가 터지고 무덤들이 열리며 자던 성도의 몸이 많이 일어나는 사건이 발생하였다(마 27:51, 막 15:38, 눅 23:45). 예수님의 십자가의 죽음과 함께 성소의 휘장이 위로부터 아래로 찢어진 것은 최후의 환난 전 하늘의 성전이 열리고 하나님의 언약궤가 보일 것을 가리키는 예표나 상징인가? 아니다. 예수님의 십자가의 죽으심과 성전 휘장이 갈라지는 사건이 실제이고 복음의 중심이다. 예수님이 죽으심으로 성전의 휘장이 갈라져 지성소가 개방된 것은 우리 하나님의 백성들은 언약궤 위에 임재하셨던 하나님께 직접 나아가 언약궤가 상징하는 하나님의 말씀에 의하여 속죄 받고 은혜를 받으나 불신자들은 하나님의 말씀에 의하여 심판을 받을 것을 말한다. 바로 하늘의 성전이 열리고 지성소가 개방되는 환상은 이 사실을 설명해주고 있다. 바로 말하면 예수님이 우리 죄를 지시고 십자가에 죽으심으로 하나님과 우리 사이에 막혔던 휘장이 걷어지고 하나님이 임재하시는 지성소에 대제사장만 들어가는 것이 아니라 믿는 자 누구도 다 하나님 앞에 나아갈 수 있게 된 것이다. 그래서 이십 사 장로가 이 일이 이루어지기를 직접 하나님

43) 이상근, 같은 책, p. 155.

께 간구한 것이다.

이제, 언약궤에 주목하자. 언약궤는 아카시아 나무의 일종인 칠각목으로 만든 나무상자를 금으로 싼 것으로 그 안에 모세의 십계명 돌비가 있고 그 위에는 "죄를 덮는다"는 의미의 속죄소 또는 "은혜를 베푼다"는 의미의 시은좌라고 불리는 순금으로 만든 뚜껑으로 덮여 있다. 하나님의 언약은 하나님을 경외하고 하나님의 말씀인 언약을 잘 지키면 축복을 받고 그렇지 않으면 저주를 받는다는 것이 그 내용이다. 그런데 하나님을 경외하는 자들에게는 속죄소라는 두껑으로 덮고 그 위에 제물의 피를 뿌려 죄를 용서하시고 그 책임을 덮으심으로 속죄하고 은혜를 베푸신다. 반면 언약궤가 있는 곳에 번개와 음성들과 뇌성과 지진과 큰 우박이 있는 것은 하나님을 대적하는 불신자들에게는 저주의 심판이 있음을 나타낸다. 번개와 음성들과 뇌성만 있다면 단순히 하나님의 임재를 나타내지만 지진과 큰 우박은 하나님이 친히 진노를 발하시어 저주의 심판을 행하심을 나타낸다.

*삽경 4. 여자와 아이, 그리고 용(계 12:1-17)

*삽경 2. 작은 두루마리를 가진 천사(계 10:1-11)
*삽경 3. 성전척량과 두 증인(계 11:1-14)
라. 일곱째 나팔(계 11:15-19)
***삽경 4. 여자와 아이, 그리고 용(계 12:1-17)**
*삽경 5. 바다와 땅에서 올라 온 짐승들(계 13:1-18)
1) 바다에서 올라 온 짐승(계 13:1-10)
2) 땅에서 올라온 짐승(계 13:11-18)

1 하늘에 큰 이적이 보이니 해를 옷 입은 한 여자가 있는데 그 발 아래에
는 달이 있고 그 머리에는 열두 별의 관을 썼더라 2 이 여자가 아이를 배
어 해산하게 되매 아파서 애를 쓰며 부르짖더라 3 하늘에 또 다른 이적이
보이니 보라 한 큰 붉은 용이 있어 머리가 일곱이요 뿔이 열이라 그 여러
머리에 일곱 왕관이 있는데 4 그 꼬리가 하늘의 별 삼분의 일을 끌어다가
땅에 던지더라 용이 해산하려는 여자 앞에서 그가 해산하면 그 아이를 삼
키고자 하더니 5 여자가 아들을 낳으니 이는 장차 철장으로 만국을 다스릴
남자라 그 아이를 하나님 앞과 그 보좌 앞으로 올려가더라 6 그 여자가 광
야로 도망하매 거기서 천이백육십 일 동안 그를 양육하기 위하여 하나님께
서 예비하신 곳이 있더라 7 하늘에 전쟁이 있으니 미가엘과 그의 사자들이
용과 더불어 싸울새 용과 그의 사자들도 싸우나 8 이기지 못하여 다시 하
늘에서 그들이 있을 곳을 얻지 못한지라 9 큰 용이 내쫓기니 옛 뱀 곧 마
귀라고도 하고 사탄이라고도 하며 온 천하를 꾀는 자라 그가 땅으로 내쫓
기니 그의 사자들도 그와 함께 내쫓기니라 10 내가 또 들으니 하늘에 큰
음성이 있어 이르되 이제 우리 하나님의 구원과 능력과 나라와 또 그의 그
리스도의 권세가 나타났으니 우리 형제들을 참소하던 자 곧 우리 하나님
앞에서 밤낮 참소하던 자가 쫓겨났고 11 또 우리 형제들이 어린 양의 피와

자기들이 증언하는 말씀으로써 그를 이겼으니 그들은 죽기까지 자기들의
생명을 아끼지 아니하였도다 12 그러므로 하늘과 그 가운데에 거하는 자
들은 즐거워하라 그러나 땅과 바다는 화 있을진저 이는 마귀가 자기의 때
가 얼마 남지 않은 줄을 알므로 크게 분내어 너희에게 내려갔음이라 하더
라 13 용이 자기가 땅으로 내쫓긴 것을 보고 남자를 낳은 여자를 박해하는
지라 14 그 여자가 큰 독수리의 두 날개를 받아 광야 자기 곳으로 날아가
거기서 그 뱀의 낯을 피하여 한 때와 두 때와 반 때를 양육 받으매 15 여
자의 뒤에서 뱀이 그 입으로 물을 강 같이 토하여 여자를 물에 떠내려 가
게 하려 하되 16 땅이 여자를 도와 그 입을 벌려 용의 입에서 토한 강물을
삼키니 17 용이 여자에게 분노하여 돌아가서 그 여자의 남은 자손 곧 하나
님의 계명을 지키며 예수의 증거를 가진 자들과 더불어 싸우려고 바다 모
래 위에 서 있더라

어린양 그리스도가 일곱 인으로 봉한 책의 인을 떼심에 따라 흰 말 탄 자 곧 그리스도와 복음이 여러 핍박과 환난 가운데서 승리하며 제단아래 목 베임을 당한 영혼들 즉 하나님께 바쳐진 성도들의 부르짖음과 최후의 심판을 알리는 여섯 째 인까지의 환상이 전개되고 일곱 째 인은 세상에서 핍박을 받는 성도들의 기도의 응답으로 불신자들에 대한 심판의 재앙을 경고하는 일곱 나팔을 소개한다.

먼저, 첫째에서 넷째 천사가 나팔을 불 때 땅과 바다와 강과 샘물과 해와 달과 별의 천체의 일부에 부으시는 자연 재앙이 있고 다섯째 나팔로서 사탄의 세력이 극심한 고통을 불신자들에게 주는 황충의 재앙과 여섯째 나팔로서 세상 권력의 싸움 즉 유브라데 강의 전쟁의 재앙으로 불신자들의 삼분의 일이 죽임을 당하는 전쟁의 재앙이 나타난다. 그러나 세상을 지배하는 힘센 천사로 나타나신 우리 주님이 교회인 성도 우리에게 복음을 맡기시고 성령 충만하여 복음을 전하므로써 세상에 불을 밝히는 교회가 되라고 명하신다. 두 증인의 사명을 다 한 교회는 휴거되어 천국에 갈 것이나 잠시 동안 교회에 핍박을 가하고 즐거워하던 사탄과 그의 세력, 성전 밖 세상은 하나님의 진노의 재앙만을 기다리고 있을 뿐이고 이제 마지막 일곱째 나팔의 심판의 재앙경고를 받을 차례이다.

일곱째 나팔이 울릴 때 먼저, 사탄이 땅에 떨어지고 세상은 하나님이 통치하는 하나님 나라가 되었음을 선언한다. 그러므로 그리스도를 믿는 성도는 승리하여 상을 받고 하나님의 성전 밖에 있는 불신자들에게는 하나님의 저주의 심판이 있을 뿐이다. 하나님 나라의 선포 후 본문에서 "여인과 아이 그리고 용"의 환상이 나온다.

12:1절. 사도 요한은 하늘에서 해를 입은 한 여자가 있는데 그 발아래에는 달이 있고 그 머리는 열 두 별의 면류관을 쓰고 있는 큰 이적을 본다. '큰 이적' 이란 기적이 아니라 특별한 현상을 말하는 표적 또는 표징(sign)으로 "해를 입고 달을 밟고 열두 별의 면류관을 쓴 여자"라면 특이하므로 표적이라 말할 수 있다. 환상에 나타난 이 여자가 누구인가? 5절을 보면 이 여자가 낳은 아들이 장차 철장으로 만국을 다스릴 남자라고 말한다. "장차 철장으로 만국을 다스릴 남자 아이"는 시편 2:9에서 메시야를 가리키는 묘사와 일치하고 요한계시록 2;27, 19:15에서 철장으로 만국을 다스릴 자로서 그리스도를 가리킨다. 여기에 대하여 이의를 제기하는 자는 거의 없다. 그래서 그리스도를 낳은 이 여자를 실제로 해석하여 천주교에서는 동정녀 마리아라고 말하는데[1] 이에 대해서는 거론할 여지가 없다. 왜냐하면 큰 붉은 용이 아이를 죽이는데 실패하자 여자를 더욱 더 괴롭히고 그 여자는 그를 피하여 주님의 초림에서 재림 사이를 가리키는 1,260일 동안 광야에서 양육을 받으므로 그 여자가 마리아 개인일 수가 없기 때문이다. 구약성경에서 여자는 이스라엘 민족 또는 구약의 이스라엘 교회를 가리키고 하나님과 이스라엘 관계를 부부 관계로 말씀한다(사 54:3-6, 렘 3:6-10, 31:32, 겔 16:32). 이것을 근거로 이 여자를 이스라엘 민족이라고 하고 교회가 그리스도를 낳지 않았다는 주장이 있다.[2] 그러나 그 주장하는 바 "교회"는 신약 교회만을 지칭하기 때문에 잘못이다. 우리 주님은 구약시대나 신약시대의 모든 하나님의 백성의 구세주이시고 주님이심으로 주님의 교회라고 할 때 그 교회는 구약과 신약의 모든 교회를 포함하기 때문이다. 그리스도는 교회의 역

1) Lenski, 같은 책, p. 293.
2) 이상근, Lehman Strauss, Tim Lahaye, 이필찬, 천정웅, 신성종 등의 주장

사 가운데 오셨으므로 여기서 여자는 교회를 말한다고 할 수 있다.[3)]

그 여자가 해(태양)를 입고 있다면 그 여자는 빛 자체는 아니지만 빛을 발산하고 있음을 말한다. 성경은 바로 그리스도가 참 빛 곧 세상에 와서 각 사람에게 비취는 빛이라고 말씀하고(요 1:9) 요한복음 9:5에서 그리스도 주님이 친히 "내가 세상에 있는 동안에는 세상의 빛이로라"고 말씀하셨다. 그리고 갈라디아서 3:27에서는 "누구든지 그리스도와 합하여 세례를 받은 자는 그리스도로 옷 입었느니라"고 말씀한다. 그러므로 이 여자는 그리스도로 옷을 입은 성도들 즉 교회를 말한다고 보아야 한다. 요한계시록 11장에 나오는 두 감람나무와 두 금 촛대를 주목하자. 두 금 촛대는 교회를 상징한다. 교회는 성령을 받아 복음을 전함으로 그리스도의 빛을 비추는 주님의 몸이다. 특히 그 여자가 낳은 아이는 요한계시록 12:5에서 보면 "장차 철장으로 만국을 다스릴 남자라"는 말씀을 볼 때 그는 그리스도이시고 또한 교회의 역사 속에서 그리스도가 나셨음으로 본문에서 해를 입고 그리스도를 상징하는 아이를 잉태한 여자는 교회를 상징한다. 교회는 해를 옷 입은 여자처럼 어두운 세상에 그리스도의 빛을 발하여야 한다.

또한 그 여자의 발 아래는 달이 있다. "발 아래 달이 있다"는 말은 발등상에 달이 그려져 있다는 뜻이다. 옛날에 왕들이 보좌에 앉을 때 발을 받치는 작은 상이 발등상인데 그 발등상에는 그 왕들이 정복한 나라들의 이름이나 그 나라를 상징하는 그림이 새겨져 있다. 에베소서 1:22을 보면 하나님께서 부활하신 그리스도를 하늘과 땅의 모든 이름 위에 뛰어나게 하시고 만물을 그 발 아래 복종하게 하시고 그를 만물 위에 교회의 머리로 주셨다고 말씀한다. 그러므로 "그 여자의 발 아래는 달이 있다"는 말은 그 여자가 주님의 몸인 교회이며 교회의 머리되시는 주님이 하늘과 땅의 모든 이름위에 뛰어 나시고 만물을 지배하시는 분이심을 나타낸다.

또한 그 여자의 머리는 열 두 별의 면류관을 썼다. 면류관은 왕이나 승리자의 것이다. 요셉의 꿈에서 열두 별은 그의 형제들을 가리켰고 아브라함의 언약에서 별은

---

3) Hendriksen, 박윤선, 권성수, Mounce, Philip E. Hughes, Lenski 주장

하나님의 언약의 자손을 뜻한다(창 15:5, 37:9). 그러므로 "열두 별의 면류관"은 승리하여 영광을 누리는 하나님의 언약의 자손, 즉 승리자 새 이스라엘의 열두 지파이며 구원받은 성도인 교회를 가리킨다고 볼 수 있다. 또한 요한계시록에서 처음부터 끝까지 주장하는 대로 교회는 승리자이다. 그러므로 열 두 별의 면류관을 쓴 여자는 그리스도의 몸으로서 만물 위에 승리자로서 그리스도와 함께 왕 노릇 한다. 그러므로 열두 별의 면류관을 쓰고 해를 옷 입고 달을 밟고 있는 여자는 하나님의 언약의 백성으로 하나님의 영광을 발하며 승리하며 그리스도와 함께 왕 노릇 하는 교회이다.[4)]

2절. 이 여자가 아이를 배어 해산의 고통으로 부르짖는데 이 아이는 누구인가? 앞에서 이미 말씀을 드렸듯이 그는 그리스도이다. 성경에서 '여인의 아들'이라는 명칭은 성육신하신 예수 그리스도를 의미한다(창 3:15; 갈 4:4). 또한 문맥상으로도 아이가 그리스도를 가리키기 때문이다. 교회가 그리스도의 몸이기도 하지만 달리 표현하면 그리스도는 부활한 자들의 모임인 하나님의 교회의 첫 열매이므로 그 여자의 아이로 표현할 수가 있다. 교회는 그리스도로 인하여 구원받은 자인 새 생명을 낳기 위한 해산의 고통을 겪으며, 그리스도의 고난에 동참하며 인내로써 그리스도의 영광을 드러낸다.

3-4절. 사도 요한은 또 다른 이적 즉 한 큰 붉은 용이 있어 '머리가 일곱이요 뿔이 열이라 그 여러 머리에 일곱 왕관이 있는데 그 꼬리가 하늘 별 삼분의 일을 끌어다가 땅에 던지고 용이 해산하려는 여자 앞에서 그가 해산하면 그 아이를 삼키고자' 하는 환상을 본다. 이 '큰 붉은 용'은 누구나 다 인정하는 사탄이다. 구약성경에서는 하나님을 대적하는 사탄인 '큰 붉은 용'을 상징적으로 "교만"이라는 뜻의 '라합(악의 세력의 표상, 그리고 애굽의 시적 이름(욥 26:12; 사 51:9)', '하마 (욥 40:15-24)', 날랜 뱀 '리워야단(사 27:1 날랜 뱀으로 애굽을 가리킴)' 등으로 표현하였다.[5)] 한편 요한계시록 17:7이하를 보면, 용의 면류관을 쓴 일곱 머리는 일곱이

---

4) Mounce, 같은 책, p. 236 "royalty(왕권)"; Hendriksen, 같은 책, p. 164; 박윤선, 같은 책, pp. 232-233.

란 수가 모든 것을 나타내듯 사탄이 하나님의 용인 하에 세상을 지배하는 자로서 모든 권력을 소유하고 있음을 말하고 "뿔"은 힘을 상징하고 "열"은 충만을 나타내는 수이므로 "열 뿔"은 사탄의 크고 충만한 파괴력을 의미한다.[6] 또한 용의 꼬리가 하늘의 별 삼분의 일을 끌어다가 땅에 던지는데 요한계시록 1:20에서 일곱 별을 일곱 교회의 사자 즉 천사라고 밝히고 있지만 누가복음 10:18에서는 사탄을 별 하나로 말하고 있고 유다서 1:6에서 하나님께서 자기 지위를 지키지 아니하고 자기 처소를 떠난 천사들을 큰 날의 심판까지 영원한 결박으로 흑암에 가두셨다는 말씀을 볼 때 용의 꼬리가 끌어다가 땅에 던진 하늘의 별 삼분의 일은 사탄이 부리는 악한 천사들로 사탄과 함께 하늘에서 쫓겨난 존재들을 말한다.

큰 붉은 용이 해산하려는 여자 앞에서 그가 해산하면 그 아이를 삼키고자 한다. 용이 아이를 삼키고자 한 것은 역사적으로 헤롯이 아기 예수를 죽이기 위해 베들레헴과 그 지경에 있는 두 살 이하의 남아들을 모두 살해한 사건을 위시하여(마 2:16 이하) 예수의 생애 동안 그를 죽이려 시도했던 것들(눅 4:28-30)을 포함하며 마침내 그리스도를 십자가에 못 박아 죽게 한 사건을 상징한다.[7]

5절. 큰 권세와 세력을 가진 큰 붉은 용 사탄이 하늘의 별 삼분의 일 즉 악한 천사들을 대동하고 여자가 낳는 아이를 삼키고자 하는 가운데 여자가 아들을 낳으니 이는 장차 철장으로 만국을 다스릴 남자이다. '장차 철장으로 만국을 다스릴' 이라는 표현은 시편 2:7-9에서 그리스도가 세상을 다스리시며 심판하실 것을 예언하였고 이미 계 2:27에서 그리스도가 철장을 가지고 만국을 다스려 질그릇 깨뜨리는 것과 같이 하리라고 말씀하고 있다. 그러므로 여기서 아이는 분명히 그리스도를 가리킨다. 큰 붉은 용이 그의 세력들과 함께 아이를 삼키려하였지만 그 아이를 하나님 앞과 그 보좌 앞으로 올려간다. "그 아이를 하나님 앞과 그 보좌 앞으로 올려간다

5) 이상근, 같은 책, p.161; Mounce, 같은 책, p. 237.
6) Hendriksen, 같은 책, p. 165.
7) Hendriksen, Lenski, 박윤선 주장; 참고 Hughes "헤롯의 영아 살인 행위(마 2:16 이하)", 이상근 "헤롯의 영아 살인과 동시에 모든 시대)를 통한 사탄이 성도들을 핍박한 사실"

"는 말은 그리스도가 삼키려는 사탄을 이기시고 부활하여 승천하심을 뜻한다. 그렇다. 그리스도는 삼키려는 사탄의 위협 속에서도 동정녀 마리아에게서 탄생하셨으며 헤롯이 아기 예수를 죽이려 할 때도 애굽으로 피하셨고 천국복음을 전하시고 십자가에서 대속의 죽음을 당하심으로 우리의 구원을 이루시고 부활 승리하셔서 승천하셨다. 그처럼 믿음으로 그리스도와 하나된 성도는 사탄을 이기고 그리스도 안에서 그리스도와 함께 하늘로 올리어 갈 것이다.

6절. 큰 붉은 용이 아이를 죽이는데 실패하자 여자를 더욱 더 괴롭힌다. 그래서 그 여자가 광야로 도망한다. 그곳은 하나님께서 천이백육십 일 동안 그를 양육하기 위하여 하나님이 예비하신 곳이니라. 이미 밝혔듯이 여자는 교회를 상징한다. 교회를 상징하는 여인이 도망을 간 광야는 어디이며 그것은 무슨 의미인가? 광야란 이스라엘 백성들이 애굽에서 구원받아 그곳을 떠나 40년을 산 곳이다. 광야는 하나님만을 의지하고 하나님의 은혜를 받지 아니하면 살 수 없는 곳이다. 그러므로 부활하신 예수 그리스도를 믿는 하나님의 교회는 주님이 오실 때까지 광야와 같은 이 세상에서 하나님만 의지하고 하나님의 은혜만을 받아 살아가도록 양육을 받는다(히 11:13-16, 빌 4:19).

교회는 하나님의 자녀요 백성으로서 광야에서 양육을 받는 기간은 "천이백육십 일"이다. 여기서 "천이백육십 일"이 다니엘서 9:25의 성취로 7년 대 환난기의 후반기이며 전적 환난기라고 말하고 요한계시록 11:3의 "천 이백 육십 일"은 7년 대 환란기의 전반기로 두 증인이 예언하므로 많은 회개하는 자들을 얻을 것이라는 주장이 있다.[8] 그러나 여자 즉 교회가 광야로 도망하여 거기서 양육 받는 "천이백육십 일"은 계시록 11:1,2에서 이방인이 성전 밖 마당 즉 교회 밖 세상을 짓밟는 기간 마흔 두 달과 계 11:3-13에서 두 증인 즉 교회의 예언하는 기간과 동일하다. 그리고 5, 6절에서 여자가 낳은 아들 그리스도가 하나님 앞과 그 보좌 앞으로 올려간 후 즉 승천 후에 그 여자 즉 교회가 하나님이 예비하신 광야로 도망하여 거기서 천이백육십 일 동안 양육받기 때문에 그 기간은 주님의 승천 이후임을 알 수 있다. 그러므

8) 이상근, Strauss, Lahaye, 신성종 주장.

로 "천이백육십 일"은 주님의 초림에서 재림 사이를 말한다.[9)]

우리 교회의 역사 가운데 구원의 첫 열매 아기 예수로 오신 그리스도는 구원 사역을 이루시고 승천하셨다. 주님의 교회 즉 그리스도를 믿고 그리스도와 하나 된 구원의 열매인 성도들은 사탄이 시험하고 세상이 핍박함으로 인해 하나님의 은혜가 없으면 살 수가 없는 광야에서 하나님의 도움과 인도를 받으며 주님이 다시 오실 때까지 하나님의 자녀로 양육을 받는다.

7-9절. 사도 요한은 교회와 그리스도를 가리키는 여인과 아이의 환상에 이어 하늘에 전쟁의 환상을 본다. 미가엘과 그의 사자들이 큰 용, 옛 뱀 곧 마귀라고도 하고 사탄이라고도 하는 온 천하를 꾀는 자와 그의 사자들과 더불어 싸우는데 사탄과 그의 사자들이 이기지 못하여 사탄이 하늘에서 그의 사자들과 함께 땅으로 내어 쫓긴다. 이 환상은 요한계시록 11:15에서 세상 나라가 우리 주 그리스도의 나라가 되어 그가 세세토록 왕 노릇 하시리로라는 선언을 뒷받침해주는 설명이다.

미가엘은 천사장이다(단 10:13, 21, 12:1, 유 1:9). 미가엘과 그의 천사들이 용 즉 사탄과 그의 악한 천사들과 더불어 싸워 사탄을 패퇴시켜 사탄과 그 사자들을 하늘에서 땅으로 쫓아내는 사건은 형식적으로 나타나는 사건이고 그리스도께서 십자가의 구속사역을 행하시고 부활하시고 승천하심에 따라 사탄을 하나님의 백성들을 참소하는 지위에서 박탈시킨 것이 그 실제라는 주장이 있다.[10)] 그러나 요한계시록에서 천사는 상징이 아니라 실재인 것처럼 미가엘과 그 사자들도 상징이 아니라 실제로 이해해야 한다고 본다.[11)] 그러므로 이 사건은 상징이 아니다. 주님이 땅에 오셨을 때 실제로 미가엘이 사탄과 그의 천사들을 하늘에서 이 땅으로 쫓아냈다고 보는 것이 타당하다.

누가복음 10:18에서 70인 제자들이 전도를 하고 돌아와서 보고할 때 주님이 "사탄이 하늘에서 번개같이 떨어지는 것을 보았다"고 말씀하셨다. 이것은 미래를 다

---

9) Hendrickson, 박윤선, 권성수, 이필찬, Hughes 주장.

10) 박윤선, 같은 책, pp. 235-236.

11) Lenski, 같은 책, p. 300.

아시는 주님이 이 땅에 오신 것은 주님이 십자가에 죽으시고 부활하심으로 사탄을 이기고 승리하심이 이미 시작되었음을 표현한 것으로 보인다는 주장이 있으나[12] 우리는 여기서 주님이 실제로 보시고 말씀하셨다고 보아야 한다(20:1-3 주해 참조).

10-11절. 사도 요한은 "이제 우리 하나님의 구원과 능력과 나라와 또 그의 그리스도의 권세가 이루었으니 우리 형제들을 참소하던 자 곧 우리 하나님 앞에서 밤낮 참소하던 자가 쫓겨났고 또 여러 형제가 어린양의 피와 자기의 증거하는 말을 인하여 저를 이기었으며 그들은 죽기까지 자기 생명을 아끼지 아니하였도다"라는 하늘의 큰 음성을 듣는다. 그렇다. 이 하늘의 큰 음성은 "예수 그리스도가 이 땅에 오셔서 십자가에서 죽으시고 부활하심으로 구원을 이루시고 하나님 나라를 세우시며 그리스도가 이 땅의 모든 권세를 가지시니 하나님 앞에서 하나님의 백성들을 참소하던 사탄과 그 무리들이 하늘에서 땅으로 쫓겨나고 그리스도를 믿는 성도들이 그리스도의 피와 그를 증거하는 말씀을 인하여 생명을 아끼지 않고 사탄과 그 무리와 싸워 승리하리라"는 하늘의 선언이다.

12절. 사도 요한은 하나님 앞에서 하나님의 백성들을 밤낮 참소하던 사탄 즉 용과 그의 사자들이 천사 미가엘과 그의 사자들과 싸워 이기지 못하여 하늘에서 내쫓기는 환상을 보면서 "하나님의 구원과 능력과 나라와 그리스도의 권세가 나타나 구원의 역사가 일어났고 구원받은 성도들이 어린 양의 피와 하나님의 말씀으로써 죽기까지 자기들의 생명을 아끼지 아니하고 사탄과 싸워 이겼으니 하늘과 그 가운데 거하는 자들은 즐거워하라"는 음성을 하늘로부터 듣는다. 여기서 "하늘"은 무엇이며 "하늘에 거하는 자들"은 누구인가?

"하늘에 거하는 자들"에 대한 다양한 견해 몇 가지로서 그들이 천사들, 하늘의 성도들, 성도들이라는 주장들이 있다.[13] 먼저 천사들이라는 견해를 보자. 마운스

---

12) 박윤선, "성경주석 공관복음," 영음사, 서울, p. 1979, p. 501.

13) 이상근, 같은 책, p. 166 "천사들(Bousset), 하늘의 성도들(Plummer), 성도들(Clarke)"; Ladd, 같은 책, p. 173 "The angelic hosts of (heaven"; Clarke, 같은 책, p. 1471 "the Christians"

(Mounce)는 "하늘에 거하는 자들"의 표현이 이사야서 49:13과 시편 96:11의 반영으로 보고 그들이 천사적 존재들(angelic beings)이라고 주장한다.[14] 그러나 구약의 두 구절이 "하늘에 거하는 자들"이 천사적 존재라는 것을 직접 설명하는 것으로 말하기는 부족하다. "하늘에 거하는 자들"이 즐거워해야 하는 이유를 사탄의 패배와 11절에서 "우리 형제들" 즉 성도들이 어린 양의 피와 자기들이 증언하는 말씀으로써 사탄을 이기었음이라고 말한다. 그러므로 성도들을 제외한 천상적 존재들이 즐거워한다는 것은 자연스럽지 못하다.

다음으로 "하늘의 성도들 혹은 죽은 성도들"이라는 견해를 보자.[15] "하늘에 거하는 자들"은 요한계시록 15:5에서 하늘의 장막에 거하는 자들이고 "땅과 바다"는 세상의 양 구분(20:13)이므로 "하늘에 거하는 자들"은 죽어 하늘로 올라간 성도들이라는 것이다. 그러나 요한계시록에서는 성도들을 "하늘에 거하는 자들" 또는 영적으로 살아 있는 자라고 말하고 불신자들은 "땅에 거하는 자들" 또는 죽은 자들이라고 말한다.

요한계시록 3:10을 보면 주님이 빌라델비아 교회에 말씀하시기를 "네가 나의 인내의 말씀을 지켰은즉 내가 또한 너를 지켜 시험의 때를 면하게 하리니 이는 장차 온 세상에 임하여 땅에 거하는 자들을 시험할 때라"고 하신다. 여기서 "네"는 빌라델비아 교회이다. 일곱 교회가 전체 교회를 상징하는 것이므로 "네"는 주님의 교회의 모든 성도들을 가리킨다. 또한 "네"와 대칭되는 말은 "땅에 거하는 자들"이다. 주님께서 주님의 인내의 말씀을 잘 지키는 자들로 시험의 때를 면케 하시고 "땅에 거하는 자들"을 시험하시겠다고 말씀하신다. "땅에 거하는 자들"은 불신자들이다. 그러므로 하늘에 거하는 자들이란 죽었던 살았건 모든 성도를 가리킨다.

요한계시록 6:9 이하를 보면 하나님의 말씀과 그들이 가진 증거로 말미암아 죽임을 당한 영혼들이 제단 아래에서 큰 소리로 "거룩하고 참되신 대 주재여 땅에 거하는 자들을 심판하여 우리 피를 갚아 주지 아니하시기를 어느 때까지 하시려 하나

---

14) Mounce, 같은 책. p. 244.
15) 이상근, 같은 책, p. 166; 박윤선, "성경주석 요한계시록," p. 238.

이까" 고 말한다. "죽임을 당한 영혼들" 이란 하나님에게 제물로 바쳐진 성도들을 의미한다. 여기서도 성도들에 대칭되는 것이 "땅에 거하는 자들" 이다. 그러므로 성도들이 "하늘에 거하는 자들" 임을 알 수 있다.

요한계시록 13장을 보면 바다에서 짐승이 나와 용으로부터 큰 권세를 받아 과장되고 신성 모독을 말하는 입을 받고 마흔두 달 동안 일할 권세를 받고 입을 벌려 하나님을 향하여 비방하되 그의 이름과 그의 장막 곧 하늘에 사는 자들을 비방하고 또 권세를 받아 성도들과 싸워 이기게 된다고 한다. "마흔 두 달" 즉 주님의 초림과 재림 사이에 권력을 행사하는 세상 권력을 상징하는 바다의 짐승이 하나님의 이름과 죽은 성도의 영혼들을 비방하고 성도들과 싸운다는 것인가? 세상 권력이 죽은 성도들을 비방한다는 것이 자연스럽지 못하다. 여기서 "하늘에 거하는 자들" 은 성도들의 다른 표현이다. 세상 권력이 하나님의 이름과 성도들을 비방하고 그들과 싸운다고 말하는 것이 자연스럽다.

요한계시록 18:20을 보면 사도 요한은 가증한 새들처럼 사탄의 세력인 더러운 영들, 귀신들이 모이는 이 세상 바벨론이 망하였으니 "하늘과 성도들과 사도들과 선지자들아 그를 인하여 즐거워하라 하나님이 너희를 신원하시는 심판을 그에게 하셨음이라" 는 음성을 듣는다. 이 말씀은 본 절에서 사탄과 싸워 이기었으니 하늘과 그 가운데 거하는 자들은 즐거워하라는 말씀과 같은 내용이다.[16] 그러므로 하늘은 영들이 거하는 곳만이 아니라 이 땅의 성도나 죽어 영으로 하나님과 함께 있는 자들이 함께 있는 하나님 나라이며 하늘에 거하는 자들이 성도들과 사도들과 선지자들이다.

요한계시록 20:4을 보면 사도 요한은 사탄의 결박과 무저갱에 갇힘을 본 후에 하늘의 보좌들을 본다. 그 보좌들 위에 보니 거기 많은 자들이 있는데 그들은 예수의 증거와 하나님의 말씀을 인하여 목 베임을 받은 자의 영혼들과 또 짐승과 그의 우상에게 경배하지도 아니하고 이마와 손에 그의 표를 받지도 아니한 자들이다.

16) Lenski, 같은 책, p. 307.

'하늘의 보좌들' 이 누구의 보좌인가? 요한계시록 4, 5장을 보면 여기서 보좌들이란 신구약의 모든 성도들을 상징하는 하나님의 보좌 주위에 있는 이십사 장로들의 보좌이다. '목 베임을 받은 자의 영혼' 은 죽어 하늘에 있는 성도들의 영혼이고 '우상에게 경배하지도 아니하고 표를 받지도 않은 자들' 은 하늘의 영혼이 아니라 이 땅에서 신앙을 지키는 자들을 말한다. 그러므로 보좌에 앉은 이십사 장로들은 영혼으로 있거나 이 땅에 살아 있거나 모든 구원받은 성도들을 대표한다. 성경은 모든 성도들을 가리켜 주님과 함께 왕 노릇한다고 말한다(롬 5:17, 딤후 2:12, 벧전 2:9, 계 5:10). 요한계시록 12:12을 보면 "하늘과 그 가운데 거하는 자들은 즐거워하라"고 말씀한다. 이미 앞에서 말씀드렸듯이 문맥으로 볼 때 하늘은 이 땅의 천국과 하늘의 천국을 말하고 하늘에 거하는 자들이란 이 땅에 거하는 천국백성과 하늘에 있는 천국백성 모두를 의미한다.

사도 요한은 계속해서 "그러나 땅과 바다는 화 있을 진저 이는 마귀가 자기의 때가 얼마 못 된 줄을 알므로 크게 분내어 너희에게 내려갔음이라"는 하늘의 큰 음성을 듣는다. 땅과 바다는 이 세상을 뜻한다. 주님이 오셔서 하나님의 나라를 건설하실 말세가 이르러 마귀가 자기의 때가 얼마 못 된 줄을 알고 크게 분 내어 우리 인간에게 내려갔으므로 이 세상은 화가 있다. 사탄이 그리스도를 믿는다는 이유로 이 땅에 사는 성도들을 핍박하나 주님이 사탄을 이기시고 하나님의 나라를 이미 이 땅에 세우시고 권세로 다스리시니 이 땅에서 주님의 이름으로 핍박을 받더라도 즐거워하라고 명하시는 것이다. 그러므로 우리는 승리자로서 어떤 환난이 오더라도 승리자임을 확신하고 기뻐하며 환난을 맞아 축복으로 바꾸어야 한다.

13절. 하늘의 선언이 끝나고 하늘에서 떨어진 용은 자기가 땅으로 내어 쫓긴 것을 보고 남자 아이를 낳은 여자, 즉 교회를 핍박한다. 사탄은 하나님의 나라를 세울 말세가 되어 미가엘과 그의 천사들로부터 성도들을 하나님께 참소하던 자리를 박탈당하고 이 세상으로 쫓겨났고 이 땅에 내쫓긴 사탄은 이제 이 땅의 교회를 박해하는 일밖에 남은 일이 없다. 요한계시록 12:4,5을 보면 하늘에서 쫓겨난 사탄 즉 용은 여인이 낳은 아이를 삼키려고 시도했으나 실패한다. 실제로 사탄은 헤롯을 통하여 어린 아기 예수를 죽이려했으나 실패하였고 계속해서 남자 아이를 낳은 여자 즉 교회를 핍박한다.

14절. 사도 요한은 그 여자가 큰 독수리의 두 날개를 받아 광야 자기 곳으로 날아가 거기서 그 뱀의 낯을 피하여 한 때와 두 때와 반 때를 양육 받는 환상을 본다. 그 여자가 큰 독수리의 두 날개를 받아 광야로 갔다는 말은 하나님이 그의 능력으로 교회, 즉 우리를 하나님의 은혜만으로 살아야 하는 광야로 보내신다는 뜻이다(출 19:14;신 32:10, 11;사 40:31). 우리 성도는 예수 그리스도를 주님으로 영접하는 순간부터 하나님의 은혜로 광야에 가서 하나님만 의지하고 그의 은혜로 "한 때와 두 때와 빈 때" 즉 "천 이백 육십 일," 주님의 초림에서 재림까지의 기간 동안 이 땅에서 하나님의 양육을 받으며 살아가는 자들이다(11:3 주해 참조).

15절. 그러나 여자의 뒤에서 뱀이 그 입으로 물을 강같이 토하여 여자를 물에 떠내려 가게 하려고 한다. 뱀은 사탄의 상징이다. 뱀의 입에서 물을 강같이 토하여 여자를 떠내려가게 하려는 것은 사탄이 교회를 핍박하고 파괴하려는 것을 말한다. 예루살렘 교회가 세워지자 사도 야고보를 죽이는 것으로 시작하여 스데반 집사를 죽이고 성도들을 잡아다 가두었다. 그 후 사도 요한이 이 계시록을 기록할 당시까지 모진 핍박을 가하였다. 지금도 사탄은 온갖 물을 토하여 교회를 삼키려 한다. 다시 말하면 사탄은 거짓의 물결, 어떤 사상, 온갖 우상의 종교, 철학적 허구, 정치적 이상향, 과학의 옷을 입은 요설, 타락으로 이끄는 유행 등의 물결을 일으켜 교회를 핍박하고 공격한다.[17] 주님이 오실 때까지 사탄의 공격은 멈추지 않을 것이다.

16절. 뱀이 물을 토하여 여자를 익사케 하려하자 땅이 여자를 도와 그 입을 벌려 용의 입에서 토한 강물을 삼킨다. 팔레스틴은 땅이 주로 모래로 구성되어 있어서 어떤 큰 홍수가 일어난다 해도 얼마가지 않아 땅 위의 물을 모두 흡수한다고 한다.[18] 사탄이 교회를 핍박하고 파괴하려 하지만 땅이 넘치는 홍수를 얼마 지나지

17) Lenski, 같은 책, p. 310; Hendriksen, 같은 책, p. 178; 박윤선, 같은 책, p. 240.
18) 이상근, 같은 책, p. 167.

않아 흡수하는 것처럼 그 핍박은 오래 가지 않고 하나님은 교회를 사탄의 핍박에서 보호하신다.

17절. 용이 여자를 공격하여도 계속 실패하자 여자에게 분노하여 돌아가서 그 여자의 남은 자손 곧 하나님의 계명을 지키며 예수의 증거를 가진 자들로 더불어 싸우려고 바다 모래 위에 선 광경을 사도 요한이 환상으로 본다. "여자의 남은 자손"이 누구인가? 여자의 남은 자손은 하나님의 계명을 지키며 예수의 증거를 가진 자들이라고 밝히고 있으므로 그들은 그리스도인들 즉 성도를 가리킨다. 그런데 어떤 이들은 이방인 성도 또는 유대인 성도를 가리킨다고 말하나[19] 그런 주장은 문맥을 무시한 해석이다. 여자는 예수님이 나시기 전과 나신 이후 모든 시대의 모든 믿는 자들의 신앙의 공동체, 교회를 말한다. 그 교회 즉 성도들의 첫 열매는 여자가 낳은 남자 아이, 그리스도이다.

왜 이 성도가 이방인이냐 유대인이냐 나누어 생각해야 하는가? 여자의 남은 자손은 처음에 낳은 남자 아이 말고 다른 남은 자손 모두 즉 그리스도의 교회의 유대인과 이방인 가리지 않고 모든 성도를 가리킨다. 사탄이 자기의 부하인 요한계시록 13장에 나오는 두 짐승을 바다와 땅에서 불러오는데 그것은 힘을 합하여 교회의 성도들과 싸우기 위해서이다.

우리는 이미 천사장 미가엘과 그의 사자들에 의하여 패퇴하여 땅에 떨어진 사탄과 그의 사자들을 두려워해선 안 된다. 사탄이 잠시 그리스도를 위협하고 교회를 핍박해왔지만 이미 하늘에서 패배한 자요 만왕의 왕으로 오신 그리스도가 이 땅 위에 하나님 나라를 세우셨고 우리는 그 하나님 나라 백성이다. 사탄이 광야의 교회를 핍박하지만 실패하게 되어 있다. 사탄은 그의 악한 천사들과 두 짐승 즉 악한 세상 권력과 거짓 선지자들과 함께 우리를 공격할 것이다. 그러나 신앙의 선배들이 어린 양의 피와 자기의 증거하는 말을 인하여 죽기까지 자기 생명을 아끼지 아니하고 이기었듯이 우리도 승리자 주님을 따라 저들을 이길 것이다.

---

19) Mounce, 같은 책, p. 247; 이상근, 같은 책, p. 168.

*삽경 5. 바다와 땅에서 올라 온 짐승들(계 13:1-18)

라. 일곱째 나팔(계 11:15-19)
*삽경 4. 여자와 아이, 그리고 용(계 12:1-17)
***삽경 5. 바다와 땅에서 올라 온 짐승들(계 13:1-18)**
1) 바다에서 올라 온 짐승(계 13:1-10)
2) 땅에서 올라온 짐승(계 13:11-18)
*삽경 6. 교회의 승리와 최후의 대 심판 경고(계 14:1-20)
1) 교회의 승리(계 14:1-13)
2) 최후의 대 심판 경고 - 세상 끝 날의 추수(계 14:14-20)

1) 바다에서 올라 온 짐승(13:1-10)

1 내가 보니 바다에서 한 짐승이 나오는데 뿔이 열이요 머리가 일곱이라
그 뿔에는 열 왕관이 있고 그 머리들에는 신성 모독 하는 이름들이 있더라
2 내가 본 짐승은 표범과 비슷하고 그 발은 곰의 발 같고 그 입은 사자의
입 같은데 용이 자기의 능력과 보좌와 큰 권세를 그에게 주었더라 3 그의
머리 하나가 상하여 죽게 된 것 같더니 그 죽게 되었던 상처가 나으매 온
땅이 놀랍게 여겨 짐승을 따르고 4 용이 짐승에게 권세를 주므로 용에게
경배하며 짐승에게 경배하여 이르되 누가 이 짐승과 같으냐 누가 능히 이
와 더불어 싸우리요 하더라 5 또 짐승이 과장되고 신성 모독을 말하는 입
을 받고 또 마흔두 달 동안 일할 권세를 받으니라 6 짐승이 입을 벌려 하
나님을 향하여 비방하되 그의 이름과 그의 장막 곧 하늘에 사는 자들을 비
방하더라 7 또 권세를 받아 성도들과 싸워 이기게 되고 각 족속과 백성과
방언과 나라를 다스리는 권세를 받으니 8 죽임을 당한 어린 양의 생명책
에 창세 이후로 이름이 기록되지 못하고 이 땅에 사는 자들은 다 그 짐승
에게 경배하리라 9 누구든지 귀가 있거든 들을지어다 10 사로잡힐 자는

사로잡혀 갈 것이요 칼에 죽을 자는 마땅히 칼에 죽을 것이니 성도들의 인내와 믿음이 여기 있느니라

요한계시록은 살아계신 어린양 그리스도가 일곱 인으로 봉한 책을 개봉하는 내용으로 구성되어 있다. 첫째 인에서 여섯째 인이 개봉되는 중에 중간 중간에 문맥에 따라 보충 설명을 하는 특별한 환상 일곱 개가 나오는데 첫째에서 여섯째 인이 개봉된 후 일곱 째 인은 성도들의 기도의 응답으로 나타나는 불신자들에 대한 일곱 나팔과 일곱 대접 재앙을 소개한다. 먼저, 첫째 나팔에서 여섯째 나팔이 울림에 따라 자연재앙과 사탄의 세력, 즉 황충의 재앙과 세상 권력의 싸움 즉 유브라데 강의 전쟁의 재앙이 소개되고, 일곱 째 나팔은 일곱 대접 재앙을 소개한다. 일곱 째 나팔이 울리기 시작하고 세 개의 특별한 환상, 즉 여인과 용, 두 짐승, 그리고 교회의 승리와 대심판의 환상이 나타난다. 오늘 본문은 일곱째 나팔 이후 두 번째 삽경, 두 짐승 즉 바다에서 올라온 짐승과 땅에서 올라온 짐승에 관한 말씀이다.

13:1-2절. 사도 요한은 용이 교회 성도들과 싸우려고 바닷가 모래에 섰는데 바다에서 한 짐승이 나오는 것을 본다. 바다에서 먼저 열 뿔이 보이기 시작하여 일곱 머리가 나타난다. 그 뿔에는 열 왕관이 있고 그 머리들에는 신성모독하는 이름들이 있다. 이어서 나타나는 몸은 표범과 비슷하고 그 발은 곰의 발 같고 그 입은 사자의 입 같다. 첫 번째 짐승인 용이 '무저갱'에서 올라오는데 반해 두 번째 짐승은 '바다'에서 올라온다. 이 바다에서 나오는 짐승에 관한 환상은 다니엘서 7장을 배경으로 하는데 다니엘서 7:3의 바다에서 나오는 네 짐승들은 역사상 큰 네 제국을 상징함으로 '바다'는 모든 세상 나라들과 그 권력들을 총칭한 것으로 볼 수 있다. 바다에서 나오는 짐승의 모습은 요한계시록 12:3에 나오는 용의 모습과 매우 유사하다. 단지 차이점은 본문의 짐승은 뿔들에 면류관이 얹혀 있는 반면에 지옥의 왕 용에게는 머리에 면류관이 씌워

있다는 것뿐이다. 이것은 바다에서 나온 짐승이 사탄인 용의 부하이고 용은 바다에서 나온 짐승에게 자신의 권세를 부여함을 뜻한다.

그렇다면 신성 모독 하는 이름들이 있는 일곱 머리와 열 왕관이 있는 열 뿔을 가지고 몸은 표범과 비슷하고 그 발은 곰의 발 같고 그 입은 사자의 입 같은 이 짐승은 무엇을 가리키는가? 이 짐승을 이 세상의 말기 즉 종말에 나타날 적그리스도 또는 로마제국이라는 주장이 있으나[20] 요한계시록이 1세기의 성도만을 위한 말씀이 아니고 주님의 초림에서 재림 사이의 모든 성도들을 위한 말씀이므로 그 짐승을 로마로 한정해서 생각을 해서도 아니 되며 이것이 재림 직전의 적그리스도나 그의 왕국이라는 주장도 바람직하지 못하다. 그리고 적그리스도는 3절 이하에서 일곱 머리 중에 하나가 상하여 죽게 된 것 같더니 그 죽게 되었던 상처가 나아 신격화되어 적그리스도로 숭배를 받는 존재이므로 짐승 자체를 적그리스도라 할 수 없다.

바다에서 나타나는 이 짐승의 형상은 다니엘서 7장에 언급된 네 마리 짐승 중 처음에 나온 세 마리의 짐승의 특징을 모두 갖고 있다. 다니엘서 7장에서는 바다에서 네 짐승들 즉 사자, 곰, 표범과 같은 짐승이 나오고 그 다음에는 철로 만들어진 이와 열 뿔이 있는 무섭고 강한 짐승이 나온다. 이 환상들은 하나님을 대적하고 이스라엘 백성을 핍박하는 바벨론, 바사, 그리고 헬라 제국들을 상징하고 네 번째 열 뿔을 가진 짐승은 앞에 있는 세 제국 뒤에 오는 로마 제

---

20) 박윤선, 같은 책, p. 250 "이 세상 말기에 나타날 적그리스도 왕국"; 이상근, 같은 책, p. 169. "로마가 상징하는 미래의 인물로 종말적 적그리스도"; 이필찬, 같은 책, p. 571 "일차적으로는 로마 제국이나 황제들을 가리키나 하나님의 나라를 대적하는 종말적 적그리스도 세력"; 김승곤, 같은 책, p. 261 "후 3년 반에 역사할 최종적 적그리스도"; Mounce, 같은 책, p. 251 "for John the beast was the Roman Empire as prosecutor of the Church,... yet the beast is more than the Roman Empire… The beast has always been, and will be in a final intensified manifestation, the deification of secular authority."; Ladd, 같은 책, p. 177 "the beast represents the historical Roman Empire of the first century… The beast then is the eschatological Antichrist who was shadowed in certain aspects of Rome, and in other totalitarian states as well."

국을 상징한다. 그러므로 본문에 나오는 바다에서 나온 짐승은 다니엘서 7장에 나오는 네 짐승을 합한 것이므로 하나님을 대적하는 모든 나라와 그 권력을 뜻한다.[21] 하나님을 대적하는 세상 권력은 표범처럼 신속하고 곰처럼 강하고 사자처럼 무자비하다.

먼저, '일곱 머리'를 보자. 이 짐승의 일곱 머리는 요한계시록 17:9,10을 볼 때 일곱 머리는 일곱 왕이라고 함으로 누구도 부인할 수 없이 용으로부터 권세를 받은 모든 국가의 악한 정치적 권력을 가리킨다.[22] 여기에 대하여 다소 차이는 있으나 주석가들의 대부분 의견이 일치한다. 일곱 머리는 하나님을 모독하는 "참람된 이름들"을 가지고 있다. 로마 황제 아우구스투스(Augustus, '존엄한자')는 자신을 신으로 공경해 주기를 원하였으며 네로는 주화에다가 자신을 세상의 구세주로 새겨 넣었고 도미티안은 로마인들로부터 "우리의 주(主)이시며 하나님"으로 불렀다.[23] 가까운 실례로 교회의 핍박자 북한의 김일성도 자신을 신격화했다. 이들처럼 바다에서 나온 짐승의 신성 모독하는 이름이 있는 일곱 머리는 하나님을 대적하여 교회를 핍박하는 세상의 모든 정치적 권력

---

21) Hendriksen, 같은 책, p. 176. "이 땅의 나라들과 그 나라의 정부를 통하여 작용하는 사탄의 핍박의 권능(세)"; Mounce, 같은 책, p. 251 "Yet the beast is more than the Roman Empire. John's vision grew out of the details of his own historical situation, but its complete fulfillment awaits the final denouement of his human history. The beast has always been, and will be in a final intensified manifestation, deification of secular authority."; Lenski, 같은 책, p. 317. "이 세상의 반기독교적 권세(능)"; Hughes, 같은 책, p. 212. "교회사 초기부터 바다에서 나온 이 짐승은 현시대 마지막에 나타날 것으로 예상되는 적그리스도와 동일시되었다. 그러나 이 짐승은 조금 전에 언급한 대로 기독교 역사의 전 과정 동안 인간의 대리인을 통해 나타나는 것이 타당하다."

22) Hendriksen은 그의 요한계시록 주해에서 "일곱 머리는 구 바벨론, 앗수르, 신 바벨론, 메데와 바사, 마게도니아, 로마 등등이다"고 밝히면서 "바다가 낳은 짐승은 전 역사의 무대 위에 세상의 여러 나라 정권으로 나타난 핍박하는 사탄의 세력을 상징한다"고 말한다. 그러므로 일곱 머리는 사도 요한 당시의 로마에 이르기까지 로마를 포함하여 성경에 나타난 일곱 국가나 그 정권이라고 말할 수 있으며 그 일곱은 주님의 초림에서 재림 사이에 역사상에 나타나는 하나님을 대적하는 국가나 왕 또는 정권을 상징한다.

23) Mounce, 같은 책, pp. 250-251.

을 말한다.

일곱 머리의 해석은 별다른 이의가 없으나 문제는 그 짐승의 열 뿔에 대한 해석이다. 첫째로 재생한 네로가 동방에서 올 때에 이끌고 온다는 파르티안 장군들,[24)] 로마의 분봉왕들,[25)] 로마 이후 열 개국,[26)] 오늘의 적그리스도 국가인 공산주의 나라들[27)] 등 열 뿔이 권세를 가진 구체적인 개인이나 국가들이라는 견해가 있다. 그러나 이 견해들은 상징인 열 뿔을 근거 없이 추측하는 견해일 뿐이다. 둘째로 일곱 머리와 열 뿔이 요한계시록 17:10,12에서 일곱 머리와 열 뿔이 각각 일곱 왕과 열 왕이라고 함으로 별 구별 없이 모두 국가나 왕이나 통치자들 가리킨다고 보는 견해이다.[28)] 그러나 요한세시록 17:12절에 "열 왕이 아직 나라를 얻지 못하였으나 다만 짐승과 더불어 임금처럼 한동안 권세를 받으리라"는 말씀을 볼 때 영토를 가지고 백성을 통치하는 왕은 아니므로 일곱 머리와 구별이 되어야 한다. 셋째로 열 뿔이 세상 왕들 자체를 말하지 않고 세상 왕들의 막대한 권세를 뜻한다는 견해이다.[29)] 그러나 열 뿔이 나라를 가지고 있는 왕 일곱 머리와 비교하여 아직 나라를 얻지 못하고 통치 권력을 행사하는 임금이 아니라 임금처럼 한 동안 권세를 받으리라고 한 말씀을 볼 때 일곱 머리에 속한 권세라고는 볼 수 없다.

앞의 견해들에 비해 가장 문맥에 맞는 것은 이 열 뿔이 정치적인 권력이 아닌 산업, 상업, 예술, 교육 등등 모든 분야에서 모든 적그리스도 정권에 협력하는 자들이라는 견해이다.[30)] '뿔'은 힘을 뜻하고 '열'은 세상의 충만한 수 만

---

24) 이상근, 같은 책, p. 205 De Wette, Bousset, Noffatt, Chaeles의 주장.

25) 이상근, 같은 책, p. 205 Ewald, Hulgenfeld, Clarke, B. Weiss의 주장.

26) 조용기, 같은 책, p. 234; 천정웅, 같은 책, p. 189; Criswell Vol. 4, 같은 책, p. 104; cf. Yeatts, 같은 책, p. 320.

27) 신성종, 같은 책, p. 116.

28) 박윤선, 권성수, Hughes, 김승곤 주장.

29) 이필찬, 같은 책, p. 733

30) Hendriksen, 같은 책, p. 210 "정치 권력 외 모든 분야에서 권력층에 맹종하는 자들"; Mounce, 같은 책, p. 317 "Swete imprets this to mean that the beast can count not only on

수로 '열 뿔' 은 짐승의 모든 충만한 권세를 말한다. 그러므로 마지막 견해에서 밝혔듯이 짐승이 사용하는 '열 뿔' 은 정치권력이 아닌 재물, 종교, 문화, 전통 등등을 포함하는 모든 막강한 권세를 말한다고 보는 것이 자연스럽다. 여기서 '열 뿔' 을 국가 권력이라든가 EC 유럽공동체 같은 특정 국가 등으로 해석하는 것은 무리이다.[31] 결론적으로 말한다면 바다에서 나온 짐승은 하나님과 교회를 대적하는 이 세상의 모든 권력을 상징한다.

용이 자기의 능력과 보좌와 큰 권세를 바다에서 나온 이 무서운 짐승에게 주었다. 용이 큰 권세를 바다의 짐승에게 주지만 하늘로부터 땅에 떨어진 사탄의 권세는 제한된 것이고 하나님의 통제 아래 있을 뿐이다. 사탄이 그 제한된 권세를 바다의 짐승에게 주어 하나님을 대적하고 교회를 핍박하게 하는 것이다. 사탄은 세상의 정치권력과 그 외 경제, 예술, 문화 등등의 모든 권세를 이용하여 조직적으로 교회와 성도들을 핍박한다.

3-4절. 사도 요한이 보니 그 짐승의 일곱 머리 중에 하나가 상하여 죽게 된 것 같았는데 그 죽게 되었던 상처가 나아 사탄인 용으로부터 권세를 받아 행하니 온 땅이 이상히 여겨 짐승을 따르고 용과 짐승에게 경배하며 "누가 이 짐승과 같으냐 누가 능히 이와 더불어 싸우리요" 라고 찬양한다. 바다에서 나온 짐승의 일곱 머리 중에서 상하여 죽게 되었다가 나아서 사탄인 용으로부터 권

---

the actual military power of the kings, but on the moral force which belongs to their position as well. They are "willing collaborates" (morris), who share the same hostility to Christ and his followers. "군사적 군력이 아닌 정신적 권력에 의존하는 자의적 적그리스도의 협력자들").

31) 필자가 직접 경험한 일로서 한국의 한 대형교회의 구역장으로부터 직접 들은 이야기이다. 그 교회 담임 목사는 평소에 '열 뿔' 은 EC 유럽공동체라고 해석하고 EC가 10개국이 되는 날 주님이 공중재림하고 성도들은 휴거된다고 주장하고 가르쳤다. 그가 1981년 어느 날 택시 안에서 그리스가 유럽공동체의 10번째 국가가 되었다는 라디오 방송을 듣는 순간 너무도 놀랐고 자신이 휴거가 안 되므로 무척 실망하고 집으로 급히 달려가 언니는 휴거되었는지 궁금하여 언니에게 전화를 했다. 물론 언니는 전화를 받았고 아무도 휴거되지 않았다. 그 담임 목사는 자신의 말을 바꾸었다고 한다. 계시록의 사건이나 숫자를 실제로 해석하면 어처구니없는 결과를 보게 된다.

세를 받아 큰 권력을 행사하므로써 온 땅으로부터 추종과 경배와 찬양을 받는 머리라는 것은 무엇을 상징하는가? 상하여 죽게 되었다가 나은 머리는 적그리스도이다.

사도 요한 당시 하나님을 대적하고 교회를 핍박하는 바다에서 나온 짐승은 로마에서 그 예를 볼 수 있다. 로마의 황제 중에 최초로 하나님을 대적하고 교회를 핍박한 황제는 네로였다. 네로는 교회를 가혹하게 핍박하다가 실정으로 근위대와 원로원에서 쫓겨나 치욕적인 죽음을 강요받아 결국 주후 68년 6월에 교외 별장에서 스스로 목숨을 끊었다. 그 때 네로의 귀환의 전설이 있었고 잠시 하나님을 대직하는 권세가 약해진 것 같았으나 그 뒤 13년 후 주후 81년에 즉위한 도미티안 황제가 네로보다 훨씬 더 심하게 조직적인 핍박을 가하였다.[32] 사도 요한이 요한계시록 13장에서 "네로의 귀환"이라는 주제를 배경으로 사용하고 있다는 주장이 있으나[33] 요한계시록은 요한이 자신의 의지로 쓴 것이 아니고 보여준 환상을 묵시문학(단 7:7,8; 8:9 이하)을 배경으로 하여 그대로 기록한 그 내용이므로 요한계시록의 이 구절들이 기록된 당시의 상황을 배경으로 하였다는 이론은 타당하지 않다.[34] 그러나 당시 로마의 배경이 "상하여 죽게 된 것 같았다가 나은 머리"를 설명하는 한 좋은 예가 될 수는 있다.

"상하여 죽게 된 것 같았다가 나은 머리"는 다니엘서 7:7, 8을 반영하고 있다고 보인다. 다니엘이 본 무섭고 놀라우며 또 극히 강하며 또 큰 철 이가 있어서 먹고 부서뜨리고 그 나머지를 발로 밟고 있는 머리에 열 뿔이 있는 넷째 짐승은 다니엘서 2:33의 철과 흙으로 된 발과 열 발가락이 달린 신상의 철로 된 종아리와 같이 로마를 가리킨다. 그러면 열 뿔은 다니엘서 2장의 신상의 철로 된 종아리의 발의 열 발가락에 해당한다. 다니엘서 7:24, 25을 보면 그 열

32) Hendriksen, 같은 책, p. 179.
33) 이필찬, 같은 책, p. 572.
34) 이상근, 같은 책, p. 170. "이것(네로 재생설)을 과거의 어떤 인격에 결부시키는 것은 옳지 않다."

뿔은 그 나라에서 일어날 열 왕인데 거기서 주님의 초림에서 재림에 걸치는 "한 때와 두 때와 반 때" 동안 하나님과 성도들을 괴롭게 할 것이라고 말한다. 여기서 열 뿔은 로마 제국을 기점으로 태동될 수많은 왕이나 제국 모두를 가리킨다.[35]

그 열 뿔 중에서 다른 작은 뿔이 그 사이에서 나더니 엄청난 힘으로 먼저 뿔 중에 셋을 뿌리까지 뽑아버리고 사람의 눈 같은 눈과 입을 가지고 큰 말을 한다. 이 작은 뿔은 사람의 이성으로 하나님을 대적하고 하나님을 모독하는 자로 다니엘서 8:9 이하를 볼 때 일차적으로는 안티오쿠스 4세 에피파네스를 가리키고 회복되는 이스라엘 즉 그리스도에 의해 세워지는 하나님 나라에서의 적그리스도를 상징한다.[36] 다니엘서 7장의 작은 뿔은 "상하여 죽게 된 것 같았다가 나은 머리" 같이 적그리스도를 상징하고 있다. 일곱 교회가 모든 교회를 가리키듯 일곱 머리도 이 세상의 하나님을 대적하고 교회를 핍박하는 모든 나라의 정치적 권력을 가리킨다. 그러므로 여기 나타나는 적그리스도도 어떤 한 인격이나 권력을 지칭한다고 보기보다는 주님의 초림에서 재림 사이에 나타나는 모든 적그리스도를 상징한다.[37] 요한일서 2:18에서 사도 요한은 "아이들아 지금은 마지막 때라 적그리스도가 오리라는 말을 너희가 들은 것과 같이 지금도 많은 적그리스도가 일어났으니 그러므로 우리가 마지막 때인 줄 아노라" 고 말함으로 그 때 당시도 이미 적그리스도가 많았고 앞으로도 많을 것을 말하고

---

35) 박윤선, 『성경주석 다니엘』," (서울: 영음사, 1981), p. 424; C. F. Keil and F. Delitzsch, Commentary on the Old Testament, Vol. 9, Daniel" (Grand Rapids: Eerdmans, 1976), pp. 228-229.

36) Matthew Henry, Revelation of the Behtany Parallel Commentary, Old testament, (Minneapolis, MN: Bethany House Publishers, 1983), p. 1787; 한정건, 『종말론 강해』, (서울: 기독교 문서선교회, 1992); 박윤선, 같은 책, p. 434; 참조 John Calvin, 『구약성서 주석, 다니엘 II』, (서울: 존칼빈성경주석 출판위원회, 1982), p. 35. "나는 이 '작은 뿔' 이 율리우스 씨저와 그를 계승하는 아구스도, 티베리우스, 갈리굴라, 클라디우스, 네로, 그 외의 왕을 가리킨다는 사실에 대해 의심하지 않는다."

37) Hughes, 같은 책, p. 212; Hendriksen, 같은 책, p. 178.

있다.

용과 짐승에게 경배하며 짐승을 찬양하는 말을 하는 자는 3절에 "온 땅" 즉 세상 모든 사람들이다. 공중의 권세 잡은 사탄이 적그리스도에게 권세를 주니 강력한 권세를 가지고 큰 권력을 행사함으로 세상 사람들이 그 권력에 복종하고 그를 신격화하여 경배하며 누구도 이와 같은 권력을 가질 수 없고 누구도 그와 싸울 수 없다고 찬양한다. 사탄의 권세를 받은 세상의 권력을 상징하는 바다의 짐승을 찬양하는 것은 사탄을 찬양하는 것이다. 우리 한국 교회사를 보면 조선시대와 일제 때 국가 권력으로부터 조직적인 핍박을 받아 엄청난 성도들이 순교를 당하고 수난을 겪었다. 비디에서 나온 짐승인 사악한 국가와 그 권력 뒤에는 사탄이 존재한다. 그 권세에 동조하거나 찬양하는 자는 사탄의 동조자요 사탄을 찬양하는 자일 뿐이다.

5절. 바다에서 나온 짐승은 사탄으로부터 권세뿐 아니라 과장되고 신성모독을 말하는 입을 받고 '마흔 두 달' 동안 일할 권세를 받는다. 바다에서 나온 짐승은 사람들을 현혹하는 큰 말과 하나님을 모독하는 참람된 말을 하는 입을 사탄으로부터 받고 '마흔 두 달' 이란 특정한 기간 동안 하나님을 대적하고 교회를 핍박한다. 바다에서 나온 짐승 즉 하나님을 대적하는 이 세상의 권력이 진실성이 없는 말로 유혹하고 하나님을 모독하는 말로 자신을 신격화하고 성도들을 괴롭히는 일을 하는 "마흔 두 달"은 언제인가? 요한계시록 11:2에서 자세히 다루었듯이 "마흔 두 달"은 측량을 받지 못한 성전 바깥마당이 이방인에게 주어져 이방인들이 성전 밖에 속한 거룩한 성을 짓밟는 기간이다. "마흔 두 달 동안"이란 요한계시록 11:3절에서 교회를 상징하는 두 증인이 하나님의 말씀을 전하는 기간인 "일천 이백 육십 일"과 같은 기간이요 요한계시록 12:14에서 여자로 표현된 교회를 광야 즉 힘든 세상에서 하나님이 양육하시는 기간인 "한 때와 두 때와 반 때"이다. 교회가 언제 세상에서 하나님의 보호를 받으며 양육을 받고 복음을 전하는가? 두 말할 것도 없이 주님의 초림에서 재림 사이이다. 그러므로 "마흔두 달"은 "일천이백육십 일"과 "한 때와 두 때와 반 때"와 같이 주님의 초림에서 재림 전까지 모든 기간을 뜻한다(계 11:2 주해 참조). "마흔두 달"을 단순히 년수로 계산하여 적그리스도에 의한 3년 반의 환난 기간이라고 말하는 것은 요한계시록의 상징성을 잘 이해하지 않고 그냥 쓰인 순서대로 사건을 이해하고 있는 것이다.

6절. 바다에서 나온 짐승이 땅에 거하는 자들의 경배와 칭송을 받고 더 힘을 얻어 입을 벌려 하나님을 향하여 비방하되 그의 이름과 그의 장막 곧 하늘에 거하는 자들을 비방한다. 이것은 악한 이 세상 권력이 사탄이 주는 권세를 받아 하나님을 대적하여 말로 신성 모독을 하고 스스로를 하나님 같이 높여 자신을 신격화하고 하늘에 거하는 자들 다시 말하면 모든 하나님의 백성들인 교회를 대적하는 함을 뜻한다. 그 실례를 이스라엘의 역사에서 찾아보면 알렉산더 대왕 이후 헬라제국의 시리아 왕 안티오쿠스 4세(Antiochus 4, BC 175-164)이다. 그는 모든 유대교의 희생 제사를 금지하고 할례를 중지시켰고 안식일과 절기들을 지키지 못하게 했고 불복하는 자들은 사형에 처했다. 게다가 토라(즉 율법서)를 찢고 불살랐고 유대인들에게 돼지고기를 먹도록 했으며, 전국 각처에 건립되어 있는 우상제단에 제사를 드리게 했다. 이러한 그의 악랄한 행동은 성전 뜰에 제우스 제단을 건립함으로써 그 절정에 달했는데 거기에 안티오쿠스 4세 자신의 모습을 담은 신상도 세웠다(마카비상서 1:22-57). 또한 안티오쿠스 4세처럼 로마의 많은 황제들도 큰 말과 참람된 말을 하며 하나님을 대적하여 자신들을 신격화했다. 오늘날에도 이런 권력이 이 땅에 있고 주님이 오실 때까지 그러 할 것이다.

7-8절. 사도 요한은 이처럼 바다에서 나온 짐승이 더 큰 권세를 받아 성도들과 싸워 이기게 되고 각 족속과 백성과 방언과 나라를 다스리는 권세를 받으니 죽임을 당한 어린양의 생명책에 창세 이후로 녹명되지 못하고 이 땅에 사는 자들은 다 짐승에게 경배하리라는 예언을 듣는다. 짐승이 성도들과 싸운다는 말은 전쟁처럼 물리적으로만 싸운다는 말이 아니라 모든 수단과 방법을 동원하여 성도들을 핍박하는 것을 의미한다. 마태복음 10:28에서 주님이 친히 이

바다에서 나온 짐승에 대하여 "몸은 죽여도 영혼은 능히 죽이지 못하니 두려워하지 말고 오직 몸과 영혼을 능히 지옥에 멸하시는 자를 두려워하라"고 말씀하셨다. 짐승은 용으로부터 모든 족속, 백성, 방언 및 나라를 다스리는 권세를 부여받지만 용 즉 사탄은 하나님 앞에 제한된 권세를 가지고 있으며 하나님의 통제 아래 있다. 그래서 사탄이 바다의 짐승 즉 악한 세상의 권력을 동원하여 일시적으로 세계를 지배하고 하나님을 대적하여 성도들을 핍박하고 죽일 수 있으나 결국은 성도들이 승리하며 짐승은 패배하여 멸망을 당하게 된다.

땅에 거하는 자들은 죽임을 당한 어린양 그리스도의 생명책에 창세 이후로 녹명되지 못하였으므로 이 땅의 악한 권세인 짐승을 하나님으로 믿고 의지하고 경배한다. 출애굽기 32:32, 33에서 모세가 금신상을 만든 이스라엘 백성을 용서해달라고 하나님께 간청할 때 자신의 이름을 '주의 기록하신 책' 즉 생명책에서 지워버려 달라고 간청하였다. 그러면 생명책에서 이름을 지울 수도 있다는 뜻인가 하고 생각할 수 있다.

그러나 모세는 간청 앞에 "합의하시면"이라는 말을 먼저 한다. 이것은 가능하지 않다는 것을 전제한다. 우리 주님도 십자가를 앞에 두고 겟세마네 동산에서 "내 아버지여, 만일 할 만하시거든 이 잔을 내게서 지나가게 하옵소서"라고 기도하셨다. 주님의 십자가는 하나님의 정하신 뜻이고 바꿀 수 있는 것이 아니다. 하나님이 창세 전에 그리스도 안에서 택하신 자들(엡 1:4)은 그리스도를 믿음으로써 어린양의 생명책에 기록되었고 그 기록은 변치 않는다. 그러나 창세 이후로 어린양의 생명책에 이름이 기록되지 못한 자들은 악한 세상 권력과 함께 사탄을 경배할 뿐이다.

9-10절. 사탄과 그의 권세를 받은 바다의 짐승 즉 악한 세상의 권력에게 핍박을 받는 성도들에게 주님께서 "누구든지 귀가 있으면 들을지어다. 사로잡힐 자는 사로잡힐 것이요 칼에 죽을 자는 마땅히 칼에 죽을 것이니 성도들의 인내와 믿음이 여기 있느니라"고 말씀하신다. "누구든지 귀가 있으면 들을지어다"는 말은 일곱 교회에 보낸 편지에서 나오는 구절이며(2:7, 11, 17, 29; 3:6,

13, 22) 주님께서 이 땅에 계실 때에도 제자들과 따르는 자들에게 이 어귀를 사용하셨다(마 11:15; 막 4:9). 뿐만 아니라 10절을 "성도들의 인내와 믿음이 여기 있느니라"고 마침으로 다음 말씀이 사탄이나 세상을 향한 것이 아니라 모든 성도들 즉 교회에게 주님이 친히 하신 말씀임을 나타낸다. 그래서 "사로잡힐 자는 사로잡힐 것이요 칼에 죽을 자는 마땅히 칼에 죽을 것이니"에서 "사로잡힐 자"나 "칼에 죽을 자"는 성도들이며 이 어귀는 성도들이 사로잡히거나 죽임을 당하는 핍박을 받을 것이며 그것이 하나님의 뜻 가운데 있음을 나타낸다(6:11 참조).

주님은 핍박받는 성도들에게 "성도들의 인내와 믿음이 여기 있느니라"고 말씀을 맺으신다. 이것은 사탄으로부터 성도가 핍박을 받는 것은 하나님의 뜻 안에 있으니 성도들이 믿음 위에 굳게 서서 인내해야 함을 말씀하신다(2:10; 3:5; 10; 빌 1:28). 사탄과 악한 세상이 교회를 핍박하지만 하나님의 제한 안에 있고 주님께서 핍박하는 그들을 보응하셔서 멸하실 것이니 우리는 주님의 말씀을 듣고 그들을 두려워 말고 인내하며 믿음을 지켜 승리해야 할 것이다.

2) 땅에서 올라 온 짐승(계 13:11-18)

11 내가 보매 또 다른 짐승이 땅에서 올라오니 어린 양 같이 두 뿔이 있고
용처럼 말을 하더라 12 그가 먼저 나온 짐승의 모든 권세를 그 앞에서 행
하고 땅과 땅에 사는 자들을 처음 짐승에게 경배하게 하니 곧 죽게 되었던
상처가 나은 자니라 13 큰 이적을 행하되 심지어 사람들 앞에서 불이 하늘
로부터 땅에 내려오게 하고 14 짐승 앞에서 받은 바 이적을 행함으로 땅에
거하는 자들을 미혹하며 땅에 거하는 자들에게 이르기를 칼에 상하였다가
살아난 짐승을 위하여 우상을 만들라 하더라 15 그가 권세를 받아 그 짐승
의 우상에게 생기를 주어 그 짐승의 우상으로 말하게 하고 또 짐승의 우상
에게 경배하지 아니하는 자는 몇이든지 다 죽이게 하더라 16 그가 모든 자
곧 작은 자나 큰 자나 부자나 가난한 자나 자유인이나 종들에게 그 오른손

에나 이마에 표를 받게 하고 17 누구든지 이 표를 가진 자 외에는 매매를 못하게 하니 이 표는 곧 짐승의 이름이나 그 이름의 수라 18 지혜가 여기 있으니 총명한 자는 그 짐승의 수를 세어 보라 그것은 사람의 수니 그의 수는 육백육십육이니라

11절. 사도 요한은 바다에서 나오는 짐승을 본 후에 어린 양같이 두 뿔이 있고 용처럼 말하는 짐승이 땅에서 올라오는 것을 본다. "어린 양처럼 두 뿔이 있는" 모습은 어린 양은 아니고 어린 양과 비슷하다는 뜻이다. 사탄이 자신을 광명한 천사로 변장하듯이(고후 11:14) 사탄의 앞잡이가 그리스도로 변장한 것이다. 그리고 "용처럼 말한다"는 뜻은 그 짐승이 사탄의 앞잡이가 되어 사탄의 뜻을 말한다는 것이다. 외모는 그리스도를 닮은 것처럼 보이나 사탄의 앞잡이가 되어 사탄의 뜻을 말하는 땅에서 나온 짐승은 무엇을 가리키는가? 이 땅의 짐승을 요한계시록 16:13, 19:20과 20:10에서 분명하게 거짓 선지자로 말하고 있기 때문에 그 짐승이 거짓 선지자라는 데는 누구도 이견을 달지 않는다. 그러나 그 거짓 선지자가 구체적으로 누구인가에 대해서는 이견이 많다. 대부분 주석가들은 적그리스도를 돕는 거짓 선지자 또는 적그리스도를 돕는 종말적 거짓 선지자로 해석한다.[38)]

그러나 대부분의 주석가들은 그 거짓 선지자가 하나를 가리키는지 집합명사로 쓰여 여러 사람을 가리키는지를 밝히지 않는 반면 그 거짓 선지자가 하나라는 주장도 있다.[39)] 용은 분명 하나이고 바다에서 나온 짐승도 단수이지만 이들은 집합적으로 하나님을 대적하는 모든 세상의 권력들을 나타내므로 이를 돕

---

38) 박윤선, 『성경주석 요한계시록』, p. 254. "사람을 죄악 세계로 유인하는 거짓 선지자"; 이필찬, 『요한계시록 어떻게 읽을 것인가』, p. 181 "거짓 선지자"; 이상근, 같은 책, p. 174. "거짓 선지자"; 조용기, 같은 책, p. 241. "적그리스도를 도와주는 거짓 선지자"; Strauss, 같은 책, p. 254. "적그리스도를 돕는 거짓 선지자"; 김승곤, 같은 책, p. 268. "적그리스도 앞에서 활동하는 거짓 선지자"; Jamieson/Fauset/Brown, 같은 책, p. 1474 "The false prophet"; Krodel, 같은 책, p. 253 "A false prophet"

39) 권성수, 같은 책, p. 296. "예수님의 재림 직전에 나타날 적그리스도를 돕는 종교적 심복

는 땅에서 나온 짐승도 집합명사로 보아 거짓 선지자들을 나타낸다고 보아야 한다.

그러면 땅의 짐승이 복수를 가리키는 집합명사라는 관점에서 살펴보자. 땅에서 올라오는 짐승이 어린 양 같이 두 뿔이 있고 용처럼 말을 하는 것은 주님께서 마태복음 7:15에서 친히 "거짓 선지자들을 삼가라 양의 옷을 입고 너희에게 나아오나 속에는 노략질하는 이리라"고 말씀하신 대로 거짓 선지자는 대대로 출현하는 모든 거짓 교회의 지도자들로 보아야 한다는 주장이 있다.[40] 그러나 요한계시록 19:20과 20:10에서 사람들의 심판 전에 세상을 미혹하는 마귀와 바다에서 올라 온 짐승과 거짓 선지자가 불과 유황 못에 함께 던져지는 것을 보면 이 거짓 선지자는 하나님의 심판을 받아야 하는 교회의 거짓 지도자라고만 볼 수 없다.

그렇다면 양의 모습을 가졌으나 용처럼 말하는 사탄의 앞잡이고 세속의 권세를 도와 신격화하는 땅에서 나온 짐승은 무엇을 상징하는가? 래드(Ladd)는 공권력을 지지하기 위해 고용되어 악한 목적을 위해 부정을 행하는 조직된 종교라고 말하고 마운스(Mounce)는 세속 권력을 숭배하도록 영향을 주는 거짓 종교의 역할을 상징한다고 한다.[41] 그러나 거짓 종교로만 국한하는 것은 부자연스럽다. 한 예로 공산주의가 다른 종교를 대신하고 권력을 신격화하지 않았

으로 가짜 삼위일체의 가짜 성령에 해당하는 존재이다."

40) Hughes, 같은 책, p. 220. "대대로 출현하는 모든 거짓 교회 지도자들"; Matthew Henry, 같은 책, p. 1474. "Some great impostor, who, under a pretence of religion, shall deceive the souls of men"; 사와무라 로고, 같은 책, p. 179. "어린양 예수 비슷한 종교계의 큰 사기꾼"; Tim Lahaye, 같은 책, pp. 333-334 ." 적그리스도를 섬기도록 사주하는 종교지도자들"; Lenski, 같은 책, p. 331. "둘째 짐승은 사제들과 감독들과 교황의 자리를 이용하되 그 이상에까지 나아간다."; MacArthur, 같은 책, p. 58. "The false prophet"; Criswell, 같은 책, p. 113. "The false prophet"

41) Stieve Gregg, Ed., 같은 책, p. 295. "Ladd suggests that this beast represents organized religion, prostituted for evil ends, employed to support civic power. Mounce agrees; "The false prophet stands for the role of false religion in effecting the capitulation of mankind to the worship of secular power. It is the universal victory of humanism.";

는가? 그러므로 두 번째 짐승은 거짓 선지자로 전 세계를 통하여 여러 형태로 나타나는 거짓 종교와 거짓 철학을 상징한다고 말하는 헨드릭슨(Hendriksen)을 지지한다.[42] 덧붙여 구체적으로 말하면 세속의 권력을 돕고 신격화하는 거짓 종교와 철학뿐 아니라 그 외 교회 안에서 세상 권세와 야합하는 악한 세력이라고 보아야 한다. 그렇기 때문에 성도들은 외부적인 거짓 선지자와 그 세력의 공격에 대하여 싸워야 하지만 말씀에 근거한 신앙을 가지므로써 교회 안에서 세상 권력과 야합하여 교회를 타락시키려는 거짓 선지자들에게도 대처하도록 노력해야 한다(롬 16:18; 고후 11:14).

12절. 땅에서 나온 짐승이 먼저 바다에서 나온 짐승의 모든 권세를 그 앞에서 행하고 땅과 땅에 거하는 자들로 처음 짐승 즉 죽게 되었다가 상처가 나은 큰 권세를 행하는 짐승에게 경배하게 한다. 바다에서 나온 짐승이 용으로부터 권세를 받은 것처럼(4절), 땅의 짐승도 바다에서 나온 짐승으로부터 권세를 부여받는다. 이것을 볼 때 이 두 짐승은 용, 즉 사탄의 도구로 하나님을 대적하는 존재들임을 확실히 알 수 있다. 땅의 짐승 즉 거짓 선지자들이 이 세상의 악한 권력으로부터 권세를 받아 행한다. 그들은 자기들이 야합하여 권세를 나누는 권력은 선하다고 항변할 것이다. 그러나 그들은 주님께서 "가이사의 것은 가이사에게 하나님의 것은 하나님에게" 바치라고 하신 명령을 어기고 세상 권력과 야합한 자들 즉 겉으로는 양 같으나 입에서는 사탄의 소리를 내는 자들일 뿐이다.

Morris, 같은 책, p. 247. "The prophet who will most likely emerge as the patriarch(or pope, or ayatollah, or guru, more likely, simply 'prophet') of this universal religion."

42) Hendriksen, 같은 책, pp. 180-181. "전 세계를 통하여 여러 형태로 나타나는 거짓 종교와 거짓 철학을 상징한다.";. Hoeksema, 같은 책, p. 471. "The world power(the second beast) has need of false science and philosophy and religion(the third beast) to maitain his authority and the integrity and unity of his kingdom."; Wilcock, 같은 책, p. 127. "Religion, indeed, is too narrow an identification of the second beast. He is, in modern parlance, the ideology -whether religions, philosophical, or political-which 'gives breath to' any human social structure organized independently of God."

또한 거짓 선지자들은 땅과 땅에 거하는 자들 즉 세상과 불신자들로 하여금 처음 짐승 즉 죽게 되었다가 상처가 나은 존재인 적그리스도에게 경배하게 한다. 거짓 선지자들은 하나님을 대적하는 큰 권력에 붙어 그 권력을 행사하고 사람들로 하여금 그 권력에 경배케 하고 권력의 신격화에 동조하지 않는 성도들을 죽이기까지 핍박한다. 우리나라 개신교회 지도자들도 일제 때 일본천황을 신격화하여 숭배하는 신사참배를 국가의례라고 선언하고 참배하였다. 실제로 일제 강점기와 그 이후 역사를 보면 권력에 붙어 신격화 놀음을 하는 자들이 같은 성도들을 고발하고 핍박하는데 동참하였다.[43] 이처럼 역사 속에서 강한 권력을 신격화하고 오히려 교회를 핍박하는 것은 교회 내에 있는 거짓 선지자들의 몫이었다.

오늘날 한국교회에도 많은 교회 지도자들이 말은 그리스도 제자처럼 행하나 교회를 마치 기업이나 권력집단으로 만들고 그 권력을 유지하기 위하여 세상 권력에 야합하여 그 권력을 찬양하고 부정한 권력의 편에 서서 선거도 돕고 심지어 정치단체를 만들어 정치를 하는 것을 본다. 그들은 더 나아가 자신들의 권력을 유지하기 위하여 온갖 편법을 사용하여 자신들의 편이나 자녀에게 권력을 세습한다. 그들은 주님께서 "가이사의 것은 가이사에게 하나님의 것은 하나님에게" 바치라고 하신 명령을 어기고 세상 권력과 야합한 자들 즉 겉으로는 양 같으나 입에서는 사탄의 소리를 내는 자들일 뿐이다. 사이비 이단 교리를 전하여 사람들을 미혹하는 자들도 거짓 선지자이지만 바로 이들이 땅에서

---

43) 민경배, 『한국기독교회사』, 대한기독교서회, 서울, 1973, pp.347-350. "총회(1938년 9월 9일, 제 27회 총회)가 평양에 회집될 때 일본은 … 우선 주기철, 채정민, 이기선을 예비 검속하고 친일 목사 이승길과 김일선을 통해서 표독한 분리 공세를 편 다음 총대 한 사람 한 사람을 불러 협박함으로 신사참배 가결을 촉구했다… 평양, 평서, 안주 노회의 소위 삼노회를 대표해서 박응률 목사가 당돌하게 신사참배는 국민의 당연한 의무라고 하면서, 참배 결의와 성명서 발표 제안을 했다… 그리고 장로교가 홍택기(총회장)의 의식적인 가결 획책으로 신사참배가 기독교 신앙에 배치되지 않는다고 결의하고 말았다... 이렇게 해서 신사참배 문제로 평양 신학교가 폐쇄 당했고 2백여 교회가 문을 닫았으며, 3천여 성도가 투옥되었고, 40여 교역자들이 순교의 면류관을 썼던 것이다."

나온 짐승 즉 거짓 선지자들이다.

13-14절. 땅에서 나온 짐승은 큰 이적을 행하고 심지어 사람들 앞에서 불이 하늘로부터 땅에 내려오게 하고 땅에 거하는 자들에게 이르기를 칼에 상하였다가 살아난 짐승을 위하여 우상을 만들라고 말한다. 땅에서 나온 짐승이 이적을 행하는데 그 힘이 어디서 온 것인가? 바다에서 나온 짐승 즉 악한 세상 권력으로부터 받았고 바다에서 나온 짐승은 용 즉 사탄으로부터 권세를 받았다.

땅에서 나온 짐승이 불이 하늘에서 내려오게 하는 이적을 행하는 것은 열왕기상 18장에서 엘리야의 이적을 배경으로 하고 있다. 엘리야가 바알 선지자 450인과 갈멜산에서 기도응답 대결을 하는데 바알 선지자들은 응답을 못 받았으나 엘리야 선지자는 하나님께 기도함으로 여호와의 불이 내려서 번제물과 나무와 돌과 흙을 태웠다. 그러므로 땅에서 나온 짐승이 불이 내리는 이적을 행한다는 말은 거짓 선지자들이 기적 같은 능력을 행하여 사람들을 미혹하는 것을 말한다. 그것은 거짓 선지자들이 사탄의 영을 받아 이상한 이적을 행한다는 말도 되고 바다에서 나온 짐승 즉 권력의 권세를 받아 하나님의 기도응답으로 속이고 놀라운 능력을 행사하여 사람들을 미혹하고 자신들에게 권력을 준 바다에서 나온 짐승 즉 세상의 악한 권력에게 경배케 함을 의미한다. 오늘날 사이비 이단들이 악한 영들을 받아 이적을 행하기도 하고 많은 교회의 지도자들이 권력 편에 서서 권력을 행사하며 사람들을 미혹하고 사람들로 하여금 그 권력 편에 서게 한다. 결국 그것은 용인 사탄을 경배케 하는 것이다.

"땅에 거하는 자들"은 생명책에 그들의 이름이 기록되지 않은 불신자들을 지칭한다. 거짓 선지자들은 바다에서 나온 짐승에게 받은 이적을 행함으로써 불신자들을 미혹하여 적그리스도를 신격화하게 한다. 뿐만 아니라 보이는 지상교회 안에 겉으로는 교인이지만 "땅에 거하는 자들" 즉 불신자들이 있다. 땅에서 나온 짐승인 거짓 선지자들은 세상 권력을 받아 능력을 행사하며 교회 안에 있는 "땅에 거하는 자들"을 미혹하여 자신들이 추종하는 바다에서 나온 짐승 즉 강한 세상 권력을 경배케 할 뿐 아니라 신으로 섬기게 한다. 우리는 이런 권력이라는 우상을 경배해서도 안 되고 용납해서도 안 된다.

15절. 땅에서 나온 짐승이 권세를 받아 그 짐승의 우상에게 생기를 주어 그 짐승의 우상으로 말하게 하고 또 짐승의 우상에게 경배하지 아니하는 자는 몇이든지 다 죽이게 한다. 그 당시 마술사들이 입을 안 벌리고 말하는 복화술로 우상들이 말하는 것으로 사람들을 속였던 것처럼[44] 거짓 선지자들이 자신들에게 권세를 준 세상 권력을 우상화하고 세상 권력이 하나님의 능력을 대신하는 것처럼 속여 사람들로 하여금 짐승에게 경배케 한다. 역사에서 보면 권력자들은 자신이 하나님의 후손이라고 주장하였다. 사도 요한 당시 로마 황제들이 그랬고 그 신격화는 항상 거짓 종교지도자들의 몫이었다. 히틀러도 힘으로 교회를 굴복시켰고 소수 고백교회와 지도자 본 회퍼 목사가 순교를 당하기까지 핍박을 받는 동안 제국교회는 히틀러를 옹호하고 신격화했다는 것은 다 아는 사실이다. 이처럼 역사 속에서 강한 권력을 신격화하고 오히려 교회를 핍박하는 것은 교회 내에 있는 거짓 선지자들의 몫이다. 오늘날 한국교회에도 권력에 붙어 그 권력을 행사하며 그 권력의 잘못을 비호하는 땅에서 올라온 짐승인 거짓 선지자들이 많이 있다.

16-18절. 여기서 "그"는 물론 땅에서 나온 짐승인 거짓 선지자들이다. 세상 권력과 야합한 거짓 종교와 거짓 철학과 같은 거짓 선지자들이 세상 모든 사람들을 유혹하여 바다에서 나온 짐승 즉 악한 세상 권력을 숭배하고 하나님을 대적하게 하여 불신자가 되게 함으로 그들의 이마에 불신자의 표를 받게 한다. 반면 예수 그리스도를 믿고 구원받은 하나님의 백성들은 그들의 이마에는 어린 양의 이름과 그 아버지의 이름이 쓰임으로 하나님의 인을 받는다(계 7:2, 14:1).

"인"은 소유권이나(엡 1:3), 보증(고전 1:22, 에 3:12)을 나타낸다. 그래서

44) Mounce, 같은 책, p. 261. "Simon Magus is reputed to have brought statues to life(Charles)."; 박윤선, 같은 책, p. 255. "옛날 근동지방에 잡종교들이 요술에 의하여 우상으로 하여금 말하게 하는 일이 있었다고 한다(Charles)."

하나님의 소유요 보호해야 할 하나님의 자녀는 "하나님의 인"으로 인을 치고 짐승에게 절하는 땅에 거하는 자들에게는 이마나 오른 손에 짐승의 소유의 표시로 "짐승의 표," "육백육십육"을 받게 하는데 거짓 선지자가 짐승의 표를 받지 아니한 성도들로 하여금 매매하지 못하게 한다. 이것은 악한 세상 권력에 경배하지 않고 하나님만을 경배하는 자들에게 경제적 핍박을 가한다는 뜻이다. 사도 요한 당시 우상숭배나 황제숭배를 거절하는 성도들은 직장에서 또는 조합에서 쫓겨나 일자리를 잃거나 사업을 접어야 하는 불이익을 당하였다(2:9; 3;8; 롬 15:26; 히 10:34).[45] 오늘날도 권력과 결탁된 거짓 선지자들의 편에 서야 경제적 핍박을 안 받고 거짓을 지적하고 그들 편에 서지 않는 성도들은 경제적 핍박을 받고 있다.

지혜가 있고 총명한 자는 그 짐승의 수를 세어 보라고 한다. 그것은 사람의 수로 육백육십육이다. 그런데 많은 이들이 지혜와 총명을 버리고 그 짐승의 수 666의 의미를 제대로 해석하지 않고 666을 상징이 아닌 실제의 수로 보는 잘못을 범한다. 어떤 이들은 이 말씀을 곡해하여 상품에 부착되는 바코드가 6이라는 숫자가 세 개 들어가니까 짐승의 표 666이라고 결론을 내리고 앞으로는 이 짐승의 표 666이 들어간 마이크로칩을 사람의 손이나 이마에 넣어 사용되는데 이 표를 안 받는 자는 이 사회에서 경제적 활동도 못하고 살기가 힘들어진다고 주장한다. 이 베리칩은 신분증이나 각종 카드를 대신하여 사용되기 때문에 이것을 받지 않으면 은행에도 못가고 물건도 못 사게 되어 직장이나 사회에서 퇴출된다는 것이다. 이 666 표 마이크로칩을 받는 자는 짐승이 마음대로 조종하여 하나님을 대적케 하므로 이 마이크로칩을 받으면 지옥에 가게 되므로 목숨을 걸고 안 받지 않아야 천국에 간다고 주장한다.[46] 이들의 주장에 의하면 구원을 받는 것은 오직 예수 그리스도를 믿는 신앙에 의해서가 아니라 마이크로칩을 받느냐 안 받느냐에 달렸다. 예수 그리스도를 믿는 믿음으로만 구

45) Hendriksen, 같은 책, p. 74.
46) 서달석, "종말론 특별 세미나," 생명의 서신, 서울, 1989, pp. 237-262.

원을 받는 것이 아니라면 모든 사설이 이단이다.

사도 요한이 총명한 자는 지혜롭게 하나님이 아닌 사람의 수로 나타낸 그 짐승의 수 육백육십육을 헤아려 보라는 음성에 귀를 기울여야 한다. 6은 하나님의 완전수 7이 아닌 사람의 최고의 수 그러나 7에 비해 부족한 수, 또는 실패의 수라고 본다.[47] 부족한 수(실패의 수) 6을 세 번 사용하여 666이라고 한 것은 세 짐승, 용과 바다의 짐승과 땅의 짐승을 나타내거나 불완전한 수를 상징하는 6을 세 번 반복하는 것은 불완전성과 실패를 극히 강조한 표현으로 짐승은 하나님과 교회 앞에서 절대적으로 실패할 수밖에 없는 존재임을 나타내는 것으로 보인다. 사탄의 세력이 기적을 행하기도 하면서 강압적으로 우상을 섬기게 하고 생명을 앗아갈 것 같이 하나 그들은 완전하신 하나님과 주님의 교회를 이길 수 없는 불완전한 666일 뿐이다. 그러므로 666은 실패할 수밖에 없다. "지혜롭게 이 666의 수를 세어보라"는 말씀은 그 수는 불완전한 사람의 수 666에 불과하니 그 숫자를 두려워말고 순교를 각오하고 인내와 믿음으로 승리하라"는 뜻이다. 그러므로 하나님의 인을 맞은 우리는 666으로 두려움을 조장하는 사이비의 소리를 무시하고 믿음으로 인내하며 승리하여야 한다.

47) Hendriksen, 같은 책, p. 184; Hughes, 같은 책, pp. 224-225.

*삽경 6. 교회의 승리와 최후의 대 심판 경고 (계 14:1-20)

3. 일곱째 인, 일곱 나팔 재앙(계 8:1-9:21, 11:15-19)
   가. 일곱째 인의 심판의 재앙 선포(계 8:1-5)
   나. 첫 번째 네 나팔, 경고의 자연재앙 (계 8:6-13)
   다. 다섯째와 여섯째 나팔 사탄의 세력 확충과 유브라데 강 전쟁의 재앙(계 9:1-21)
      *삽경 2. 작은 두루마리를 가진 천사(계 10:1-11)
      *삽경 3. 성전척량과 두 증인(계 11:1-14)
   라. 일곱째 나팔(계 11:15-19)
      *삽경 4. 여자와 아이, 그리고 용(계 12:1-17)
      *삽경 5. 바다와 땅에서 올라 온 짐승들(계 13:1-18)
      ***삽경 6. 교회의 승리와 최후의 대 심판 경고(계 14:1-20)**
         1) 교회의 승리 (계 14:1-13)
         2) 최후의 대 심판 경고 - 세상 끝 날의 추수 (계 14:14-20)

1) 교회의 승리(계 14:1-13)

1 또 내가 보니 보라 어린 양이 시온 산에 섰고 그와 함께 십사만 사천이
서 있는데 그들의 이마에는 어린 양의 이름과 그 아버지의 이름을 쓴 것이
있더라 2 내가 하늘에서 나는 소리를 들으니 많은 물 소리와도 같고 큰 우
렛소리와도 같은데 내가 들은 소리는 거문고 타는 자들이 그 거문고를 타
는 것 같더라 3 그들이 보좌 앞과 네 생물과 장로들 앞에서 새 노래를 부
르니 땅에서 속량함을 받은 십사만 사천 밖에는 능히 이 노래를 배울 자가
없더라 4 이 사람들은 여자와 더불어 더럽히지 아니하고 순결한 자라 어린
양이 어디로 인도하든지 따라가는 자며 사람 가운데에서 속량함을 받아 처
음 익은 열매로 하나님과 어린 양에게 속한 자들이니 5 그 입에 거짓말이
없고 흠이 없는 자들이더라 6 또 보니 다른 천사가 공중에 날아가는데 땅

에 거주하는 자들 곧 모든 민족과 종족과 방언과 백성에게 전할 영원한 복
음을 가졌더라 7 그가 큰 음성으로 이르되 하나님을 두려워하며 그에게 영
광을 돌리라 이는 그의 심판의 시간이 이르렀음이니 하늘과 땅과 바다와
물들의 근원을 만드신 이를 경배하라 하더라 8 또 다른 천사 곧 둘째가 그
뒤를 따라 말하되 무너졌도다 무너졌도다 큰 성 바벨론이여 모든 나라에게
그의 음행으로 말미암아 진노의 포도주를 먹이던 자로다 하더라 9 또 다른
천사 곧 셋째가 그 뒤를 따라 큰 음성으로 이르되 만일 누구든지 짐승과
그의 우상에게 경배하고 이마에나 손에 표를 받으면 10 그도 하나님의 진
노의 포도주를 마시리니 그 진노의 잔에 섞인 것이 없이 부은 포도주라 거
룩한 천사들 앞과 어린 양 앞에서 불과 유황으로 고난을 받으리니 11 그
고난의 연기가 세세토록 올라가리로다 짐승과 그의 우상에게 경배하고 그
의 이름 표를 받는 자는 누구든지 밤낮 쉼을 얻지 못하리라 하더라 12 성
도들의 인내가 여기 있나니 그들은 하나님의 계명과 예수에 대한 믿음을
지키는 자니라 13 또 내가 들으니 하늘에서 음성이 나서 이르되 기록하라
지금 이후로 주 안에서 죽는 자들은 복이 있도다 하시매 성령이 이르시되
그러하다 그들이 수고를 그치고 쉬리니 이는 그들의 행한 일이 따름이라
하시더라

요한계시록의 본론은 일곱 인으로 봉한 책이 개봉됨으로 나타나는 환상으로 구성되어 있다. 인이 개봉되고 여러 핍박과 여러 환난이 뒤따르지만 그리스도와 복음이 계속 승리하며 순교자들의 부르짖음과 최후의 심판을 보이는 환상이 전개된 후 일곱 째 인은 성도들의 기도의 응답으로 불신자들에 내리는 일곱 나팔과 일곱 대접 재앙을 소개한다. 나팔이 울림에 따라 자연재앙과 사탄의 세력, 황충의 재앙과 전쟁의 재앙이 소개되고 일곱 째 나팔은 일곱 대접 재앙을 소개한다. 일곱 째 나팔이 울리기 시작하고 세 개의 특별한 환상, 즉 여인과 용, 두 짐승, 그리고 교회의 승리와 대심판의 환상이 나타난다. 오늘 본문은 그 세 개 중 마지막이며 전체 7개 삽경 중에서 여섯 번째인 교회의 승리와 대심판의 경고이다.

먼저, 어린 양이 시온 산에 섰고 그와 함께 십사만사천의 이마에는 어린 양의 이름과 그 아버지의 이름이 쓰인 성도들의 환상으로 시작한다. 어린 양은 물론 그리스도이시고 이마에 하나님의 인을 맞은 십사만사천은 구원받은 모든 성도들이다. 그들은 주님의 몸을 이루는 교회이다. 그들이 보좌 앞과 네 생물과 장로들 앞에서 하나님의 계명과 예수에 대한 믿음을 지키고 승리한 자들의 새 노래를 부른다.

14:1-2절. 용의 말을 하는 거짓 어린 양의 환상이 사라지고 사도 요한은 진짜 어린 양이 시온 산에 서 있는 모습을 본다. 어린양과 함께 이마에 어린 양의 이름과 그 아버지의 이름이 쓰인 십사만사천이 서 있다. 여기 시온 산이 실제로 지상의 예루살렘에 있는 산이며 이것은 시온 산에 계시는 주님의 지상 재림에 대한 예언이라는 주장과[1] 시온 산은 주님의 재림 후에 있을 천년왕국을 나타낸다는 주장이[2] 있다. 그러나 2절에서 그곳이 하늘임을 밝히고 있고 히 12:22을 보면 예수를 믿는 성도가 앞으로 이를 곳이 아니라 이미 이른 곳은 옛날 이스라엘 백성들이 애굽에서 구원받고 이른 시내 산이 아니라 시온 산과 살아 계신 하나님의 도성인 하늘의 예루살렘이라고 말씀한다. 그러므로 여기서 시온 산은 하나님이 계시는 영적 세계인 하늘을 말한다.[3]

---

1) 이상근, 같은 책, p. 179. "지상의 시온 산"; Lehman Strauss, Revelation, (Neptune, New Jersey: Loizeaux Brothers, 1964), pp. 260-161. "The Lamb seen standing on this mount is also a prophetic forecast of Christ's return on the earth as recorded in Zechariah 14:4 and Revelation 14. Mount Zion is Jerusalem, Israel's earthly capital(2Sam 5:7; Ps 48:2; Is 24:43)."

2) Mounce, 같은책, p. 267. "Some writers take it as the earthly site of a millennial reign(Walvoord, pp. 213-14)."

3) 박윤선, 같은 책, p. 262(시 2:6, 50:2); Hendriksen, 같은 책, p. 185; Mounce, 같은 책, p. 267 The heavenly Zion(히 12:22, cf. Joel 2:32); Lenski, 같은 책, p. 336; 이필찬, "속히 오리라," p. 607; 김승곤, 같은 책, p. 277 "시온산이란 말이 땅의 것을 가리킬 대에는 유대 나라요(시 2:6), 신령한 것을 가리킬 때에는 천국을 의미한다(히 12:22)."

이 문제의 결정적인 해답은 시온 산에 어린 양과 함께 있는 십사만사천이 누구이며 그들이 시온 산에 있는 시기가 언제인가에 달려 있다. 어린 양의 이름과 그 아버지의 이름으로 이마에 인을 맞은 십사만사천 곧 충만한 수의 구원받은 자들이 천국에서 구원받은 자의 새 노래를 부르는 환상은 주님의 재림 후 이 세상이 끝나고 새 하늘과 새 땅에서 일어날 것으로 생각하기 쉽다. 그래서 요한계시록 7장에서 십사만사천은 대 환난 이전에 있었으나 14장에서는 그 환난이 지나고 천년왕국으로 들어서고 있다는 주장과[4] 7장의 십사만사천은 14장의 그들과 동일인들이지만 7장은 전투하는 교회로 지상적 존재이고 14장은 승리한 교회로 변화된 천상적 존재라는 주장이[5] 있다. 그러나 이 환상은 일곱 대접 재앙(16:1-21) 전에 있다. 천년왕국주의자들이 주장하는 시간적 순서대로 말한다면 14장의 십사만사천의 환상이 환난과 주님의 재림 후에 도래하는 천년왕국 시대가 아니라 일곱 대접 재앙 전에 있는 사건임을 알 수 있다. 따라서 7장과 14장의 십사만사천이 둘 다 과거와 현재와 미래의 예수 믿고 구원받은 모든 성도들로서 이 땅에 살지만 하늘에 거하는 자들 모두를 포함한다. 우리는 영적으로 십사만사천 중에 속해 있는 하나님의 백성으로서 이미 어린 양 주님과 함께 시온 산 즉 하늘나라에 있다(엡 2:6). 그러므로 두 환상이 시차가 있는 것이 아니라 7장의 십사만사천은 세상에서 싸우는 교회의 승리한 교회의 모습이며 반면 14장의 환상은 승리한 교회가 무엇을 하는가, 다시 말하면 어떻게 거룩한 모습을 보이는가를 말한다. 14장의 그들이 시온 산에 서 있는 시기가 부활 후라고 생각해보자. 그 경우에는 그 환상이 새 하늘과 새 땅이거나 천년왕국주의자들이 주장하는 천년왕국이라고 말할 수 있을 것이다.

그러나 시온 산에 서 있는 어린양과 십사만사천은 시간적으로 모든 심판이 끝나고 새 하늘과 새 땅의 영원한 천국에 있는 것이 아니다. 앞으로 그리스도를 믿을 성도들까지 포함해서 모든 성도가 그리스도를 믿음으로 하늘나라에

---

4) 이상근, 같은 책, p. 179.
5) 이필찬, 같은 책, p. 607.

거한다는 뜻이다. 그러므로 거듭 언급하지만 시온 산은 하나님이 계시는 영적 세계 하늘이고 십사만사천은 살아 있건 죽었건 그리고 앞으로 태어날 사람이건 예수 그리스도를 믿고 구원받은 모든 하나님의 백성이다. 14장의 십사만사천의 환상 후에 바로 6, 7절에서 세 천사 중 첫째 다른 천사가 모든 민족과 종족과 방언과 백성에게 전할 영원한 복음을 가지고 하나님의 심판하실 시간이 이르렀음을 선언하는 환상이 나타나기 때문에 이 십사만사천의 환상이 영원한 복음을 전하는 기간과도 관계가 있어야 한다. 복음이 전해지고 이 땅에 심판이 선언되는 시기란 천년왕국주의자들이 주장한 천년왕국이나 새 하늘과 새 땅의 때가 아니고 바로 주님의 초림과 재림 사이이다. 그러므로 14장의 십사만사천도 7장에서와 같이 죽은 성도들이나 살아 있는 성도들이나 또 미래의 성도들까지 포함한 구원받은 자의 충만한 수이며 그 환상은 모든 시대를 아우르는 하늘의 모습이다.

사도 요한이 자세히 보니 어린양과 함께 서 있는 십사만사천의 이마에는 하나님의 백성의 표시로 어린양의 이름과 그 아버지의 이름이 쓰여져 있고 하나님이 함께 하시는 표시로 많은 물소리도 같고 큰 우렛소리와도 같은 소리와 거문고 타는 것 같은 하늘의 노래가 들린다. 물소리와도 같고 큰 우렛소리와도 같고 거문고를 타는 것 같은 소리는 1:15, 5:8, 6:1, 19:6에서 하나님과 부활하신 주님이 계시는 하늘을 나타낼 때 사용되므로 그 소리의 근원지가 하늘임을 나타낸다. 그러므로 시온 산을 지상의 어떤 곳이라고 주장하는 것은 무리이다.

3-5절. 십사만사천의 천국백성은 보좌와 네 생물과 장로들 앞에서 구원받은 자의 모습을 보여준다. 첫째로 그들은 새 노래를 부른다. 4장에서 보인 하늘의 보좌의 환상은 주님의 재림 바로 직전의 하늘의 모습이 아니라 주님의 초림부터 일어날 역사의 중심이시며 삼위일체 하나님이 의와 심판과 은혜로 하늘과 땅을 다스리시며 천사와 온 성도와 만물들이 하나님께 경배하고 찬양하는 관계를 보이는 것이다. 이 장에 나온 환상도 구원받은 십사만사천이 하나님 앞에서 새 노래를 부르는 존재임을 보여주는 환상이다. 3절 이하에서 십사만사

천이 어떤 자들인가를 설명하는 것을 그들의 자격에 대한 설명이라고 말하는 이들이 있다.[6] 그러나 구원은 자격을 갖춘 자들이 받는 것이 아니다. 예수 믿고 구원받아 승리자가 된 십사만사천은 하늘에 거하는 자들로서 여기서 말하는 새로운 존재, 새 노래를 부르는 자들이 되는 것이다.[7] 요한계시록 15:3을 보면 새 노래는 모세의 노래, 어린 양의 노래라고 말한다. 모세의 노래는 출애굽기 15장에 나오는데 하나님께서 이스라엘 백성은 홍해를 걸어서 건너게 하시고 애굽의 군대를 홍해에 던지심으로 이스라엘 백성을 구원하셨음을 이스라엘 백성들이 홍해를 건넌 후 찬양하는 노래이다. 이 새 노래는 아무나 배워서 부르는 것이 아니고 구원받은 자만이 부를 수 있는 것이다. 마찬가지로 구원받은 우리는 하나님 앞에서 하나님이 우리를 구원하셨음에 대하여 찬양하는 새 노래를 항상 불러야 한다.

고린도전서 10:1, 2을 보면 이스라엘 백성들이 믿음으로 홍해를 건너는 것을 세례를 받았다고 표현한다. 이스라엘 백성들이 홍해를 믿음으로 건넌 것은 바로 우리 성도가 예수를 믿고 세례를 받고 구원받은 것을 상징한다. 그러므로 이스라엘 백성들이 홍해에서 구원받아 모세의 노래를 불렀듯이 십사만사천이 새 노래를 부르는 것은 이 세상이 끝나고 새 하늘과 새 땅에서 부르는 것이 아니라 예수 믿고 구원받은 자들이 하늘의 보좌 앞에서 구원의 새 노래를 부르며 사는 모습이다. 마지막으로 13절에 "기록하라 지금 이후로 주 안에서 죽는 자들은 복이 있도다"는 하늘의 음성의 선언에서 "지금 이후로"라는 시기는 주님의 초림부터임을 말해주므로 십사만사천의 노래의 시기는 구원받은 성도가 구원받은 순간부터 영원히 새 노래를 부른다는 것을 말해준다.

둘째로 그들은 여자로 더불어 더럽히지 아니하고 정절이 있는 자들로 어린 양이 어디로 가든지 따라가는 자들이다. "여자로 더불어 더럽히지 아니하다"는 말은 부부의 정절을 지킨다는 뜻으로 하나님과 어린양 그리스도에 대한 신앙

---

6) 이상근, Tim Lahye 주장.
7) 박윤선, Hendriksen, 이필찬 등의 주장.

의 정절 즉 배교하지 않음을 뜻한다. 성경에서 하나님과 백성간의 관계를 흔히 남녀 관계로 비유하고 있고 특히 모든 성도를 가리키는 교회를 그리스도의 정결한 신부로 묘사하고 있다(왕하 19:21;사 37:22;렘 18:13;암 5:2;고후 11:2). 신앙의 정절을 지키는 것은 바로 어린양 그리스도가 어디로 가든지 따라가는 것이다. 주님은 우리들의 구원의 첫 열매로서 우리 앞서 구원의 길을 가셨으므로 우리는 당연히 그를 따라 그 길을 가는 자들이다. 그러므로 내가 지금 주님의 뒷모습을 보고 따르고 있는가를 항상 스스로 질문하면서 나를 점검하고 주님을 따라가는 삶을 살아야 한다.

셋째로 그들은 구속을 받아 처음 익은 열매이고 하나님과 어린양에게 속한 자들이다. "처음 익은 열매"란 처음 익은 열매로 드리는 거룩한 제물을 의미한다(출 23:19; 잠 3:9). 그러므로 십사만사천은 하나님과 그리스도에 속한 자들로 구원받고 제물로 드려진 자들이다. 또한 십사만사천의 이마에 하나님과 어린양의 이름이 쓰여 있는 것은 그들이 하나님과 어린양께 속한 자들이라는 뜻이다. 따라서 우리는 우리를 하나님께 드리는 거룩한 헌신의 삶을 살아야 한다.

마지막으로 그들의 입에 거짓말이 없고 흠이 없는 자들이다. 신령한 몸으로 부활한 상태에서는 입에 거짓말이 없고 흠이 없이 완전히 성결하지만 이 땅에 육신을 가지고 있는 한 완전하지 않다. 오직 성령 안에서만 완전하다(고전 6:11). 그러므로 우리는 항상 성령이 충만하여 성령 안에서 흠과 티가 없는 거룩한 삶을 살도록 힘써야 한다. 왜냐하면 그것이 우리의 정체성이기 때문이다.

6-7절. 시온 산에 서 있는 어린양과 십사만사천의 환상 후에 다른 세 천사가 나타난다. 사도 요한은 첫째 천사가 땅에 거주하는 자들 곧 여러 나라와 족속과 방언과 백성에게 전할 영원한 복음을 가지고 공중에 날아가는 것을 본다. 여기서 "영원한 복음"은 그리스도의 구원의 복음과 다른 복음으로 심판의 경고라고 말하는 이들이 있다.[8] 그러나 갈라디아서 1:8을 보면 "그러나 우리나

8) Mounce, 같은 책, p. 273; 이상근, 같은 책, p. 181; Walvoord, 같은 책, p. 217; Barnhouse,

혹은 하늘로부터 온 천사라도 우리가 너희에게 전한 복음 외에 다른 복음을 전하면 저주를 받을지어다"고 말씀한다. 이 말씀을 볼 때 복음에 여러 가지 종류가 있다고 말하는 것도 문제이고 하늘로부터 오는 천사가 전하는 영원한 복음이 우리가 받은 복음과 다른 복음이라고 말할 수 없다.[9] 그리스도의 영원한 복음은 하늘에 거하는 자들에게는 구원의 은혜이지만 땅에 거하는 자들에게는 심판의 경고이기도 하다.[10]

영원한 복음을 가지고 날아가는 천사는 큰 음성으로 먼저 "하나님을 두려워하며 그에게 영광을 돌리라 이는 그의 심판하실 시간이 이르렀음이니 하늘과 땅과 바다와 물들의 근원을 만드신 이를 경배하라"고 말한다. 천사가 전하는 '영원한 복음'의 내용은 '하나님을 두려워하며 그에게 영광을 돌려 창조주 하나님을 경배하라'는 것이다. 성경에서 "하나님을 두려워하다" 또는 "하나님을 경외하다"는 말은 "하나님을 믿고 신뢰한다"는 말로도 사용된다(출 18:21; 눅 1:50; 눅 7:16; 행 9:31; 행 10:35; 히 11:7; 계 19:5). 예수를 믿음으로 하나님을 믿고 따르며 하나님께 영광을 돌리고 창조자 하나님을 경배하라는 영원한 복음은 불신자들에게는 너희가 하나님을 두려워하지 않고 하나님께 영광을 돌리지 않으며 경배하지 않으니 심판이 이르렀다는 경고이다. 요한계시록 11:12,13을 보면 대심판이 와 큰 지진이 나서 많은 사람들이 죽고 그 남은 자

같은 책, p. 263.

9) Morris, 같은 책, p. 265.

10) Hendriksen, 같은 책, p. 188. "그러나 하나님의 백성을 위하여서는 장차 올 최후의 심판 날에 대한 이 예고는 '영원한 복된 소식' 인데 이는 그들의 구원을 의미하기 때문이다."; Hughes, 같은 책, p. 233. "그 천사가 전한 영원한 복음은 영원한 결과가 있는 메시지이며, … 전 세계적으로 선포하기 위한 복음이며 그래서 땅에 거하는 자들에게 전할 것이다. 하나님이 심판하실 시간이 이르렀다는 선언은 회개하지 아니한, 불경건한 땅의 거주자들에게는 나쁜 소식이지만, 구원받은 무리들에게는 그것이 자신들이 영화롭게 되고 전 창조질서가 새롭게 될 시간이므로 좋은 소식이다."; 이필찬, 같은 책, p. 618. "구원과 심판의 메시지의 양면을 보는 것이 타당한 것 같다."; Wilcock, 같은 책, p. 134. "… it is the gospel which was preached to Adam and Eve... It is the hypothetical gospel with which Christ challenged the lawyer in Lk. 10:28."

들이 두려워하여 영광을 하늘의 하나님께 돌리나 더 이상 긍휼의 기회는 없다. 영원한 복음은 오직 그리스도의 복음에만 사용될 수 있는 말로서 하나님을 믿고 두려워하고 하나님께 영광을 돌리는 교회는 시온 산 천국에서 주님과 함께 있어 구원의 새 노래를 부르지만 교회를 핍박하던 땅에 거하는 자들은 영원한 복음을 거부하므로 심판을 받을 것임을 말씀한다.

8절. 다른 둘째 천사가 영원한 복음을 가진 천사의 뒤를 따라 "무너졌도다 무너졌도다 큰 성 바벨론이여 모든 나라에게 그의 음행으로 말미암아 진노의 포도주를 먹이던 자로다"고 말한다. 여기서 "음행"은 하나님 앞에서 우상을 숭배함을 뜻하고(왕하 9:22, 렘 13:27, 겔 23:27) 진노의 포도주는 10절에서 밝히듯 "하나님의 진노의 포도주"로 하나님의 진노의 심판을 나타낸다. "큰 성 바벨론"은 세상을 지배하던 나라로 모든 나라로 하여금 하나님을 대적하고 우상숭배를 함으로써 하나님의 진노를 받게 하는 이 세상을 대표하는 나라이며 그 나라의 수도이다. 또한 다음에 나타나는 셋째 천사가 진노의 대상이 우상에게 경배하는 자라고 밝히고 있다. 그러므로 "음행으로 말미암아 진노의 포도주를 먹이다"는 말은 하나님의 진노를 부르는 우상숭배를 행하게 함을 말한다. 바알 숭배나 초대 교회시대 우상숭배는 실제로 우상 신전에서 일하는 여자들과 음행을 하는 것이 포함되어 있었다. "큰 성 바벨론"이 대표하는 이 세상은 하나님을 대적하여 우상숭배하므로 마지막에 하나님의 진노를 받게 될 것이다.

9-11절. 다른 셋째 천사가 그 뒤를 따라 큰 음성으로 "만일 누구든지 짐승과 그의 우상에게 경배하고 이마에나 손에 표를 받으면 그도 하나님의 진노의 포도주를 마시리니 그 진노의 잔에 섞인 것이 없이 부은 포도주라 거룩한 천사들 앞과 어린 양 앞에서 불과 유황으로 고난을 받으리니 그 고난의 연기가 세세토록 올라가리로다 짐승과 그의 우상에게 경배하고 그의 이름표를 받는 자는 누구든지 밤낮 쉼을 얻지 못하리라"고 말한다. 만일 누구든지 짐승과 그의 우상에게 경배하고 이마에나 손에 표를 받으면 그도(the same - KJV) 하나님의 진노의 포도주를 마시게 될 것이다. 다시 말하면 그 영원한 복음을 거부

하고 사탄이 사용하는 세상 권력을 신격화하여 그것들을 하나님 대신 믿고 의지하여 따르면 그 같은 자는 하나님의 진노의 심판을 받는다.

"섞인 것이 없이 부은 포도주"는 알코올의 도수가 높은 독주를 뜻하므로 하나님의 강한 진노를 상징한다. "불과 유황으로 고난을 받는다"는 말은 하나님을 믿지 않고 짐승에게 경배하였던 자들에게 내려질 마지막 심판을 말하며 영원한 멸망인 둘째 사망을 가리키는 것으로 본서 마지막 부분에서 나타난다(계 19:20; 20:10; 21:8). 영원한 복음을 거부하고 세상 권력을 따르고 하나님 대신 믿고 의지하므로써 사탄의 종이 된 자들은 하나님의 강한 심판을 받을 것이다. "연기가 세세토록 올라가다"는 말은 그 둘째 사망이 영원하다는 뜻이다. 하늘에 거하는 우리는 천국에서 영원히 안식하지만 땅에 거하는 자들은 하나님의 진노를 받아 영원한 멸망을 당할 것이다(계 20:10,15; 사 34:9, 10; 눅 16:23).

"쉼을 얻지 못하리라"는 말은 13절에서 성도들이 수고를 그치고 쉰다는 말과 대조를 이루고 있다. 히 4:8 이하를 보면 여호수아가 안식을 주지 못하였으므로 우리에겐 참 안식이 있다고 하고 히브리서 4:10에서 "이미 그의 안식에 들어간 자는 하나님이 자기의 일을 쉬심과 같이 그도 자기의 일을 쉬느니라"고 결론을 짓는다. "수고하고 무거운 짐 진 자들아 다 내게로 오라 내가 너희를 쉬게 하리라(마 11:28)"고 우리를 초청하시는 예수 그리스도를 우리가 믿고 영접함으로 우리는 이미 그 안에서 이미 안식 즉 쉼을 누리는 자들이다. 그러나 불신자들은 영원히 그 안식이 없다.

12절. 사도 요한은 성도들의 인내가 여기 있나니 그들은 하나님의 계명과 예수에 대한 믿음을 지키는 자니라고 권면한다. 이 말은 하나님의 계명과 예수를 믿는 믿음을 지키는 성도들에게는 인내가 필요하다는 뜻이다. 불신자들은 하나님의 진노를 받아 영원한 멸망에 처해지지만 신자들은 이 땅에서 사탄과 세상으로부터 핍박을 받을지라도 믿음을 끝까지 지킴으로써 천국에서 영원한 안식을 얻게 됨으로 인내를 해야 한다.

세상의 모든 권력을 숭배하는 자들 즉 권력이나 돈이나 사람이나 쾌락 등을 사랑하고 의지하므로써 666 짐승의 표를 이마에 받은 불신자들은 하나님의 긍휼이 없는 진노의 포도주를 마시게 되고 영원히 지옥 불에 던져질 것이다. 그러나 우리는 시온 산 즉 천국에 거하는 하나님의 인을 맞은 십사만사천 중에 속한 구원받은 자들이다. 그러므로 우리는 계속 인내하여 하나님의 계명과 믿음을 지키며 항상 구원받은 자들의 새 노래를 부르며 주님이 어디로 가든지 따르며 하나님께 처음 익은 열매로 거룩한 산제사의 삶을 드리며, 성령 안에서 거짓말도 흠도 없는 성결한 삶을 살아가야 할 것이다.

13절. 세 천사가 영원한 복음, 바벨론의 멸망, 그리고 땅에 거하는 자들에게 대 심판 즉 불과 유황의 고난인 둘째 사망을 선언하는 환상 뒤에 사도 요한은 "지금 이후로 주 안에서 죽는 자들은 복이 있도다"는 하늘의 음성과 "그러하다 그들이 수고를 그치고 쉬리니 이는 그들의 행한 일이 따름이라"는 성령의 화답을 듣는다. 성경에서는 심판을 추수로 비유하고 있다(렘 61:33, 마 13:30, 39). 마태복음 13:24 이하에서 주님은 친히 이 세상 끝 날에 있을 추수에 대하여 알곡과 가라지 비유로 말씀하시기를 "밭에 알곡과 가라지가 있는데 추수 때에 가라지는 먼저 거두어 불사르고 곡식은 모아 내 곳간에 넣는 것처럼 이 세상이라는 밭에 알곡인 주님을 믿는 천국의 자녀들과 가라지인 불신자들을 심판주이신 주님이 추수꾼 천사들을 보내어 불법을 행하는 불신자들을 거두어 내어 풀무 불에 던져 넣고 그 때에 알곡인 의인들은 천국에 인도하여 하나님 나라에서 해와 같이 빛나리라"고 하셨다(마 13:24-30, 36-43). 주님의 말씀처럼 믿음의 성도들은 천국으로, 불신자들은 지옥에 보내는 것이 대 심판이다. 본 13절의 하늘의 음성과 성령의 화답은 바로 성도들을 구분하여 천국으로 인도하여 하늘의 영광을 누리게 하시는 축복에 대한 선언과 확인이다.

하늘의 음성이 "지금 이후로 주 안에서 죽는 자들은 복이 있도다"는 말씀을 기록하라고 하신 것은 우리가 계속하여 기억해야 하는 변할 수 없는 하나님의 진리임을 나타낸다. "지금 이후로 주 안에서 죽는 자들은 복이 있도다"의 헬라어 원어의 단어 배열 순서대로 기록하면 "복이 있도다, 자들, 주안에서, 죽는,

지금 이후로"이다. 부사구인 "지금 이후로"가 "죽는" 다음이자 맨 마지막에 위치한다. 그러므로 이 단어는"죽는" 또는 "복이 있도다"에 연결시켜 해석이 가능하다.[11] 그러므로 "지금"이 언제를 말하는지 말하기 쉽지 않다. 그런데 "지금 이후로"를 "죽는"에 연결시켜 사도 요한 때부터 "주안에서 죽는 자들은" 복이 있다고 해석하는 것은 그 이전의 성도들과 구약의 성도들을 이 복에서 제외하는 것이므로 구원사적으로 볼 때 자연스럽지 못하다.[12] "주안에서 죽는 자들"을 죽은 성도를 가리키는 명사구로 보고 "지금 이후로"를 "복이 있도다"를 수식하여 죽은 성도들이 지금 이후로 복이 있도다고 해석하여야 한다.

또한 "지금 이후로"의 시기도 뒤에 나오는 "그들이 수고를 그치고 쉬리니"와 연결시켜 앞에서 언급한 대 심판 이후로 해석하는 것이 좋다.[13] 문맥으로 볼 때 지금이라는 시각은 당연히 지금까지 앞에서 언급한 대 심판을 기준으로 하여야 한다. 그래서 "죽는 성도들이 대 심판 후에는 수고를 그치고 쉬리니 그들의 행한 일이 업적으로 남아 복이 있으리라"는 뜻이다.

핍박을 받다가 '주 안에서 죽는 자들'이 복이 없는 것처럼 보이나 그들을 핍박한 불신자들은 주님의 대심판을 받아 영원한 형벌을 받고 주 안에서 죽은 성도들은 천국에서 영광을 누리기 때문에 복이 있다는 말씀이다. 하나님께서 불신자들에게는 "대심판"으로 불과 유황의 고난을 받게 하여 영원히 쉼이 없게 하심으로 멸망시키시나 "주 안에서 죽는 자" 즉 모든 성도들은 대심판 이후로 성령 하나님의 화답대로 그 모든 핍박을 인내하고 하나님의 계명과 예수의 믿음을 지키는 그들의 행한 일로 말미암아 천국에서 영원한 쉼을 얻는 복을 받을 것이다. 이것이 요한계시록에 나타나는 성도가 받아야 할 일곱 복 중에 두 번째 복이다.

---

11) 이상근, 같은 책, p. 184. "'지금 이후로'를 '죽는'에 연결시킬 것인지(Charles, Plummer) '복이 있도다'에 연결시킬지(Bengel, Moffatt) 논란을 하나"
12) 이필찬, 같은 책, p. 629; 권성수, 같은 책, p. 313.
13) 이상근, 같은 책, p. 184.

"지금 이후로 주 안에서 죽는 자들은 복이 있도다"고 하는 하늘의 음성에 성령이 "그러하다"고 확인하고 확증해준다. 주안에서 죽은 자들이 핍박으로 고난을 당하였으나 이제는 수고를 그치고 안식을 한다. 그것은 그들의 행한 일 때문이다. 행함으로 구원을 받는다는 말이 아니다. 주 안에서 죽은 자라는 말에 이미 믿음으로 구원을 받았음을 전제한다. 믿음은 행함으로 나타나야 하고 그 행함은 하늘의 상을 가져다준다, 행함이 없는 믿음은 헛것이다(약 2:20).

2) 최후의 대심판 경고 - 세상 끝 날의 추수(계 14:14-20)

> 14 또 내가 보니 흰 구름이 있고 구름 위에 인자와 같은 이가 앉으셨는데 그 머리에는 금 면류관이 있고 그 손에는 예리한 낫을 가졌더라 15 또 다
> 른 천사가 성전으로부터 나와 구름 위에 앉은 이를 향하여 큰 음성으로 외쳐 이르되 당신의 낫을 휘둘러 거두소서 땅의 곡식이 다 익어 거둘 때가
> 이르렀음이니이다 하니 16 구름 위에 앉으신 이가 낫을 땅에 휘두르매 땅
> 의 곡식이 거두어지니라 17 또 다른 천사가 하늘에 있는 성전에서 나오는
> 데 역시 예리한 낫을 가졌더라 18 또 불을 다스리는 다른 천사가 제단으로부터 나와 예리한 낫 가진 자를 향하여 큰 음성으로 불러 이르되 네 예리
> 한 낫을 휘둘러 땅의 포도송이를 거두라 그 포도가 익었느니라 하더라 19
> 천사가 낫을 땅에 휘둘러 땅의 포도를 거두어 하나님의 진노의 큰 포도주 틀에 던지매 20 성 밖에서 그 틀이 밟히니 틀에서 피가 나서 말 굴레에까지 닿았고 천육백 스다디온에 퍼졌더라

주님이 재림하시면 모든 성도들로 이뤄진 교회는 하나님의 계명과 예수에 대한 믿음을 지키고 승리한 자들의 새 노래를 부르나 '666' 짐승의 표를 이마에 받고 세상의 모든 것들 즉 권력이나 돈이나 사람이나 쾌락 등을 사랑하고 의지하는 불신자들은 알곡과 가라지를 나누는 대 심판을 받고 포도송이가 큰 포도주 틀에서 밟히듯이 하나님의 긍휼이 조금도 없는 진노의 대 심판을 당할 것이다.

14절. 사도 요한은 머리에는 금 면류관이 있고 그 손에는 예리한 낫을 가지고 흰 구름 위에 앉아 있는 인자 같은 이를 본다. 흰 구름 위에 앉아 있는 "인자 같은 이"를 천사라고 말하는 자도 있지만 금 면류관은 왕을 상징하고 흰 구름은 하나님의 임재를 나타내며 추수의 도구 예리한 낫을 들고 있다는 것은 이 천사가 일반 천사가 아니라 심판하러 오시는 재림의 주이신 그리스도를 가리키는 것이 너무도 분명하다. 주님이 이 땅에 계실 때에는 스스로 자신을 낮추시어 사람의 아들 즉 인자라고 칭하셨지만 부활하신 주님은 더 이상 인자가 아니시고 하나님의 신분이시다. 그래서 이제는 "사람의 아들 같은 이"로 칭하는 것이다. 그러므로 이 환상은 금 면류관을 쓴 하늘나라 왕이신 주님이 이 세상을 추수하시려 다시 말하면 성도들은 구원하고 불신자들은 심판하시려 심판주로서 구름타고 오시는 모습이다. 우리 주님은 반드시 말씀하신대로 이 세상이 끝나는 때에 구름타고 오셔서 불신자들은 심판하시고 우리 성도들은 구원하시어 천국으로 인도하실 것이다.

15-16절. 그런데 이 때 다른 천사가 성전으로부터 나와 구름 위에 앉은 이를 향하여 큰 음성으로 "당신의 낫을 휘둘러 거두소서 거둘 때가 이르러 땅에 곡식이 다 익었음이로다"고 외친다. 이제, 구름 위에 앉으신 이가 낫을 땅에 휘두르니 곡식이 거두어진다. 17절에서도 역시 예리한 낫을 가지고 다른 천사가 하늘에 있는 성전에서 나오므로 여기서 성전 또한 하늘에 있는 성전이다. 그러므로 본 절에서 천사가 성전으로부터 나왔다는 말은 하늘에 계신 하나님 아버지께서 이 천사를 보내셨음을 뜻한다. 그러므로 이 명령은 천사의 명령이 아니라 천사를 보내신 하나님의 명령이다. "땅에 곡식이 다 익어 추수 때가 되었다"라는 말씀은 하나님께서 구원하시기로 작정한 자들을 다 구원하셨다는 뜻이다. 주님께서도 마태복음 24:14에서 친히 "이 천국 복음이 모든 민족에게 증거되기 위하여 온 세상에 전파되리니 그제야 끝이 오리라"고 말씀하셨다. 이제, 땅에 곡식이 다 익어 추수할 때가 된 것처럼 천국 복음이 모든 민족에게 전하여지고 구원하시기로 예정하신 자들을 다 구원하시면 주님이 심판주로 오

셔서 심판하실 때이다. 그렇게 되면 주님은 지체하지 않으시고 친히 그리고 속히 구름타고 오셔서 성도들은 구원하여 천국으로 인도하고 땅에 거하는 자들 즉 불신자들은 심판하실 것이다.

마태복음 13:38에서 주님이 주신 가라지 비유의 설명을 볼 때 좋은 씨의 열매인 곡식은 천국의 아들들이므로 "구름 위에 앉으신 이가 낫을 땅에 휘두르매 땅의 곡식이 거두어지니라"는 말씀은 불신자들의 경우와는 달리 주님이 친히 오셔서 성도들을 천국으로 인도하신다는 뜻이다. 주님이 스데반 집사가 돌에 맞아 죽을 때 친히 하늘 보좌 우편에 서서 영접하신 것처럼 이 세상이 끝날 때 주님은 우리를 천국으로 인도하시기 위하여 직접 오실 것이다.

17절. 사도 요한은 또 다른 천사가 역시 예리한 낫을 가지고 하늘에 있는 성전에서 나오는 광경을 본다. 이 추수 일꾼 천사는 금 면류관도 없고 흰 구름도 타지 않고 있으므로 심판주이신 주님을 돕는 추수 일꾼 천사이다. 성도들의 수확은 그리스도께서 친히 하시지만 하나님을 대적하고 악을 행한 불신자들에 대한 심판은 천사가 수행하게 된다.

18절. 사도 요한은 또한 불을 다스리는 다른 천사가 제단으로부터 나와 예리한 낫을 가진 자를 향하여 큰 음성으로 불러 "네 예리한 낫을 휘둘러 땅의 포도송이를 거두라 그 포도가 익었느니라"고 말하는 광경을 본다. 번제단은 주님의 십자가의 죽으심을 상징하고 금향로의 제단은 심판과 관련되므로 여기서도 제단은 금향로의 제단이고 그 제단의 불을 다스리는 천사이다. 요한계시록 6:9 이하를 보면 어린양이 다섯째 인을 떼실 때에 사도 요한이 보니 하나님의 말씀과 그들이 가진 증거로 말미암아 죽임을 당한 영혼들이 제단 아래에 있어 큰 소리로 "거룩하고 참되신 대주재여 땅에 거하는 자들을 심판하여 우리 피를 갚아 주지 아니하시기를 어느 때까지 하시려 하나이까 하니 각각 그들에게 흰 두루마기를 주시며 이르시되 아직 잠시 동안 쉬되 그들의 동무 종들과 형제들도 자기처럼 죽임을 당하여 그 수가 차기까지 하라"고 하신다. 이것을 볼 때 예리한 낫 가진 것과 심판에 참여한 천사의 큰 음성은 성도들의 기도의 응답임을 말해주고 있다.

이전에는 포도나 포도나무는 이스라엘 백성이나 성도를 상징하는 표현이었지만(사 5:7, 요 15:5) 요한계시록에선 하늘에 거하는 자들과 땅에 거하는 자들로 나뉘므로 여기서 "땅의 포도"는 하나님을 거부하고 대적하며 짐승과 사탄을 추종하는 모든 불신자들을 지칭한다. 불신자들을 지칭하는 "그 포도가 익었느니라"는 말씀은 "이 천국 복음이 모든 민족에게 증언되기 위하여 온 세상에 전파되리니 그제야 끝이 오리라"는 주님의 말씀대로(마 24:14) 이 세상을 심판할 시기가 다 되었음을 뜻한다.

19-20절. 금향로 제단의 불을 다스리는 천사가 땅의 포도송이를 거두라는 명령을 발하자 예리한 낫을 가진 천사가 낫을 휘둘러 땅의 포도를 거두어 하나님의 진노의 큰 포도주 틀에 던지니 성 밖에서 그 틀이 밟히니 틀에서 피가 나서 말굴레에까지 닿았고 일천 육백 스다디온에 퍼지는데 이것은 성경에서 하나님이 대적에게 맹렬히 진노를 발하시는 것의 비유로 나타난다(19:15; 사 63:3; 애 1:15; 욜 3:13). 불신자들은 포도송이가 큰 포도주 틀에서 짓밟히는 것처럼 하나님의 진노의 심판을 혹독히 당하게 될 것이다. 하나님의 진노의 포도주 틀에서 흘러나오는 포도주 즙을 피라고 말하고 있음으로 실제로 주님의 천사가 불신자들을 밟아 죽여서 피를 말굴레까지 흘리게 할 것이라고 주장하는 이가 있다면 요한계시록의 문맥과도 맞지 않고 성경에서 비유를 실제로 해석하는 우를 범하게 된다. 이 표현은 피가 나서 말 굴레까지 닿을 정도로 극심할 것이라는 말이다. 그 피가 흘러 일천 육백 스다디온에 이르기까지 흘러간다는 말은 1 스다디온은 185m이므로 1600 스다디온은 296Km(180 mile, 740리)나 멀리 흐른다는 말이다. 그러나 이 1600 스다디온이라는 표현은 실제가 아니라 사방을 가리키는 4를 두 번 곱하고 거기다가 많음을 나타내는 수 10 곱하기 10을 한 수(4X4X10X10)로 하나님의 심판이 하나도 예외 없이 전 세계의 '성 밖에 있는' 모든 이에게 미치게 됨을 뜻한다.[14]

"성 밖에서"의 성이 천년왕국의 성이라는 주장이 있으나[15] 성은 일차적으로는 주님이 저주의 십자가를 지신 예루살렘 성을 가리키고 이차적으로 새 예루살렘 즉 하늘을 상징한다.[16] 그러므로 "성 밖에서"라는 표현은 예루살렘 성 밖에서 죄인들이 죽음을 당하였듯이 새 예루살렘 성 즉 천국이 아닌 곳 즉 하나님의 진노의 심판이 이루어지는 세상을 뜻한다. 그렇다. 심판주이신 주님은 천사를 시켜 이 세상의 전 지역과 역사를 통하여 모든 불신자들을 거두어 심판하셔서 영원히 멸망하는 형벌을 주신다.

마태복음 25:31-33을 보면 주님이 친히 말씀하시기를 "자기 영광으로 모든 천사와 함께 올 때에 모든 민족을 그 앞에 모으고 양과 염소를 구분하는 것 같이 성도와 불신자를 구분하여 성도들은 창세로부터 예비된 나라 천국을 상속받아 영생을 누리고 불신자들은 영벌에 들어가리라"고 하셨다. 주님이 재림하심으로 대심판의 분별, 천국의 축복과 지옥의 영벌이 비로소 이루어진다. 주님의 재림과 분별의 사이에 천년왕국은 없다. 주님이 재림하시면 모든 핍박을 인내하고 하나님의 계명과 예수의 믿음을 지키는 성도들은 천국에서 영원한 쉼을 얻는 복을 받을 것이다. 그러나 불신자들은 심판주이신 그리스도가 보낸 천사들이 포도송이를 거두어드려 포도주 틀에 넣고 짓밟아 으깨듯이 그들을 거두어 지옥 불에 던져 넣어 영벌에 처할 것이다. 그러므로 우리 성도들은 영벌에 처해질 사탄이나 영원히 망할 권세나 어떤 핍박도 두려워하지 않고 심판주이신 주님의 대분별을 바라보며 오히려 그들을 불쌍히 여기고 세상을 향하여 영원한 복음을 선포하고 주님을 따라 승리하는 삶을 살아가야 할 것이다.

---

14) Hendriksen, 같은 책, p. 191.
15) 이상근, 같은 책, p. 186.
16) Hughes, 같은 책, p. 242. "새 예루살렘 성"; 박윤선, 같은 책, p. "천성"; 권성수, 같은 책, p. 316 "새 예루살렘 성"

*삽경 6. 교회의 승리와 최후의 대 심판 경고 (계 14:1-20)
1) 교회의 승리 (계 14:1-13)
2) 최후의 대 심판 경고 - 세상 끝 날의 추수 (계 14:14-20)
4. 일곱째 나팔의 일곱 대접 재앙 (계 15:1-16:21)
가. 일곱째 나팔로 대접 재앙 예고 (불이 섞인 유리바다와 성전의 열림) (계 15:1-8)
나. 첫째에서 넷째까지 진노의 대접, 자연 재앙 (계 16:1-9)
다. 다섯째 진노의 대접, 짐승의 나라가 어두워짐 (계 16:10-11)
라. 여섯째 진노의 대접, 아마겟돈 전쟁 (계 16:12-16)
마. 일곱째 진노의 대접, 최후의 대심판 (계 16:17-21)
*삽경 7. 바벨론 멸망 (계 17:1-18:24)

4. 일곱째 나팔의 일곱 대접 재앙(계 15:1-16:21)

가. 일곱째 나팔 울림으로 대접 재앙 예고: 불이 섞인 유리바다와 성전 열림(계 15:1-8)

1 또 하늘에 크고 이상한 다른 이적을 보매 일곱 천사가 일곱 재앙을 가졌
으니 곧 마지막 재앙이라 하나님의 진노가 이것으로 마치리로다 2 또 내가
보니 불이 섞인 유리 바다 같은 것이 있고 짐승과 그의 우상과 그의 이름
의 수를 이기고 벗어난 자들이 유리 바다 가에 서서 하나님의 거문고를 가
지고 3 하나님의 종 모세의 노래, 어린 양의 노래를 불러 이르되 주 하나님
곧 전능하신 이시여 하시는 일이 크고 놀라우시도다 만국의 왕이시여 주의
길이 의롭고 참되시도다 4 주여 누가 주의 이름을 두려워하지 아니하며 영
화롭게 하지 아니하오리이까 오직 주만 거룩하시니이다 주의 의로우신 일
이 나타났으매 만국이 와서 주께 경배하리이다 하더라 5 또 이 일 후에 내
가 보니 하늘에 증거 장막의 성전이 열리며 6 일곱 재앙을 가진 일곱 천사
가 성전으로부터 나와 맑고 빛난 세마포 옷을 입고 가슴에 금 띠를 띠고 7
네 생물 중의 하나가 영원토록 살아 계신 하나님의 진노를 가득히 담은 금
대접 일곱을 그 일곱 천사들에게 주니 8 하나님의 영광과 능력으로 말미암

아 성전에 연기가 가득 차매 일곱 천사의 일곱 재앙이 마치기까지는 성전 에 능히 들어갈 자가 없더라

요한계시록은 부활하신 주님이 사도 요한에게 환상 중에 소아시아에 있는 일곱 교회에 보낸 편지로서 그 본론은 일곱 인으로 봉한 내용이 개봉됨으로 나타나는 환상이다. 일곱 째 인은 불신자들에게 심판을 경고하기 위해 부어지는 일곱 나팔 재앙과 일곱 대접재앙이다. 먼저, 여섯 나팔이 울림에 따라 땅과 바다와 강과 샘물과 해와 달과 별의 천체의 일부에 부으시는 자연재앙과 사탄의 세력, 황충의 재앙과 전쟁의 재앙이 나타나고 일곱 째 나팔이 울리기 전에 두 개의 특별한 환상 즉 복음을 들고 가서 전하라고 명하시는 주님과 두 증인, 즉 교회에 관한 환상이 나타난다. 그 후 일곱째 나팔이 울리고 우리 주님이 이 땅에 오셔서 사탄을 제어하시고 하나님 나라를 선포하시고 왕 노릇 하실 것과 핍박받는 하나님의 백성은 상을 받으나 땅에 거하는 자들은 하나님의 저주의 심판으로서 일곱 대접 재앙을 받을 것이 선언된다.

15:1절. 사도 요한은 하나님의 마지막 진노인 일곱 재앙을 가진 일곱 천사가 하늘에 나타나는 크고 이상한 이적을 본다. 사도 요한이 본 이적은 하나님이 세상에 부으시는 화로서 일곱째 나팔의 내용이며 이것은 마지막 재앙이다. 네 번째 나팔의 자연재앙 뒤에 요한계시록 8:13에서 세 번의 화가 선언되었는데 첫 번째 화인 다섯 번째 나팔, 사탄의 세력인 황충의 재앙과 두 번째 화인 여섯 번째 나팔, 전쟁의 재앙 뒤에 오는 마지막 화가 일곱 번째 나팔인데 일곱 번째 나팔은 일곱 대접 재앙들로 나타난다. 사도 요한은 일곱 천사가 일곱 대접 재앙을 가진 것을 본다. 첫째에서 여섯째 나팔 재앙은 하나님을 대적하는 세상에 경종을 울리는 재앙이지만 마지막 일곱 번째 나팔재앙은 대접재앙으로서 본격적인 재앙이며 이후에는 오직 마지막 심판만이 기다리고 있음을 나타낸다.

2-4절. 사도 요한의 눈앞에 불이 섞인 유리 바다 같은 것이 나타난다. "불이 섞인 유리바다 같은 것"이 무엇인가? 어떤 이는 "유리 바다 같은 것"이 요한계시록 4장에 나오는 하늘 보좌 앞에 유리 바다이고 찬연한 순결성을 나타낸다고 말하나[17] "유리 바다 같은 것"은 유리 바다 같이 보이나 유리 바다가 아니라는 뜻이다.[18] 불이 섞인 유리 바다는 출애굽기 14, 15장에 나오는 붉은 바다 홍해를 반영하고 있다. 하나님이 하나님의 진노의 심판을 상징하는 홍해 속에 하나님의 백성을 괴롭히던 애굽의 군대를 몰아 넣으시고 하나님의 백성은 믿음으로 건너게 하심으로써 구원하셨다. 이스라엘 백성은 붉은 바다, 홍해 바닷가에서 구원의 찬송인 모세의 노래를 불렀다. 그러므로 불이 섞인 유리 바다 같은 것은 하나님의 진노의 심판의 재앙이 내려지는 곳을 상징하고 있다.[19] 결론적으로 "불이 섞인 유리 바다 같은 것"은 대접 재앙인 진노의 심판 모두가 쏟아 부어지는 장소인 이 세상을 상징한다고 말할 수 있다.

짐승과 그의 우상과 그의 이름의 수 666을 이기고 벗어난 자들이 불이 섞인 유리 바다 같은 곳 가에 서서 하나님의 거문고를 가지고 하나님의 종 모세의 노래, 어린 양의 노래를 부른다. 요한계시록에서 짐승은 용, 바다에서 나온 짐승 그리고 땅에서 나온 짐승 셋이 나온다. 그러면 여기서 짐승은 누구인가? 첫째로 불이 섞인 유리 바다 같은 것은 불신자들이 하나님의 심판의 재앙을 받는 곳이지만 성도들에겐 그 세상으로부터 핍박을 받는 곳이기도 하다. 하나님의 심판의 재앙을 받는 이 세상을 직접적으로 지배하는 짐승은 사탄이나 땅에서 나온 짐승 거짓 선지자라기보다는 바다에서 나온 짐승이어야 한다. 둘째로는 요한계시록 15장 앞에 14장은 삽입된 환상이고 그 앞의 13장에 바다에서 나온

---

17) Hughes, 같은 책, p. 246; cf. Mounce, 같은 책, p. 286.

18) 박윤선, 같은 책, p. 289.

19) Hendriksen, 같은 책, p.195. "악인에게 내릴 심판에 나타나는 하나님의 분명하고도 솔직한 공의"; 박윤선, 같은 책, p. 289. "진노의 심판"; 이필찬, "요한계시록 어떻게 읽을 것인가," 성서유니온선교회, 서울, 2009, p. 105. "하나님의 심판"

짐승(13:1-10)과 그의 우상(13:14-15)과 그 이름의 수 666(13:16-18)이 나온다. 그러므로 여기서 짐승은 바다에서 나온 짐승이다. 바다에서 나온 짐승은 하나님과 교회를 대적하는 이 세상의 모든 권력을 상징한다(13:1-10 주해 참조). 짐승의 우상은 땅에서 나온 짐승 즉 거짓 선지자들이 이 권력을 신격화함을 나타내고 666 짐승의 이름의 수는 이 짐승의 소유 즉 세상의 권력의 노예된 표시이다(13:14-18 주해 참조).

짐승과 그의 우상과 그의 이름의 수를 이기고 벗어난 자들은 사탄과 세상의 악한 권력과 거짓 선지자들의 우상숭배의 핍박과 경제적 핍박을 이기고 벗어난 성도들이다. 그러므로 이스라엘 백성들이 애굽의 핍박을 이기고 하나님의 은혜로 홍해를 건너 구원받고 모세의 노래를 불렀듯이 예수 그리스도를 믿고 구원받은 성도들은 심판의 바다를 무사히 건너 천국에서 어린양의 노래, 구원의 노래, 새 노래를(계 5:9, 14:3) 부르는 자들이다.

그러면 구원받은 자들이 언제 새 노래를 부르는가? '하나님의 거문고'를 가지고 새 노래를 부르기 때문에 승리한 성도들이 하늘에서 찬송을 부른다고 주장하는 이들이 많다. 그러나 '하나님의 거문고'는 어린양의 노래가 실제 세상 악보로 된 노래가 아니고 하늘에 계시는 하나님을 찬양하는 신령한 노래임을 말해 준다. 이스라엘 백성들이 언제 모세의 노래를 불렀는가? 이스라엘 백성이 하나님의 은혜로 홍해를 건너고 애굽으로부터 완전히 구원을 받은 후에 모세의 노래를 불렀다. 이스라엘의 출애굽의 역사는 우리의 구원의 노정을 상징한다. 홍해는 하나님의 심판으로서 성도는 믿음으로 심판을 면하여 구원받아 세례를 받고(고전 10:1,2; 벧전 3:21) 불신자들은 심판을 받아 멸망 받음을 상징하고 광야의 40년은 구원받은 성도가 천국 가기 전까지의 신앙생활을(계 12:6, 14) 상징한다. 그러므로 이스라엘 백성들이 홍해를 건넌 후 바로 모세의 노래를 불렀듯이 어린양의 노래는 우리가 예수 그리스도를 믿고 구원받은 바로 그 후에 부르기 시작하는 것이다. 구원받은 성도들이 이 땅에서 어린양의 노래를 부르는 동안 불신자들은 불이 섞인 유리 바다 같은 것 즉 심판의 진노가 쏟아 부어지는 세상에서 일곱 대접 재앙을 받을 것이다. 본문 3, 4절에 나타난 구원받은 성도들의 어린양의 노래의 내용을 살펴보자.

첫째로 성도들은 전능하신 주 하나님을 찬양한다. 하나님께서 하나님의 말씀을 믿고 모세의 뒤를 따르는 이스라엘 백성들은 홍해에서 구원하시고 이스라엘을 뒤쫓던 애굽의 군대는 홍해에 수장시키셨다. 구원받은 이스라엘 백성들이 모세의 노래로 하나님의 능력과 은혜를 찬양하였듯이 우리는 예수 그리스도를 통하여 불이 섞인 유리 바다와 같은 하나님의 진노의 심판에서 구원을 받았으므로 하나님이 우리의 능력의 주님이심을 찬양하는 삶을 살아가야 한다.

둘째로 주 하나님의 길이 의롭고 참되시며 그가 만국의 왕이심을 찬양한다. 타락한 사람이 만든 세상의 어떤 종교도 그 길이 완전히 의롭지 못하고 누구도 구원하지 못한다. 그러나 온전히 의로우신 하나님은 예수 그리스도 안에 있는 하나님의 의를 믿는 자에게 구원을 주심으로써 우리를 온전케 하신다. 그러므로 구원받은 성도들은 의롭고 참되시며 만국의 왕이신 하나님을 찬양해야 한다.

셋째로 성도들은 하나님의 이름을 두려워하며 그 이름이 영화롭게 되도록 찬양한다. 창조주이시고 하늘과 땅 모두를 주관하시는 하나님의 이름은 우리의 경외 즉 두려움의 대상이시며 영광을 받으시기에 합당하다. 그러므로 구원받은 하나님의 백성인 우리는 하나님의 이름을 두려워하고 그 앞에서 바르게 행동함으로써 그 이름을 영화롭게 하여야 한다.

넷째로 오직 주 하나님만 거룩하심을 찬양한다. 레위기 11:45 을 보면 여호와 하나님이 "나는 너희의 하나님이 되려고 너희를 애굽 땅에서 인도하여 낸 여호와라 내가 거룩하니 너희도 거룩할지어다"라고 말씀하셨다. 우리를 죄와 악에서 구원하신 하나님은 우리가 속된 세상과 구별되어 거룩한 삶을 살아가므로써 하나님을 찬양하기를 바라신다.

다섯째로 의로우신 일을 나타내시는 하나님은 만국이 경배하실 분이심을 찬양한다. 완전히 의로우신 일을 행하시는 하나님만이 우리의 구원자이시고 모든 사람들로부터 경배 즉 예배를 받으실 분이시다. 그러므로 하나님의 의를 입어 의로운 자라고 칭함을 받은 성도들은 하나님을 예배하고 찬양해야 한다.

5절. 이 일 후에 사도 요한은 하늘에 증거 장막의 성전이 열리는 것을 본다. "하늘에 증거 장막의 성전"은 이스라엘 백성들의 광야 생활 때에 법궤가 있었던 성막을 상기시킨다. 성막은 나중에 성전으로 발전되었다. 광야의 증거 장막은 하늘의 장막의 성전의 예표이다(히 8:2). 그러면 하늘에 장막의 성전이 지어져 있다는 말인가? 히브리서 9:24을 보면 "그리스도께서는 참 것의 그림자인 손으로 만든 성소에 들어가지 아니하시고 오직 참 하늘에 들어 가사 이제 우리를 위하여 하나님 앞에 나타나신다"고 말씀한다. 그러므로 하늘의 장막의 성전은 하나님이 계시는 참 하늘 즉 천국을 뜻한다. 그러면 성전이 열린다는 의미는 무엇인가? 주님이 십자가에 죽으실 때 휘장이 갈라졌으므로 성소에 들어서면 지성소 안에 모세의 십계명이 있는 법궤를 바로 보게 되었다. 법궤 위에는 금 뚜껑이 덮혀있는데 이것은 속죄소라고 불리며 속죄소로 덮여 있는 법궤는 성도들에게는 죄의 용서와 구원이지만 불신자들에게는 심판을 의미한다. 그러므로 성전이 열린 것은 심판의 때가 되었다는 것을 나타낸다.

6절. 성전이 열리고 맑고 빛난 세마포 옷을 입고 가슴에 금띠를 띤 일곱 천사가 일곱 재앙을 가지고 성전으로부터 나온다. '맑고 빛난 세마포 옷과 금띠'는 그 천사들의 성결성과 왕으로부터 위임을 받음을 상징하여 그들이 왕이신 그리스도의 거룩하고 영광스러운 일꾼임을 나타낸다.[20] 심판의 때가 되어 성전이 열리고 법궤가 있는 지성소로부터 거룩하고 영광스러운 모습의 왕이신 주님의 일꾼 일곱 천사들이 일곱 재앙을 가지고 나온다.

7-8절. 네 생물 중에 하나가 세세에 계신 하나님의 진노를 가득히 담은 금 대접 일곱을 그 일곱 천사에게 주니 하나님의 영광과 능력을 인하여 성전에 연기가 차게 된다. 일곱 천사의 일곱 재앙이 마치기까지는 성전에 능히 들어갈

---

20) 박윤선, 같은 책, p. 290.

자가 없다. '금 대접' 은 요한계시록 5:8에서 보면 향을 담은 그릇으로 쓰이는 것이다. 향이란 성도의 기도를 뜻한다. 그러므로 금 대접에 하나님의 진노가 가득히 담겼다는 것은 이 재앙들이 성도들의 기도의 응답임을 나타낸다. '연기' 는 구약성경에서 하나님의 영광이 나타남의 표시로 자주 사용되었다(출 19:18; 40:34; 대하 7:1-3; 사 6:4). 그래서 '하나님의 영광과 능력으로 인하여 성전에 연기가 가득 찼다' 는 말은 하나님이 임재하셔서 능력을 행하시는 곳에 죄인은 누구도 접근할 수가 없다는 것을 뜻한다. 그러므로 성도들의 기도의 응답으로 하나님의 심판의 재앙이 온전히 성취되는 동안 불신자들은 누구도 하나님의 성전 즉 새 하늘과 새 땅의 천국에 들어갈 자 없다는 뜻이다.[21)]

우리는 불이 섞인 유리 바다 같은 것 즉 하나님의 진노의 일곱 대접 재앙의 바다 가에 서 있는 자들이다. 다시 말하면 우리는 아들 하나님 예수 그리스도를 믿음으로 그 바다를 건너 이미 구원받은 자들이다. 그러나 불신자들은 그 바다에 빠져 재앙을 받다가 멸망을 받을 것이다. 그들은 하나도 하늘의 성전 천국에 못 들어가나 어린양의 노래를 부르는 우리는 그 천국에 들어갈 것이다. 새 노래는 그 바닷가에서만 부르는 것이 아니고 천국에 가는 동안 내내 불러야 하는 것이다. 그러므로 우리 하나님은 우리가 그 진노의 바다를 떠나 천국을 향하여 가면서 전능하시고 의로우신 만국의 왕 하나님을 찬양하고 그 이름을 두려워하고 영화롭게 하며 하나님의 의로 구원을 이루시는 하나님을 경배하고 찬양하길 원하시고 명하신다.

나. 첫째에서 넷째 진노의 대접 자연 재앙(계 16:1-9)

1 또 내가 들으니 성전에서 큰 음성이 나서 일곱 천사에게 말하되 너희는
가서 하나님의 진노의 일곱 대접을 땅에 쏟으라 하더라 2 첫째 천사가 가
서 그 대접을 땅에 쏟으매 짐승의 표를 받은 사람들과 그 우상에게 경배하

21) Hendriksen, 같은 책, p. 196.

> 는 자들에게 악하고 독한 종기가 나더라 3 둘째 천사가 그 대접을 바다에
> 쏟으매 바다가 곧 죽은 자의 피 같이 되니 바다 가운데 모든 생물이 죽더
> 라 4 셋째 천사가 그 대접을 강과 물 근원에 쏟으매 피가 되더라 5 내가
> 들으니 물을 차지한 천사가 이르되 전에도 계셨고 지금도 계신 거룩하신
> 이여 이렇게 심판하시니 의로우시도다 6 그들이 성도들과 선지자들의 피
> 를 흘렸으므로 그들에게 피를 마시게 하신 것이 합당하니이다 하더라 7 또
> 내가 들으니 제단이 말하기를 그러하다 주 하나님 곧 전능하신 이시여 심
> 판하시는 것이 참되시고 의로우시도다 하더라 8 넷째 천사가 그 대접을 해
> 에 쏟으매 해가 권세를 받아 불로 사람들을 태우니 9 사람들이 크게 태움
> 에 태워진지라 이 재앙들을 행하는 권세를 가지신 하나님의 이름을 비방하
> 며 또 회개하지 아니하고 주께 영광을 돌리지 아니하더라

마지막 화인 일곱 째 나팔 재앙은 일곱 대접 재앙들로 나타난다. 그런데 첫째에서 넷째 나팔은 피해가 1/3인 자연재앙이고 다섯째 나팔은 사탄과 그의 세력 황충의 재앙이고 여섯째는 전쟁의 재앙으로 피해가 1/3로 부분적인 반면, 대접 재앙들은 첫째에서 여섯째까지 나팔 재앙과 비슷하나 그 피해가 부분적이 아니고 전체적이다. 그러므로 나팔 재앙과 대접 재앙은 서로 다른 것이 아니라 반복적이며 나팔 재앙이 경고라면 대접 재앙은 본격적인 재앙이라고 말할 수 있다. 그래서 요한계시록은 반복적이며 점진적인 계시라고 말한다.

16:1-2절. 사도 요한은 일곱 천사에게 "너희는 가서 하나님의 진노의 일곱 대접을 땅에 쏟으라"는 성전에서 나는 큰 음성을 듣는다. 첫째 천사가 가서 그 대접을 땅에 쏟으니 짐승의 표를 받은 사람들과 그 우상에게 경배하는 자들에게 악하고 독한 종기가 난다. 첫 번째 대접 재앙은 모세를 통해 애굽에 내려진 여섯 번째 재앙과 같은 종류로 모세의 말을 듣지 않았던 애굽 사람들에게 독종이 발생했던 것과 같이 짐승의 표를 받고 우상에게 경배하는 자들 즉 불신자들에게 이런 재앙이 임하게 될 것을 보여주고 있다. 성경의 예로 사도행전 12:23을 보면 헤롯이 영광을 하나님께로 돌리지 아니하므로 주의 사자가 그

를 쳐서 벌레에게 먹혀 죽게 하였다. 오늘날에는 이처럼 사람들을 해치는 독종의 각종 바이러스나 박테리아가 계속 돌연변이를 일으켜 더 악독한 독종들을 만들어낸다. 이것들 모두가 악한 세상에 쏟아 부으시는 하나님의 진노이다.

3절. 둘째 천사가 그 대접을 바다에 쏟으니 바다가 곧 죽은 자의 피같이 되고 바다 가운데 모든 생물이 죽는다. 바다를 피로 변하게 하는 두 번째 재앙은 애굽의 하수가 피로 변해 하수의 고기들이 죽고 물에서 악취가 나는 재앙과 유사하며 둘째 나팔 재앙(출 7:20, 21)과도 비슷하다(계 8:8, 9). 둘째 나팔 재앙은 경고하는 재앙이지만 둘째 대접 재앙은 바다 가운데 거하는 모든 생물에게 쏟아 붓는 본격적인 재앙이다. 실제로 요즈음 바다가 기후 변동과 오염으로 바다의 생물들이 죽어가고 있다.[22] 이 모든 것이 바다에 대한 하나님의 진노의 두 번째 대접 재앙이다.

4-7절. 셋째 천사가 그 대접을 강과 물 근원에 쏟으니 물이 피가 된다. 이 재앙은 셋째 나팔 재앙과 비슷하고 애굽에 내린 첫째 재앙과도 유사하다(출 7:17-21; 시 78:44). 물은 인간의 생존과 직결된다. 세계 인구가 83억이 되는 2025년에는 인간들이 함부로 버리는 쓰레기 공해로 25억 명 가량이 물 부족을

---

22) 조선일보 2009. 8. 6 일자에 의하면 각국이 배출한 플라스틱 쓰레기가 해류따라 떠다니다가 타원형 무풍지대로 모여 태평양 한가운데에 세계 최대의 '쓰레기 섬'이 생겼는데 한반도 면적의 최대 7배나 된다고 합니다. 미 해양대기관 리처(NOAA)에 따르면 플라스틱병과 폐타이어, 버려진 그물, 장난감 등이 뒤섞인 이곳 쓰레기들은 90%가 플라스틱 제품이고 이곳 쓰레기 더미는 바다 위를 떠다니기 때문에 면적이 일정치 않으나 최대로 확산되면 태평양 전체 면적의 8.1%까지 차지할 수 있으며 그 양을 약 1억t으로 추산합니다. 바다의 생물들이 자외선으로 부서진 플라스틱 조각을 먹고 죽어간다는 것입니다. 씨애틀 중앙일보 2010, 4. 21일자에 의하면 지난 4월 14일 웨스트 시애틀 해안에 좌초되어 죽은 채 발견된 회색 고래 위 안에서 추리닝 바지, 골프 공, 20개 이상의 플라스틱 백, 작은 타올, 테이프 그리고 수술 장갑 등등 많은 쓰레기가 나온 것으로 알려졌습니다. 이 외에도 유조선 침몰 등으로 바다는 몸살을 앓고 있습니다. 지난 2010년 4월 20일 멕시코만에서 석유 시추시설 폭발 사고가 터져 미국 정부의 추정치로는 하루에 2만 5천 ~ 3만 배럴(약 400만 리터, 약 100만 gallon)의 기름이 유출된다고 하며 지금도 막지 못해 피해규모는 걷잡을 수 없을 정도로 불어나고 있는 상황으로 이 사건은 인류사에 충격적인 재앙으로 남을 수 있다고 합니다. 이 모든 것이 바다에 대한 하나님의 진노입니다.

겪으리라는 것이 유엔의 전망이다(8:10 주해 참조). 하나님의 진노의 셋째 재앙은 이처럼 계속되고 있다.

사도 요한은 물을 차지한 천사가 "전에도 계셨고 지금도 계신 거룩하신 이여 이렇게 심판하시니 의로우시도다 그들이 성도들과 선지자들의 피를 흘렸으므로 그들로 피를 마시게 하신 것이 합당하니이다"고 하나님의 의로우심을 찬양하는 소리를 듣는다. 의로우신 하나님은 성도들로 하여금 순교의 피를 흘리게 하는 악한 세상에 대하여 그 댓가로 진노를 쏟아 부으시는 것이다.

이 때 사도 요한은 "그러하다 주 하나님 곧 전능하신 이시여 심판하시는 것이 참되시고 의로우시도다"고 말하는 제단의 소리를 듣는나. 물론 여기서 제단도 금향로의 제단 즉 금 향단을 말한다. 이 제단은 성도들의 기도를 하나님께 아뢰는 곳이므로 제단의 소리는 핍박받는 성도들의 기도의 응답으로서 하나님의 심판이 임하는 것이므로 핍박하던 자들에게 내리시는 하나님의 진노는 참되시고 의로우시다는 그 정당성을 알리는 것이다.

8-10절. 넷째 천사가 그 대접을 해에 쏟으니 해가 권세를 받아 불로 사람들을 심하게 태운다. 그래도 사람들은 이 재앙들을 행하는 권세를 가지신 하나님의 이름을 훼방하며 또 회개하여 영광을 주께 돌리지 아니 한다. 넷째 나팔 재앙에서는 해가 빛을 잃고 천체의 삼분의 일이 어두워진다(8:12). 실제로 해가 공해로 어두워져 날씨가 추워지거나 온실 효과로 지구의 대기 온도가 올라가 일부에 피해를 주는 재앙을 가져다준다. 그러나 넷째 대접 재앙에서는 해가 오히려 뜨거워져서 사람들을 불로 태우고 상하게 한다. 한 예로 오존층 파괴를 생각해보자. 문명이 발달함에 따라 각종 화학물질이 배출됨으로 오존층이 파괴되어 자외선이 증가하면 조만간 인간은 물론, 지구상의 모든 생물은 생존할 수 없다고 한다.[23] 해가 뜨거워져 사람들을 상하게 하는 넷째 대접 재앙은 오존층

23) Oz라고 영어로 표기하는 오존은 산소원자 3개로 이루어져 있는데 지구 상공 24~32km에 오존층을 이루고 있다. 오존분자들은 태양의 강렬한 자외선을 흡수하여 지구상의 생물을 보호한다. 그런데 스프레이의 에어졸과 냉장고와 에어콘의 냉매제, 플라스틱 제품

파괴만을 뜻하는 것이 아니라 오존층 파괴를 포함해서 태양의 열로 인한 기근과 같은 모든 재앙을 포함한다. 세계가 이 재앙을 막으려고 노력하지만 갈 길이 먼 상태이다. 이것들이 악한 세상에 대한 하나님의 진노의 넷째 대접 재앙이다. 이처럼 하나님의 진노가 이 땅에 내리지만 사람들이 회개도 하지 않고 오히려 이 재앙들을 행하는 권세를 가지신 하나님의 이름을 훼방 즉 모독하며 영광을 주께 돌리지 아니 한다. 세상이 가면 갈수록 악해져가는 모습이다. 그러므로 우리 성도들은 이 사실을 주의 깊게 관찰하고 하나님의 진노의 손을 인식하고 더욱 깨어 신앙 위에 굳건히 서야겠다.

다. 다섯째 진노의 대접, 짐승의 나라가 어두어짐(계 16:10-11)

> 10 또 다섯째 천사가 그 대접을 짐승의 왕좌에 쏟으니 그 나라가 곧 어두
> 워지며 사람들이 아파서 자기 혀를 깨물고 11 아픈 것과 종기로 말미암아
> 하늘의 하나님을 비방하고 그들의 행위를 회개하지 아니하더라

10-11절. 다섯째 천사가 그 대접을 짐승의 왕좌에 쏟으니 그 나라가 곧 어두워지며 사람들이 아파서 자기 혀를 깨물고 아픈 것과 종기로 인하여 하늘의 하나님을 비방하고 그들의 행위를 회개하지 아니 한다. 여기서 "짐승의 왕좌"가 로마제국을 의미한다는 주장과 시대를 초월하여 하나님을 대적하고 세

을 생산하기 위해 사용되는 화학물질 등에서 배출되는 프레온이라고 알려진 염화 플루오로탄소 또는 염화 불화탄소와 염화메틸과 자동차 연소 그리고 화학비료를 만들 때 생기는 산화질소 등등이 이 오존층을 파괴한다. 매년 봄, 남극 대륙의 하늘에 미국의 3배 크기만한 보이지 않는 거대한 구멍이 생긴다. 남극뿐만 아니라 지구 상공의 다른 곳에서도 오존층은 파괴된다. 지금과 같은 빠르기로 오존이 소멸되고, 자외선이 증가하면 조만간 인간은 물론, 지구상의 모든 생물은 생존할 수 없다고 한다. 오존층이 10% 파괴된다면, 미국에서만 약 16만명이 피부암에 걸리게 된다고 한다. 1987년에 발표된 미국 환경보호처의 보고서는 오존층의 소실로 인하여 향후 88년간 4,000만명의 피부암 환자가 증가할 것이라고 하였다(국립군산대학; http:// www.kunsan.ac.kr/~haedong/ozone/ozone.htm).

상 권세를 숭배케 한 모든 곳을 가리킨다는 주장이 있다.[24] 또한 13:2에서 용이 자기의 능력과 보좌와 큰 권세를 바다에서 나온 짐승에게 주었으므로 짐승의 보좌가 용 사탄의 보좌와 같다는 주장도 있다.[25] 앞의 주장들이 일리가 없는 것은 아니나 대접 재앙은 나팔 재앙을 반복하고 있음을 앞에서 말씀드렸듯이 다섯째 대접 재앙은 다섯째 나팔의 사탄과 그 세력 황충의 재앙(9:1-11)의 반복이다. 그렇다면 여기서 짐승의 왕좌는 바다에서 나온 짐승 악한 세상 국가와 권력이 아니고 사탄 즉 다른 짐승인 용의 왕좌를 의미한다고 보는 것이 더 자연스럽다.[26] 13:2에서 용이 자기의 보좌를 짐승에게 주었으므로 용의 보좌에 다섯째 대접을 쏟았다는 것은 역시 바다에서 나온 짐승 즉 하나님을 대직하는 세상의 권력에 쏟았다는 말이 된다. 그래서 다섯째 대접 재앙을 짐승의 보좌에 쏟았다는 뜻은 하나님이 사탄과 그 세력에게 재앙을 부으셨다는 뜻이다.

사탄의 왕좌가 하나님의 재앙을 받아 더욱 더 그의 나라가 어두워졌다. 어두워졌다는 것이 무슨 뜻인가? 하나님의 진노가 사탄을 치시니 그의 나라는 더욱 어두워져서 더 심한 죄악 가운데 거하는 상태를 말한다. 하나님의 다섯째 재앙으로 사탄의 나라는 소망이 없어지므로 사탄은 더욱 발악을 하고 세상은 더욱 더 죄악이 성하여지고 타락한다.[27] 그러므로 하나님의 이름을 훼방하던

---

24) 이상근, 같은 책, p. 194. "당시 로마 황제로 모형된 장차 올 적그리스도의 보좌"; 이필찬, "속히 오리라," p. 676. "용의 허락 아래 통치를 대행하는 세력"; 참조: Hendriksen, 같은 책, p. 199. "적그리스도의 중심"

25) Hughes, 같은 책, p. 254. "13:2에 선언된 것처럼 짐승의 보좌는 그 짐승이 받은 사탄인 용의 보좌이다."; 렌스키, 같은 책, p. 379. "짐승의 보좌와 용의 보좌는 같다."

26) Sweet, 같은 책, p. 247. "Satan's throne, which he shared with the beast(13:2), was at Pergamum(2:13), the Roman provincial capital."; 권성수, 같은 책, p. 349 "사탄의 보좌로서 사탄의 통치와 권위와 지배의 자리이다."

27) 이필찬, 같은 책, p. 677. "하나님과 철저한 분리뿐만 아니라 애굽 사람들을 기다리는 지옥의 영원한 상태이다(Beale, 1999, 824)."; Hughes, 같을 책, p. 255. "마지막 심판의 근거는 이것이다. 곧 빛이 세상에 왔으되 사람들이 자기 행위가 악함으로 빛보다 어두움을 더 사랑한 것이니라(요 3:19)."; Sweet, 같은 책, p. 248. "its kingdom was in darkness; lit. 'was put into darkness'. Men's anguish reminds us of the torture of the locusts' sting(9:5), symbolizing the torment of spiritual darkness - cf. Wisd.

사람들은 자기 혀를 깨물고 아파하며 죄악이 곪아 터져 고통 속에 살아간다. 그런데도 그들은 회개는커녕 하나님을 모독하고 회개치 아니 한다. 이것은 불신자 그들에게 나타나는 더 큰 재앙일 뿐이다. 그러나 하나님의 백성은 그 죄악의 고통에서 하나님의 보호를 받는다.

라. 여섯째 하나님의 진노의 대접 재앙 아마겟돈 전쟁(계16:12-16)

> 12 또 여섯째 천사가 그 대접을 큰 강 유브라데에 쏟으매 강물이 말라서
> 동방에서 오는 왕들의 길이 예비되었더라 13 또 내가 보매 개구리 같은 세
> 더러운 영이 용의 입과 짐승의 입과 거짓 선지자의 입에서 나오니 14 그들
> 은 귀신의 영이라 이적을 행하여 온 천하 왕들에게 가서 하나님 곧 전능
> 하신 이의 큰 날에 있을 전쟁을 위하여 그들을 모으더라 15 보라 내가 도
> 둑같이 오리니 누구든지 깨어 자기 옷을 지켜 벌거벗고 다니지 아니하며
> 자기의 부끄러움을 보이지 아니하는 자는 복이 있도다 16 세 영이 히브리
> 어로 아마겟돈이라 하는 곳으로 왕들을 모으더라

12절. 여섯째 천사가 그 대접을 큰 강 유브라데에 쏟으니 강물이 말라서 동방에서 오는 왕들의 길이 예비된다. 유브라데 강은 이스라엘과 이방의 경계선이다. 하나님의 여섯째 진노의 대접 재앙이 이곳에 쏟아지니 물이 말라서 동방에서 오는 왕들의 길이 예비되었다는 뜻은 하나님께서 허락하심으로 이방 즉 하나님을 대적하는 세력들이 성전 밖 예루살렘 성을 즉 세상 불신자들을 짓밟을 전쟁을 일으킬 준비가 되었다는 것이다. 성전 안만이 하나님의 나라이고 성전 밖은 하나님의 진노를 받을 세상이다. 하나님의 진노인 전쟁 재앙이 세상에 쏟아질 것이다.

13-16절. 유브라데 강이 말라 길이 확보되니 개구리 같은 세 더러운 영

17:11-21, eph. 4:18, Matt. 8:12, etc.”

즉 귀신의 영이 용의 입과 짐승의 입과 거짓 선지자의 입에서 나와 이적을 행하여 하나님 곧 전능하신 이의 큰 날의 전쟁을 위하여 온 천하 임금들을 아마겟돈이라 하는 곳으로 모은다. 용과 바다의 짐승과 거짓 선지자는 사탄 마귀의 삼위일체이다. 이 셋으로부터 개구리 같은 혐오스런 더러운 영 셋이 나와 이적을 행하며 온 천하 왕들에게 갔다는 말은 사탄이 짐승과 거짓 선지자와 합세하여 세상의 권력자들을 유혹함을 말한다.

열왕기상 22:19 이하를 보면 미가야 선지자가 환상을 보는데 여호와께서 거짓말하는 영을 보내어 북왕조 이스라엘의 왕 아합을 꾀어 아람과 전쟁을 하게 한다. 그 예언대로 아합은 남왕조 유다왕 여호사밧과 연합군을 만들어 아람과 대항하였으나 패배하여 아합은 살기위해서 유다 왕 여호사밧을 자신처럼 꾸미게 하고 자신은 병사로 변장했음에도 불구하고 그 전쟁에서 전사하였다. 이처럼 사탄과 그 세력들은 세상 권력을 미혹하여 사람을 죽이고 파괴하는 전쟁을 일으킨다. 전쟁은 사탄과 그 세력들이 일으키는 것이지만 그것도 하나님의 섭리 안에 있으며 하나님을 대적하는 세상위에 붓는 하나님의 진노의 대접 재앙에 속한 것이다. 이 전쟁의 재앙은 신자나 불신자들에게 다 미치며 하나님의 보호하심이 없는 불신자들에게는 고통과 죽음이지만 성도들은 하나님이 보호하심으로 믿음을 지켜 승리하게 된다.

여섯째 나팔 재앙의 전쟁의 인명 피해는 1/3이지만 여섯째 대접 재앙은 1/3로 제한된 전쟁이 아니고 더 심해진 전체적인 전쟁이다. 실제로 인명 피해로 볼 때 무기의 발달로 지금의 전쟁은 과거와 비교도 되지 않을 정도로 큰 인명 피해가 따른다. 이 전쟁들은 한 번 일어나는 재앙이 아니고 역사에 수없이 있었고 앞으로도 있을 전쟁들을 뜻하고 나팔 재앙에서 대접 재앙으로 발전한 것이다. 사탄과 그 세력들은 세상의 권력들을 미혹하여 전쟁을 일으킬 뿐 아니라 전능하신 하나님의 큰 날에 있을 전쟁을 대비하여 그들을 아마겟돈으로 모은다.

"하나님의 큰 날"이 어떤 날인가? 역사 속에서 하나님과 사탄과 그 세력들의 싸움이 있을 큰 날은 말할 것도 없이 하나님이 일방적으로 승리하시고 사탄과 그 세력들 곧 온 세상이 패망하는 날 즉 최후의 심판의 날이다.[28] 요한계시록에서 본문을 포함하여 온 세상의 멸망이 네 번 언급된다. 요한계시록의 내용을 시간의 순서대로 기록되었다고 본다면 네 번의 최후의 심판이 있다는 말인가? 그러나 요한계시록 외 모든 성경은 오직 한 번의 최후의 심판을 말한다. 그러므로 "하나님 곧 전능하신 이의 큰 날에 전쟁"이란 일곱째 대접재앙으로서 하나님의 최후의 심판이요(16:17-21), 바벨론의 멸망이요(18:1-24), 재림하신 그리스도가 아마겟돈에 모인 사탄의 대리자 짐승과 그의 세력을 멸하시는 전쟁이며(19:11-21), 영적으로 표현하면 사탄을 완전히 멸하시는 최후의 심판의 전쟁이다(20:7-15).[29]

그러면 "하나님의 큰 날에 전쟁"을 위하여 왕들이 모이는 아마겟돈이란 어떤 장소인가? '아마겟돈(Amageddon)'은 므깃도 산(Har megiddo)이라는 히브리 말을 희랍어로 옮긴 말이다. 므깃도는 나사렛 남방 기손 강변의 에스도레온(Esdoreon) 평야에 있는 한 옛 고을 이름으로서 역사적으로 많은 전쟁을 치룬 지역이다.[30] 이처럼 아마겟돈은 이스라엘의 최전방 방어기지로서 동방에서 이스라엘을 침공하려면 반드시 이곳에서 전쟁을 치러야 했다. 구체적으로 지명이 언급되었으므로 역사적으로 이곳에서 아마겟돈 전쟁이 일어날 것이라는 주장이 있다.[31] 그러나 구약 묵시문학의 형태로 쓰인 예언서들이 말하는 이스라

---

28) 이상근, 같은 책, p. 195-196; Mounce, 같은 책, p. 300.

29) Hendriksen, 같은 책, p. 240.

30) 이상근, 같은 책, p. 196.

31) Walvoord, 같은 책, p. 239. "What this scripture seems to indicate is that this area is the central point for the military conflict which ensues. Actually the armies are deployed over a 200-mile area up and down from this central location(cf. 14:20)."; Steve Gregg, ed., 같은 책, p. 381. "Walvoord has no difficulty with this suggestion: The rising power of the parts of the Orient in our day in countries such as Japan, China, India, as well as lesser nations, makes such an invasion a reasonable prediction. Hall Lindsey also confirms this scenario; There will likely be a coalition of powers from the eastern countries and it will probably be led by red China. Their way cleared for a rapid forced march and 'banzai charge' by the drying up of the Euphrates

엘의 회복은 역사적이며 지역적인 이스라엘의 회복만이 아니라 동시에 예수 그리스도에 의한 영적 이스라엘의 회복을 예언하고 있다. 또한 아마겟돈에 왕들이 모이는 것은 에스겔서 38장에 나오는 곡과 마곡이 일으키는 전쟁을 반영하고 있는데 여기서도 곡과 마곡은 하나님과 교회를 대적하는 세상의 권력을 상징하고 있다. 아마겟돈도 상징적으로 해석하여 왕들이 이곳에 모였다는 뜻은 적그리스도의 세력이 하나님의 나라와 최후의 일전을 준비하고 있음을 뜻한다고 보아야 한다. 소위 아마겟돈 전쟁은 "하나님의 큰 날" 즉 최후의 심판에 있을 실제의 전쟁이 아니라 하나님의 큰 날이 이르기 전까지 사탄과 그 세력들이 하나님과 교회를 대적하고 그 날을 준비하며 심화되어가는 영적 전쟁을 가리킨다. 이 전쟁은 하나님의 큰 날에 주님이 하늘의 군대를 이끄시고 재림하셔서 일시에 그들을 멸하심으로 끝난다.[32)]

이것을 흔히 아마겟돈 전쟁이라고 말하지만 최후의 결전의 전쟁이 아니고 최후의 결전을 준비하는 사탄과 그 세력들의 전쟁준비 과정이고 사탄과 그 세력의 마지막 발악이다. 그러므로 아마겟돈 전쟁은 역사상 나타나는 실제적인

River. This sort of thing has been made technically possible by the Russian's recent construction of a dam near the headwaters of the Euphrates."

32) Hendriksen, 같은 책, p. 201. "이런 까닭으로 아마겟돈은 모든 전쟁의 어려운 상태, 즉 성도들이 억압을 당하고 있을 때 하나님께서 고난 받는 자기 백성의 이익을 위하여 갑자기 능력을 보이며 원수를 무찌르는 것을 상징한다."; 이필찬, 같은 책, p. 689 "요한계시록에서 바로 이러한 배경의 므깃도를 어근으로 하는 용어를 사용하는 것은 만국을 이끌어 하나님을 대적하는 영적 전쟁을 일으키려는 바로 용, 짐승, 거짓선지자에 대한 심판의 장소로 제시하려는 목적을 나타내고 있다. 비록 본문에서는 명확하게 밝히고 있지 않지만 '아마겟돈' 이라는 용어의 사용을 통해 이 전쟁이 영적 전쟁이며 그 결과는 용, 짐승, 거짓선지자의 결정적 패배로 끝날 것임을 암시한다."; Yeatts, 같은 책, p. 298 "... and it is probably best to think that the great historic battle ground in the valley of Megiddo was transformed into Mount Megiddo under prophetic expectations related to the final battle (Isa, 14:13; Ez. 38:8, 21; 39:2, 4, 17; Dan. 11:45). This Old Testament place of battle seems an appropriate symbolic location for the final battle between God and Satan and a fitting counterpart for the Mount Zion (Heb. 12:22-24; Rev. 14:1; 21:10)."

전쟁도 아니고 사탄과 그 세력들이 승리하는 전쟁도 아니고 사탄과 그 세력이 하나님과 교회를 대적하는 역사상 되풀이되는 모든 싸움으로서 결국 최종적인 패배를 준비하는 행위일 뿐이다.[33] 이제 최후의 결전의 날 즉 하나님의 큰 날이 남아 있다.

이 때 사도 요한은 "보라 내가 도둑같이 오리니 누구든지 깨어 자기 옷을 지켜 벌거벗고 다니지 아니하며 자기의 부끄러움을 보이지 아니하는 자가 복이 있도다"고 말하는 음성을 듣는다. 이것이 요한계시록에 나타나는 성도가 받는 세 번째 복이다. 귀신의 영들의 미혹을 받는 세상의 권력들이 전쟁을 벌이며 하나님과 일전을 벌이려 준비를 하는 중에 주님께서 이 말씀을 하신 것은 이처럼 다가오는 전쟁의 재앙을 믿음으로 준비하도록 권면하신 것이다. 주님의 권면에 귀를 기울이자.

첫째로 심판주이신 주님은 자신이 도둑같이 오시니 깨어 있으라고 권면하신다. 예수 그리스도께서 '도둑같이' 오신다는 경고는 사데 교회(계 3:2-4)와 라오디게아 교회에도(계 3:18) 주어졌던 것이다. 이 경고는 두 교회의 우상 숭배의 위험에 대해 주어진 것이며 그리스도에 대한 충성을 요구하면서 그리스도의 재림에 대해 언제나 준비하고 있어야함을 강조한다. 마찬가지로 주님은 최후의 날이 다가오는 마지막 때에 있을 사탄의 핍박 가운데서도 넘어지지 아니하고 늘 깨어 믿음 위에 굳게 서서 충성하며 그리스도의 재림을 준비하는 자에게 반드시 복 주실 것을 약속하신다.

둘째로 주님은 자기 옷을 지켜 벌거벗어 부끄러움을 보이지 말라고 권면하신다. 성도가 입는 자기 옷이란 요한계시록에서 자주 언급되는 예수 그리스도의 피로 씻은 흰 옷을 말한다(계 3:4, 5, 18; 4:4; 6;11; 7:9, 10). 성도의 그 흰 옷은 믿음으로 죄 씻음 받고 의롭게 된 성도의 신분을 의미한다. 그러므로 성

33) Hendriksen, 같은 책, p. 201. "이 여섯째 대접(전쟁)은 앞서 나타난 대접과 마찬가지로 역사상에 되풀이되는 것이 분명하다."

도는 자신의 믿음 위에 서서 하나님 말씀대로 살아감으로써 자신의 옷을 더럽히지 않고 자신의 의의 신분, 즉 흰 옷을 잘 지켜야 한다. 하나님의 말씀대로 살지 않고 죄를 지으면 영적으로 벌거벗어 육신의 정욕대로 사는 자가 된다. 그러므로 주님은 생각지 않은 때에 도적같이 갑자기 다시 올 터이니 믿음 위에 굳게 서서 하나님 말씀에 따라 의의 삶을, 즉 성도의 흰 옷을 더럽히지 말고 지키는 삶을 살라고 우리에게 권면하신다.

마. 일곱째 하나님의 진노의 대접 재앙-최후의 대심판(계16:17-21)

> 17 일곱째 천사가 그 대접을 공중에 쏟으매 큰 음성이 성전에서 보좌로부
> 터 나서 이르되 되었다 하시니 18 번개와 음성들과 우렛소리가 있고 또 큰
> 지진이 있어 얼마나 큰지 사람이 땅에 있어 온 이래로 이같이 큰 지진이
> 없었더라 19 큰 성이 세 갈래로 갈라지고 만국의 성들도 무너지니 큰 성
> 바벨론이 하나님 앞에 기억하신 바 되어 그의 맹렬한 진노의 포도주 잔을
> 받으매 20 각 섬도 없어지고 산악도 간데없더라 21 또 무게가 한 달란트
> 나 되는 큰 우박이 하늘로부터 사람들에게 내리매 사람들이 그 우박의 재
> 앙 때문에 하나님을 비방하니 그 재앙이 심히 큼이러라

17절. 그 최후의 결전이 있을 하나님의 큰 날에 마지막 재앙을 담은 대접을 일곱째 천사가 공중에 쏟는다. 그 때에 성전 보좌로부터 "되었다"는 큰 음성이 들린다. 여기서 "공중"은 문자적으로 공중이라고 이해할 수도 있지만[34] 에베소서 2:2에서 사탄을 공중의 권세 잡은 자로 말씀하므로 "공중"은 사탄이 활동하고 있는 근거지(영역)로 보아야 한다.[35] 하나님께서 사탄의 본거지에 일곱째 대접 재앙을 쏟으심으로 최후의 심판이 시작된 것이다. 따라서 사탄의 권

---

34) Hendriksen, 권성수, 렌스키, Mounce 주장. 엡 2:2에서 사탄은 공중의 권세 잡은 자로 말씀하므로 여기서 "공중"은 사탄이 활동하고 있는 근거지(영역)으로 보아야 한다.

35) 이상근, 박윤선, 이필찬, 김승곤 등의 주장.

세를 잡고 있는 공중 즉 사탄의 본거지에 대접을 쏟는다는 것은 짐승과 그를 경배하는 자들에게 결정적인 타격을 가함을 말한다. 한편 "되었다"는 말은 "성취하다" 또는 "완성하다"의 뜻으로 하나님의 최종적이고 완전한 심판이 이루어졌다는 말이며 인간 역사의 종말을 선언하는 말이다. 일곱 째 대접 재앙은 사탄과 그 세력을 완전히 심판하는 하나님의 최후의 일격이다.

18절. 일곱째 대접 재앙이 사탄과 그 세력에 내리니 성전에서 보좌로부터 "되었다"는 큰 음성이 있고 번개와 음성들과 우렛소리가 있고 또 큰 지진이 일어나는데 이 세상에서는 들을 수 없었고 볼 수 없었을 만큼 큰 음성과 지진이다. 계 11:19을 보면 "일곱째 천사가 일곱 대접 재앙을 알리는 나팔을 불 때" 하늘에 있는 하나님의 성전이 열리니 성전 안에 하나님의 언약궤가 보이며 또 번개와 음성들과 뇌성과 지진과 큰 우박이 있더라"는 말씀과 계 16:17-18 "일곱째 천사가 그 대접을 공중에 쏟으매 큰 음성이 성전에서 보좌로부터 나서 가로되 되었다 하니 번개와 음성들과 뇌성이 있고 또 큰 지진이 있어 어찌 큰지 사람이 땅에 있어 온 이래로 이같이 큰 지진이 없었더라"고 하였지만 이제는 일곱 대접 재앙이 다 부어지고 "되었다"는 성전 보좌의 음성이 있는 것은 지금까지 행해진 재앙의 마무리임을 말함으로 심판이 절정에 달해 있는 모습을 보여준다. 일곱 째 대접은 하나님의 진노의 심판의 절정으로 최후의 심판을 예고한다.

19-20절. 번개가 치고 뇌성이 울리는 가운데 역사상에 없던 큰 음성과 지진이 일어나니 큰 성이 세 갈래로 갈라지고 만국의 성들도 무너진다. 큰 성 바벨론이 하나님 앞에 기억하신바 되어 그의 맹렬한 진노의 포도주 잔을 받으니 각 섬도 없어지고 산악도 간 데 없다. "큰 성"이 예루살렘, 로마 제국 등이라는 여러 설이 있으나 바로 다음에 큰 성 바벨론이 나오므로 바벨론으로 보는 것이 자연스럽다. 구약성경에서 바벨론은 가장 강한 권력으로 하나님을 대적하는 세상 권력의 대표로 표현된다. 주님이 오시고 큰 성 바벨론이 상징하는 이 세상이 심판받아 멸망할 때 하나님의 백성 중에 죽었던 자들은 살아나고 산 자

들은 휴거되고 이 땅에 남은 세상은 하나님의 최후의 심판을 받고 멸망한다. 하나님께서 바벨론을 포함하여 모든 악한 세상과 그 권력이 하나님을 대적하고 교회를 핍박한 것을 기억하시고 그들로 하여금 진노의 포도주 잔을 마시게 하신다. "각 섬도 없어지고 산악도 간 데 없다"는 표현은 하나님의 진노의 심판은 섬들이 없어지고 산악도 간 데가 없어질 정도로 심하여 이 세상이 철저하게 멸망한다는 것이다.

21절. 또 무게가 한 달란트나 되는 큰 우박이 하늘로부터 사람들에게 떨어지니 그 재앙이 심히 커서 사람들이 그 우박의 재난으로 인하여 하나님을 비방한다. "달란드"는 시대에 따라서 그 무게가 같지 않았으나 사도 요한의 시대에서는 100파운드(약 45kg)였다고 한다. 구약성경에서 우박의 재앙이 나타나지만(수 10:11; 출 9:23) 이 우박은 그런 우박이 아니다. 이 우박에 맞으면 사람이나 짐승은 즉사하고 모든 것이 박살날 정도로 "그 재앙이 심히 큼이러라"는 말씀과 함께 최후의 심판임을 말해준다. 이것은 일곱째 대접 재앙이 역사에 유례가 없던 최종적인 심판임을 뜻한다. 그런데도 사람들은 하나님을 비방한다. 이것이 최후의 심판이므로 이들에게 이젠 회개와 용서의 기회는 없기 때문이다.

우리는 주님의 재림과 최후의 심판을 앞에 두고 자연재앙과 사탄과 그 세력들의 재앙과 전쟁의 재앙이 세상을 괴롭히는 상황 가운데 살고 있다. 그러므로 우리 성도들은 도적같이 오시는 주님의 재림을 기다리며 깨어 있으며 믿음 위에 서서 하나님 말씀대로 살아 성도의 의의 옷을 지켜 승리하여야 할 것이다.

*삽경 7. 바벨론 멸망(계 17:1-18:24)

1) 여자와 짐승의 관계(계 17:1-6)

1 또 일곱 대접을 가진 일곱 천사 중 하나가 와서 내게 말하여 이르되 이
리로 오라 많은 물 위에 앉은 큰 음녀가 받을 심판을 네게 보이리라 2 땅
의 임금들도 그와 더불어 음행하였고 땅에 사는 자들도 그 음행의 포도주
에 취하였다 하고 3 곧 성령으로 나를 데리고 광야로 가니라 내가 보니 여
자가 붉은 빛 짐승을 탔는데 그 짐승의 몸에 하나님을 모독하는 이름들이
가득하고 일곱 머리와 열 뿔이 있으며 4 그 여자는 자주 빛과 붉은 빛 옷
을 입고 금과 보석과 진주로 꾸미고 손에 금 잔을 가졌는데 가증한 물건과
그의 음행의 더러운 것들이 가득하더라 5 그의 이마에 이름이 기록되었으
니 비밀이라, 큰 바벨론이라, 땅의 음녀들과 가증한 것들의 어미라 하였더
라 6 또 내가 보매 이 여자가 성도들의 피와 예수의 증인들의 피에 취한지
라 내가 그 여자를 보고 놀랍게 여기고 크게 놀랍게 여기니

요한계시록의 본론은 일곱 인으로 봉한 책이 개봉됨으로 나타나는 환상이다. 어린양이 그 인들을 개봉함에 따라 주님의 초림과 재림 사이에 일어날 그리스도와 복음의 계속적 승리와 여러 핍박과 환난, 그로 인한 제단 아래 죽임을 당한 영혼들의 부르짖음과 최후의 심판을 알리는 환상이 전개되고 핍박과 환난 중에 고통 받는 성도들의 부르짖는 기도의 응답으로 불신자들에게 내리는 하나님의 진노의 재앙으로 마지막 일곱째 인이 개봉된다. 일곱째 인은 심판을 경고하는 일곱 나팔로 부터 심판을 쏟아 붓는 일곱 대접재앙으로 나타나는데 자연재앙과 사탄의 세력에 의한 재앙과 전쟁재앙의 피해가 주님의 초림에서 재림 사이에 부분적으로부터 전체적으로 반복적으로 나타난다. 이 일곱 가지 재앙은 일곱째 대접 재앙인 최후의 진노의 심판으로 끝을 맺는다. 요한계시록 17, 18장은 이 최후의 심판을 보충 설명하는 바벨론 멸망에 관한 삽경이다. 17장에서는 천사가 하나님을 대적하는 악한 세상을 상징하는 여자와 세상과 악한 권력을 상징하는 바다에서 올라온 짐승의 관계와 그들이 하는 일들을 말한다.

17:1절. 일곱 대접을 가진 일곱 천사 중 하나가 와서 사도 요한에게 말하기를 "이리 오라 많은 물 위에 앉은 큰 음녀의 받을 심판을 네게 보이리라"고 한다. 일곱 대접을 가진 천사 중에 하나가 "음녀와 짐승"의 환상을 보여준다는 것은 음녀와 짐승의 환상이 일곱 대접 재앙 즉 대심판의 보충 설명임을 말해준다.

또한 "물 위에 앉은 큰 음녀"는 실제로 유브라데스 강을 따라 위치해 있는 바벨론 성의 지리적 상황을 반영하고 있다. "음녀"는 구약성경에서 우상 숭배하는 이스라엘을 나타낼 때 주로 사용된 표현이며(사 1:21; 렘 13:27; 호 2:5; 3:16, 17) 우상을 숭배하는 이방 두로(사 23:17)와 니느웨(나 3:4)를 지칭하는데 사용되기도 하였다. 그러면 "물 위에 앉은 큰 음녀"가 누구인가? 5절에서 음녀의 이름을 큰 바벨론으로 밝히고 있다(5, 18절). 그러면 음녀를 가리키는 바벨론이 무엇을 상징하는가? "음녀"는 일차적으로 바벨론을 가리키고 있지만 종교적 음행과 사치가 전 세계에 영향을 끼치는 로마를 상징한다거나[36] 이 세상의 세속 도시를 상징한다는 주장들도 있으나[37] 요한계시록 17:15에서는 음녀의 앉은 물은 백성과 무리와 열국과 방언들이라고 한 것을 보면 세상 사람들과 세상의 역사와 문화를 포함한 이 세상을 의미한다. 그러므로 음녀 바벨론은 세상 나라들과 사람들과 문화까지 포함한 이 세상 전체를 지배하고 대표하는 악한 세상 나라를 가리킨다. 또한 큰 음녀 바벨론은 12장의 교회를 상징하는 여자와 21장에 나오는 어린양 신부(21:9-10)와 대칭을 이루고 있고 11:1, 2에서 교회를 상징하는 성전 안과 세상을 상징하는 성전 밖을 구분하여 측량하는 것을 볼 때 교회 밖 세상 전체를 상징한다. 또한 요한계시록에서 언급하는 교회와 세상의 역사가 주님의 초림과 재림 사이임을 볼 때 큰 음녀를 로마로 제한하거나 세속 도시로 제한하는 것은 부자연스러우므로 그것은 이 세상 전체로 보아야 한다.[38]

2절. 그 천사는 계속하여 사도 요한에게 말하기를 "땅의 임금들도 그로 더불어 음행하였고 땅에 거하는 자들도 그 음행의 포도주에 취하였다" 고 말한다. '땅의 임금들' 은 세상의 통치자들을 가리킨다. 바벨론 시대에 바벨론 대왕이 세계를 지배하였고 그 밑에서 많은 민족과 나라들의 통치자 임금들이 그를 섬기며 그를 신격화하여 그의 우상에게 절하기도 했다. 이처럼 악한 세상 음녀는

---

36) Mounce, 같은 책, p. 308. "… symbolizes the influence of Rome as it flows out throughout the entire world."; 이필찬, 같은 책, p. 716-717 "하나님 백성들을 핍박했던 바벨론, 로마를 상징적으로 표현하는 것임을 알 수 있다. … 로마제국의 종교적 음행과 사치가 전 세계에 영향을 끼치고 있는 것을 상징한다."

37) 이상근, 같은 책, p. 199-200. "바벨론은 로마를 가리킨다. 또 다시 이 로마는 과거의 역사적 로마가 아니라 미래에 있을 전 세계 백성을 지배할 세속도시를 가리키는 것이다."; 박윤선, 같은 책, p. 305. "대도시"

38) Hendriksen, 같은 책, p. 206. "음녀도 역시 역사상 어느 시대를 막론하고 적그리스도의 유혹의 중심인 세상을 나타낸다고 결론을 내릴 수밖에 없다."; 권성수, 같은 책, p.368 "하나님을 대적하는 세상 전체" Lenski, 같은 책, p. 295. "바벨론과 여자와 땅의 임금들과 땅에 거하는 자들은 하나이고 같은 것이다."; 참고 Hughes, 같은 책, p. 263. "타락한 세상의 불경건한 문명"

세상 권력과 야합하여 세상 권력들을 우상 숭배케 하거나 자신을 우상화하여 영적 음행 곧 우상 숭배를 하게하고 하나님을 대적하였다. 음녀의 유혹은 세상을 다스리는 통치자들에게 뻗쳤을 뿐만 아니라 더 나아가 '땅에 거하는 자들' 즉 세상의 모든 불신자들에게 영향력을 행사하여 통치자들은 물론 백성들까지도 유혹하여 하나님을 대적하게 하는 음행의 포도주에 취하게 만들었다.

3-4절. 그 천사는 말을 마치고 성령으로 사도 요한을 데리고 광야로 간다. "성령으로"는 "성령 안에 있는(in the Spirit)" 즉 "성령의 감동함을 받은" 상태를 나타낸다. 사도 요한이 성령의 감동함을 받은 상태에서 천사를 따라 광야로 갔다는 것은 실제가 아니고 환상임을 뜻한다. 성경에서 광야는 하나님의 백성들 즉 교회가 하나님만을 의지하고 사탄과 그 세력과 싸우며 살아가야 하는 이 세상을 가리킨다. 사탄이 광야에 있는 교회를 핍박하나 궁극적으로 하나님의 심판을 받을 것임으로 사도 요한은 음녀에게 내려질 하나님의 심판을 광야에서 보게 된다.

사도 요한은 광야에서 그 음녀가 몸에 하나님을 모독하는 이름들이 가득하고 일곱 머리와 열 뿔이 있는 붉은 빛의 짐승을 탄 것을 본다. 일곱 머리와 열 뿔이 있는 짐승은 용과 바다에서 나온 짐승이다. 그러면 여기의 짐승은 누구인가? 사탄인 용은 하나님을 대적하는 악의 세계의 임금이므로 악한 세상을 상징하는 음녀가 탄 짐승이라고 보는 것은 부자연스럽다. 또한 요한계시록 12:3을 보면 사탄은 붉은 빛을 띤 것이 아니라 붉은 용이라고 표현하고 있다. 그러므로 음녀가 탄 짐승은 세상 권력을 상징하는 바다에서 나온 짐승으로 보는 것이 자연스럽다. 바다에서 나온 짐승이 붉은 빛을 띠고 있는 것은 붉은 용의 권세를 받은 그의 수하임을 나타낸다. 음녀가 붉은 빛을 띤 바다에서 나온 짐승을 타고 있다는 것은 사탄의 하수인 악한 세상 권력과 불가분의 관계이며 세상이 그 권력에 편승하여 온갖 악을 행함을 말한다.

음녀가 탄 짐승의 몸에 하나님을 모독하는 이름이 가득하다. 이것은 이 세상의 악한 권력자들이 스스로 하나님이라고 주장하여 자신을 신격화하여 하나님을 모독함을 나타낸다. 우리 역사 속에 악한 권력자가 신처럼 행동하여 하나님을 대적하고 악을 행한 예는 수도 없이 많이 찾을 수 있다. 음녀는 자주 빛과 붉은 빛 옷을 입고 금과 보석과 진주로 꾸미고 손에 금잔을 가졌는데 그 안에는 가증한 물건과 그의 음행의 더러운 것들이 가득하다. "자주 빛과 붉은 빛 옷"은 비싼 염료로 만들어진 왕의 옷으로 그 옷을 입고 있다는 것은 권력의 옷을 입었다는 뜻이다(삿 8:26;단 5:7). 금과 보석과 진주와 금잔(렘 51:7)은 사치와 방종을 나타낸다. 가증한 물건은 제단에 바쳐진 부정한 것들이나 우상을 뜻하고(레 7:15; 11:10; 단 11:31; 12:11) 음행(계 2:14,20)의 더러운 것들은 우상숭배를 나타낸다. 음녀 즉 바벨론, 하나님을 대적하는 세상은 권력의 옷을 입고 사치하며 우상숭배의 금잔을 들고 있다. 이 여자의 모습은 요한계시록 12장에 교회를 상징하는 해를 입은 여자와 대조된다. 요한계시록 19:8을 보면 그 모습이 더 구체적이다. 교회를 상징하는 어린양의 신부는 "빛나고 깨끗한 세마포"를 입고 있다. 악한 세상은 권력을 휘두르며 사치하며 우상숭배를 하여 하나님을 대적하며 빛나고 깨끗한 의의 흰 옷을 입은 교회를 핍박한다. 그러므로 그 위에 하나님의 진노의 심판이 부어질 것이다.

5절. 음녀의 이마에 비밀, 큰 바벨론 그리고 땅의 음녀들과 가증한 것들의 어미라는 이름이 기록되어 있다. 음녀의 이마에 있는 이름 중에 "비밀"이라는 것은 그녀의 이름 중에 하나라기보다는 땅의 음녀들과 가증한 것들의 어미인 큰 바벨론의 비밀스런 특성을 나타낸다. 왜냐하면 7절에서 천사가 여자와 여자가 탄 짐승의 환상을 보고 놀라는 요한에게 "내가 여자와 그가 탄 일곱 머리와 열 뿔 가진 짐승의 비밀을 네게 이르리라"고 말하기 때문이다.[39] "큰 바벨론"은 두 말할 것 없이 악한 이 세상 전체를 뜻하고(14:8) "땅의 음녀들"은 큰 바벨론이란 세상의 영향 아래 있는 모든 민족과 나라들을 가리키고 "가증한 것들"이란 우상숭배와 부정한 것들을 말한다. 그러므로 음녀는 하나님을 대적하

39) Lenski, 같은 책, p. 397; 이상근, 같은 책, p. 201; 이필찬, 같은 책, p. 723.

고 교회를 핍박하는 모든 민족과 나라들과 우상숭배와 불의의 어미 즉 본거지이다.

6절. 사도 요한은 이 여자가 성도들의 피와 예수의 증인들의 피에 취한 것을 보는데 이것을 보고 크게 놀랍게 여긴다. 여기서 성도들과 예수의 증인들을 두 부류로 분류하는 것은 바람직하지 못하다.[40] 성도는 주님의 지상명령에 따라 예수를 증거하는 자들이기 때문이다(행 1:8). 그래서 "성도들의 피와 예수의 증인들의 피"를 "성도들 즉 예수의 증인들의 피"라고 해석해야 한다. "피에 취하다"는 말은 음녀 즉 악한 세상은 음행을 조장할 뿐만 아니라 하나님을 떠나 우상 숭배에 동참하지 아니하고 오직 하나님과 어린양에게만 충성을 다하는 성도들을 죽이기까지 핍박한다는 뜻이다.

사도 요한이 음녀가 가증하고 더러운 물건들 속에서 왕 같이 자주 빛과 붉은 빛 옷을 입고 금과 보석과 진주로 치장하고 금잔에 성도들의 피를 담아 마시고 취한 것을 보고 크게 기이히 여긴다. 사도 요한은 천사가 1절에서 음녀가 받을 심판을 보여준다고 했는데 음녀의 심판은커녕 음녀가 힘 있고 부유하며 성도를 죽이기까지 핍박하니 이해가 안 되고 크게 기이히 여기게 된 것이다. 사실 그렇다. 이 광야의 세상에서 하나님을 대적하며 우상 숭배하는 바벨론 즉 세상 사람들은 권력과 야합하여 권력을 휘두르며 잘 살고 사치하며 우리 성도들을 죽이기까지 핍박하는 것을 볼 때 왜 그들이 잘 되고 잘 사는지 기이하게 여겨진다. 그러나 사도 요한에게 이 환상을 보여주시는 것은 이것이 세상 바벨론의 멸망의 원인이라는 것을 보여주시는 것이다. 그러므로 우리는 음녀인 이 세상 바벨론이 권력을 휘두르고 잘 되고 잘 살며 우리 성도들을 핍박하더라도 그들을 부러워하지도 두려워하지도 말고 주님을 따라 이기는 자들의 삶을 살아가야 할 것이다.

온갖 권력들을 휘두르며 부와 사치를 누리며 하나님을 대적하며 우상 숭배

---

40) Mounce, 같은 책, p. 311.

하는 이 세상은 우리 성도들이 살고 있는 광야이다. 하나님께서 광야에서 이스라엘 백성들을 보호하시고 인도하시고 가나안의 복을 받게 하신 것처럼 이 세상에서는 큰 음녀인 이 세상 바벨론이 바다에서 나온 짐승인 이 세상 모든 권력을 이용하여 사람들로 하여금 우상 숭배하게 하고 불의와 악을 행하며 사치하며 하나님을 대적하고 교회를 핍박하고 있으나 하나님께서 그들을 심판하셔서 멸망시키시고 교회는 보호하고 인도하고 승리케 하실 것이다.

2) 여자와 짐승의 사역(계 17:7-18)

7 천사가 이르되 왜 놀랍게 여기느냐 내가 여자와 그가 탄 일곱 머리와 열
뿔 가진 짐승의 비밀을 네게 이르리라 8 네가 본 짐승은 전에 있었다가 지
금은 없으나 장차 무저갱으로부터 올라와 멸망으로 들어갈 자니 땅에 사는
자들로서 창세 이후로 그 이름이 생명책에 기록되지 못한 자들이 이전에
있었다가 지금은 없으나 장차 나올 짐승을 보고 놀랍게 여기리라 9 지혜
있는 뜻이 여기 있으니 그 일곱 머리는 여자가 앉은 일곱 산이요 10 또 일
곱 왕이라 다섯은 망하였고 하나는 있고 다른 하나는 아직 이르지 아니하
였으나 이르면 반드시 잠시 동안 머무르리라 11 전에 있었다가 지금 없어
진 짐승은 여덟째 왕이니 일곱 중에 속한 자라 그가 멸망으로 들어가리라
12 네가 보던 열 뿔은 열 왕이니 아직 나라를 얻지 못하였으나 다만 짐승
과 더불어 임금처럼 한동안 권세를 받으리라 13 그들이 한 뜻을 가지고 자
기의 능력과 권세를 짐승에게 주더라 14 그들이 어린 양과 더불어 싸우려
니와 어린 양은 만주의 주시요 만왕의 왕이시므로 그들을 이기실 터이요
또 그와 함께 있는 자들 곧 부르심을 받고 택하심을 받은 진실한 자들도
이기리로다 15 또 천사가 내게 말하되 네가 본 바 음녀가 앉아 있는 물은
백성과 무리와 열국과 방언들이니라 16 네가 본 바 이 열 뿔과 짐승은 음
녀를 미워하여 망하게 하고 벌거벗게 하고 그의 살을 먹고 불로 아주 사르
리라 17 이는 하나님이 자기 뜻대로 할 마음을 그들에게 주사 한 뜻을 이
루게 하시고 그들의 나라를 그 짐승에게 주게 하시되 하나님의 말씀이 응
하기까지 하심이라 18 또 네가 본 그 여자는 땅의 왕들을 다스리는 큰 성
이라 하더라

7절. 사도 요한이 광야에서 음녀가 받을 심판을 볼 줄 알았는데 심판은커녕 음녀가 힘 있고 부유하며 성도를 죽이기까지 핍박하니 이해가 안 되고 크게 기이히 여기므로 천사가 사도 요한에게 여자가 탄 일곱 머리와 열 뿔 가진 짐승의 비밀을 보이겠다고 말한다. 바다에서 나온 짐승의 일곱 머리와 열 뿔은 무엇인가? 요한계시록 13:1에서 이미 밝힌 바와 같이 바다에서 나온 짐승의 "일곱 머리"는 사탄으로부터 권세를 받은 악한 국가 모두를 가리킨다. '열 뿔'은 12절에서 "아직 나라를 얻지 못하였으나 다만 짐승과 더불어 임금처럼 한 동안 권세를 받으리라"고 하기 때문에 정치 권세를 제외한 세상의 모든 강력한 권세들을 말한다. "여자와 그가 탄 일곱 머리와 열 뿔 가진 짐승의 비밀"이란 바로 이런 막대한 권력을 행사하는 짐승이 8절 이후에서 맞이할 미래를 말한다.

8절. 천사는 사도 요한에게 "네가 본 짐승은 전에 있었다가 지금은 없으나 장차 무저갱으로부터 올라와 멸망으로 들어갈 자니 땅에 사는 자들로서 창세 이후로 그 이름이 생명책에 기록되지 못한 자들이 이전에 있었다가 지금은 없으나 장차 나올 짐승을 보고 놀랍게 여기리라"고 말해준다. "네가 본 짐승"이란 바다에서 나온 짐승이다. 바다에서 나온 짐승이 "전에 있었다가 지금 없다"는 것은 바다에서 나온 짐승이 상징하는 하나님을 대적하는 국가나 그 권력이 바벨론이나 바사나 헬라나 로마처럼 흥했다가 없어진 것을 표현한다고 이해할 수 있다.

그러나 "전에 있었다가 지금은 없으나 장차 무저갱으로부터 올라와 멸망으로 들어갈 자"라는 것은 사탄에게 쓸 수 있는 말이므로 바다의 짐승이 그렇다는 것은 이해가 쉽지 않다. 요한계시록 20:1-10에서 사탄이 결박되어 무저갱에 갇혔다가 종말에 잠깐 놓여 세상을 미혹하여 하나님과 교회를 대적하다가 지옥불에 떨어져 영원히 멸망하리라고 한다. 그러므로 지금은 없으나 장차 무저갱으로부터 올라와 멸망으로 들어갈 자는 사탄이다. 바다에서 나온 짐승은 사탄의 부하로서 사탄의 분신과 같은 존재로[41] 하나님을 대적하는 이 세상의 나라의 권력이다. 이 권력은 무저갱의 사탄에게서 나온다. 그것은 바다에서 나온 짐승 즉 악한 세상의 권력의 근원은 무저갱에서 나왔고 그 곳으로 들어갈 존재라는 뜻으로 여겨진다.[42] 그러므로 전에 있었다가 지금 없으나 장차 무저갱으로부터 올라와 멸망으로 들어갈 자란 바다에서 나온 짐승을 말하는데 그 근원이 사탄에게서 나온 권력으로서 흥망부침을 계속하면서 궁극적으로 사탄과 함께 멸망으로 들어간다는 뜻이다.

"땅에 거하는 자들로서 창세 이후로 그 이름이 생명책에 기록되지 못한 자들"이란 하나님의 택함을 받지 못하고 그 짐승을 좇아 우상 숭배를 일삼고 하나님을 대적하는 불신자들을 가리킨다. 이들은 이전에 있었다가 지금은 없으나 장차 나타날 바다에서 올라온 짐승을 보고 놀랍게 여기며 미혹되어 짐승에게 충성을 다하게 된다는 것을 말한다.

9-11절. 천사는 짐승의 일곱 머리에 대하여 보충 설명을 한다. 첫째로 그 짐승의 일곱 머리는 여자가 앉은 일곱 산이요 또 일곱 왕이라고 말한다. 앞에서 이미 일곱 머리는 사탄의 권세를 받은 모든 악한 국가와 권력이라고 언급했다(13:1, 2 주해 참조). 국가와 권력을 상징하는 일곱 머리를 일곱 산이라 말한 것은 로마의 일곱 구릉을 표현한 것으로 본다. 그 당시 국가와 권력은 로마였으므로 이것은 세상 권력을 적절하게 표현한 것으로 본다. 또한 일곱 머리를 일곱 왕이라고 말하므로 바다에서 나온 짐승의 일곱 머리는 사탄으로부터 권세를 받고 하나님을 대적하는 이 세상의 모든 국가와 권력이다.

둘째로 일곱 중에 다섯은 망하였고 하나는 있고 다른 이는 아직 이르지 아

---

41) Hendriksen, 같은 책, p. 176.

42) 박윤선, 같은 책, p. 207. "무저갱으로부터 올라옴은 사탄의 세력을 가지고 나타남을 가리킨다."; 이필찬, 같은 책, p. 729. "이러한 짐승의 운명은 20장에서 소개된 용의 운명과 동일하다. 이 부분에 대해서는 20장에서 자세하게 언급하겠지만 여기에서 간단히 설명하면 20:1-3에서 용은 무저갱에 천년동안 결박되어 있다. 특히 계 20:7-10에서 용은 무저갱으로부터 나와 성도들의 진과 전쟁을 일으키는데 이에 패하여 불과 유황이 타는 못에 던져지게 된다... 사탄과 짐승의 이러한 동일한 모습은 그들이 서로 운명공동체라는 사실이기 때문이다."

니하였으나 이르면 반드시 잠깐 동안 계속하리라고 말한다. “지금 있는 하나”는 사도 요한의 세대를 지배하는 로마이다. 그러면 앞에 있는 다섯은 무엇을 가리키는가? 로마 앞에 셋은 당연히 대 제국들인 바벨론, 바사(페르샤), 헬라이다. 다니엘서 7장의 바다에서 나온 네 짐승들을 대부분 주석가들도 그 당시 세상을 지배하는 대 제국 바벨론, 바사, 헬라 그리고 로마를 상징하는 것으로 해석한다. 일곱이라는 수가 상징이므로 다섯을 밝힐 필요는 없지만 굳이 말한다면 바벨론 앞에 있었던 역사상의 악한 대 제국으로 창세기 10장에 나오는 니므롯이 통치한 구 바벨론과 느부갓네살의 신 바벨론 앞에 있던 앗수르가 있다. 이 둘을 포함시켜 망한 다섯은 구 바벨론, 앗수르, 신 바벨론, 바사, 헬라이다.[43] 다섯은 망하고 로마 제국은 현존해 있고 앞으로 나타날 일곱째 다른 제국은 아직 이르지 아니 하였으나 이르면 반드시 잠깐 동안 계속하리라고 한다. 마지막 일곱째 국가는 사도 요한 시대부터 주님 재림 때까지 있을 모든 악한 국가와 그 권력을 말한다고 본다. 사도 요한 시대부터 주님 재림 때까지 바다에서 나온 짐승의 일곱 번째의 머리인 하나님을 대적하는 권력이 통치를 하지만 반드시 잠깐 동안만 계속된다는 주님의 위로와 소망의 말씀이다.

셋째로 전에 있었다가 지금 없어진 짐승은 여덟째 왕이니 일곱 중에 속한 자라 저가 멸망으로 들어가리라고 말한다. ‘전에 있다가 지금은 없어진 짐승’이란 표현은 그 전에 있었던 하나님을 대적하던 어떤 국가권력보다 더 큰 적그리스도의 권력임을 나타낸다. 일곱 중에 속해 있지만 어느 권력보다 큰 여덟째라고 칭할 수 있는 권력이 무저갱에서 올라온 사탄의 권세를 받아 하나님과 어린양 그리스도를 대적하고 교회를 핍박하지만 그의 기간은 잠깐이고 그는 바로 멸망으로 들어갈 것이다.

12-14절. 이제, 천사는 짐승의 열 뿔에 대하여 보충 설명을 한다. 첫째로 열 뿔은 열 왕이니 아직 나라를 얻지 못하였으나 다만 짐승으로 더불어 임금처

43) Hendriksen, 같은 책, p. 209.

럼 권세를 일시 동안 받으리라고 말한다. 앞에서 이미 언급하였듯이 10절에서 일곱 머리를 일곱 왕이라고 말하고 있고 여기서도 "열 뿔"을 열 왕이라고 말하고 있다. 그러면 이 둘이 같은 왕인가? 아니다. 권세자를 왕이라고 하지만 '아직 나라는 얻지 못하였다'는 것은 나라를 통치하는 정치적 왕권이 아니라는 뜻이다. 여기 열 뿔은 나라를 통치하는 임금이 아니라 세상 모든 분야에서 임금과 같은 권세를 일시동안 받은 권세자들이다. 정치권력만 권세가 아니다. 재물도, 종교도, 문화와 전통 등도 권세이다. 요즈음에 재물권세, 언론권세, 종교권세 같은 말은 흔히 쓰이는 말이다. 그러므로 "열 뿔"은 종교, 예술, 교육, 상업, 산업 등등 모든 분야에서 정치권력과 야합하여 악한 권세를 행하여 하나님을 대적하고 교회를 핍박하는 모든 세력을 말한다(계 13:1,2 주해 참조). 그러나 이런 모든 권세는 영구하지 않고 일시적일 뿐이다.

둘째로 그들이 한 뜻을 가지고 자기의 능력과 권세를 짐승에게 주더라고 말한다. 열 뿔 즉 정치권력 외 모든 분야의 권력들이 일곱 머리인 악한 세상의 정치권력이 대표하는 바다에서 나온 짐승으로부터 권세를 받고 자발적으로 하나님과 교회를 대적하는 한 마음을 가지고 자기들의 능력과 권세를 세상의 악한 권력을 상징하는 그 짐승에게 바친다. 다시 말하면 세상의 모든 분야의 권력들이 하나님과 교회를 대적하기 위하여 악한 세상의 정치권력과 힘을 합친다는 것이다.

셋째로 그들이 어린 양과 더불어 싸우려니와 어린 양은 만주의 주시요 만왕의 왕이시므로 그들을 이기실 터이요 또 그와 함께 있는 자들 곧 부르심을 받고 택하심을 받은 진실한 자들도 이기리로다고 말한다. 여기서 "그들"은 어린 양과 더불어 싸우기 때문에 단순히 열 뿔이 상징하는 세상의 모든 분야의 권력이라고만 볼 수는 없고 13절에서 열 뿔이 상징하는 세상의 모든 분야의 권력이 일곱 머리가 상징하는 악한 세상의 정치권력에 힘을 보탠 두 연합체인 악한 세상의 권력을 상징하는 바다에서 나온 짐승의 모든 세력으로 볼 수 있다. 16절에서 그들을 열 뿔과 짐승이라고 표현한다. 세상의 모든 권력이 함께 힘을 합하여 우리 주님을 대적하고 그의 교회를 핍박하나 어린양이신 우리 주님은 만주의 주시요 만왕의 왕이시므로 그들을 이기실 것이고 그와 함께 있는 자들 곧 부르심을 입고 빼내심을 얻고 진실한 자들 즉 성도들인 교회는 이길 것이다(19:17-21 참조).

15절. 또 천사가 사도 요한에게 네가 본 바 음녀가 앉아 있는 물은 백성과 무리와 열국과 방언들이니라고 말한다. 이 말씀은 1절의 "물 위에 앉은 큰 음녀"를 설명하고 있다. 백성과 무리는 단순히 세상 사람들이지만 열국과 방언들은 사람들이 역사 속에서 저절로 획득하거나 만들어진 문화의 산물이다. 그러므로 여자가 가리키는 바벨론은 사람들과 역사와 문화를 지배하며 사람들로 하여금 우상숭배하게 하고 죄를 짓게 만드는 음녀로서 하나님을 대적하고 교회를 핍박하는 악한 세상 나라이다.

16-18절. 천사는 이어서 사도 요한이 본 "열 뿔과 짐승은 음녀를 미워하여 망하게 하고 벌거벗게 하고 그의 살을 먹고 불로 아주 사르리라 이는 하나님이 자기 뜻대로 할 마음을 그들에게 주사 한 뜻을 이루게 하시고 그들의 나라를 그 짐승에게 주게 하시되 하나님의 말씀이 응하기까지 하심이라 또 네가 본 그 여자는 땅의 왕들을 다스리는 큰 성"이라고 말한다.

이미 14절에서 언급하였지만 열 뿔과 짐승은 바다에서 나온 짐승의 다른 표현이다. 그리고 머리가 그 개체의 대표이므로 여기서 열 뿔과 짐승이란 열 뿔과 짐승의 대표가 되는 일곱 머리이다. 사실 열 뿔도 일곱 머리에 속한 것이므로 열 뿔과 일곱 머리는 짐승의 머리로서 짐승을 대표하며 바다에서 나온 짐승을 말한다. "열 뿔과 짐승은 음녀를 미워하여 망하게 하고 벌거벗게 하고 그의 살을 먹고 불로 아주 사르리라"는 무슨 뜻인가? 이것은 바다에서 나온 짐승과 음녀 사이에 일어날 분열을 말한다. 이 열 뿔과 짐승 즉 바다의 짐승인 악한 세상 권력은 자기의 본성대로 오히려 자기편인 음녀인 악한 세상조차 미워하여 망하게 하고 벌거벗게 하고 그의 살을 먹고 불로 아주 사름과 같이 세상을 타락시키고 망하게할 것임을 말한다.

17절은 열 뿔과 짐승이 음녀를 미워하여 망하게 하고 벌거벗게 하고 그의 살을 먹고 불로 아주 사르게 된 원인을 밝힌다. 왜 열 뿔과 짐승이 음녀를 미워하여 망하게 하는가? 하나님이 자기 뜻대로 다시 말하면 하나님의 뜻대로 할 마음을 그들에게 주신다. 그 하나님의 뜻은 열 뿔과 짐승인 세상의 악한 권력이 음녀인 세상을 망하게 하는 것이다. 그래서 하나님은 그들로 하여금 한 뜻을 이루게 하시고 세상 나라들은 악한 세상의 권력에 내 주시어 타락시키고 망하게 함으로 하나님의 말씀이 응하기까지 하신다,

사도 요한이 본 그 여자는 땅의 왕들을 다스리는 큰 성이라 하는데 "큰 성"은 무엇을 가리는가? 사도 요한이 사는 시대는 로마가 땅의 왕들을 다스리는 큰 성이지만 요한계시록은 묵시문학의 언어를 사용하고 있고 요한계시록 18:2에서 망하는 성을 바벨론이라고 말하기 때문에 여기서 큰 성은 바벨론을 가리키며 바벨론은 세상을 상징한다고 본다. 우리는 사탄과 그 세력들이 지배하는 악한 세상에 살고 있다. 사탄과 악한 이 세상이 하나님을 대적하고 교회를 핍박하나 그들은 하나님의 주권 아래 있으며 결국 하나님의 계획에 따라 그들은 분열하고 사탄과 그 세력은 세상을 타락시키고 망하게 할 뿐이다. 그것은 하나님의 계획 즉 하나님의 말씀이 응하기까지 이루시는 결과로 나타난다. 그러므로 세상에 살지만 세상에 속하지 않은 우리 성도들은 마지막 때에 발악하는 사탄과 세상의 모든 악한 권력들이 우는 사자처럼 우리 주위를 돌면서 삼킬 자를 찾지만 조금도 두려워하지 말고 심판주로 오시는 주님을 믿고 따르며 주님의 재림을 기다림으로 승리하여야 할 것이다.

3) 여자와 짐승의 멸망 (계 18:1-24)

1 이 일 후에 다른 천사가 하늘에서 내려 오는 것을 보니 큰 권세를 가졌
는데 그의 영광으로 땅이 환하여지더라 2 힘찬 음성으로 외쳐 이르되 무너
졌도다 무너졌도다 큰 성 바벨론이여 귀신의 처소와 각종 더러운 영이 모

이는 곳과 각종 더럽고 가증한 새들이 모이는 곳이 되었도다 3 그 음행의
진노의 포도주로 말미암아 만국이 무너졌으며 또 땅의 왕들이 그와 더불어
음행하였으며 땅의 상인들도 그 사치의 세력으로 치부하였도다 하더라 4
또 내가 들으니 하늘로부터 다른 음성이 나서 이르되 내 백성아, 거기서
나와 그의 죄에 참여하지 말고 그가 받을 재앙들을 받지 말라 5 그의 죄는
하늘에 사무쳤으며 하나님은 그의 불의한 일을 기억하신지라 6 그가 준 그
대로 그에게 주고 그의 행위대로 갑절을 갚아 주고 그가 섞은 잔에도 갑절
이나 섞어 그에게 주라 7 그가 얼마나 자기를 영화롭게 하였으며 사치하였
든지 그만큼 고통과 애통함으로 갚아 주라 그가 마음에 말하기를 나는 여
왕으로 앉은 자요 과부가 아니라 결단코 애통함을 당하지 아니하리라 하니
8 그러므로 하루 동안에 그 재앙들이 이르리니 곧 사망과 애통함과 흉년이
라 그가 또한 불에 살라지리니 그를 심판하시는 주 하나님은 강하신 자이
심이라 9 그와 함께 음행하고 사치하던 땅의 왕들이 그가 불타는 연기를
보고 위하여 울고 가슴을 치며 10 그의 고통을 무서워하여 멀리 서서 이르
되 화 있도다 화 있도다 큰 성, 견고한 성 바벨론이여 한 시간에 네 심판이
이르렀다 하리로다 11 땅의 상인들이 그를 위하여 울고 애통하는 것은 다
시 그들의 상품을 사는 자가 없음이라 12 그 상품은 금과 은과 보석과 진
주와 세마포와 자주 옷감과 비단과 붉은 옷감이요 각종 향목과 각종 상아
그릇이요 값진 나무와 구리와 철과 대리석으로 만든 각종 그릇이요 13 계
피와 향료와 향과 향유와 유향과 포도주와 감람유와 고운 밀가루와 밀이요
소와 양과 말과 수레와 종들과 사람의 영혼들이라 14 바벨론아 네 영혼이
탐하던 과일이 네게서 떠났으며 맛있는 것들과 빛난 것들이 다 없어졌으니
사람들이 결코 이것들을 다시 보지 못하리로다 15 바벨론으로 말미암아
치부한 이 상품의 상인들이 그의 고통을 무서워하여 멀리 서서 울고 애통
하여 16 이르되 화 있도다 화 있도다 큰 성이여 세마포 옷과 자주 옷과 붉
은 옷을 입고 금과 보석과 진주로 꾸민 것인데 17 그러한 부가 한 시간에
망하였도다 모든 선장과 각처를 다니는 선객들과 선원들과 바다에서 일하
는 자들이 멀리 서서 18 그가 불타는 연기를 보고 외쳐 이르되 이 큰 성과
같은 성이 어디 있느냐 하며 19 티끌을 자기 머리에 뿌리고 울며 애통하여
외쳐 이르되 화 있도다 화 있도다 이 큰 성이여 바다에서 배 부리는 모든
자들이 너의 보배로운 상품으로 치부하였더니 한 시간에 망하였도다 20

하늘과 성도들과 사도들과 선지자들아, 그로 말미암아 즐거워하라 하나님
이 너희를 위하여 그에게 심판을 행하셨음이라 하더라 21 이에 한 힘 센
천사가 큰 맷돌 같은 돌을 들어 바다에 던져 이르되 큰 성 바벨론이 이같
이 비참하게 던져져 결코 다시 보이지 아니하리로다 22 또 거문고 타는 자
와 퉁류하는 자와 퉁소 부는 자와 나팔 부는 자들의 소리가 결코 다시 네
안에서 들리지 아니하고 어떠한 세공업자든지 결코 다시 네 안에서 보이지
아니하고 또 맷돌 소리가 결코 다시 네 안에서 들리지 아니하고 23 등불
빛이 결코 다시 네 안에서 비치지 아니하고 신랑과 신부의 음성이 결코 다
시 네 안에서 들리지 아니하리로다 너의 상인들은 땅의 왕족들이라 네 복
술로 말미암아 만국이 미혹되었도다 24 선지자들과 성도들과 및 땅 위에
서 죽임을 당한 모든 자의 피가 그 성 중에서 발견되었느니라 하더라

17장에서는 천사가 하나님을 대적하는 악한 세상을 상징하는 여자와 세상과 악한 권력을 상징하는 바다에서 올라온 짐승의 관계와 사역을 말한 후 18장에서는 천사가 사도 요한에게 16:12-16에서 예고된 하나님의 큰 날에 온 세상에 내릴 최후의 심판인 이 세상 전체를 상징하는 바벨론의 멸망의 환상을 보여준다.

18:1절. 일곱 대접을 가진 일곱 천사 중 하나가 사도 요한에게 큰 음녀가 받을 심판을 보여준 후에 다른 천사가 하늘에서 내려오는 것을 사도 요한이 보는데 그는 큰 권세를 가졌는데 그의 영광으로 땅이 환하여진다. 출애굽기 34:29을 보면 모세가 두 번째로 증거(십계명)의 두 판을 손에 들고 시내 산에서 내려올 때에 모세가 여호와 하나님과 말하였음으로 말미암아 얼굴 피부에 광채가 났다. 그런 것처럼 그 다른 천사가 하나님이 계시는 하늘에서 하나님으로부터 큰 권세를 받고 땅에 내려오니 하나님에게서 비침을 받은 하나님의 영광으로 땅이 환하여진 것이다. 그러므로 그 천사가 영광을 비취는 것은 그가 하나님의 직접 보내심을 받았으며 하나님이 주신 큰 권세를 받았음을 의미한다.

2-3절. 이 천사는 힘센 음성으로 “무너졌도다 무너졌도다 큰 성 바벨론이

여 귀신의 처소와 각종 더러운 영의 모이는 곳과 각종 더럽고 가증한 새의 모이는 곳이 되었도다. 그 음행의 진노의 포도주를 인하여 만국이 무너졌으며 또 땅의 왕들이 그로 더불어 음행하였으며 땅의 상인들도 그 사치의 세력을 인하여 치부하였도다"라고 외친다.

"무너졌도다"는 헬라어로 부정과거시제인데 부정과거시제는 과거를 나타내는 것이 아니라 시제에 관계없이 완료나 진행의 의미가 없는 단순한 동작발생을 나타냄으로 예언에 많이 쓰인다(1:19 참조). 그러므로 "무너졌도다"는 "무너질 것이다"는 뜻의 예언이다. 천사는 힘찬 음성으로 "무너졌도다 무너졌도다"라고 반복하여 외침으로 큰 성 바벨론 즉 악한 세상이 완전히 멸망할 것임을 강조한다.

"귀신"과 "더러운 영"은 사탄의 부하인 악한 영들을 나타내는 말이고 "각종 더럽고 가증한 새들"은 앞에 나온 귀신과 더러운 영을 상징한다.[44] "바벨론이 새들이 모이는 곳이 되었다"는 것은 살육의 전쟁이 끝나고 폐허된 곳에 시체들을 먹으려고 각종 새들이 모이는 모습을 그려주는 것으로서 멸망하여 완전히 폐허된 광경을 나타낸다. 요한계시록 19:17 이하에서도 이 세상의 마지막 멸망을 나타내는 바벨론의 폐허를 반복하여 묘사하는데 한 천사가 태양 안에 서서 공중에 나는 모든 새를 향하여 살육을 당한 세상의 왕들의 살과 장군들의 살과 장사들의 살과 말들과 그것을 탄 자들의 살과 자유인들이나 종들이나 작은 자나 큰 자나 모든 자의 살을 먹으라 명하여 먹게 한다.

멸망하는 큰 성 바벨론 즉 세상은 귀신과 더러운 영들이 마치 망하여 폐허가 된 곳에 각종 더럽고 가증한 새들이 가득히 모이듯 심판을 받을 소돔과 고모라처럼 몹시 타락한 곳이 되었다는 말이다.

큰 성 바벨론의 멸망의 원인은 만국이 그 음행의 진노의 포도주를 마셨기 때문이라고 밝힌다. 여기서 음행은 우상숭배를 말한다(렘 3;2;호 4:10). 첫째로

---

44) 이상근, 같은 책, p. 207.

땅의 왕들 즉 세상의 모든 분야의 권력이 음녀 바벨론 즉 세상 즉 땅에 거하는 세상 사람들과 더불어 우상숭배를 하였다. 물론 우상숭배란 바알과 같은 우상신을 숭배하는 것 외에 하나님 외 다른 것을 의지하는 모든 것 즉 돈이나 권세나 명예나 쾌락 등등을 사랑하고 의지하는 것이다. 천사는 우상숭배의 내용을 구체적으로 열거한다. 그러므로 우리는 혹시나 이런 우상들을 동경하거나 의지하고 있지는 않는지 자신을 살피고 항상 하나님만을 향하고 살아야 한다.

둘째로 상인들은 돈을 우상으로 삼을 뿐 아니라 그 돈으로 사치하고 부유함을 누려 방탕의 삶을 살아간다. 사치와 치부는 멸망의 이유가 될 만큼 큰 죄임을 우리는 명심하여야 한다. 그리스도인은 옷도 입지 말고 돈도 벌지 말라는 말이 아니다. 자신의 위치를 넘어선 치장은 사치이고 하나님의 영광을 나타내지 않고 이웃과 나누지 않고 자기의 소유로 삼기 위하여 돈을 버는 것은 치부이다. 그러므로 우리는 저들처럼 사치나 치부의 죄를 범하지는 않는지 내 자신을 살피며 사치와 치부를 거부하고 하늘에 거하는 자로서 나를 낮추고 이웃과 나누는 삶을 살아가야 할 것이다. 우리 하나님은 질투하시는 하나님이시므로 우상숭배하고 사치하며 치부하는 자들을 미워하시고 심판하신다.

4-5절. 바벨론의 멸망이 선언되고 사도 요한은 하늘로부터 다른 음성이 나서 “내 백성아, 거기서 나와 그의 죄에 참여하지 말고 그의 받을 재앙들을 받지 말라 그 죄는 하늘에 사무쳤으며 하나님은 그의 불의한 일을 기억하신지라”는 하나님 백성에 대한 권면의 말씀을 듣는다. 이 음성의 주인이 누구인가를 꼭 밝힐 필요는 없겠으나 17장에서 일곱 대접을 가진 천사들이 나타나서 음녀와 바다에서 나온 짐승의 관계와 사역을 말하였고 18장에 들어와서도 다른 천사가 말하다가 갑자기 여기서 천사란 말이 언급 없이 다른 음성이 나온 것은 일반 천사나 앞에서 언급된 일곱 대접을 가진 천사는 아니라고 생각된다. 그러므로 그리스도나 그리스도와 하나님을 대신하는 천사로 보는 것이 자연스럽다. 왜냐하면 말하는 이가 하나님의 백성을 “내 백성”이라고 칭하며 말하는 중에 주 하나님을 언급하고 있기 때문이다.[45] “그”는 음녀인 큰 성 바벨론으로

서 멸망할 이 세상이다. 우리 주님은 우리가 바벨론이라는 땅에 거하는 자가 아니라 그 타락한 성 바벨론을 떠나 하늘에 거하는 자가 되어 세상의 죄에서 벗어나고 재앙을 받지 않기를 원하신다. 왜냐하면 하나님을 대적하고 교회를 핍박하는 세상의 죄는 하늘에 사무칠 정도로 극에 달하였으며 이제 심판의 때가 이르러 그의 불의한 일 즉 악한 죄를 기억하시고 그를 심판하실 것이기 때문이다. 그러므로 우리는 "내 백성아 죄로 멸망할 거기 바벨론에서 나와라" 라고 부르시며 권면하시는 주님의 음성에 귀를 기울여야 한다.

6-8절. 하늘의 음성은 바벨론의 심판의 이유를 말씀하시고 이어서 "그가 준 그대로 그에게 주고 그의 행위대로 갑절을 갚아 주고 그가 섞은 잔에도 갑절이나 섞어 그에게 주라. 그가 얼마나 자기를 영화롭게 하였으며 사치하였든지 그만큼 고통과 애통함으로 갚아 주라. 그가 마음에 말하기를 나는 여왕으로 앉은 자요 과부가 아니라 결단코 애통함을 당하지 아니하리라 하니 그러므로 하루 동안에 그 재앙들이 이르리니 곧 사망과 애통함과 흉년이라 그가 또한 불에 살라지리니 그를 심판하시는 주 하나님은 강하신 자이심이라" 고 멸망의 실행을 명하신다.

첫째로 바벨론 즉 악한 세상이 하나님을 대적한 죄와 교회를 핍박한 행위와 우상숭배의 진노의 섞은 잔 즉 더 심한 음란한 우상숭배를 갑절로 갚아 진노를 부으라고 명하신다. 준 그대로 갚아 준다거나 어떤 행위의 갑절을 배상한다는 것은 죄와 과오에 대한 구약의 율법의 심판의 방식이다. 구약의 율법은 사랑과 긍휼이 없는 심판을 말한다. 율법은 우리 인간이 하나님의 심판으로 멸망할 수 밖에 없는 죄인임을 깨달으라고 주신 것이다. 그러나 신약성경 어느 곳에서도 그렇게 말씀하지 않는다. 오히려 로마서 12:14을 보면 "너희를 박해하는 자를 축복하라 축복하고 저주하지 말라" 고 말씀한다. 율법으로는 우리가 멸망할 수

---

45) Mounce, 같은 책, p. 324. "하나님을 대신하는 천사"; Lenski, 같은 책, p. 413. "하나님"; 이상근 p. 208. "하나님(Charles, 그리스도(Rist), 천사(Plummer)"

밖에 없으니 하나님께서 우리를 사랑하셔서 독생자 그리스도를 구세주로 보내주신 것이다. 우리는 하나님의 그 놀라우신 사랑과 구원을 받았으니 원수까지도 사랑하며 살아야 한다. 그러나 마지막 날에 세상의 심판은 구약적 심판이다. 공의로우신 하나님께서 큰 성 바벨론의 극에 달한 죄악을 기억하시고 마지막 날에 긍휼이 없는 심판으로 보응하실 것이다.

둘째로 바벨론의 교만과 사치를 그만큼 고난과 애통으로 갚아 주라고 명하신다. 바벨론의 죄는 우상숭배와 불의하게 교회를 핍박하는 행위 외에 '자기를 영화롭게 한 것'과 '사치'이다. '자기를 영화롭게 하다'란 하나님께 영광을 돌리지 않고 자기 스스로에게 영광을 돌리는 교만을 의미한다. 음녀 바벨론은 마음에 말하기를 "나는 여왕으로 앉은 자요 과부가 아니라 결단코 애통함을 당하지 아니하리라"고 스스로를 높여 자신을 영화롭게 한다. 과부는 돈 없고 힘이 없는 약자를 대표하는 계급이다. 음녀란 세상의 불신자들은 하나님께 영광을 돌리지 않고 스스로를 높이고 약자들을 무시하고 스스로 만족하는 자들이다. 스스로를 높이는 교만한 자는 스스로를 신앙하는 우상숭배자이므로 하나님 앞에 큰 죄인이다.

또한 하나님은 자신을 외모로 영화롭게 하며 악한 세상의 사치를 통해 쾌락을 얻는 것에 대해 진노하신다. 이사야서 47:8에서 이사야는 바벨론 멸망을 예언하면서 그 멸망의 이유를 "사치하고 평안히 지내며 마음에 이르기를 나뿐이라 나 외에 다른 이가 없도다"고 말함으로 사치와 교만을 연계시켜 말한다. 사치는 교만한 자의 모습이다. 그러므로 사치가 하나님이 싫어하는 죄라는 것을 유념해야 한다. 사치는 그 마음속에 사랑의 주님이 계시지 않음을 나타내기 때문이다. 교만과 사치는 고난과 애통으로 하나님의 징치를 받을 것이다.

마지막으로 바벨론이 여왕으로 자처하고 자신이 남편이 죽은 과부가 아니며 애통을 당하지 않으리라고 말하나 강하신 심판주께서 하루 동안에 완전 멸망시키시리라고 말씀하신다. 실제로 바벨론 제국의 왕 느브갓네살은 스스로 자기의 신상을 만들었고(단 3:1) 교만하기 때문에 그가 하늘에 닿은 나무의 환상을 통하여 사람에게서 쫓겨나서 일곱 때를 들짐승과 함께 거하며 소처럼 풀을 먹으며 하늘 이슬에 젖어 지내게 될 것이라는 다니엘의 꿈의 해석을 듣고 잠시는 겸손했었다.

그러나 1년이 지나자 그는 다 잊고 바벨론 궁 지붕에서 거니면서 "이 큰 바벨론은 내가 능력과 권세로 건설하여 나의 도성을 삼고 이것으로 내 위엄의 영광을 나타낸 것이 아니냐" 고 교만을 드러냈다. 그 즉시 예언대로 느브갓네살은 머리털은 독수리 털과 같이 되고 손톱은 새 발톱과 같이 되고 짐승같이 되어 사람에게서 쫓겨나서 들짐승과 함께 거하며 소처럼 풀을 먹으며 일곱 때를 지내게 되었다. 이처럼 바벨론은 스스로 음녀로서 여왕이라고 자칭하고 결코 침략을 받아 과부가 되는 일도 없고 애통도 없다고 자신의 힘과 평안을 자랑한다. 그러나 강하신 심판주 하나님이 하루 동안에 사망과 애통과 흉년으로 패망에 이르게 하고 결국은 불태우리라고 말씀하신다.

다시 말하면 바벨론의 교만과 물질의 풍요는 남편 사망으로 과부된 자처럼 기쁨을 잃고 흉년이 오듯 풍요를 잃게 되어 "하루 동안" 에 패망할 만큼 하찮은 것이며 교만과 사치에 빠진 바벨론은 순식간에 철저하게 파괴되며 멸망당하게 될 것이다. "하루 동안" 이란 10, 17, 19절에서 "한 시간에(개역개정)," "일시간에(한글개역)," "한순간에(표준)," "in an hour(KJV)," "일시에(공동)" 와 같은 표현으로 일정한 시간을 나타낸다기보다는 매우 짧은 시간을 나타내는 "갑자기" 또는 "순식간에" 라는 뜻이다.[46] 전능하신 하나님이 피조물을 심판하시는데 많은 시간이 필요하지 않다.

9-19절. 이제, 9절에서 19절까지 심판주의 명령대로 하루 동안에 악한 세상 바벨론이 멸망할 때 이 세상의 권력자인 땅의 왕들과 세상은 땅과 바다에 기초를 두고 있는데 땅에서 경제권을 쥔 땅의 상인들과 바다에서 지배적으로 일하는 바다의 선장과 그와 함께 하는 사람들의 모습이 소개된다. 9-19절의 내

---

46) Lenski, 같은 책, p. 416; MacArthur, 같은 책, p. 185.

용은 첫째, 음녀 바벨론과 둘째, 함께 음행하고 사치하던 땅의 왕들(9-10), 셋째, 땅의 상인들(11-17상반) 그리고 넷째, 모든 선장과 그와 함께 하는 자들과 바다에서 일하는 자들(17하반-19절)의 애통이다.

이 세 부류 즉 전 세상의 땅과 바다에서 사치스럽고 추악한 상품으로 부를 이루고 사치를 누렸던 세상의 왕들, 땅의 상인들, 바다의 선장과 그와 함께 한 자들이 바벨론의 멸망을 보고 울면서 애통하는 것을 보여주는 것은 그들이 대표하는 온 세상 사람들이 세상이 망할 때 상실감과 두려움으로 울며 애통하리라는 것을 말한다, 요한계시록 1:7에서 땅에 있는 모든 족속이 그(재림하시는 그리스도)로 말미암아 애곡하리라는 말씀이 이를 인정한다.

첫째로 권력을 가지고 우상숭배를 하고 사치를 하던 타락한 땅의 왕들 즉 권력자들이 바벨론 성이 하나님의 심판으로 불붙는 연기를 보고 울고 가슴을 치며 그 고난을 무서워하여 멀리 서서 '화 있도다 화 있도다 큰 성, 견고한 성 바벨론이여 한 시간에 심판이 이르렀다' 고 외치고 애통해 한다. 음행하고 사치하던 땅의 왕들은 음녀 바벨론이 상징하는 이 세상과 음행하고 사치하던, 다시 말하면 하나님을 대적하고 우상숭배하고 자신을 외모로 영화롭게 하고 쾌락을 좇는 세상의 권력자들을 말한다. 불타는 연기란 큰 성, 견고한 성 바벨론 즉 이 세상의 멸망을 뜻한다. 세상을 호령하던 세상의 권력자들이 한 시간에 멸망하는 세상을 보고 울고 가슴을 치며 그의 고통을 무서워하여 멀리 서서, 즉 아무것도 하지 못하고 그 멸망을 바라보며 애통해 할 뿐이다.

둘째로 땅의 상인들이 자신들이 하나님으로 섬겨 치부하고 사치하던 재물들 즉 금과 은과 보석과 진주와 세마포와 자주 옷감과 비단과 붉은 옷감과 각종 향목과 각종 상아 그릇, 값진 나무와 구리와 철과 대리석으로 만든 각종 그릇과 계피와 향료와 향과 향유와 유향과 포도주와 감람유와 고운 밀가루와 밀과 소와 양과 말과 수레와 종들과 사람의 영혼들까지 더 이상 사 갈 사람이 없고 불타버려 쓸모없는 것이 되었으므로 "화 있도다 화 있도다 큰 성이여 세마포 옷과 자주 옷과 붉은 옷을 입고 금과 보석과 진주로 꾸민 것인데 그러한 부가 한 시간에 망하였도다" 고 울며 애통해 한다.

땅의 상인들은 땅에서 경제권을 쥐고 있으며 돈을 신으로 여기는 자들이다. 그들이 울며 애통해 하는 것은 이 세상이 멸망함으로 다시 그들의 상품을 사는 자가 없기 때문이다. 이 상품들은 몹시 타락한 로마의 상인들이 거래하던 품목들이라고 할 수 있지만 사실 묵시서의 하나인 에스겔서 27:12-16에서도 두로의 주변국들이 거래하던 것과 유사하다. 뿐만 아니라 우리가 사는 이 시대도 마찬가지이다. 품목 중에 유의할만한 것은 맨 나중에 열거된 종들과 사람의 영혼들이다. 헬라어 원문에는 "사람의 몸과 영혼들" 이다. 여기에 두 가지 해석이 가능하다. 하나는 "사람의 몸과 영혼들" 은 둘로 보지 않고 영혼을 가진 사람을 상품으로 거래했음을 나타낸다는 것이고 다른 하나는 각각 다르게 보고 사람의 몸은 노예이고 사람의 영혼은 검투사나 창녀들처럼 일반 노예와는 다르며 신분이 노예가 아니면서 사악한 일에 쓰이도록 거래되는 사람이다. 하여튼 땅의 상인들은 사람의 몸이나 영혼을 상품으로 거래할 정도로 사악하고 타락하였음을 나타낸다.[47)]

바벨론 세상이 탐하던 과일과 맛있는 것들과 빛난 것들은 땅의 상인들이 거래하는 상품들을 말한다. 세상이 멸망함으로 그것들이 떠나거나 다 없어져 누구도 결코 이것들을 다시 보지 못한다. 이제 세상에서 상품들로 치부한 땅의 상인들은 그 상실감으로 오는 고통을 무서워하며 아무런 행동도 할 수 없이 그저 멀리 서서 울고 애통할 뿐이다. 그래서 그들은 오직 자신들의 상품들로 부와 사치를 누렸던 이 세상 것들이 순식간에 망함을 한탄할 뿐이다. 그러므로 이처럼 한순간에 없어져 버릴 세상의 부를 욕심 내거나 그 부를 신으로 삼고 사는 자들을 부러워하지 말고 오히려 그들을 불쌍히 여기고 그들 중에 우리가 있지 않음을 감사하고 하나님께 영광을 돌려야 할 것이다.

셋째로 바다의 모든 선장과 각처를 다니는 선객들과 선원들과 바다에서 일

---

47) 이필찬, 같은 책, p. 774.

하는 자들이 멀리 서서 바벨론이 불타는 연기를 보고 "화 있도다 화 있도다 이 큰 성이여 바다에서 배 부리는 모든 자들이 너의 보배로운 상품으로 치부하였더니 한 시간에 망하였도다"고 티끌을 자기 머리에 뿌리고 울며 애통해한다. 왕들, 상인들, 바다의 선장과 선객들, 선원들과 바다에서 일하는 자들이 바벨론의 멸망을 보고 애통한다.

"바다의 모든 선장과 각처를 다니는 선객들과 선원들과 바다에서 일하는 자들"은 바다를 통해서 상품을 운반하고 무역을 하거나 그 상품 중에 하나인 진주 같은 것을 캐기 위해서 일하는 모든 사람을 나타낸다. 선객들이란 오늘날 여행객의 개념보다는 무역을 하기 위해 배를 이용하는 자들로 보인다. 바다를 통하여 상품으로 부를 얻은 자들이 바벨론이 불타서 멸망할 때 그 불타는 연기를 보고 "이 큰 성과 같은 성이 어디 있느냐"고 반문하는 것은 세상에 이 성과 같이 큰 성은 없다는 것이다. 제일 큰 성이 망하였다는 것은 세상이 실질적으로 망하였음을 뜻한다. 그들은 티끌을 자기 머리에 뿌림으로 극심한 애통을 나타내고(겔 27:30) "화 있도다 화 있도다 이 큰 성이여 바다에서 배 부리는 모든 자들이 너의 보배로운 상품으로 치부하였더니 한 시간에 망하였도다"고 외치며 울며 애통한다.

이 세상을 대표하는 왕들, 상인들, 바다의 선장과 선객들, 선원들과 바다에서 일하는 자들이 바벨론의 멸망을 보고 애통한다는 것은 땅과 바다에 근거를 둔 세상이 완전히 망하였고 세상의 모든 사람들이 화를 당하게 되었음을 말해준다.[48] 바벨론의 멸망은 철저하고도 완전한 것이다.

20절. 이제까지 이 세상의 땅의 사람들에 관한 하나님의 심판으로 땅의 왕들과 상인들과 바다에서 일하는 자들이 바벨론의 멸망으로 인하여 자신들의 이익과 소망이 사라진 것을 보고 애통하는 환상이 있은 후 "하늘과 성도들과 사도들과 선지자들아, 그로 말미암아 즐거워하라 하나님이 너희를 위하여 그에

48) Hendriksen, 같은 책, p. 218.

게 심판을 행하셨음이라"는 하늘의 다른 음성이 있다. "하늘과 성도들과 사도들과 선지자들아"에서 하나님의 백성에 관한 언급을 하면서 하늘에 있는 천사들의 언급이 없는 것으로 보아 "하늘"은 천사들을 나타낸다는 주장이 있으나 앞에서 오직 이 세상의 땅의 왕들과 땅의 상인들과 바다의 사람들이 애통하는 것이 나오는 문맥으로 보아 "하늘"을 사탄과 그의 악령들과 대칭을 이루는 천사들이라고 보는 것은 자연스럽지 못하고 이 세상과 대칭을 이루는 하나님이 계시는 영적세계 하늘로 보는 것이 자연스럽다. 그러므로 "하늘"은 천국이라는 장소이면서 동시에 뒤에 나오는 "성도들과 사도들과 선지자들"과 동격을 이루고 하늘에 기하는 모든 사람들인 성도들과 사도들과 선지자들을 가리키는 것으로 보인다.

하늘과 그 곳의 거주자인 성도들과 사도들과 선지자들이 즐거워하여야 할 이유는 하나님이 그들을 위하여 바벨론에게 심판을 행하셨기 때문이다. 타인에 대한 하나님의 심판을 즐거워하라는 것이 좀 이상하게 들릴 수도 있다. 물론 그리스도인 개인이 불신자들을 향하여 그런 마음을 가져선 안 된다. 그러나 세상에 대한 하나님의 최후의 심판은 하나님의 공의의 실현이므로 부당하게 여겨서도 안 되고 하나님의 승리를 즐거워해야 한다.

21-24절. 하늘의 음성은 하늘과 성도들과 사도들과 선지자들에게 하나님께서 그들을 위하여 세상에 심판을 행하셨음으로 즐거워하라고 말하고 바벨론의 멸망과 원인을 말한다. 큰 성 바벨론의 멸망은 다시 되돌이킬 수 없는 영원한 것이고(21절) 전혀 어디에도 영향을 줄 수 없는 철저한 문화적 소멸이다(22-23절). 바벨론의 멸망의 원인은 상인들이 땅의 왕족들이 되고(23절) 만국이 복술로 미혹되고(23절) 선지자들과 성도들과 및 땅 위에서 죽임을 당한 모든 자의 피의 신원이다(24절).

큰 성 바벨론의 멸망의 성격은 두 가지이다. 첫째는 큰 성 바벨론의 영원한 멸망이다. 힘 센 천사가 큰 맷돌 같은 돌을 들어 바다에 던지고 "큰 성 바벨론이 이같이 비참하게 던져져 결코 다시 보이지 아니하리로다"고 말한 것은 철저하고 총체적 멸망을 말하기도 하지만 "다시 보이지 아니하리라"는 말을 볼 때 영원한 멸망을 강조한다고 본다.[49] 세상의 권력인 적그리스도는 없어졌다가 더 큰 힘으로 나타나 성도들을 괴롭혔다. 그러나 큰 성 바벨론의 멸망은 그와 같지 않고 철저하고 영원한 것이다. 둘째는 바벨론의 멸망은 전혀 어디에도 영향을 줄 수 없는 철저하고 완벽한 문화적 멸망이다. 바벨론은 망하여 음악도 없고 사치품을 만드는 세공업자들도 없고 식사를 준비하는 맷돌소리가 들리지 아니하고 등불이 비취지 아니하여 캄캄하고 다시는 결혼하는 신랑과 신부의 음성도 들리지 않는다. 이것은 악을 품어 사람들을 타락시켰던 세상의 문화가 완전히 적막 속으로 사라져 버렸음을 나타낸다.[50] 악한 문화를 가지고 있던 세상은 더 이상 존재하지 않으므로 성도들에게 오직 성결한 삶만이 있을 것이다.

큰 성 바벨론의 멸망의 원인은 세 가지이다. 첫째로 치부로 인한 교만이다. "너의 상인들은 땅의 왕족들이라"에서 "땅의 왕족들"의 헬라어 원문은 "땅의 위대한 자들"이다. 그들이 치부로 인하여 교만해져서 스스로 높아지기도 했지만 실제로 그런 위치에 있었음을 말한다고 본다. 요한계시록 17:12에서 바다에서 나온 짐승의 머리에 열 뿔을 열 왕이라고 표현하고 아직 나라를 얻지 못하였으나 다만 짐승과 더불어 임금처럼 한동안 권세를 받으리라고 말한 것을 볼 때 정치권력이 될 수 없는 상인은 바다에서 나온 짐승의 열 뿔중의 하나에 해당된다. 초대 교회 당시 뿐 아니라 지금도 상인들이 왕 못지않은 권력을 누리므로 왕족이라고 표현한 것도 타당하다고 본다. 정치권력이 강해도 문제이지만 각 분야의 세력가들이 왕 같은 권력을 누린다면 그 사회는 극도로 부패될 수밖에 없다. 마지막 날에 이를수록 그들이 더 권력을 행사하고 세상은 더 부패할 것이다. 둘째로 거짓 선지자들의 미혹이다. "네 복술로 말미암아 만국이 미혹되었도다"에서 "복술"이란 마술을 의미하며 우상숭배에 사용되었다.[51] 요한

49) Hendriksen, 같은 책, p. 219.

50) 박윤선, 같은 책, p. 316. "영멸"; 권성수, 같은 책, p. 395. "갑작스럽고 완벽한 멸망"; Hendriksen, 같은 책, p. 218. "철저하고도 완전한 멸망"; Hughes, 같은 책, p. 284. "철저한 멸망"

계시록 13:11 이하에서 땅에서 나온 짐승이 나온다. 그 짐승은 거짓 선지자들로 바다에서 나온 짐승인 세상의 권력과 연합하여 권력을 행하고 세상으로 하여금 하나님을 대적하고 세상 권력을 신으로 섬기도록 미혹한다. 그러므로 "네 복술로 말미암아 만국이 미혹되었도다"라는 것은 바로 땅에서 나온 짐승인 거짓 선지자들이 세상을 미혹하여 우상숭배하게 함을 나타낸다. 마지막으로 성도들의 피다. "선지자들과 성도들과 및 땅 위에서 죽임을 당한 모든 자"란 모든 성도들을 가리킨다. 모든 성도의 피가 그 성 중에서 발견되었다는 것은 성도들의 고난에 대한 하나님의 신원하심 즉 원수 갚으심을 나타낸다. 성도들의 세상에서의 고난은 억울한 것이 아니고 원수 갚음을 받고 복을 받게 될 것이다.

우리 주님은 우리가 육신을 가지고 이 땅에 있지만 하늘에 거하는 자들이므로 우리에게 "내 백성아 죄로 멸망할 거기 바벨론에서 나와라"라고 명하신다. 이 모든 것이 하나님의 공의의 심판이시며 성도들의 기도를 들으시고 원수를 갚아 주시며 우리를 구원하시는 일이라고 말씀하시니 불타 없어질 세상에 매이거나 두려워하지 말고 바벨론 즉 세상의 멸망을 불쌍히 여긴다거나 긍휼히 여길 것이 아니라 바벨론의 멸망을 미리 바라보고 소망을 가져야 할 것이다.

지금까지 바벨론의 멸망을 살펴 볼 때 바벨론의 멸망은 악한 세상에 대해 순식간에 베푸시는 하나님의 공의의 심판이요 영원한 파멸이고 문화적으로 철저한 황폐이고 성도들의 원수를 갚아주시는 것이다. 그런데 천년 왕국주의자들이 주장하는 대로 이 심판에서 불신자들 일부가 이 철저하고 영원한 하나님의 공의의 심판에서 살아남아 천년왕국에서 부활한 성도들의 지배를 받는 피지배자들이 된다는 것은[52] 18장에서 말하는 바벨론의 멸망에 부합하지 않는다.

---

51) 이필찬, 같은 책, p. 787.

52) Robert G. Clouse, Editer, 『천년왕국』The Meaning of the Millennium: Four Views" 권호덕역, (서울: 성광문화사, 1980), p. 107. Herman A. Hoyt, "가장 낮은 위치에 구원받아 생존해 있던 열방의 사람들이 있을 것이다."; 조용기, 같은 책, p. 280. 계 19:17-21의 아마겟돈 전쟁에서… "이제 살아남은 사람은 광야로 피난한 유대민족을 중심으로 극소수의 이방인들 뿐입니다."; Louis Berkhof, 『기독교 신학개론』Manual of Christian

요한계시록 19:17,18을 보면 사도 요한은 한 천사가 태양 안에 서서 공중에 나는 모든 새를 향하여 “와서 하나님의 큰 잔치에 모여 왕들의 살과 장군들의 살과 장사들의 살과 말들과 그 탄 자들의 살과 자유한 자들이나 종들이나 무론 대소하고 모든 자의 살을 먹으라”고 큰 음성으로 외치는 환상을 본다. 왕에서 종까지 모든 사람이 심판의 대상이라는 것을 말해준다. 모든 사람의 시체를 먹는 독수리들을 부르는 것은 이 세상 바벨론이 완전히 멸망되고 황폐하였음을 뜻한다. 사탄의 세력들이 동방으로부터 유브라데 강을 건너 아마겟돈에 모이지만 우리 주님은 말씀 한 마디로 그들을 철저히 멸망시키고 승리하신다.(참조 계 19:19-20, 겔 39:6) 바벨론의 멸망이란 전능하고 강하신 하나님이 불신 세상을 일시에, 철저히, 그리고 영원히 모든 사람은 물론 문화까지 총체적으로 멸망시키시는 최후의 심판이다.

Doctrine,” 신복윤 역, (서울: 은성문화사, 1974), 전천년설의 윤곽에 대한 설명 속에서 “이 환난기 마지막에 그리스도는 지상에 오셔서 온 인류를 심판하게 될 것이다. 양과 염소는 구별되고 사탄은 천년동안 구금되며 적그리스도는 파멸되고 환난기에 죽은 성도들은 부활하며 천년왕국은 비로소 시작되는 것이다. 이 왕국은 세계적인 주권을 가진 유대인의 왕국인 것이다. 그리스도와 성도들은 예루살렘에서 다스리며 성전과 제사는 재현된다. 세계는 그 때 재빨리 회심된다.”; 박형룡, 『교의신학 내세론』 박형룡박사 저작전집 7권, (서울: 한국기독교 교육연구원, 1977), pp. 249-250. 전천년설의 설명으로서 “죽은 성도들은 부활되고 생존 성도들은 변형되어 그들이 함께 주를 영접하여 승천할 것이다. 적그리스도와 그의 악한 동맹자들은 살해될 것이요 옛 하나님의 백성 이스라엘은 회개하여 구원을 얻고 성지에 회복될 것이다. 다음에 선지들이 예언하였던 하나님의 나라는 변형된 세계에 건설될 것이다. 이방인들은 절대 다수로 그의 왕국에 편입될 것이다. 그리스도의 지상 통치가 만기되고 곡과 마곡의 반란이 일어났다가 하늘의 불에 의해 소멸된 후에 나머지 죽은 자들이 부활되고 뒤따라서 최종 심판과 신천신지의 창조가 있을 것이다.”

Ⅲ

결 론

요한계시록 19:1-22:21

결 론

요한계시록 19:1-21:21

결론(대 분별과 새 하늘과 새 땅의 새 예루살렘)(계 19:1-22:21)

1. 사탄과 짐승과 그 세력들의 영원한 멸망(계 19:1-20:15)
   가. 짐승과 그 세력들의 멸망의 배경: 어린양의 혼인잔치(계 19:1-10)
   나. 짐승과 그 세력들의 멸망: 백마 탄 자의 승리(계 19:11-21)
   다. 사탄과 그 세력들의 멸망: 사탄의 결박과 그리스도의 통치(계 20:1-6)
   라. 사탄의 최후 투쟁과 크고 흰 보좌의 심판(계 20:7-15)

2. 새 하늘과 새 땅의 새 예루살렘(계 21:1-22:5)
   가. 새 예루살렘의 축복(계 21:1-8)
   나. 새 예루살렘의 모습(계 21:9-21)
   다. 새 예루살렘의 기능(계 21:22-27, 22:1-5)

3. 맺는 말: 주 예수여 오시옵소서(계 22:6-21)

1. 사탄과 짐승과 그 세력들의 영원한 멸망(계 19:1-20:15)

가. 짐승과 그 세력들의 멸망의 배경: 어린양의 혼인잔치 (계 19:1-10)

1 이 일 후에 내가 들으니 하늘에 허다한 무리의 큰 음성 같은 것이 있어
이르되 할렐루야 구원과 영광과 능력이 우리 하나님께 있도다 2 그의 심판
은 참되고 의로운지라 음행으로 땅을 더럽게 한 큰 음녀를 심판하사 자기
종들의 피를 그 음녀의 손에 갚으셨도다 하고 3 두 번째로 할렐루야 하니
그 연기가 세세토록 올라가더라 4 또 이십사 장로와 네 생물이 엎드려 보
좌에 앉으신 하나님께 경배하여 이르되 아멘 할렐루야 하니 5 보좌에서 음
성이 나서 이르시되 하나님의 종들 곧 그를 경외하는 너희들아 작은 자나
큰 자나 다 우리 하나님께 찬송하라 하더라 6 또 내가 들으니 허다한 무리
의 음성과도 같고 많은 물 소리와도 같고 큰 우렛소리와도 같은 소리로 이
르되 할렐루야 주 우리 하나님 곧 전능하신 이가 통치하시도다 7 우리가
즐거워하고 크게 기뻐하며 그에게 영광을 돌리세 어린 양의 혼인 기약이
이르렀고 그의 아내가 자신을 준비하였으므로 8 그에게 빛나고 깨끗한 세
마포 옷을 입도록 허락하셨으니 이 세마포 옷은 성도들의 옳은 행실이로다
하더라 9 천사가 내게 말하기를 기록하라 어린 양의 혼인 잔치에 청함을
받은 자들은 복이 있도다 하고 또 내게 말하되 이것은 하나님의 참되신 말
씀이라 하기로 10 내가 그 발 앞에 엎드려 경배하려 하니 그가 나에게 말
하기를 나는 너와 및 예수의 증언을 받은 네 형제들과 같이 된 종이니 삼
가 그리하지 말고 오직 하나님께 경배하라 예수의 증언은 예언의 영이라
하더라

요한계시록의 본론은 어린양 그리스도가 일곱 인으로 봉한 책의 인을 뗌에 따라 나타나는 환상들과 보충 설명하는 7개의 특별환상들로 되어 있다. 인들이 개봉됨에 따라 그리스도와 복음이 신체적, 경제적 핍박과 여러 환난이 따름에

도 불구하고 승리하고 승리하며 제단 아래 죽임을 당한 영혼들의 부르짖음과 사탄과 그 세력들에 대한 최후의 심판을 알리는 환상들이 전개되고 마지막 일곱째 인에서 핍박과 환난 중에 고통 받는 성도들의 부르짖는 기도의 응답으로 불신자들에게 내리는 하나님의 진노의 재앙의 환상들이 나타난다. 일곱째 인은 일곱 나팔과 일곱 대접재앙으로 이어진다. 나팔과 대접 재앙은 서로 전혀 다른 재앙이 아니고 땅, 바다, 강과 물, 그리고 천체에 나타나는 자연재앙과 사탄의 재앙과 전쟁의 재앙이 주님의 초림에서 재림 사이에 반복적으로 나타나고 나팔 재앙에서 대접 재앙으로 심화되어 마지막 최후의 심판인 바벨론 멸망으로 끝난다.

이렇게 요한계시록의 본론은 끝나고 결론으로서 재림하신 주님이 의인들은 천국으로 인도하고 사탄과 악인들은 심판하시고 영원히 멸망시키시는 영원한 대분별이 시작된다. 요한계시록의 결론은, 1. 사탄과 짐승과 그 세력들의 영원한 멸망(19:1-20:15), 2. 새 하늘과 새 땅의 새 예루살렘(21:1-22:5) 그리고 3. 맺는 말(22:6-21)이다.

첫째 '사탄과 짐승과 그 세력들의 영원한 멸망'은 다음과 같이 네 가지로 나누어진다. 가. 짐승과 그 세력들의 멸망의 배경: 어린양의 혼인잔치(19:1-10), 나. 아마겟돈의 영광의 승리자 그리스도에 의한 짐승과 그 세력의 멸망(19:11-21), 다. 사탄의 결박과 그리스도의 통치(20:1-6), 그리고 라. 사탄의 최후 멸망과 크고 흰 보좌의 심판(20:7-15)으로 되어 있다.

요한계시록 16:11-16에서 선포된 "하나님의 큰 날"에 하나님의 최후의 심판이 18장에서는 온 세상을 완전히 그리고 철저히 멸하시는 바벨론의 멸망으로 나타나고, 19:11-21에서는 이 날에 재림하신 그리스도와 그의 군대와 바다에서 나온 짐승과 그 짐승 아래 있는 왕들과 군대들의 싸움으로 나타난다. 그 싸움은 일방적으로 그리스도의 승리이고 짐승과 거짓선지자가 산채로 지옥 불에 던져지고 모든 사람들이 죽임을 당한다. 그리고 요한계시록 20:7-15에서는 사탄과 사탄의 미혹을 받은 사방 백성 즉 온 세상의 상징인 곡과 마곡이 성도들의 진과 하나님이 사랑하시는 성을 에워싸고 공격하려고 할 때 하늘에서 불이 내려와 그들을 태워버리고 사탄이 지옥 불에 던져지고 모든 사람들도 심판을 받고 지옥에 던져진다. 여기서 살펴보면, 첫째로 이 싸움은 하나님의 능력이 사탄과 그 세력들을 일방적으로 멸하시는 하나님의 최후의 심판이다. 둘째로 그 내용으로 보아 불신자 일부가 살아남는 심판이 아니라 요한계시록 18장의 바벨론의 멸망처럼 모두를 멸망시키고 지옥에 보내는 심판이다. 요한계시록 19:11-21에서 사탄이 나오지는 않지만 바다에서 나온 짐승이 바로 세상에 나타나는 사탄의 대리자이다. 그러므로 두 심판은 둘이 아니고 하나다.

그러면 왜 요한계시록 18장의 바벨론 멸망과 같은 사건을 되풀이하여 반복하는가? 18장의 바벨론 멸망은 16:11-16에서 선포된 최후의 심판이 역사적으로 실현됨을 보여주고 19장은 육적 안목으로 볼 수 있는 사탄의 대리자 짐승과 세상의 멸망을 보여주며 20장은 영적 안목으로 볼 수 있는 영인 사탄과 그 세력이 어떤 존재이고 주님이 어떻게 이 땅에 오셔서 그와 그 세력을 제어하시고 그들을 멸하시는가를 말씀한다. 요한계시록의 결론은 먼저 사탄과 그 세력들이 어떻게 영원한 멸망에 이르게 되는가 그리고 그 배경으로서 동시에 일어나는 '어린양의 혼인 잔치' 를 보여준다.

19:1-2절. 사도 요한은 하늘에 허다한 무리의 큰 음성 같은 것이 있어 그것들이 발하는 하나님에 대한 찬양을 듣는다. 하늘에 허다한 무리의 큰 음성 같은 것을 발하는 이들은 누구인가? 이들을 요한계시록 7:9,10에서 구원을 찬송하는 큰 무리 십사만사천과 병행을 이루는 것으로 보고 하늘에 있는 승리한 성도라는 주장이 있으나[1] 하늘 보좌에 나타나는 하늘의 존재들이 어린양의 혼인잔치에 대하여 말하고 있으므로 그 잔치에 청함을 받은 신부인 구원받은 성도들 십사만사천이 나선다는 것은 자연스럽지 못하다. 7, 8절에서 "우리가

---

1) 이필찬, 같은 책, p. 790.

즐거워하고 크게 기뻐하며 그에게 영광을 돌리세 어린 양의 혼인 기약이 이르렀고 그의 아내가 자신을 준비하였으므로 그에게 빛나고 깨끗한 세마포 옷을 입도록 허락하셨으니 이 세마포 옷은 성도들의 옳은 행실이로다 하더라"는 허다한 무리의 음성과도 같고 많은 물소리와도 같고 큰 우렛소리와도 같은 소리를 내는 이들의 찬양을 보면 찬양을 하는 "무리"는 하늘의 존재들이고 찬양 속에 나오는 "그의 아내"는 성도들이므로 찬양하는 이들이 성도라 함은 부자연스럽다. 그러면 하늘의 보좌에 나타나는 존재들 중에 4절에서 이십사 장로와 네 생물이 그들의 찬양에 화답한 것을 보면 하늘의 보좌에 나타나는 하늘의 피조물인 인격체 존재들 중에 구체적으로 언급된 이십사 장로와 네 생물 외에는 천사들뿐이므로 그들을 천사라 보는 것이 자연스럽다.[2)]

첫째로 하늘에 허다한 무리의 큰 음성 같은 것이 있어 "할렐루야, 구원과 영광과 능력이 우리 하나님께 있도다. 그의 심판은 참되고 의로운지라 음행으로 땅을 더럽게 한 큰 음녀를 심판하사 자기 종들의 피를 그의 손에 갚으셨도다"라고 찬양한다. 그 찬양의 내용은 "구원과 영광과 능력의 우리 하나님의 심판은 참되고 의롭다"라는 것이다. 그 이유는 음행 즉 우상숭배로 땅을 더럽게 한 큰 음녀 악한 세상 바벨론을 심판하사 자기 종들 하나님 백성들의 피를 그의 손 즉 바벨론에 갚으셨기 때문이라고 말한다. 하나님의 심판은 참되고 의로우시다.

3절. 사도 요한은 두 번째 '할렐루야' 외침과 함께 그 연기가 세세토록 올라가는 환상을 본다. 이 연기는 18장에서 음행하고 사치하던 땅의 왕들과 선장, 선객들, 선원들, 그리고 바다에서 일하는 자들이 바벨론이 멸망하여 불붙는 연기를 보고 가슴을 치며 티끌을 자기 머리에 뿌리고 울고 애통하던 그 연기이다. 그 연기가 세세토록 올라간다는 것은 바벨론의 멸망이 영원하다는 것을 뜻한다. 악한 세상의 멸망이 영원하기 때문에 하나님 백성들은 천국에서 하나님

2) 이상근, 같은 책, p. 215; Hendriksen, 같은 책, p. 220.

을 찬양한다. 이처럼 하나님의 백성은 어린양의 혼인잔치에 들어가는 동안 짐승과 세상 바벨론은 영원히 멸망할 것이다.

4절. 둘째로 이십 사 장로와 네 생물이 엎드려 보좌에 앉으신 하나님께 경배하여 "아멘 할렐루야" 하고 화답하여 하나님을 찬양한다. '아멘' 은 '진실로 그렇다' 는 뜻으로 하늘의 허다한 무리가 하나님을 찬송하는 내용을 동의하여 화답하는 말이다. 하나님께서 핍박받은 성도들을 신원하시어 악한 세상 바벨론을 멸망시키셨으므로 모든 성도들을 상징하고 대표하는 '이십사 장로' 와 하나님의 형상을 나타내는 천사들의 대표 고급천사 '네 생물'이 하나님은 참되고 의로우시다라고 동의하며 찬양을 한 것이다. 이것은 성도와 천사들은 하나님께 예배하며 하나님이 핍박받는 성도들을 신원하시고 악한 세상을 심판하신 하나님의 참 되시고 의로우심을 찬양하는 존재임을 나타낸다.

5절. 이 때 보좌에서 음성이 나서 "하나님의 종들 곧 그를 경외하는 너희들아 무론 대소하고 다 우리 하나님께 찬송하라" 고 명하신다. '보좌에서 난 음성' 은 그 음성의 말 중에 '우리 하나님께' 라는 표현이 있는 것으로 보아 하나님이나 예수님은 아니고 보좌 가까이 사방에 있는 네 생물로 보인다.[3] 이 환상을 보여주시는 뜻은 앞으로 영원한 천국에 가서 하나님을 찬양하라는 것이 아니고 이처럼 이미 이 땅에서부터 하나님이 악한 세상을 멸망시키시기로 정하시고 너희를 구원하였으니 구원의 하나님을 찬양하라는 뜻이다.

6-8절. 사도 요한은 허다한 무리의 음성도 같고 많은 물소리와도 같고 큰 우렛소리와도 같은 소리가 나는 가운데 "할렐루야 주 우리 하나님 곧 전능하신 이가 통치하시도다. 우리가 즐거워하고 크게 기뻐하여 그에게 영광을 돌리세. 어린 양의 혼인 기약이 이르렀고 그 아내가 예비하였으니 그에게 허락하사 빛나고 깨끗한 세마포를 입게 하셨은즉 이 세마포는 성도들의 옳은 행실이로다" 라고 하나님을 찬양하는 말을 듣는다.

---

3) 박윤선, 같은 책, p. 321.

1절의 "하늘에 허다한 무리의 큰 음성 같은 것"과 비교할 때 6절의 소리는 "하늘에" 대신 "많은 물소리와도 같고 큰 우렛소리와도 같은"이 첨부되어 있다. 요한계시록 14:2을 보면 하늘에서 나는 소리가 많은 물소리와도 같고 큰 우렛소리와도 같다고 말하므로 "물소리와도 같고 큰 우렛소리와도 같은"이 표현이 "하늘에"를 대신하고 있음을 알 수 있다. 그러므로 이 둘은 같은 표현이며 이 소리의 주인은 1절의 하늘에 허다한 무리의 큰 음성 같은 것을 발하는 이들과 같다.[4)]

첫째로 그것은 전능하신 하나님의 통치를 찬양한다. 사탄이 악한 세상을 일시적으로 통치하였으나 하나님께서는 그 동안도 이 세상을 포함하여 하늘과 땅 모두를 그 전능하심으로 통치하셨고 이제 사탄의 지배를 받은 악한 세상 바벨론이 완전히 멸망함으로 새 하늘과 새 땅의 천국은 오직 전능하신 하나님만이 통치하실 때가 이르렀다. 그러므로 천사들이나 성도들은 이 땅에서나 영원한 천국에서나 전능하신 하나님의 통치를 즐거워하고 크게 기뻐하여 하나님께 영광을 돌려야 한다.

둘째로 어린양의 혼인잔치를 찬양한다. "어린양의 혼인 기약"은 헬라 원문에는 어린양의 결혼 또는 결혼식(the marriage or wedding of the lamb)으로 어린양의 혼인잔치를 뜻한다. 성경은 이 땅의 교회는 어린양 그리스도와 정혼하였다고 말한다(고후 11:2). 구약성경에서는 구약의 교회 이스라엘이 하나님의 아내로서 표현되었고(렘 2:2; 호 2:14-22) 사도 바울도 그리스도와 교회의 관계를 남편과 아내 즉 혼인 관계로 비유하였다(고후 11:2; 엡 5:25-27) 그리고 예수님께서 친히 자신의 재림을 준비하는 교회를 신랑을 기다리는 열 처녀 비유로 말씀하셨고 천국을 혼인잔치의 비유로 설명하셨다(마 22:2-14; 25:1-13; 눅 14:15-24). 우리 성도들은 주님과 정혼한 사이로 어린양 혼인잔치에 참여할 신부들이다.

---

4) Lenski, 같은 책, p. 430.

우리 주님과 교회의 어린양의 혼인잔치를 이해하기 위해 먼저 이스라엘의 결혼 풍습을 이해해야 한다. 이스라엘에서는 결혼식과 혼인잔치 전에 정혼을 한다. 신랑은 신부 아버지와 혼인계약을 하고(Tobit 7:14) 증인들 앞에서 혼인 서약을 하고 축복기도를 받으면 이 날부터 신랑과 신부는 정혼이 이뤄지고 법적으로 남편과 아내가 된다. 그 다음은 일정기간의 정혼기간이 있고 이 기간 동안 신랑은 신부 아버지에게 결혼 지참금을 지불하거나 신부 집에서 일을 해야 한다(창 29:20, 34:12, 수 15:18,19). 정혼기간이 지나면 신랑은 횃불을 들고 노래를 부르며 앞장서서 가는 친구들을 따라 신부 집으로 가서 칠일(삿 14;12) 혹은 그 이상 기간 동안(Tobit 8:20) 혼인잔치를 하고 신부를 집으로 데리고 온다.[5)]

이처럼 신부인 성도는 신랑이신 그리스도 안에서 영원 전부터 택함을 입고(엡 1:4) 구약 성경을 통하여 그 혼인이 예고되었고 신부인 교회를 맞으려 이 땅에 신랑이신 아들 하나님을 아버지 하나님께서 보내주심으로 정혼이 이루어졌고 신랑 그리스도께서 십자가에서 신부인 교회 대신 죽으심으로서(엡 5;25) 지참금을 지불하셨다. 정혼의 기간이 차면 주님이 신부를 데리려 오셔서 이 세상을 심판하시고 교회는 신랑이신 그리스도와 혼인잔치를 할 것이다. 요한계시록 21:9-21을 보면 일곱 대접을 가졌던 천사 중 하나가 사도 요한에게 나아와서 신부 곧 어린 양의 아내를 보이리라 말하고 하나님께로부터 하늘에서 내려오는 거룩한 성 예루살렘을 보여준다. 일곱 대접을 가진 천사 중 하나가 어린양의 신부인 거룩한 성 예루살렘을 보이는 것은 이 세상 종말 후 천년 왕국이라는 기간을 거치는 것이 아니라 일곱 대접 재앙으로 이 세상을 심판하신 후 바로 새 하늘과 새 땅이 있고 거기에 어린양 신부가 하늘에서 내려와 어린양의 혼인 잔치가 시작됨을 보여주는 것이다. 어린양의 혼인잔치 기간은 7일이 아니라 7일이 상징하는 하나님의 창조의 완전한 기간으로 영원토록 지속될 것이다

---

5) Hendriksen, 같은 책, pp. 221-222; IDB, Vol. 3, p. 285.

(단 9:24-27 참조).[6] 바로 영원한 천국의 시작이 어린양 혼인잔치이다.

아내는 정혼한 처녀를 말하고 예수 그리스도를 믿고 그와 하나가 된 모든 성도들인 교회를 말한다. 그러므로 교회를 이루는 우리 성도는 신랑 되신 주님을 맞이할 준비를 하며 살아야 한다. 열 처녀의 비유에서 열 처녀가 밤에 등에 기름을 담아 등과 함께 가져가서 혼인잔치에 신랑이 올 것을 기다려야 했다. 그런데 슬기 있는 다섯은 그릇에 기름을 담아 등과 함께 가져가서 신랑을 기다리다 신랑을 맞아하여 혼인잔치에 들어갔으나 미련한 자 다섯은 기름이 떨어져 불을 밝히지 못함으로 혼인잔치에 못 들어가고 말았다(마 25:1-13). 기름은 성경에서 성령을 의미한다(고후 1:21). 기름으로 등을 밝힌다는 것은 성도가 성령에 충만하여 그리스도의 빛을 비추는 삶을 살므로 주님을 맞이할 예비를 하여야 함을 뜻한다. 다시 말하면 8절의 옳은 행실을 가리키는 빛나고 깨끗한 세마포 옷을 입고 사는 삶을 뜻한다. 한편 "그 아내가 예비하였으니"는 신부인 교회가 주님을 맞이할 준비를 했다는 뜻이고 이것은 주님이 오셔서 이 세상을 심판하시고 주님을 맞이할 때가 이르렀다는 말이다.

어린양의 혼인잔치를 예비하는 신부는 믿음으로 의롭다함을 얻은 그에게 허락된 깨끗한 세마포 즉 의인의 자격을 상징하는 흰 옷을 입고 있다. 이 하얀 세마포는 성도들의 행실이라고 말한다. 그러므로 정혼기간 동안 이 땅에서 사는 우리 성도들은 죄를 떠난 의의 행실을 살아야한다.

9-10절. 천사가 사도 요한에게 말하기를 "기록하라 어린양의 혼인 잔치에 청함을 입은 자들이 복이 있도다. 이것은 하나님의 참되신 말씀이라" 고 한다. 이 복이 요한계시록에서 나타나는 일곱 복 중에 네 번째이다. '청함을 입은 자들' 은 물론 어린양의 신부 즉 교회를 이루는 성도들이다. 이미 7, 8절에서 어린양의 아내가 입은 세마포 옷은 성도들의 옳은 행실이라고 밝히고 있기 때문이다.

---

6) Hendriksen, 같은 책, p. 223; 박윤선, 같은 책, p. 332.

"기록하라"는 명령문이 쓰인 경우를 찾아보면 요한계시록 1:19에서는 "네가 본 것과 지금 있는 일과 장차 될 일" 즉 요한계시록 전체를 기록하라고 말하고 14:13과 21:5에서는 각각 바로 앞에나 뒤에서 한 말을 기록하라고 한다. 본 요한계시록 19:9에서 "기록하라"도 바로 뒤에 말한 "어린 양의 혼인 잔치에 청함을 받은 자들은 복이 있도다"를 기록하라고 한 것으로 보는 것이 자연스럽다. 그러면 1:19에서 사도 요한이 본 모든 환상을 기록하라고 하고 왜 여기서 특별히 다시 기록하라고 하는가? 그 이유를 "이것은 하나님의 참되신 말씀이라"라고 말씀한다. 이것을 볼 때 특별히 기록하라고 명하는 것은 그 다음에 나오는 말씀을 강조하는 것으로 보인다.

특별히 강조하는 하나님의 참되신 말씀인 "어린 양의 혼인 잔치에 청함을 받은 자들은 복이 있도다"의 의미는 무엇인가? 어린 양의 혼인 잔치란 신랑 되시는 우리 주님이 재림하셔서 이 세상은 심판하시고 어린 양 그리스도의 신부가 되는 교회 즉 모든 성도는 새 하늘과 새 땅의 천국으로 데려가시어 신랑 되신 주님과 함께하는 영원하고 영광된 복된 삶을 뜻한다. 주님께서 친히 "사람들이 동서남북으로부터 와서 하나님의 나라 잔치에 참여하리라"고 말씀하셨고 (눅 13:29) 최후의 성만찬을 하신 후에는 "이제부터 내 아버지의 나라에서 새 것으로 너희와 함께 마시는 날까지 포도나무에서 난 것을 마시지 아니하리라"고 말씀하셨다(마 26:29). 주님의 말씀대로 택함을 받은 성도들은(마 22:14) 재림하신 주님의 인도를 받아 천국에서 어린 양의 혼인 잔치에 참여할 것이다.

사도 요한은 천사의 이 말을 듣고 그의 발 앞에 엎드려 경배하려 하니 천사는 "나는 너와 및 예수의 증거를 받은 네 형제들과 같이 된 종이니 삼가 그리하지 말고 오직 하나님께 경배하라. 예수의 증거는 예언의 영이라"고 말한다. 사도 요한이 천사숭배사상에 젖어서 또는 너무 장엄한 광경에 위압되어 천사에게 경배하려고 했다는 주장들이 있으나[7] 정확히 구체적으로 말하기는 쉽지

---

7) 이상근, 같은 책, p. 219; Hendriksen, 같은 책, p. 223; Hughes, 같은 책, p. 293.

않다. 사도 요한은 이번(19:9-10) 말고도 22:7 이하에서도 천사에게 엎드려 경배하는 실수를 범한다. 9절에서는 천사가 사도 요한에게 자신이 명령한 말을 "기록하라"고 하고 "이것은 하나님의 참되신 말씀이라"고 하기 때문에 경배의 행위를 하였다고 생각된다.

요한계시록 19:9-10에서 사도 요한은 천사에게 경배하는 실수를 범하고도 22:7 이하에서 왜 똑 같은 실수를 했는가? 이 둘을 비교해보면, 22:7 이하에서는 천사의 말이 19:9-10에서와 달리 "보라 내가 속히 오리니"라고 일인칭 대명사를 쓰고 있다. "보라 내가 속히 오리니"는 누가 보아도 그리스도의 말씀이다. 이것을 볼 때 사도 요한이 그 천사가 하나님이나 그리스도를 내신하는 천사일 것이라고 생각했을 것으로 보인다. 그러므로 19:10에서도 천사가 자신이 한 말을 "기록하라"고 명령을 하고 "이것은 하나님의 참되신 말씀이라"고 하기 때문에 그 천사가 하나님이나 그리스도를 대신하는 천사일 것이라고 생각했을 것이라고 추측이 된다. 그 때보다 22:7 이하에서는 천사가 그리스도나 하나님이 하실 말씀을 일인칭을 사용하여 말하므로 더 확신을 가지고 두 번째 실수를 범했다고 볼 수 있다.

구약에서 천사가 나타나서 말할 때 사람들이 두려워하고 경배했고(수 5:14, 단 8:17) 특히 하나님을 대신하는 여호와의 사자인 천사를 만날 때는 더 그랬고(삿 13:17-22) 여호와의 사자를 본 후에는 대면하였기 때문에 죽는 줄 알 정도로 두려워했다(삿 6:22, 23). 사도 요한도 그들처럼 천사가 전한 말이 하나님의 말씀이라고 선언하므로 천사에게 엎드려 경배하려 했다고 보인다.

하나님의 나라에서 하나님 앞에서 맡은 일은 달라도 신분으로 보면 모든 천사와 사람들은 피조물이며 하나님을 섬기는 종이다. 이 땅에서 하나님의 나라의 기관인 교회에서도 목사, 장로, 집사 등등 직분은 달라도 모두다 그리스도의 양이며 종이다. 그러므로 하나님과 그리스도 앞에서 같은 신분끼리는 서로 하나님께 드리는 경배를 할 수 없다. 마태복음 4:8-10을 보면 마귀가 그리스도를 데리고 지극히 높은 산으로 가서 천하만국과 그 영광을 보이며 "만일 내게 엎드려 경배하면 이 모든 것을 네게 주리라" 고 말할 때 그리스도께서 친히 "사탄아 물러가라 기록되었으되 주 너의 하나님께 경배하고 다만 그를 섬기라 하였느니라" 고 말씀하셨다. 그래서 천사는 자신의 신분이 우리와 같이 예수의 증거 즉 하나님의 말씀을 받은 종이니 자신에게 경배하지 말고 오직 그 말씀의 주인이신 하나님께 경배해야 한다고 말한 것이다.

하나님의 말씀을 전할 때나 들을 때에는 그 말씀 속에서 직접 하나님의 음성을 듣고 그 하나님을 만나고 하나님께 경배해야 한다. 그런데 많은 사람들이 하나님은 보지 못하고 하나님의 음성도 못 듣고 하나님의 말씀을 전하는 자를 통해 그의 해석만 들음으로서 예수 그리스도의 제자가 되는 것이 아니라 말씀을 전하는 자의 제자가 된다. 그러므로 말씀을 전하는 자는 말씀을 전할 때 하나님과 대등한 자리로부터 내려와 말씀을 듣는 자들과 똑 같이 하나님의 종임을 밝히고 그 위치에서 하나님의 말씀을 전하여야 한다.

"오직 하나님께 경배하라" 고 말한 천사는 "예수의 증언은 예언의 영이라" 고 말한다. "예수의 증언" 에서 조사 "의" 를 주격이나 목적격으로 볼 수 있다. "예수의 증언은 예언의 영이라" 는 그 말씀 앞에 "왜냐하면" 의 뜻의 헬라어 접속사 "가르" 가 있으므로 "나는 너와 및 예수의 증언을 받은 네 형제들과 같이 된 종이니 삼가 그리하지 말고 오직 하나님께 경배하라" 는 말씀 특히 "오직 하나님께 경배하라" 는 말씀에 연관시켜 해석해야 한다. 그러므로 "예수의 증언" 도 하나님이 되신 예수 그리스도가 주체가 되어야 하므로 "의" 를 주격으로 해석하여 "예수의 증언" 은 예수께서 말씀과 삶 전체로 주신 증언이다. 또한 "예언의 영" 도 영을 성령으로 해석하고 "의" 를 목적격으로 보아 성령이 전한 예언이라는 주장이 있으나 그런 해석이 되려면 "영의 예언" 이어야 한다. 그러므로 여기에서는 영을 성령이 아니고 "실제" 로 해석해야 한다. 육신은 보이는 것이고 영은 그 육신의 실재이듯이 예언의 중심이신 그리스도가 천사를 통하여 전하는 예수 그리스도의 증언이 하나님의 말씀 즉 예언의 실재라는 뜻이다. 그러므로 우리 성도들은 하나님의 말씀이 증언될 때 전하는 자를 보지 말고 예수

그리스도가 증언하시는 말씀으로 받아야 하고 예수 그리스도에게만 경배하여야 한다.[8)]

나. 짐승과 그 세력들의 멸망: 아마겟돈 전쟁(계 19:11-21)

> 11 또 내가 하늘이 열린 것을 보니 보라 백마와 그것을 탄 자가 있으니 그
> 이름은 충신과 진실이라 그가 공의로 심판하며 싸우더라 12 그 눈은 불꽃
> 같고 그 머리에는 많은 관들이 있고 또 이름 쓴 것 하나가 있으니 자기밖
> 에 아는 자가 없고 13 또 그가 피 뿌린 옷을 입었는데 그 이름은 하나님의
> 말씀이라 칭하더라 14 하늘에 있는 군대들이 희고 깨끗한 세마포 옷을 입
> 고 백마를 타고 그를 따르더라 15 그의 입에서 예리한 검이 나오니 그것으
> 로 만국을 치겠고 친히 그들을 철장으로 다스리며 또 친히 하나님 곧 전능
> 하신 이의 맹렬한 진노의 포도주 틀을 밟겠고 16 그 옷과 그 다리에 이름
> 을 쓴 것이 있으니 만왕의 왕이요 만주의 주라 하였더라 17 또 내가 보니
> 한 천사가 태양 안에 서서 공중에 나는 모든 새를 향하여 큰 음성으로 외
> 쳐 이르되 와서 하나님의 큰 잔치에 모여 18 왕들의 살과 장군들의 살과
> 장사들의 살과 말들과 그것을 탄 자들의 살과 자유인들이나 종들이나 작은
> 자나 큰 자나 모든 자의 살을 먹으라 하더라 19 또 내가 보매 그 짐승과
> 땅의 임금들과 그들의 군대들이 모여 그 말 탄 자와 그의 군대와 더불어
> 전쟁을 일으키다가 20 짐승이 잡히고 그 앞에서 표적을 행하던 거짓 선지
> 자도 함께 잡혔으니 이는 짐승의 표를 받고 그의 우상에게 경배하던 자들
> 을 표적으로 미혹하던 자라 이 둘이 산 채로 유황불 붙는 못에 던져지고
> 21 그 나머지는 말 탄 자의 입으로부터 나오는 검에 죽으매 모든 새가 그
> 들의 살로 배불리더라

'아마겟돈의 영광의 승리자 그리스도' 께서 짐승과 그 세력들의 멸망의 배경으로 그들이 멸망하는 시각에 있을 '어린양의 혼인 잔치' 를 보여주고 구원받

---

8) Hendriksen, 같은 책, p. 223; Lenski, 같은 책, p. 436.

은 성도들은 영원한 천국에서 어린양의 혼인잔치에 참여하는 동안에 짐승과 그 세력들의 영원한 멸망에 대하여 말씀한다.

11-13절. 사도 요한은 하늘이 열리고 백마와 그 백마를 탄 자를 본다. 흰 말과 그것을 탄 자는 요한계시록 6:2에서 이미 나왔는데 이는 그리스도의 복음과 승리자 그리스도를 상징한다. 그리스도와 복음은 생명을 위협하는 핍박과 경제적 핍박이나 전쟁이나 환난이 뒤 따름에도 불구하고 승리하고 승리한다. 본문에서 나타난 백마를 탄 자는 복음이 땅 끝까지 전해지고 택함 받은 자들이 다 구원받은 후 하나님을 대적하고 교회를 핍박하던 바벨론과 짐승들을 심판하시려 재림하신 심판주 그리스도이시다. 사도 요한은 자신이 본 승리자 백마를 탄 자 그리스도를 소개한다.

첫째로 그 이름은 충신과 진실이며 그가 공의로 심판하며 싸운다. '충신과 진실' 보다는 '신실과 진실' (Faithful and True-KIV, NIV, NASB; "신의"와 "진실"-공동번역; '신실하신 분', '참되신 분' -표준새번역)이 원문에 더 가깝다(계 3:14). 우리 주님은 하나님께서 언약하신 모든 것을 지상에서의 삶과 죽음, 부활 그리고 재림을 통해서 신실하고 진실하게 온전히 성취하시는 분이시다. 신실하고 진실하신 그리스도는 공의로우시며 하나님의 언약을 완전히 이루시기 위하여 하나님과 교회를 대적하던 사탄과 그 세력들과 세상을 그 공의로 심판하며 싸우신다.

둘째로 그 눈이 불꽃같고 그 머리에 많은 면류관이 있다. '그 눈이 불꽃같다' 는 표현은 요한계시록 1:14과 2:18에서 이미 나온 것으로서 그리스도께서 인간의 내면은 물론 세상의 모든 것을 꿰뚫어 보시는 전지전능하신 분이심을 나타낸다. 그러므로 그리스도의 판단과 그에 따른 심판은 공의로울 수밖에 없다. 한편 용의 일곱 머리에 일곱 개의 면류관이 있고(12:3) 바다의 짐승의 머리의 열 뿔에 열개의 면류관이 있는 것(13:1)과 대조하여 그리스도께서 그들을 능가하는 많은 왕관을 가지고 계신다. 전능하신 그리스도는 용과 짐승 위에 온전한 주권과 왕권을 소유하신 분이시다.

셋째로 그는 본인만이 아는 한 이름을 가지고 있다. 빌립보서 2:9 이하에서 낮아지셔서 십자가의 죽으심으로 승리하신 그리스도를 하나님이 지극히 높여 모든 이름 위에 뛰어난 이름을 주셨는데 그 이름은 밝히지 않고 있다. 하나님이 지극히 높여 주님만 아는 이름을 주셨다는 것은 하나님이 그리스도에게 사탄과 세상을 심판하실 절대주권자로 삼으셨음을 뜻한다. 하나님이 밝히지 않으신 그 이름을 주신 이유는 하나님께서 하늘에 있는 자들과 땅에 있는 자들과 땅 아래에 있는 자들로 모든 무릎을 절대주권자 예수의 이름에 꿇게 하시고 모든 입으로 예수 그리스도를 주라 시인하여 하나님 아버지께 영광을 돌리게 하시기 위한 것이다. 높아지신 그리스도가 하늘과 땅의 모든 자들을 무릎을 꿇게 하고 그리스도를 주라 시인하여 하나님께 영광을 돌리는 때까지 주님만이 아시는 주권자의 이름임을 말하고 있다.[9)]

요한계시록 3:12을 보면 주님의 승리가 이뤄지고 이기는 자 즉 구원받은 하나님의 백성에게 주님이 하나님의 이름과 하나님의 성 곧 하늘에서 하나님께로부터 내려오는 새 예루살렘의 이름과 주님의 새 이름을 기록하리라고 말씀하신다. 그 때까지 그 이름을 아무도 모른다. 이것은 그리스도께서 그 누구도 모방할 수 없는 능력과 권세를 소유하신 분임을 말해 준다.[10)]

마지막으로 그가 피 뿌린 옷을 입었는데 그 이름은 하나님의 말씀이라 칭한다. 그리스도의 옷에 묻은 '피'가 이사야서 63:1-3의 말씀을 근거로 원수들의 피라고 말하는 이들이 있으나[11)] 백마를 탄 자는 싸움을 마친 후가 아니라 싸우려 나오는 자의 모습이며 백마를 탄 자의 뒤를 따르는 하늘에 있는 군대들의 세마포는 피가 안 묻고 깨끗하기 때문에 이 피는 주님이 십자가에 흘리신 보혈이다. 또한 피 뿌린 옷은 뒤에 나오는 "그의 이름이 하나님의 말씀이라"는 표현과 연관시켜 해석을 해야 한다고 본다. 요한복음 1:1에서 그리스도가 하나님

---

9) Hughes, 같은 책, p. 296.
10) 이상근, 같은 책, p. 221.
11) Hughes, 이상근, 신성종, Hendriksen, 이필찬 등의 주장.

의 말씀이라고 말한다. 하나님이 작정하시고 계획하신 구원사역을 그리스도가 다 드러내시고 몸소 십자가에서 피를 흘리심으로 이루셨기 때문에 그리스도는 하나님의 말씀 자체이시다.[12)]

14절. 사도 요한은 주님의 모습을 본 후에 하늘에 있는 군대들이 희고 깨끗한 세마포를 입고 백마를 타고 그를 따르는 환상을 본다. 희고 깨끗한 세마포를 입고 백마를 타고 그리스도를 따르는 하늘에 있는 군대들이 누구인가? 그들이 천사와 하나님의 백성 모두라는 견해가 있으나[13)] 성경은 많은 곳에서 주님이 재림하셔서 성도들은 구원하시고 천사들을 시켜 불신자들을 심판하시리라고 말한다(시 103:21, 148:2, 마 13:41, 24:31, 눅 2:13 살전 4:16). 마태복음 25:31 이하에서 주님께서 당신이 재림하실 때 자기 영광으로 천사들과 함께 오셔서 모든 민족을 하나님의 백성과 불신자들로 나누시고 하나님의 백성은 천국으로 인도하시고 불신자들은 저주받아 마귀와 그 사자들을 위하여 예비된 영원한 지옥 불에 넣으실 것이라고 말씀하셨다. 마지막 최후의 심판에서 성도는 심판자와 동행이 아니라 그 심판에서 구원받는 대상이다. 그러므로 하늘의 군대는 천사들이다.[14)]

15-16절. 이어서 백마를 탄 자 그리스도가 하나님을 대적하는 자들을 심판하시는 모습이 소개된다. 첫째로 그의 입에서 예리한 검이 나와 그것으로 만국을 치신다. 히브리서 4:12이하를 보면 "하나님의 말씀은 살았고 운동력이 있어 좌우에 날선 어떤 검보다도 예리하다"고 말씀한다. 이 말씀처럼 가장 예리한 좌우의 날선 검 같은 하나님의 말씀인 복음은 양면성이 있어 성도들의 마음에 들어가 모든 것을 쪼개어 드러나게 하여 회개하여 복음을 받고 구원받게 하지만 불신자들에겐 그들의 죄를 드러나게 하여 심판하신다(계 19:15; 살후

12) Lenski, 같은 책, p. 442.
13) Mounce, 같은 책, p. 346; 이상근, 같은 책, p. 221; 박윤선, 같은 책, p. 324; 이필찬, 같은 책, pp. 821-822.
14) Hughes, 같은 책, p. 297; Hendriksen, 같은책, p. 225.

1:8).

둘째로 그가 친히 저희를 철장으로 다스리신다. 이것은 시편 2:9의 반영으로 본서 2:27과 12:5에서 나온다. 이 말씀이 예수 그리스도가 친히 철장을 들고 불신자들을 죽인다는 뜻인가? 이것은 환상이며 상징임을 잊어선 안 된다. '철장으로 다스리심' 은 그리스도가 강력한 힘을 가지고 확고한 심판을 하신다는 표현이다.

셋째로 그가 친히 하나님 곧 전능하신 이의 맹렬한 진노의 포도주 틀을 밟으신다. 사 63:1-6에서 에돔에 대한 하나님의 심판을 "진노의 포도주 틀"을 밟은 것으로 표현하였다. 그러므로 이 말씀은 주님께서 포도를 포도주 틀에 넣고 짓밟듯이 악인들을 철저히 멸망시킬 것을 뜻한다.

넷째로 그의 옷과 다리에 만왕의 왕이요 만주의 주라고 그의 이름이 쓰여 있다. 계 17:3절에서 음녀가 탄 바다의 짐승의 몸에 기록된 하나님을 자칭하는 하나님을 모독하는 이름들과 대조하여 주님의 몸에는 만왕의 왕이요 만주의 주라는 이름이 쓰여 있다. 바다의 짐승인 세상의 악한 왕들은 신이 아니면서 스스로 신처럼 말하고 행동하나 우리 주님은 "만왕의 왕이요 만주의 주"로서 그들을 통치하시는 분이시오 그들을 멸하실 수 있는 능력의 소유자이심을 말씀한다.

17-18절. 사도 요한은 한 천사가 태양 안에 서서 공중에 나는 모든 새를 향하여 "와서 하나님의 큰 잔치에 모여 왕들의 살과 장군들의 살과 장사들의 살과 말들과 그 탄 자들의 살과 자유한 자들이나 종들이나 무론 대소하고 모든 자의 살을 먹으라"고 큰 음성으로 외치는 환상을 본다. "태양 안에 서서"라는 표현은 천사가 태양을 등지고 공중 높이 떠 있는 모습으로 보인다. 한 천사가 공중 높이에서 모든 새를 향하여 외친 말의 내용은 에스겔서 39:17-20을 배경으로 하고 있다. 곡과 그의 연합군들이 이스라엘 즉 하나님 백성들을 치려 하지만 하나님께서 불로 그들을 심판하여 멸하고 여호와께서 에스겔에게 이스라엘 산 위에서는 잔치가 벌어지는 동안 짐승들에게도 잔치에 참여하여 하나님

이 멸하신 곡과 그 무리들의 고기를 먹으며 피를 마시라고 명하라고 하신다. 물론 이런 전쟁은 역사에서 없었다. 이 전쟁은 바로 주님이 재림하시고 이 세상을 완전히 심판하실 것임을 예언한 것이다.

요한계시록 16:12-21에서 사탄의 세력들이 동방으로부터 유브라데 강을 건너 아마겟돈에 모이지만 우리 주님이 말씀 한 마디로 그들을 철저히 멸망시키고 승리하신다. 17, 18절의 내용도 바로 어린양의 잔치가 벌어지는 그 때에 완전한 세상의 멸망을 나타내는 새들의 잔치가 벌어질 것임을 말한다. '하나님의 큰 잔치'는 이 세상이 완전히 멸망되고 성도들은 어린 양이신 주님과 영원토록 복을 누리는 것을 말한다. 하늘로 올라간 성도들은 어린양 혼인 잔치에 참여하여 하늘의 영광을 누리지만 땅에 남은 땅에 거하는 자들 불신자들은 멸망하여 새들의 잔치에 먹이가 된다. 티베트에서는 사람이 죽으면 그 시체를 독수리의 먹이로 주워 먹게 한다. 이처럼 사람의 시체를 먹는 새들을 부르는 것은 소위 아마겟돈 전쟁의 결과로 이 세상 바벨론이 완전히 멸망되었음을 뜻한다.

19-21절. 이어서 사도 요한은 그 짐승과 땅의 임금들과 그 군대들이 모여 그 말 탄 자와 그의 군대로 더불어 전쟁을 일으키다가 백마를 탄 자와 그 군대들에 의해 패배하는 환상을 본다. 그 짐승과 땅의 임금들과 그 군대들이란 사탄에게 권세를 받은 바다에서 나온 짐승 곧 이 세상의 모든 권력들과 하나님을 적대하는 세상 나라의 통치자들과 그의 세력을 말한다. 그 말 탄 자와 그의 군대는 요한계시록 19:11-14에서 백마를 탄 자 심판주 그리스도와 하늘의 군대 천군천사들이다. 바다에서 나온 짐승과 땅의 임금들과 그 군대들이 모였는데 요한계시록 16:12-16을 보면 귀신의 영이 기적을 행하여 세상의 왕들로 아마겟돈에 모이게 한다. 아마겟돈이란 이스라엘의 최전방 방어기지로서 동방에서 이스라엘을 침공하려면 반드시 이곳에서 전쟁을 치려야 하는 지역이다. 그러므로 아마겟돈에 왕들이 이곳에 모였다는 뜻은 적그리스도의 세력이 하나님의 나라와 최후의 일전을 준비하고 있었음을 뜻한다고 보아야 한다.

사탄에게 권세를 받은 이 세상의 모든 권력과 이 세상 나라의 통치자들과 그의 세력들은 하나님을 대적하기 위하여 아마겟돈에 모여 전쟁을 일으키려고 하지만 주님이 재림하셔서 심판하심으로 그 전쟁은 일순간에 주님의 승리로 끝난다. 그러면 구체적으로 최후의 아마겟돈 전쟁은 무엇인가?

첫째로 바다에서 나온 짐승과 땅의 임금들과 그 군대들이 '전쟁을 일으키다가' 제대로 공격을 해보지도 못하고 만주의 주시요 만왕의 왕이신 그리스도와 하늘의 군대에게 일방적으로 패배한다. '전쟁을 일으키다가'란 의미는 제대로 싸우지도 못함을 뜻한다. 요한계시록 18장의 바벨론 멸망을 보면 심판주로 재림하신 그리스도가 바벨론이 "하루 동안" 즉 순식간에 멸망될 것을 명한다. 그러므로 아마겟돈 전쟁에서 적그리스도 군대가 그리스도의 군대와 맞서 싸웠다는 표현은 잘못이다. 전능하신 하나님이신 주님의 능력과 그들의 능력이 비교가 되지 않기 때문이다.

둘째로 바다에서 나온 짐승 즉 세상의 모든 권력과 짐승 앞에서 이적을 행하며 짐승의 표를 받고 우상숭배를 하도록 미혹하던 거짓 선지자가 잡혀 산채로 유황 불붙는 못 지옥에 던짐을 당한다. 유황 불붙는 못은 둘째 사망 즉 완전한 멸망이다. 그리스도와 교회를 대적하려고 모인 짐승 즉 악한 세상의 권세자들과 거짓 선지자가 산 채로 붙잡혀 지옥 불에 떨어진다. "산채로"란 "있는 그대로"를 말하는데 사람들이 모두 죽임을 당하고 그 후에 불못에 던져지는 것과 대조를 이루고 있다. 이것은 바다에서 나온 짐승이 사람을 가리키지 않은 것처럼 땅에서 나온 거짓 선지자도 사람이 아니라 악한 세상 권력을 돕는 종교나 철학과 같은 사상이나 교회 안에서 세상 권력과 야합하는 악한 세력을 말한다는 증거이다. 그러므로 바다에서 나온 짐승과 땅에서 나온 짐승인 거짓 선지자가 사탄이 들어가야 하는 불못에 던져지는 것은(20:10) 악한 세상 권력과 그것을 돕는 종교적이며 이념적인 악한 세력을 완전히 멸하였음을 나타낸다.[15)]

---

15) Hendriksen, 같은 책, p. 226.

셋째로 짐승과 거짓 선지자 외에 그 나머지는 말 탄 자의 입으로 나오는 검에 죽으니 모든 새가 그 살로 배를 불린다. 앞에서 이미 밝혔듯이 '말 탄 자의 입으로 나오는 검' 은 그리스도로부터 나오는 심판을 선포하시는 하나님의 말씀이다. 주님의 말씀 한 마디로 심판은 이루어진다. 여기서 주님의 말씀의 심판의 대상은 짐승과 거짓 선지자 외에 "그 나머지"이다. 그 나머지가 누구인가? 19절에 그 말 탄 자 즉 그리스도와 그의 군대를 대적하여 전쟁을 일으킨 "그 짐승과 땅의 임금들과 그들의 군대들" 중에 그 짐승과 거짓 선지자는 잡혀 불못에 던져지고 그 나머지이다. 물론 19-21절만 보면 그 짐승과 거짓 선지자를 제외한 그 나머지는 "땅의 임금들과 그들의 군대들"이다.[16] "그 나머지"가 말 탄 자의 입으로부터 나오는 검에 죽고 모든 새가 그들의 살로 배불린다. 17,18절을 보면 천사가 공중에 나는 모든 새를 향하여 큰 음성으로 외쳐 "와서 하나님의 큰 잔치에 모여 왕들의 살과 장군들의 살과 장사들의 살과 말들과 그것을 탄 자들의 살과 자유인들이나 종들이나 작은 자나 큰 자나 모든 자의 살을 먹으라"고 한다. 그러므로 그 나머지는 땅의 임금들과 그들의 군대들뿐 아니라 장사들, 말들과 그것을 탄 자들, 자유인들이나 종들이나 작은 자나 큰 자나 모든 자를 포함하므로 그 나머지란 모든 불신자를 가리킨다고 결론을 내릴 수 있다.

"그 나머지가 말 탄 자의 입으로 나오는 검에 죽고 모든 새가 그 고기로 배불리다"라는 말은 나머지 사람들 즉 모든 불신자들이 그 전쟁에서 망하여 죽임을 당하여 그 시체가 새의 먹이가 되듯 살아남는 자가 한 명도 없는 수치스럽고 철저한 멸망을 당할 것을 의미한다. 그 멸망은 물론 영원한 멸망의 지옥불에 떨어지는 것이다. 그러므로 천년왕국을 주장하는 자들이 이 아마겟돈 전쟁에서 불신자들이 살아남아 천년왕국의 피지배자들이 되며 그 천년왕국 때에 재빨리 회심이 이루어진다고 주장하는 것은[17] 이 부분과 상치된다. 8절을 보

---

16) 이필찬, 같은 책, p. 831; 이상근, 같은 책, p. 221.

면 강하신 심판 주 하나님이 "하루 동안" 즉 일시에 이루시는 심판이 예고된다. 이어서 21절에서 한 힘센 천사가 큰 맷돌 같은 돌을 들어 바다에 던져 가로되 큰 성 바벨론이 이같이 몹시 떨어져 결코 다시 보이지 아니하리로다고 선언한다. 이처럼 아마겟돈의 전쟁에 의한 바벨론의 멸망은 전능하고 강하신 하나님이 불신 세상을 일시에 철저히 그리고 영원히 모든 사람은 물론 문화까지 총체적으로 멸망시키시는 최후의 심판이다.[18)]

그런데 한국 교회에서 큰 영향력을 행사하였던 분의 계시록 강해를 보면 이 부분을 실제 전쟁으로 묘사한다. 어디에 근거를 두는지 모르지만 동방에서 2억의 군대와 적그리스도의 구라파 온 군대 1억이 합하여 3억이 예수님의 하늘의 군대와 싸우는데 그들은 아마 우주인의 침범이라면서 싸울 것이라는 것이다. 더욱이 재미있는 것은 이 전쟁에서 살아남은 사람은 광야로 피난한 유대민족 중심으로 극소수의 이방인들인데 아마겟돈에서 먼 아프리카, 아시아, 북남미 등에서 사는 가난한 자들이 이 이방인에 속하고 부자와 장사하는 자들은 돈 때문에 666표를 받았기 때문에 죽임을 당할 것이라는 것이다.[19)] 왜 이런 해석을 하는가? 2억이니 1억이니 하는 숫자를 어떻게 구체적으로 말할 수 있으며 구라파가 적그리스도 세력이라고 성경에 어디에서 말하는가? 또한 최후의 심판에서 짐승과 거짓 선지자들 외 나머지는 말 탄 자의 입에서 나오는 검에 죽으리라고 했으므로 이 심판에서 남은 자가 있다는 것도 계시록에 자기의 말을 더하는 것이다.

성경에 없는 것을 상상하여 그려내는 것은 요한계시록 22:18, 19에서 이 요

---

17) Herman A, Hoyt, (Robert G. Clouse Editer), 같은 책, p. 107; 조용기, 같은 책, p. 279-281; Louis Berkhof, "Manuel of Christian Doctrine(기독교 신학개론)," 신복윤 역, (서울: 은성문화사, 1974), p. 328; 박형룡, 같은 책, pp. 249-250; Wayne Grudem, "Systematic Theology," (Grand Rapids: Zondervan Publishing House, 1994), p. 1112.

18) 박윤선, 같은 책, p. 316. "영멸"; 권성수, 같은 책, p. 395. "갑작스럽고 완벽한 멸망"; Hendriksen, p. 218. "철저하고도 완전한 멸망"; Hughes, p. 284. "철저한 멸망"

19) 조용기, 같은 책, p. 279-281.

한계시록의 말씀을 더하거나 감하거나 하면 재앙을 더하고 생명나무와 및 거룩한 성에 참여함을 제하여 버리신다는 말씀대로 재앙을 받고 천국에서 쫓겨날 죄이다. 그처럼 가감하여 승리의 소망과 위로의 계시록의 말씀을 두려움을 주고 미혹하는 가르침을 따르지 말고 예수 그리스도를 믿기만 하면 누구나 최후의 아마겟돈 전쟁에서 구원받고 승리하며 천국을 상속받으리라는 믿음의 도리를 굳게 잡아 승리하여야 할 것이다.

다. 사탄과 그 세력들의 멸망의 배경: 사탄의 결박과 그리스도의 통치(계 20:1-6)

> 1 또 내가 보매 천사가 무저갱의 열쇠와 큰 쇠사슬을 그의 손에 가지고 하
> 늘로부터 내려와서 2 용을 잡으니 곧 옛 뱀이요 마귀요 사탄이라 잡아서
> 천 년 동안 결박하여 3 무저갱에 던져 넣어 잠그고 그 위에 인봉하여 천
> 년이 차도록 다시는 만국을 미혹하지 못하게 하였는데 그 후에는 반드시
> 잠깐 놓이리라 4 또 내가 보좌들을 보니 거기에 앉은 자들이 있어 심판하
> 는 권세를 받았더라 또 내가 보니 예수를 증언함과 하나님의 말씀 때문에
> 목 베임을 당한 자들의 영혼들과 또 짐승과 그의 우상에게 경배하지 아니
> 하고 그들의 이마와 손에 그의 표를 받지 아니한 자들이 살아서 그리스도
> 와 더불어 천 년 동안 왕 노릇 하니 5(그 나머지 죽은 자들은 그 천 년이
> 차기까지 살지 못하더라) 이는 첫째 부활이라 6 이 첫째 부활에 참여하는
> 자들은 복이 있고 거룩하도다 둘째 사망이 그들을 다스리는 권세가 없고
> 도리어 그들이 하나님과 그리스도의 제사장이 되어 천 년 동안 그리스도와
> 더불어 왕 노릇 하리라

계시록의 본론이 끝난 후 마지막으로 일곱째 대접 재앙, 그리스도를 대적하여 싸우려하는 사탄과 그 세력들과 악한 이 세상에 최후의 심판이 내려져 만주의 주이시고 만왕의 왕이신 그리스도가 천사들과 재림하셔서 일순간에 그들을 멸하신다. 이렇게 주님이 의인과 악인을 분별하시는 요한계시록의 결론이 시작

된다. 먼저, 어린양의 혼인잔치가 열리는 동안 사탄과 그 세력들이 어떻게 영원한 멸망을 당하는가를 보여준다. 천국에서는 구원받은 성도들이 초청되어 어린양의 혼인잔치를 누리는 시각에 불신자들은 승리자 그리스도에 의하여 철저히 패배하고 지옥에 던져져 영원한 멸망을 당한다.

이어서 "천년 동안의 사탄의 결박과 그리스도의 통치"에 대한 말씀이 계속된다. 그래서 천년주의자들은 요한계시록 19:11-21에서 주님이 재림하시고 이 세상이 멸망한 후 이어서 20장에서 "천년 동안의 사탄의 결박과 그리스도의 통치"가 나오므로 주님의 재림 후에 천년왕국이 온다고 주장한다. 그러나 19장에서는 이 땅에서 바다에서 나온 짐승 즉 하나님을 대적하는 세상의 권력과 땅에서 나온 짐승 거짓 선지자와 큰 음녀인 이 세상 바벨론의 멸망이 나오고 요한계시록 20:7-15에서는 사탄과 땅의 사방 백성 곧 곡과 마곡과 그 세력들의 멸망이 나오는데 전자는 세상의 권력과 타락한 세상에 대한 하나님의 육적 전쟁의 심판이고 후자는 사탄과 그 세력에 대한 하나님의 영적 전쟁의 심판이라고 말할 수 있다. 이것은 둘이 아니고 하나다.[20] 왜냐하면 19장의 짐승은 사탄의 대리자라고 할 수 있기 때문이다.

다음에 밝히겠지만 요한계시록 20:1-3에 나오는 사탄의 결박도 주님의 초림 때 이루어지는 사건이므로 천년 동안의 그리스도의 통치란 이 땅에 우리의 왕으로 오신 주님이 오셔서 하나님의 나라를 세우시고 주님이 다시 오실 때까지 성도들과 왕 노릇 하시는 기간이다. 그러므로 사탄의 결박과 그리스도의 통치를 사탄과 그 세력의 멸망 뒤에 둔 것은 멸망하는 사탄의 멸망의 배경을 설명하기 위함이다.[21] 우리는 여기서 20장이 19장의 계속이 아니라 주제를 짐승과 그 세력의 멸망에서 사탄과 그 세력의 멸망으로 바꾸어 19장을 반복하고 있음을 알 수 있다.

---

20) Hendriksen, 같은 책, p. 240.
21) Wilcock, 같은 책, p. 179.

20:1-3절. 사도 요한은 천사가 무저갱 열쇠와 큰 쇠사슬을 그 손에 가지고 하늘로서 내려와 옛뱀이요 마귀요 사탄이라고 하는 용을 잡아 다시는 만국을 미혹하지 못하게 일천 년 동안 결박하여 무저갱에 던져 잠그고 그 위에 인봉하는 환상을 본다.

먼저, 옛뱀이요 마귀요 사탄이라는 용이 누구인가? "용을 잡으니 곧 옛 뱀이요 마귀요 사탄이라"의 문구를 헬라어 원문대로 직역하면 "마귀요 사탄인 옛 뱀인 용을 잡으니"이다. 그러므로 마귀와 사탄은 실체이고 용과 옛 뱀은 마귀와 사탄을 나타내는 이름이다. 구약에서 보면 용은 이스라엘을 괴롭히는 애굽을 상징하는 "바다에 있는 용" 또는 "뱀 리워야단"라고 표현했고(시 74:13, 사 27:1, 51:9) 유다를 멸망한 바벨론의 행위를 묘사할 때도 "용 같이"라고 표현을 했다. 또한 옛 뱀은 실제로 가장 오래된 창세기 3:1에 나오는 뱀을 말하고 있다고 보인다. 창세기 3장의 뱀이 어떤 존재인가를 설명하기 쉽지 않지만 그 뱀이 사탄의 도구이거나 사탄 그 차체임을 알 수 있다. 마귀와 사탄은 한 영적 실체를 나타내는 이름으로 사탄은 구약에서부터 상용되어 온 이름이고 마귀는 신약에서 나타나는 사탄의 다른 이름이다. 그러므로 사탄이 원래의 이름이고 마귀는 사탄의 다른 이름이며 용과 옛 뱀은 사탄을 상징하는 표현이라고 할 수 있다.

욥기 1:6 이하를 보면 대적자라는 뜻의 이름을 가진 사탄은 여호와 하나님 앞에 서서 성격이 온전하고 정직하여 하나님을 경외하며 악에서 떠난 자인 욥을 참소하는 위치에 있었고 스가랴서 3:1에서도 사탄은 대제사장 여호수아를 여호와의 천사 앞에서 대적하였다. 요한계시록 12:7을 보면 하늘에 전쟁이 났는데 미가엘과 그의 사자들이 용과 더불어 싸울 때 용과 그의 사자들도 맞서 싸운다. 그들은 유다서 1:6에서 사탄과 그의 사자들은 자기 지위를 지키지 아니하고 자기 처소를 떠나 범죄한 천사들이라고 말한다. 이 모든 것을 볼 때 사탄은 악한 영들의 우두머리이다.

하나님께서 자기 지위를 지키지 아니하고 자기 처소를 떠나 범죄한 천사들을 영원한 결박으로 무저갱 지옥의 흑암에 가두셨다(유 1:6, 벧후 2:4). 그러나 바로 그 뒤 유다서 1:9를 보면 천사장 미가엘이 모세의 시체에 관하여 마귀와 다투어 변론할 때에 감히 비방하는 판결을 내리지 못하고 다만 주께서 너를 꾸짖으시기를 원하노라고 말을 했다. 이것은 범죄한 천사들의 두목인 사탄이 영원한 결박으로 무저갱에 갇혀 있지만 천사장 미가엘과 다툴 정도로 높은 지위에 있으며 활동하고 있었음을 말해준다. 그렇다면 악한 천사들의 영원한 결박과 무저갱의 가둠은 움직임을 완전 제한하는 물리적 결박이 아니라 그들의 활동과 그 영역을 제한함을 나타낸다고 볼 수 있다.

그 후 우리 주님이 오셨을 때 사탄은 하늘에서 성도들을 참소하던 지위에서 이 땅으로 쫓겨난다. 요한계시록 9:1에서 사도 요한은 다섯째 천사가 나팔을 불 때 무저갱의 열쇠를 받아 하늘에서 땅에 떨어진 별 하나를 본다. 요한계시록 9:1의 말씀을 주님께서 누가복음 10장에서 친히 구체적으로 말씀하신다. 둘씩 짝을 지어 보냄을 받은 70인 전도자들이 돌아와 주님께 "주여 주의 이름으로 귀신들도 우리에게 항복하더이다"고 보고하니 주님은 "사탄이 하늘로서 번개같이 떨어지는 것을 내가 보았노라 내가 너희에게 뱀과 전갈을 밟으며 원수의 모든 능력을 제어할 권세를 주었으니 너희를 해할 자가 결단코 없으리라"고 말씀하셨다. 성경에서 별은 천사나 하늘에서 높은 지위에 있는 자를 표현하고(민 24:17; 단 8:10) 사탄을 암시하기도 한다(사 14:12). 요한계시록 9:1에서 별 하나가 무저갱의 열쇠를 받아 하늘에서 땅에 떨어진 것은 사탄이 하늘에서 쫓겨난 것을 의미하며 요한계시록 12:7-9에서 사탄은 천사장 미가엘과 그의 사자들에 의해 패하여 하나님 앞에서 성도들을 참소하던 지위를 빼앗기고 땅으로 쫓겨났다고 말한다. 이 말씀들을 종합하여 볼 때 사탄은 주님이 이 땅에 오셨을 때 천사 미가엘에 의해 참소자의 지위를 잃고 땅으로 쫓겨났고 주님이 천국의 일을 시작할 때 이미 사탄의 세력을 제어하기 시작했음을 알 수 있다.

1, 2절에서 천사가 무저갱의 열쇠와 큰 쇠사슬을 그의 손에 가지고 하늘로부터 내려와서 용을 잡아 결박을 한다. '무저갱' 은 하늘과 대조되는 사탄의 거

하는 장소이다(계 9:1 주해 참조). 사탄을 결박하여 무저갱에 던져 잠근 것을 성경에서 쇠사슬이 실제 결박에 사용된 단어이고 무저갱이 제한의 장소이므로 사탄의 완전한 투옥이며 그의 완전 중단이라는 주장이 있다.[22] 그러나 사탄의 집이라고 할 수 있는 무저갱도 사탄이 영적 존재이므로 어떤 물리적 장소가 아니라 영적 장소이다. 또한 '큰 쇠사슬' 도 역시 물리적인 쇠사슬이 아니다. 아무리 쇠사슬이 크다 하더라도 물리적인 '큰 쇠사슬' 로 영적 존재인 사탄을 결박할 수가 없기 때문이다. 그러므로 천사가 무저갱 열쇠와 큰 쇠사슬을 그 손에 가지고 하늘로서 내려와 옛 뱀이요 마귀요 사탄이라고 하는 용을 다시는 만국을 미혹하지 못하게 잡아 결박한다는 것도 문자적으로 해석하기보다는 상징으로 해석해야 한다. 마태복음 12:22 이하를 보면 예수님이 귀신의 왕 바알세불을 힘입어 귀신을 쫓아낸다고 비난하는 바리새인들에게 사탄의 부하인 귀신을 쫓아낸 것은 사람이 먼저 강한 자를 결박하고 그 집에 들어가 늑탈하는 것과 같이 나도 사탄을 결박하여 사탄을 하늘에서 쫓아내고 그의 능력을 제한시켰다고 말씀하셨다. 그러므로 사탄을 결박하여 무저갱에 가둔 것은 물리적 공간적으로 결박하고 가둔 것이 아니라 사탄을 성도를 참소하던 자리에서 쫓아내고 그 능력과 활동을 어떤 목적으로 일부 제한하였음을 상징한다고 보아야 한다.[23] 그 이유를 3절 이하에서 찾을 수 있다. 첫째로 사탄의 결박은 천년 동

22) 이상근, 같은 책, p. 231. "이는 사탄의 완전한 투옥이며 그 권세의 완전 중단이다."; Walvoord, 같은 책, p. 291-292. "Whatever the physical character of the chain, the obvious teaching of the passage is that the action is so designed as to render Satan inactive, The intention is not to represent Satan as merely restricted but as rendered completely inactive. In confirmation of this, verse 3 states that he is cast into the abyss, which by its character is a place of confinement."; Morris, 같은 책, p. 412. "And, in order to do all this, the god of this present age, the old dragon, Satan, must be completely restrained from the continuing his nefarious and baleful influence over the earth."

23) Hendriksen, 이필찬, Hughes, Lenski, 권성수, 박윤선, Plummer, Hoeksema 주장; St. Augustine, 같은 책, p. 907. "That means that he(the angel) put a check and a bridle on his(Satan's) power to lead astray and to hold in possession those who were to be set free."

안 다시는 만국을 미혹하지 못하게 하여 하나님과 하나님의 백성들을 대적하지 못하게 함이다. 둘째는 4절에서 밝히듯 그 기간에 성도들이 하나님과 그리스도의 제사장이 되어 그리스도와 더불어 왕 노릇 하게 하기 위함이다.[24]

그러면 사탄의 결박은 언제 이루어졌는가? 마태복음 12:28,29을 보면 강한 자를 결박하고서 그 집을 늑탈하는 것처럼 주님께서 하나님의 성령을 힘입어 귀신을 쫓아내는 것이면 사탄을 제어하시고 주님이 세우시는 하나님의 나라가 이미 임한 것이라고 말씀을 하셨다. 이것은 주님의 사역의 시작이 이미 사탄의 결박의 시작임을 말한다. 요한복음 12:31-33을 보면 주님께서 친히 "이제 이 세상에 대한 심판이 이르렀으니 이 세상의 임금이 쫓겨나리라 내가 땅에서 들리면 모든 사람을 내게로 이끌겠노라"고 말씀하시고 요한은 주님께서 이렇게 말씀하심은 자기가 어떠한 죽음으로 죽을 것을 보이심이라고 기록하였다. 이것을 볼 때 사탄을 주님이 결정적으로 결박하신 것은 주님이 십자가에 죽으신 때임을 알 수 있다.[25] 다시 말하면 주님이 이 땅에 오셔서 우리 죄인들을 위해 십자가에 죽으심으로 속죄사역을 이루시고 죄인들을 괴롭히는 사탄이 더 이상 그들을 괴롭힐 수 없도록 사탄의 힘을 제한하시고 하나님 나라를 세우시는 일을 시작하신 것이다.

천년 왕국주의자들은 요한계시록 20:1-3의 사탄의 결박을 문자적으로 해석하여 세상 종말에 주님이 오셔서 세상을 멸하시고 사탄을 잡아 결박하여 천년 동안 무저갱에 가두고 인봉함으로 만국을 미혹하지 못하게 하시고 그 천년 동안 천년왕국을 다스린다고 주장한다. 사탄을 천년동안 큰 쇠사슬로 결박하였다는 말을 글자 그대로 해석하고 그 천년은 죄악이 없는 완전 평화의 나라라고 주장하는 자들이 있으나 이미 앞에서 사탄의 결박을 상징으로 해석해야 하듯 천년 동안 사탄을 무저갱에 가둔다는 것도 상징으로 해석해야 한다. 또한 그들

24) Hoeksema, 같은 책, p. 642.

25) William E. Cox, 같은 책, p. 61; Hendriksen, 같은 책, p. 231-232; Plummer, 같은 책, p. 471; Yeatts, 같은 책, p. 373.

도 요한계시록에 나타난 숫자를 대부분 실제 수로 보지 않고 상징으로 받아들이면서 창조의 6일 후에 제 7일은 하나님의 안식하신 일인 것처럼 세상 역사를 6000년으로 보고 베드로후서 3:8에서 주께는 하루가 천년 같고 천년이 하루 같다는 말씀을 근거로 주님의 1000년 왕국시대가 온다고 주장하여 1000년이라는 수를 실제 수로 고집한다.[26] 그러나 요한계시록에 나타난 숫자들이 상징이듯이 천 년도 상징이다. 10은 충만을 나타내는 수로 10을 세 번 곱한 1000은 충만한 긴 기간을 나타낸다. 우리 주님이 이 땅에 오셔서 사탄을 천 년 동안 결박하여 무저갱에 던져 넣고 다시는 만국을 미혹하지 못하게 하시고 하나님 나라를 세우셨다면 당연히 그 천년은 주님의 초림에서 재림 사이를 의미하는 긴 기간이다.[27] 한국교회는 천년왕국주의가 만연하지만 칼빈주의를 바탕으로 한 장로교와 침례교의 교리의 시작이라고 할 수 있는 위대한 종교개혁자의

---

26) 박형룡, 같은 책, p. 248. "그(아이레니어스)는 창조 6일과 뒤 따른 안식의 한 날에 적응하여 세계 역사는 6천 년의 기간으로 연장되고 1천 년의 지복시대가 따른다고 생각하였다. 그에 의하면 현 세계는 창조의 6일에 적응하여 6천 년간 지속할 것이다. 이 시기의 종말이 가까울 때에 경건한 사람들의 수난과 핍박은 크게 증가하여 마침내 모든 악의 화신으로 인격적 적그리스도가 나타날 것이다.... 천년 동안 지속하는 천년기 행복은 창조의 제 6일 즉 안식의 날에 적응할 것이다."; Walvoord, 같은 책, p. 294-295. "According to R. H. Charles, Enoch's view can be explained as follows: As the world was made in six days, so its history will be accomplished in 6,000 years, and as the six days of creation were followed by one of rest, so the 6,000 years of the world's history would be followed by a rest of 1,000 years. On its close would begin the eighth eternal day of blessedness when time should be no more. ... there is no good reason for taking the thousand years in other than their literal sense."; Morris, 같은 책, p. 407 "The most obvious reason for taking this term literally is that there is nothing in the context to indicate otherwise. The word 'thousand' or 'thousands' is used frequently in the new Testament, but never before in any kind of symbolic sense."

(27) Lenski, 같은 책, p. 456; Plummer, 같은 책, p. 471 "But it must be remembered that the 'thousand years' do not express a period of time, the quality of completeness."; St. Augustine, 같은 책, p. 809 "1000 represents totality." Hendriksen, 같은 책, p. 232; Hughes, 같은 책, p. 308

한 사람인 존 칼빈도 천년왕국주의는 사탄이 사람의 지각을 둔하게 하여 교리를 부패하게 하는 소설이며 평가받기에는 유치한 것이라고 혹평했다.[28)]

사탄이 그 후에는 반드시 잠간 놓이리라고 말한다. 지금까지 하나님 나라를 세우시고 하나님의 교회를 보호하시고 승리하게 하시는 것이 하나님의 뜻이었는데 교회를 핍박하도록 사탄을 잠간 풀어 놓는다는 것은 맞지 않는다. 결과적으로 볼 때 다만 하나님의 백성이 아니라 불신자들을 잠깐 동안 미혹하는 일만을 허락받았을 뿐이며 하나님께서 그를 무저갱에서 풀어내신 것은 영원한 지옥에 던져 영원한 멸망을 시키기 위함이다.[29)] 하나님을 대적하고 그리스도와 교회를 핍박하던 시탄과 두 짐승과 그 나머지 모든 불신자들은 영원한 지옥 불에 넣음으로써 영원한 멸망 둘째 사망을 받게 되는 것이다. 그처럼 사탄은 그리스도와 교회를 공격하고 해칠 수 있는 존재가 아니라 우리 주님에게 제한 받는 존재이며 멸망하고말 존재일 뿐이다.

4절. 사도 요한은 사탄의 결박과 무저갱에 갇힘을 본 후에 하늘에 보좌들을 본다. 그 보좌들 위에 보니 거기 앉은 자들이 있는데 그들은 예수의 증거와 하나님의 말씀을 인하여 목 베임을 받은 자의 영혼들과 또 짐승과 그의 우상에

---

(28) John Calvin, "Institutes of the Christian Religion," Trans. by Ford Lewis Battles, The Westminster Press, Philadelphia, p. 995 "But Satan has not only befuddled men's sense to make them bury with the corpses the memory of resurrection; he has also attempted to corrupt this part of the doctrine with various falsifications that he might at length destroy it. I pass over the fact that in Paul's day he began to overthrow it(1Cor. 15:12ff). But a little later there followed the chiliasts, who limited the reign of Christ to a thousand years. Now their fiction is too childish either to need or to be worth a refutation. And the Apocalypse, from which they undoubtedly drew a pretext their error, does not support them. For the number 'one thousand'(Rev. 20:4) does not apply to the eternal blessedness of the church but only to the various disturbances that awaited the church, while still toiling on earth. On the contrary, all scripture proclaims that there will be no end to the blessedness of the elect or the punishment of the wicked(Matt, 25:41,46)."

29) Plummer, 같은 책, p. 471. "'He must be loosed' signifies that Satan is, in regard to the ungodly, allowed to work his will during this period."

게 경배하지도 아니하고 이마와 손에 그의 표를 받지도 아니한 자들이다. 이 하늘의 광경은 4장에 나온다. 4장에서 하늘에 하나님의 보좌와 이십사 장로들의 보좌만이 나오므로 여기서 하늘의 보좌들은 바로 이십사 장로들의 보좌이다. 물론 보좌에 앉은 자들은 이십사 장로들이다. 그들은 심판의 권세를 받았다. 심판의 권세는 단순히 징벌하는 권세를 말하지 않고 통치의 권세를 말한다. 그들이 그리스도와 더불어 왕 노릇 하여야 하기 때문이다.

대부분 주석가들이 하늘 보좌에 앉은 자들은 하늘에 있는 성도들로 보고 "예수의 증거와 하나님의 말씀을 인하여 목 베임을 받은 자의 영혼들과 또 짐승과 그의 우상에게 경배하지도 아니하고 이마와 손에 그의 표를 받지도 아니한 자들"을 하늘 보좌에 앉은 자들이므로 바로 하늘에 있는 죽은 성도들의 영혼들이라고 말한다.[30] 그러나 하늘 보좌에 앉은 자들이 죽었건 살았건 신구약의 모든 성도들을 상징하는 4장의 이십사 장로들이기 때문에(4:4 참조) 그들은 이 땅에서 사탄과 싸워 신앙을 지키고 승리한 성도들을 가리키는 것으로 보아야 한다.[31]

그 보좌들 위에는 보니 거기 앉은 자들이 있는데 그들은 "예수의 증거와 하나님의 말씀을 인하여 목 베임을 받은 자의 영혼들과 또 짐승과 그의 우상에게 경배하지도 아니하고 이마와 손에 그의 표를 받지도 아니한 자들"로서 구원받은 모든 백성들을 나타내며 이십 사 장로가 상징하는 하나님의 백성 안에 포함되어 있다.

"예수의 증거와 하나님의 말씀을 인하여 목 베임을 받은 자의 영혼들"은 글자 그대로는 순교자들이다. 그러나 이미 요한계시록 6:9에서 제단 아래 죽임을 당한 영혼들의 경우에서 보듯이 이들은 하나님께 산 제물의 삶을 산 성도들도

---

30) 박윤선, 같은 책, p. 330; Hendriksen, 같은 책, p. 235.

31) Lenski, 같은 책, pp. 462; Wilcock, 같은 책, p. 192. "From this it seems more likely that the thrones of judgement are occupied by a single group, the living, reigning saints who have suffered execution and/or refused worship to the beast."

가리킨다(계 6:9 참조). 또 12:12에서 "하늘에 거하는 자들"도 영적으로 살아 있는 자 즉 죽었건 살았건 모든 성도들을 뜻한다(12:12 주해 참조). 이처럼 "예수의 증거와 하나님의 말씀을 인하여 목 베임을 받은 자의 영혼들"은 하나님께 헌신된 모든 성도들을 나타내며 "우상에게 경배하지도 아니하고 표를 받지도 않은 자들"도 마찬가지로 이 땅에서 신앙을 지켰고 또 지키는 성도들을 말한다. 이 두 그룹은 하나이든 둘이든 상관없이 이 땅에서 사탄을 이기고 하나님께 제물로 바쳐진 성도들이다. 여기서 동사의 과거시제는 예언적 표현으로 문제가 될 수 없을 뿐 아니라[32] 성도들이 살아서 왕 노릇 하는 시기가 주님의 재림 전이므로 과거시제가 전혀 문제가 안 된다(1:19 주해 참조). 하늘 보좌들에 앉은 이십사 장로들은 요한계시록 6:9에서 제단 아래 죽임을 당한 성도들처럼 이미 그리스도 안에서 제물이 되고 승리한 자들이기 때문이다. 그러므로 보좌에 앉은 이십사 장로들인 "예수의 증거와 하나님의 말씀을 인하여 목 베임을 받은 자의 영혼들과 또 짐승과 그의 우상에게 경배하지도 아니하고 이마와 손에 그의 표를 받지도 아니한 자들"은 영혼으로 있거나 이 땅에 살아 있거나 모든 구원받은 성도들을 가리킨다.[33]

---

32) Walvoord, 같은 책, p. 297. "The verbs are in the past tense but are obviously prophetic from Hohn's perspective because he is looking at these events from the viewpoint of eternity future as it already accomplished."

33) 이필찬, 『요한계시록 어떻게 읽을 것인가』, pp. 217-218. "이들은 백성의 일부가 아니라 백성 전체 곧 교회를 포함한다. 이들은 '이 땅에 거하는 자들'과 대조되는 '하늘에 거하는 자들' 이다."; 신성종, 같은 책, p. 146. "첫째는 '하나님의 말씀을 인하여 목 베임을 받은 영혼들' 이라고 했으니 이는 순교자들을 말함이요. 둘째는 '짐승과 그의 우상에게 경배하지도 아니하고 이마와 손에 그의 표를 받지도 아니한 자들' 이라고 했으니 이는 모든 신자를 말함이다."; cf. Ladd, 같은 책, pp. 263-264. "However, it may well be that John actually envisaged two groups: a larger group of all the saints and then a smaller group-the martyrs - whom he singles out for special attention.... Christ himself had promised through John the prophet a share in his throne to all who overcame(3:21). and we found no reason to limit this promise to martyrs. It is a promise to all victorious believers."; Krodel, 같은 책, p. 334. "Moreover, we must take note that in v. 9 we hear of 'the camp of the saints'; the meaning of saints in Revelation

보좌에 앉은 자들 즉 모든 성도들이 살아서(they lived) 즉 첫째 부활을 하여 그리스도와 더불어 천 년 동안 왕 노릇 한다. 여기서 첫째 부활인 "살아서(they lived)" 라는 말을 어떻게 해석하느냐가 문제이다. 천년왕국을 주장하는 자들은 요한계시록 19장에서 바벨론 멸망이 나타나고 20장에서 천년왕국이 언급되기 때문에 19장의 멸망을 온 세상의 멸망이 아니라 정치적 권력의 멸망으로 보고 그 멸망에서 남은 불신자들이 있다고 주장하고(18:20-24 주해 참조)[34] 주님이 재림하실 때 주님과 같이 오는 부활한 죽은 성도들이 육체적으로 살아서 천년왕국에서 주님과 함께 불신자들을 다스리며 왕 노릇 한다고 한다.[35] 또 한편 무천년을 주장하는 자들 중에서 일부는 하늘에 있는 믿고 죽은 자들의 영혼들이 죽은 것이 아니라 살아있는 존재들이므로 주님과 함께 천년왕국이 아니라 주님초림에서 재림 사이에서 이 땅에 대하여 왕 노릇 한다고 말한다.[36]

그러나 둘 다 동의할 수 없다. 첫째로 보좌에 앉은 자들은 죽은 성도의 영혼들만이 아니라 이 땅의 성도들도 포함하기 때문이다. 그러면 보좌에 앉은 자들이 살아서 그리스도로 더불어 왕 노릇한다는 말 중에 "살아서"는 어떤 의미인

---

cannot be restricted to martyrs only. …It is quite possible that he did envision only one group in v. 4, namely, the martyrs. They would then function as representatives of the whole church that resisted compromise, overcame lukewarmness, and persevered in the faith."; Wilcock, 같은 책, p. 192. "From this, it seems more likely that the thrones of judgement are occupied by a single group, the living, reigning saints who have suffered execution and/or refused worship to the beast."; Yeatts, 같은 책, pp. 375-376. "The word of translated testimony (martyria), indeed, need not be limited to literal martyrdom but can include the witness of all the saints who remain faithful. … Thus, it is most likely that the faithful saints, living and dead, that came to life and reigned with Christ a thousand years."

34) Mounce, 같은 책, pp. 353-35; 김승곤, 『왜 무천년주의는 성경적인가?』 p. 125; 박형룡, 같은 책, p. 250.

35) 박형룡, 같은 책, p. 249; Louis Berkhof, 같은 책, 326.

36) Hendriksen, 같은 책, p. 235; Hughes, 같은 책, p. 308; Lenski, 같은 책, p. 464; Anthony A. Hoekema, 『개혁주의 종말론』 The Bible and the Future, 류호준 역, (서울: 기독교 문서선교회, 2006), p. 330.

가? 성도들의 영혼이 부활한다는 말은 이해가 되지만 살아 있는 성도가 몸의 부활한다는 것은 옳지 않다. 죽은 성도들의 영혼과 이 땅의 성도들 즉 하늘에 거하는 성도들에게 공통되는 것은 그들이 예수 믿고 구원받아 새 생명으로 태어나 영이 다시 사는 중생이다. 그러므로 예수 믿고 구원받으므로써 죽은 영혼이 다시 살아난 우리 성도들이 바로 첫째 부활에 참여한 자들이다.[37)]

둘째로 성경은 어떤 특정한 계층만이 아니라 모든 성도들이 주님과 함께 왕 노릇한다고 말하기 때문이다(롬 5:17, 딤후 2:12, 벧전 2:9, 계 5:10). "왕 노릇"이란 말을 높고 존귀한 자리에서 영화를 누리는 것으로 해석하여 천년왕국에서 불신자들을 피지배자로 다스린다고 이야기를 만드는데 우리 왕이신 주님은 그런 왕이 아니시다. 마가복음 10:45(마 20:28)에서 주님은 "인자가 온 것은 섬김을 받으려 함이 아니라 도리어 섬기려 하고 자기 목숨을 많은 사람의 대속물로 주려 함이니라"라고 말씀하셨다. 주님은 이 땅에 왕으로 오셨고 지금도 우리의 왕으로 우리와 함께 계시며 섬김을 통해 하나님 나라를 통치하신다.

마지막으로 둘째 사망은 지옥에 들어가는 영원한 멸망이고 첫째 사망은 육신의 멸망이라는 말과 병행을 이루어 둘째 부활은 영원한 상태의 성화를 이루는 신령한 몸의 부활이고 첫째 부활은 육신이 아닌 영의 부활이다. 그러므로 첫째 부활은 에베소서 2:5에서 말씀하는 대로 죄와 허물로 영적으로 죽은 우리가 예수 그리스도를 믿음으로 주와 함께 산 거듭남(중생)을 말한다.[38)]

또한 우리 성도들은 심판하는 권세를 받아 그리스도와 더불어 천년동안 왕

---

37) Augustine, The City of God, Vol. II. p. 353; 김승곤, 『요한계시록 강해』, (용인시: 국제 성서출판사, 1993), pp. 377-378; 이필찬, "속히 오리라." pp. 851-852; 신성종, 같은 책, p. 145; 김승곤, 같은 책, p. 378; 이명재, 『알파와 오메가-요한계시록 강해집』-," 쿰란출판사, 서울, 1994, p. 199; Andrew Kuyvenhoven, 『쉽게 풀어 쓴 개혁교회 종말론』 The Day of Christ's Return," 심재승 역, (서울: 이레서원, 2001), p. 150-151: Plummer, 같은 책, p. 472; Wilcock, 같은 책, p. 192. "The first resurrection is a perfectly understandable way of referring to what the new Testament in many places describes as a passing from death to life, namely a amn's rebirth as a Christian."

38) Hoeksema, 같은 책, p. 648.

노릇 한다. 이스라엘 민족은 왕이 있기 전에 심판을 하는 재판관 사사가 통치자였다. 그러므로 심판하는 권세를 받았다는 뜻은 통치하는 권세를 받았다는 뜻이고 다른 말로 하면 왕 노릇 한다는 뜻이다. 스가랴서 3:1 이하에서 스가랴가 여호와 하나님께 "사탄에게 참소를 당하는 여호수아의 머리 위에 "정결한 관을 그의 머리에 씌우소서" 라고 간청함으로 대제사장 여호수아는 정결한 관을 쓰고 더러운 옷을 벗고 아름다운 옷을 입게 된다. 이 때 곁에 서 있던 여호와의 사자가 여호수아에게 증언하여 "만군의 여호와의 말씀에 네가 만일 내 도를 행하며 내 규례를 지키면 네가 내 집을 다스릴 것이요 내 뜰을 지킬 것이며 내가 또 너로 여기 서 있는 자들 가운데에 왕래하게 하리라" 고 말한다. 대제사장 여호수아는 택한 백성의 대표로 그리스도와 성도들을 상징한다.

그러므로 이 환상은 죄과가 없어지고 아름다운 옷을 입힌 성도들이 "정결한 관" 을 받음으로 하나님 나라에서 왕노릇 하는 자격을 받음을 나타낸다. 그래서 첫째로 하나님의 집을 다스리는 은혜를 받는다. 스가랴도 다니엘이나 에스겔처럼 그리스도에 의하여 회복되는 예루살렘을 예언하기 때문에 여기서 하나님의 집은 그리스도가 왕으로 오셔서 이루시는 하나님의 나라를 뜻한다. 성도는 우리의 왕이신 주님의 통치에 참여하여 주님과 함께 왕 노릇 하는 복을 받는다. 디모데후서 2:11, 12을 보면 "미쁘다 이 말이여 우리가 주와 함께 죽었으면 또한 함께 살 것이요 참으면 또한 함께 왕 노릇 할 것이요 우리가 주를 부인하면 주도 우리를 부인하실 것이라" 고 한다.

이 말씀은 바울 사도가 디모데에게 편지한 내용으로 "우리" 즉 바울과 디모데를 포함한 모든 성도가 주와 함께 죽고 주와 함께 산 자로 환난을 인내하며 주와 함께 왕 노릇 한다고 말씀하는 것이다. 그래서 그들은 요한계시록 19:21에서 바벨론 즉 악한 세상에 속한 악한 권력인 바다의 짐승과 거짓 선지자인 땅의 짐승 외에 모든 불신자들이 주님의 입에서 나오는 검 즉 말씀으로 심판받아 멸망을 당한다고 말씀하고 있음에도 불구하고 하나님의 최후의 심판에서 살아남는 불신자들이 있고 재림하신 주님이 부활하고 신령한 몸으로 변화된 성도들과 함께 그 불신자들을 천년 동안 다스리며 왕 노릇 한다고 주장하는 것은 무리이다. 우리 성도들은 죄악 된 세상을 하나님의 말씀으로 심판하는 권세를 가지고 주님과 함께 주님처럼 섬기는 자들로 주님이 오실 때까지 왕 노릇 한다.

이제 천년왕국에 대하여 생각해 보자. 재림 후 천년왕국을 주장하는 자들은 요한계시록에 나타난 숫자를 대부분 실제 수로 보지 않고 상징으로 받아들이면서도 1000년이라는 수는 실제 수로 보나 그 이유를 분명하게 대답하지 못한다. 주님이 만왕의 왕으로 이 땅에 오셔서 하나님 나라를 세우셨다. 주님께서 복음을 전하실 때 첫 말씀이 "회개하라 천국이 가까웠나"(마 4:17)이었다. 그러므로 천년왕국은 예수님의 초림부터 시작하여 주님이 재림하시기까지 긴 기간을 의미한다. 우리 성도들은 이 기간 동안 만왕의 왕이신 주님과 함께 왕 노릇 하는 자들이다. 왕이신 주님이 십자가에 죽으시기까지 우리를 섬기시려 오신 것처럼 우리는 높임을 받고 영광을 누리는 왕이 아니라 복음을 위하여 나를 바쳐 헌신하며 사탄과 세상을 이기고 승리하는 자로서 죽기까지 섬기시는 주님과 함께 섬기는 왕 노릇을 하여야 할 것이다.

5절. 성경에서 괄호로 표시된 부분은 다른 사본에는 없는 것임을 말한다. 괄호의 의미는 그것을 참고하여 보라는 뜻이다. 마지막으로 그 나머지 죽은 자들은 그 천년이 차기까지 살지 못한다. 그 나머지 죽은 자들은 누구인가? 혹자는 순교하지 않은 믿는 자들과 불신자들 또는 주님이 재림하실 때 신자들이 부활에 참여하지 못한 불신자들을 가리킨다고 주장한다.[39] 그러나 여기서 문맥은 산 자와 죽은 자를 구별하고 있기 때문에 영적으로 산 하늘에 거하는 자들에 대하여 '죽은 자들'은 죽은 불신자들의 영혼이나 살아 있는 불신자들 모두를 가리킨다(계 11:18 주해 참조).[40] '죽은 자들은 그 천년이 차기까지 살

39) Mounce, 같은 책, p. 360; Walvoord, 같은 책, p. 299.

40) Hendriksen, 같은 책, p. 237; 박윤선, 같은 책, p. 331; Ladd, 같은 책, p. 268; Wilcock, 같은 책, p. 195.

지 못한다' 는 말은 성도들은 그리스도를 믿고 영적으로 살아 첫째 부활(중생)을 하나 그리스도를 믿지 않고 영적으로 '죽은 자들' 은 주님이 재림하시고 몸의 부활이 있을 때까지 산 자가 될 수 있는 기회가 없다는 뜻이다.

6절. 이 첫째 부활에 참여하는 자들은 복이 있고 거룩하여 둘째 사망을 면제받고 영생하며 하나님과 그리스도의 일군 제사장이 되어 천년 동안 즉 주님이 이 땅에 천국을 세우시고 재림하실 때까지 긴 기간 동안 그리스도와 함께 왕 노릇 한다. 첫째 부활을 주님 재림 후 성도의 몸의 부활로 주장하는 자들은 부활하는 자들이 바로 하나님과 그리스도의 제사장이 되어 하나님의 면전에 서게 되고 메시아적 왕국에서 그리스도와 통치를 하게 됨으로 복을 받고 거룩한 존재가 된다고 주장하고 이 성도들이 부활의 몸으로 자연적 존재로 살아가는 사람들(불신자들)을 통치한다고 한다. 이 주장을 사도행전 1:3에서 언급한 대로 예수님께서 부활하신 몸으로 40일 동안 제자들과 함께 지내셨음을 예로 든다.[41)]

그러나 요한복음 20:17에서 부활하신 주님께서 막달라 마리아를 만나시고 "나를 붙들지 말라(한글개정: 나를 만지지 말라; KJV: Touch me not) 내가 아직 아버지께로 올라가지 아니하였노라" 고 말씀하셨다. 이것은 부활의 몸과 자연의 존재가 함께 할 수 없다는 것을 말한다. 또한 주님의 부활 후 40일 동안의 생활은 소위 천년왕국의 신령한 몸으로 부활한 성도들과 불신자들이 함께 사는 공동체를 예표하는 것이 아니라 주님의 부활의 확실한 증거를 주시기 위함이다. 또한 고린도전서 15:16 이하를 보면 육체는 다 같은 육체가 아니라 사는 장소에 따라 몸의 형체가 다르듯이 부활의 몸은 신령한 몸으로 다시 산다고 말씀한다. 이 말씀은 신령한 몸으로 성화를 이룬 부활한 성도가 죄로 오염된 자연의 몸을 가진 불신자들과 함께 산다는 소위 천년왕국의 허구를 충분히 설명한다고 본다. 그러므로 이미 앞에서 밝혔듯이 첫째 부활은 중생이며 천년

---

41) Ladd, 같은 책, p. 268.

은 주님의 초림에서 재림 사이이다(4절 주해 참조).

첫째 부활한, 즉 예수 그리스도를 믿고 중생한 성도들은 믿는 순간부터 그리스도 안에서 복이 있고 거룩하며 둘째 사망이라는 영원한 형벌을 면하고 이 땅에서 주님이 오실 때까지 긴 기간 동안 하나님과 사람들 사이에서 일하는 제사장이 되어 만왕의 왕이신 주님과 함께 세상을 심판하며 왕 노릇 하는 복되고 거룩한 삶을 살아야 할 것이다.

라. 사탄의 최후의 투쟁과 크고 흰 보좌의 심판(계 20:7-15)

> 7 천 년이 차매 사탄이 그 옥에서 놓여 8 나와서 땅의 사방 백성 곧 곡과
> 마곡을 미혹하고 모아 싸움을 붙이리니 그 수가 바다의 모래 같으리라 9
> 그들이 지면에 널리 퍼져 성도들의 진과 사랑하시는 성을 두르매 하늘에서
> 불이 내려와 그들을 태워버리고 10 또 그들을 미혹하는 마귀가 불과 유황
> 못에 던져지니 거기는 그 짐승과 거짓 선지자도 있어 세세토록 밤낮 괴로
> 움을 받으리라 11 또 내가 크고 흰 보좌와 그 위에 앉으신 이를 보니 땅과
> 하늘이 그 앞에서 피하여 간 데 없더라 12 또 내가 보니 죽은 자들이 큰
> 자나 작은 자나 그 보좌 앞에 서 있는데 책들이 펴 있고 또 다른 책이 펴
> 졌으니 곧 생명책이라 죽은 자들이 자기 행위를 따라 책들에 기록된 대로
> 심판을 받으니 13 바다가 그 가운데에서 죽은 자들을 내주고 또 사망과 음
> 부도 그 가운데에서 죽은 자들을 내주매 각 사람이 자기의 행위대로 심판
> 을 받고 14 사망과 음부도 불못에 던져지니 이것은 둘째 사망 곧 불못이라
> 15 누구든지 생명책에 기록되지 못한 자는 불못에 던져지더라

그리스도가 이 땅에 오셔서 구속의 사역을 완수하심으로 사탄은 하나님 앞에서 성도들을 참소하던 지위를 잃고 땅으로 쫓겨났고 이 땅에 만왕의 왕으로 오신 그리스도는 사탄으로 하여금 사람들을 미혹하지 못하도록 결박하여 무저갱에 넣고 인봉하시고 다시 말하면 그의 능력과 활동을 제한하시고 하나님 나라를 세우셨다. 만왕의 왕이신 주님은 믿음으로 구원받아 새 생명으로 다시 태

어나 첫째 부활에 참여한 성도들에게 세상을 의로 심판할 권세를 주어 당신과 함께 주님이 오실 때까지 제사장으로 진노 아래 놓인 자들을 하나님께 인도하고 하나님 말씀의 의로 세상을 심판하며 살게 하셨다. 주님의 재림이 임박하여 사탄이 잠간 풀려난다. 오늘 본문은 바로 그 후에 일어나는 '사탄의 최후의 투쟁과 사탄을 심판하는 크고 흰 보좌' 에 관하여 말씀한다.

7절. 사탄이 결박되고 천년 동안 성도들의 다스림이 있은 후 천년이 차니 사탄이 그 옥에서 놓여나온다. 앞에서 이미 말씀드렸듯이 천년은 주님이 이 땅에 오셔서 사탄을 제어하시고 통치하시는 주님의 초림에서 재림까지를 말하는 긴 기간이다. 마태복음 24:14에서 주님께서 친히 천국 복음이 온 세상에 전파된 후에야 이 세상의 끝이 오리라고 말씀하신 것처럼 복음이 이 땅에 다 전하여지고 구원받을 자들이 다 구원받고 주님의 성도들과 함께 다스리신 후 사탄을 완전히 멸하시려 그를 잠깐 무저갱에서 풀어 놓으신다(계 20:3 주해 참조).

8-10절. 이 때 사탄은 무저갱에서 나와서 땅의 사방 백성 곧 곡과 마곡을 미혹하고 모아 싸움을 붙이니 그 수가 바다 모래 같다. '곡과 마곡' 은 에스겔서 38, 39장에 나타난다. 에스겔서에 따르면 곡은 북쪽의 마곡 땅에 있는 로스와 메섹과 두발의 왕을 의미한다(겔 38:2). "곡과 마곡" 은 마곡 땅의 왕 곡이다. 곡은 "그 날에" 즉 "종말이 오면" 주님이 오시기 전 곡이 세상의 세력들을 동원하여 하나님 백성을 침략하고 물건을 노략하려는 악한 꾀를 내고 세상의 중앙인 예루살렘에 즉 하나님 나라에 평안히 거주하는 하나님 백성을 치고자 한다. '마곡' 은 창세기 10:2에서 노아의 삼남 야벳의 8명의 아들 중에 하나로 소개되었는데(대상 1:5) 여기서 마곡은 마곡의 자손들이 사는 지역으로 보이며 이 족속은 흑해의 남동쪽의 소아시아에 거주하였고 고대 조각문들 가운데 보면 앗수르나 애굽을 침략하였다는 기록이 있다.[42] 그러므로 "땅의 사방 백성 곧 곡과 마곡" 이 말하듯이 '곡과 마곡' 은 어떤 특정한 왕이나 지역을 의

42) 박윤선, "성경주석 다니엘," 영음사, 서울, 1981, p. 278.

미하기보다는 사탄에게 미혹을 받아 마지막 때에 하나님을 대적하고 하나님의 백성들을 공격하는 적그리스도와 세상의 모든 백성을 상징한다.[43)]

사탄의 미혹을 받은 곡과 마곡 즉 수가 바다의 모래와 같은 땅의 사방 백성들이 지면에 널리 퍼져 성도들의 진과 하나님이 사랑하시는 성을 포위하자 하늘에서 불이 내려와 저희를 소멸하고 저희를 미혹하는 마귀가 불과 유황 못에 던져지니 거기는 그 짐승과 거짓 선지자도 있어 세세토록 밤낮 괴로움을 받는다. 여기서 '성도들의 진' 이나 '사랑하시는 성' 은 하나님이 사랑하시는 구원받은 백성 모두를 나타내는 표현이다.[44)] 한편 '하늘에서 불이 내려와 저희를 소멸하고' 는 에스겔의 환상을 반영하는 것으로(겔 38:22; 39:6) 하나님의 분명하고도 신속한 심판을 의미한다.

먼저, 주목할 것은 사탄의 미혹을 받은 곡과 마곡 즉 수가 바다의 모래와 같이 많은 땅의 사방 백성들이 지면에 널리 퍼져 성도들의 진과 하나님이 사랑하시는 성을 포위하기만 했지 전쟁도 벌이지 못한 상태에서 하늘에서 불이 내려와 저희를 소멸하는 하나님의 신속한 심판으로 멸망을 당하게 된다는 것이다. 이 전쟁을 요한계시록 16:12-21과 19:11-21의 전쟁을 비교해 보자. 16:12-21에서는 7째 대접 재앙인 최후의 전쟁으로 귀신의 영에게 미혹을 받은 온 천하 왕들이 하나님 곧 전능하신 이의 큰 날에 있을 전쟁을 위하여 아마겟돈이라 하는 곳으로 모였다가 싸워보지도 못하고 큰 지진과 하나님의 맹렬한 진노의 포도주 잔을 받아 멸망한다. 또 한편 요한계시록 19:11-21에서는 백마를 탄 자 심판주 그리스도가 하늘에 있는 군대들을 이끌고 오시는데 바다에서 나온 짐승과 땅의 임금들과 그들의 군대들이 모여 그 말 탄 자와 그의 군대와 더불어 전쟁을 일으키다가 역시 싸워보지도 못하고 바다에서 나온 짐승(모든 세상의 권력)과 거짓 선지자(땅에서 나온 짐승)가 잡혀 지옥에 던져지고 그 나머지 모든 자들이 주님의 입에서 나오는 검 즉 말씀으로 심판받아 지옥에 던져진다. 이

43) Mounce, 같은 책, p. 362 ; 박윤선, 같은 책, p. 337.
44)Hughes, 같은 책, p. 316.

세 전쟁이 싸우는 주체들이 달리 표현되었지만 모두 사탄과 그의 미혹을 받아 하나님과 그의 백성을 대적하는 세상이 하나님의 심판으로 싸워보지도 못하고 멸망당함을 나타낸다. 그러므로 요한계시록 20:7-10, 16:12-21 그리고 19:19-21에서 나타나는 전쟁은 동일한 전쟁으로서 주님이 재림하셔서 하나님과 교회를 대적하는 사탄과 그에 미혹된 세상을 멸하시는 최후의 심판이요 아마겟돈 전쟁이다.[45)]

그런데 천년왕국을 주장하는 자들의 견해를 보면 다음과 같다. 종말에 환난기가 있고 그 끝에 주님이 재림하시고 죽은 성도들이 부활하고 생존 성도들은 변형되어 그들이 함께 주를 영접하려 승천(휴거)할 것이며 적그리스도와 그의 악한 동맹자들은 심판을 받아 살해될 것이고 사탄은 천년동안 구금되고 이스라엘은 회개하여 구원을 얻고 성지가 회복되고 유대인 중심의 천년왕국이 시작된다. 이방인들은 절대 다수로 그 왕국에 편입될 것이며 성전과 제사가 재헌(再獻)되고 세계는 그 때에 재빨리 회심하게 된다. 천년왕국은 평화와 의가 전 세계에 충만할 것이다. 천년이 다하고 사탄이 잠시 풀려나 곡과 마곡의 반란을 일으켰다가 하늘의 불에 소멸되고 최후의 심판과 새 하늘과 새 땅의 창조가 있을 것이다.[46)]

이 주장을 보면 천년왕국에서는 전능하신 영광의 주님이 왕이시고 신령한 몸으로 부활한 성도들이 다스리므로 그 나라는 평화와 의가 전 세계에 충만하다고 한다. 그런데 잠시 풀려난 사탄이 천년의 그리스도 왕국을 대적하여 전 세계에서 그 수가 바다의 모래와 같이 많은 사람들을 미혹하여 모아 성도들의 진과 사랑하시는 성을 포위할 정도로 사탄의 권세가 그리스도에 비하여 강하며 그 수가 그렇게 많을 수 있는가? 그렇다면 그리스도와 신령한 몸으로 부활하고 변형된 성도들이 다스리는 천년왕국이 평화와 의가 전 세계에 충만하다

---

45) Hendriksen, 같은 책, p. 240.

46) Louis Berkhof, 같은 책, p. 328; 박형룡, 같은 책, pp. 249-250.

는 주장은 설득력이 없다. 천년왕국주의자들이 주장하듯 사탄이 결박된 천년 동안 이 땅을 그리스도가 전능하심으로 완전무결한 통치를 하셨다면 사탄이 풀려났어도 사탄에게 미혹되는 땅의 사방의 백성 곡과 마곡이 있을 수 없을 것이다.[47] 그러므로 사탄이 풀려나기 전 천년은 바로 그리스도의 초림과 재림 사이에 왕 되신 주님과 성도들의 영적 통치기간이고 사탄이 권세를 제한을 당하였지만 그리스도를 대적하는 기간이다. 주님의 재림 때가 되면 사탄이 풀려나 마지막 발악을 하여 세상의 사방에서 사람들을 모아 하나님을 대적하여 그리스도와 교회와 싸우려고 마지막 아마겟돈의 전쟁을 벌이려고 하는 것이다.

11절. 사도 요한은 이 세상 바벨론 멸망 후에 크고 흰 보좌와 그 위에 앉으신 자의 환상을 본다. '크고 흰 보좌' 는 그 보좌에 앉으신 심판주의 권능과 위엄과 의를 나타낸다. 그러면 '그 위에 앉으신 이' 가 누구인가? 어떤 이는 계시록에 하늘 보좌에 앉으신 이가 다니엘서 7:9,10에서 심판하시는 왕좌에 앉으신 분이 하나님 아버지인 것처럼 하나님 아버지라고 말한다.[48] 그러나 성경 해석은 구약을 신약에 의하여 해석해야 한다. 요한복음 5:22에서 주님이 친히 하나님 아버지께서 자신에게 심판을 맡기셨다고 말씀하셨고 바울 사도도 주님이 심판하신다고 말했다(요 5:22;고후 5:10;딤후 4:1). 그러므로 '보좌에 앉으신 이' 는 그리스도로 보아야 한다.[49]

심판의 보좌 앞에 땅과 하늘이 그 앞에서 피하여 간데없다. 요한계시록 6:12 이하에서 어린양이 '여섯째 인' 을 떼니 해가 검어지고 별이 떨어지며 하늘이 종이 축이 말리는 것 같이 떠나가는 등 천재지변이 일어나고 생명책에 기록되지 않은 땅에 거하는 자들은 어린양의 진노 앞에 서게 되고 심판을 받아 불 못에 던져짐을 당한다. 이것은 타락하고 썩어진 피조물의 종말에 당할 강력한 하

---

47) 김승곤, 『왜 무천년주의는 성경적인가?』(용인시: 국제성서출판사, 1994), pp. 179-180.
48) 박윤선, 같은 책, p. 337; 권성수, 같은 책, P. 441; 김승곤, 『요한계시록 강해』, p. 386.
49) Hendriksen, 같은 책, p. 241; Lenski, 같은 책, p. 479; 이상근, 같은 책, pp. 234-235; Matthew Henry, 같은 책, p. 1492.

나님의 심판에 대한 두려움을 나타낼 뿐만 아니라 처음 하늘과 처음 땅이 모두 사라지고 새 하늘과 새 땅이 창조될 것을 암시한다. 여기서 땅과 하늘이 없어지는 천재지변은 환상이므로 실제로 우주가 사라진다고 주장할 근거는 아니다. 그러나 분명한 것은 죄와 저주로 얼룩진 이 땅과 하늘은 없어지고 새로운 땅과 하늘이 있을 것이다.

12절. 사도 요한은 죽은 자들이 무론 대소하고 그 보좌 앞에 서 있는 것을 본다. '죽은 자'가 누구인가? 죽은 자들이 신자나 불신자나 모든 사람 전체, 부활한 성도 외 전 인류, 심판 받기 위하여 나타난 불신자들의 모든 영혼들, 육체적으로 죽은 모든 사람들이라는 등등의 주장이 있다.[50] 그러나 요한계시록 11:18에서 죽은 자의 심판과 성도들의 상주심이 대칭되어 설명되므로 죽은 자는 첫째 부활한(중생한) 성도들의 반대인 불신자들 모두를 가리킨다고 보아야 한다(계 11:18, 20:5 주해 참조). 13절에서도 죽은 자는 심판의 대상이다. 그러므로 죽은 자들은 아담 안에서 죄로 말미암아 영적으로 죽은 자들이며 죽었건 살아 있건 모든 불신자들을 가리킨다.[51] 지금까지 계시록은 한결같이 '하늘에 거하는 자'는 산 자요 '땅에 거하는 자'는 죽은 자라고 말하고 있다.

보좌 앞에 책들과 생명책이라는 다른 책이 펴져 있어 죽은 자들이 자기 행

50) Hendriksen, 같은 책, p. 242. "모든 사람 전체"; 이상근, 같은 책, p. 235. "죽었다가 몸의 부활한 성도들 외에 전 인류"; 박윤선, p. 337. "심판 받기 위하여 나타난 불신자들의 모든 영혼들"; Lenski, p. 480. "아담 때부터 육체적으로 죽은 모든 사람"; Hoeksema, 같은 책, p. 659. "In act, throughout the passage the dead are mentioned entirely in general and without any exception."

51) Hughes, 같은 책, p. 317. "중생하지 못한 인류, 아담 안에 있는 죽은 자들"; 신성종, 같은 책, p. 146. "모든 불신자들"; 이필찬, "요한계시록 어떻게 읽은 것인가," p. 221. "믿지 않는 자들"; 이명재, 같은 책, 201. "백보좌의 심판은 죽은 자의 영혼이 심판을 받는 것이 아니고 죽은 자들이 다 부활해서 받습니다."; Barnhouse, 같은 책, p. 390. "The judgement of the believers, of course, has long since taken place,... Only one group will be seen at this judgement, the dead-the spiritual dead."; Wilcock, 같은 책, p. 195. "They could be simply the spiritual dead, who according to our interpretation of vision 5(20:4-10), are to rise again at the end of the thousand years(20:5)."

위를 따라 책들에 기록된 대로 심판을 받는다. 앞에 있는 책들은 죽은 자들의 행위를 기록한 책이고 뒤에 나오는 한 권의 책은 믿음으로 구원받은 자의 이름이 기록된 책이다. 이것은 죽은 자들이 심판을 받는 이유를 설명하고 있다. 첫째로는 그들의 행위가 악했기 때문이고 둘째로는 그들의 이름이 생명책에 기록되지 않았기 때문이다. 그러나 하늘에 거하는 산 자들은 즉 성도들은 우리 주 예수 그리스도를 믿음으로 구원받고 모든 죄를 용서받고 생명책에 이름이 기록되었으므로 심판을 받지 아니한다. 주님께서 친히 요한복음 5:24에서 "내가 진실로 진실로 너희에게 이르노니 내 말을 듣고 또 나 보내신 이를 믿는 자는 영생을 얻었고 심판에 이르지 아니하나니 사망에서 생명으로 옮겼느니라"고 확증하여 주셨다.

13절. 주님의 심판이 시작되니 바다가 그 가운데서 죽은 자들을 내어 주고 또 사망과 음부도 그 가운데서 죽은 자들을 내어 주니 각 사람이 자기의 행위대로 심판을 받는다. 사람이 바다에 빠져 죽으면 시체도 전혀 찾을 수가 없이 사라진다. "죽은 자들을 내어준다"는 것은 주님이 오셔서 하나님의 심판이 시작되고 심판을 받기 전에 죽은 자들이 몸의 부활을 한다는 뜻이다. 하나님의 심판의 대상은 몸이 없는 영혼이 아니라 몸의 부활을 한 온전한 인격체임을 말한다.

"바다"가 여기서 상징으로 쓰인 것이 아니고 지구상에서 가장 깊은 곳으로 "바다에서 죽은 자들을 내어준다"는 것은 가장 깊은 곳에 시체가 빠졌을지라도 심판대 앞에 서기 위하여 죽은 영혼이 몸을 입어 부활한다는 뜻이다. "죽음"은 질병을 상징한다는 해석이 있으나[52] 바다나 뒤에 나오는 음부가 상징이 아니므로 질병을 상징한다기보다는 죄의 결과인 영혼과 육체가 분리하는 죽음 자체를 말한다고 보는 것이 자연스럽다.[53] 그러므로 주님의 심판이 선언되면 깊은 바다에 빠져 죽어 무덤도 없는 자들도 부활하여 심판 주 앞에 서게 되고 죄의 결과인 사망과 죽어서 영혼이 가있는 음부도 붙잡지 못하고 죽은 자들을

52) Hughes, 같은 책, p. 318; 이상근, 같은 책, p. 236.
53) Hendriksen, 같은 책, p. 242; 박윤선, 같은 책, p. 338.

내어주어 그들이 부활하여 주님의 심판대 앞에 서게되며 불신자 누구도 피할 수가 없이 자기의 행위대로 심판을 받는다.

14절. 주님의 심판을 받은 생명책에 이름이 기록되지 못한 모든 불신자들은 물론이고 사망과 음부도 둘째 사망 불못에 던짐을 당한다. '생명책에 이름이 기록되다' 란 뜻이 무엇인가? 구약성경에서 '생명책에 기록되다' 란 시민권을 소유함을 뜻한다(출 32:32, 33). 그러나 신약에서는 믿는 자들이 이 땅에서 이미 천국백성이 되었음을 말한다(계 3:5 주해 참조). 누가복음 10:20에서 친히 "귀신들이 너희에게 항복하는 것으로 기뻐하지 말고 너희 이름이 하늘에 기록된 것으로 기뻐하라"고 말씀하셨다. 또한 바울 사도는 빌립보서 4:3에서 복음사역의 동역자들을 언급하면서 그 이름들이 생명책에 있다고 말하였다. 우리가 예수 그리스도를 믿고 구원을 받으면 그 즉시 하늘에 이름이 기록되어 천국백성이 된다. 그러므로 생명책에 이름이 기록되지 못한 불신자들은 천국에 들어갈 자격이 없고 그들의 죄 값으로 둘째 사망 불못에 던짐을 당할 뿐이다. 모든 불신자들이 불못에 떨어질 뿐 아니라 '사망과 음부' 도 불못에 던져진다. '사망과 음부' 는 죽음을 의미하므로 이것은 죽음도 영원히 사라진다는 것을 의미한다.[54] 이제 성도들은 천국에서 죽음이 없는 영원한 삶을 살 것이다.

15절. 생명책에 그 이름들이 기록되지 못한 자들은 불신자들로서 다른 책에 의하여 행위대로 심판을 받아 지옥 불에 떨어져 둘째 사망 즉 영원한 멸망을 당한다. 그러나 우리는 예수 그리스도를 믿음으로 생명책에 이름이 기록되었고 행위의 책에 기록된 것들은 그 형벌이 면제되었기 때문에 천국의 어린양 혼인잔치에 참여한다. 그러므로 우리 대신 형벌을 받으신 주님이 우리를 부르시고 구원하사 우리의 이름이 생명책에 기록되게 하시고 둘째 사망을 면케 해 주셨음을 주님께 감사와 찬송을 올리며 사탄과 악과 세상과 싸워 승리하는 천국백성으로서 살아야 할 것이다.

---

54) Hendriksen, 같은 책, p. 242.

2. 새 하늘과 새 땅의 새 예루살렘(계 21:1-22:5)

가. 새 예루살렘의 축복(계 21:1-8)

1 또 내가 새 하늘과 새 땅을 보니 처음 하늘과 처음 땅이 없어졌고 바다
도 다시 있지 않더라 2 또 내가 보매 거룩한 성 새 예루살렘이 하나님께로
부터 하늘에서 내려오니 그 준비한 것이 신부가 남편을 위하여 단장한 것
같더라 3 내가 들으니 보좌에서 큰 음성이 나서 이르되 보라 하나님의 장
막이 사람들과 함께 있으매 하나님이 그들과 함께 계시리니 그들은 하나님
의 백성이 되고 하나님은 친히 그들과 함께 계셔서 4 모든 눈물을 그 눈에
서 닦아 주시니 다시는 사망이 없고 애통하는 것이나 곡하는 것이나 아픈
것이 다시 있지 아니하리니 처음 것들이 다 지나갔음이러라 5 보좌에 앉으
신 이가 이르시되 보라 내가 만물을 새롭게 하노라 하시고 또 이르시되 이
말은 신실하고 참되니 기록하라 하시고 6 또 내게 말씀하시되 이루었도다
나는 알파와 오메가요 처음과 마지막이라 내가 생명수 샘물을 목마른 자에
게 값없이 주리니 7 이기는 자는 이것들을 상속으로 받으리라 나는 그의
하나님이 되고 그는 내 아들이 되리라 8 그러나 두려워하는 자들과 믿지
아니하는 자들과 흉악한 자들과 살인자들과 음행하는 자들과 점술가들과
우상 숭배자들과 거짓말하는 모든 자들은 불과 유황으로 타는 못에 던져지
리니 이것이 둘째 사망이라

요한계시록은 하늘 보좌에 계신 부활하신 주님께서 사도 요한에게 '지금 있는 일과 장차 될 일'을 계시하신 기록이다. 그 계시의 본론은 일곱 인으로 봉한 두루마리를 어린양 그리스도가 그 인들을 개봉함에 따라 그리스도와 복음이 여러 핍박과 환난이 따르나 승리하고 승리한다. 한편으로는 하나님을 대적하는 이 세상에 대한 하나님의 진노의 재앙이 펼쳐지고, 다른 한편으로는 주님이 재림하셔서 사탄과 악한 세상을 멸하심으로 본론이 끝난다.

주님이 의인과 악인을 분별하시는 결론이 시작하면서 먼저, 복음이 온 세상

에 전파되고 주님이 오실 때가 되어 잠간 풀려난 사탄은 사람들을 미혹하여 그리스도를 대적하려고 힘을 모으나 천국에서는 구원받은 성도들이 초청되어 어린양의 혼인잔치를 누리는 시각에 사탄과 그 세력들은 승리자 그리스도에 의하여 패배하고 심판을 받아 지옥에 던져져 영원한 멸망을 당하게 된다. 이제는 주님이 성도들을 분별하여 어떻게 새 하늘과 새 땅의 새 예루살렘으로 인도하여 천국의 영광을 누리게 하시는가를 말씀한다.

21:1절. 사도 요한은 처음 하늘과 처음 땅이 없어지고 바다도 다시 있지 않은 오직 새 하늘과 새 땅을 본다. 옛 하늘과 땅이 없어지고 나타나는 새로운 하늘과 새 땅을 문자 그대로 보느냐 상징으로 보느냐는 두 견해가 있다. 루터는 하늘과 땅이 아주 없어지고 새 창조가 이루어지는 새 하늘과 새 땅을 주장하지 않고 하늘과 땅의 새로운 변형을 생각하였으나 후에 루터파 정통주의는 루터에 거슬러 베드로후서 3:7-13 그리고 요한계시록 20:11과 21:1을 근거로 새 하늘과 새 땅에는 이전의 것들이 더 이상 필요치 않다고 주장하였고 게르하르트(Gerhard)도 동일한 견해를 취하였다.[55] 이들처럼 옛 천지의 멸절을 주장하는 자들은 마태복음 24:35에서 주님이 친히 "천지는 없어지겠으나 내 말은 없어지지 아니하리라"고 하신 말씀과 베드로후서 3:10의 "그 날에는 하늘이 큰 소리로 떠나가고 체질이 뜨거운 불에 풀어지고 땅과 그 중에 있는 모든 일이 들어나리로다"는 말씀을 증거로 든다.[56] 그러나 이런 해석은 여러 이유로 받아드리기 힘들다.

첫째로 새 하늘과 새 땅은 새 질서로 변화되었기 때문이다. '처음 하늘과 처음 땅과 바다'를 문자대로 해석하여 새로운 땅에는 바다가 전혀 없다거나 베드로후서 3:10의 주의 날의 "뜨거운 불"에 바다가 다 말랐을 것이라고 추측하는 사람들이 있다.[57] 요한계시록이 상징으로 가득 차 있고 고린도후서 5:17

---

55) 박형룡, 같은 책, pp. 355-356; Walvoord, 같은 책, p. 311.
56) Hughes, 같은 책, p. 322.

에서 "누구든지 그리스도 안에 있으면 새로운 피조물이라"고 그리스도를 믿는 자가 새 창조물임을 밝힌 것을 보면 여기서 기존의 피조물이 없어지고 새로운 창조물이 대신하는 것도 상징으로 보는 것이 자연스럽다. 그러면 "처음 하늘과 처음 땅과 바다"는 무엇을 말하는가? 상징으로 해석하는 자들 대부분 바다는 갈등과 불안한 상태에 있는 세상 나라들을 상징한다고 말하면서 하늘과 땅은 별로 언급을 하지 않는다. 그러나 "하늘과 땅"도 바다처럼 요한계시록에서 말하는 바대로 일관성 있게 해석해야 한다. 요한계시록에서 하늘은 창공을 말하지 않고 하나님이 계시는 곳으로서 성도들이 거하는 영적 장소이고 땅은 죄로 타락하며 저주받은 세상을 말하며 바다는 하나님을 내적하는 세상의 악한 모든 권력을 상징하는 짐승의 처소를 상징한다(시 93:4, 사 17:12, 겔 26:16, 단 72).[58]

그런데 오직 여기서 하늘만은 하나님이 거하시는 곳으로서 새로워질 필요가 없는 곳이라는 이유로 이 하늘은 대기권을 가리킨다는 주장은[59] 무리이다. 왜냐하면 첫째, 대기권은 요한계시록 8:13, 14:6, 16:17, 19:17에서 하늘이 아니라 공중(계 16:17은 한글개역 "공기")으로 표현하고 있기 때문이다. 둘째, 변화된 새 하늘과 새 땅은 옛 하늘과 옛 땅의 질서와 달라져 하나님이 성도들과 함께 항상 거하심으로 그 경계가 더 이상 존재하지 않기 때문에 하나님이 계시는 하늘도 새롭다는 표현이 가능하다.[60] '처음 하늘과 처음 땅과 바다'가 없어졌다는 것은 지구나 우주의 소멸이라기보다 하나님이 계시는 하늘과 이 세상이 새

57) Steve Gregg, ed., 같은 책, pp. 489-490. "Most seem to take this in the absolute sense that the new creation hs no sea at all(Augustine, Alford, Bede, Barnes, Gaebelein, Sadler, Weidener, etc.). Bede says (and Alford and Weidener imply) that the sea was dried up in the global configurations of which Peter writes in 2 Peter 3."

58) Hendriksen, 같은 책, p. 246; 이상근, 같은 책, p. 238; Kuyvenhoven, 같은 책, p. 290.

59) Kuyvenhoven, 같은 책, pp. 270-271.

60) Kuyvenhoven, 같은 책, p. 291.

질서로 변화되었음을 의미한다고 본다.

둘째로 새 하늘과 새 땅은 질적 변화를 말하기 때문이다. "새 하늘과 새 땅"에서 "새"는 시간적 새로움을 뜻하는 헬라어 "네오스"가 아니고 질적 새로움을 뜻하는 "카이오스"이다. 그러므로 새 하늘과 새 땅은 기존 있던 것들이 없어지고 다른 것이 만들어지는 새 창조가 아니라 질적으로 전혀 변화된 세계임을 말한다.[61] 본문 중 5절을 보면 보좌에 앉으신 이 하나님께서 "보라 내가 만물을 새롭게 하노라, 이 말은 신실하고 참되니 기록하라" 말씀하신다. 여기서 보면 만물을 없애신다고 말씀하지 않으신다. 로마서 8:19-22를 보면 피조물이 이제까지 하나님의 자녀들과 함께 썩어짐의 종노릇하며 고통을 겪어왔는데 거기서 해방되어 하나님의 자녀들의 영광의 자유에 이르는 것을 고대한다고 말씀한다. 이것은 만물도 저주받은 땅에서 고통을 받았지만 구원받은 성도들과 함께 썩어짐에서 자유하며 영광에 이르리라는 것이다. 하나님의 자녀를 보자. 고린도후서 5:17을 보면 "누구든지 그리스도 안에 있으면 새로운 피조물이라 이전 것은 지나갔으니 보라 새 것이 되었도다"고 말씀한다. 이 말씀은 사람이 예수 믿고 새 생명으로 거듭 나면 옛사람은 가고 새로운 창조물이 된다는 것이다. 그 사람 자체가 없어져 버리는 것이 아니라 그 사람의 질적 내용이 바뀌진 것이다. 그러므로 새 하늘과 새 땅 즉 만물도 그 자체가 없어진다기보다는 질적 내용이 바뀌진 새로운 피조물이다.[62]

셋째로 전능하신 하나님의 창조는 실패일 수 없기 때문이다. 하나님의 자신을 위한 창조(골 1:16)가 지금은 죄로 말미암아 저주받은 상태이지만 하나님께서 만물을 창조하시고 보시기에 좋았더라고 하신 창조 때의 상태로 회복되는 것이다(행 3:21). 이사야서 11:6-9에서 말씀하시듯 이리가 어린 양과 함께 살며 표범이 어린 염소와 함께 누우며 … 모든 곳에서 해 됨도 없고 상함도 없는 에

61) Lenski, 같은 책, p. 489; Hendriksen, 같은 책, p. 245; 이필찬, "속히 오리라," p. 875.
62) Hughes, 같은 책, p. 322.

덴 상태로의 회복을 말한다.[63]

2절. 이어서 사도 요한은 거룩한 성 새 예루살렘이 하나님께로부터 하늘에서 내려오는 환상을 보는데 그 준비한 것이 신부가 남편을 위하여 단장한 것 같았다. "거룩한 성 새 예루살렘이 하나님께로부터 하늘에서 내려오는" 것은 새 예루살렘이 인간의 능력과 수단에 의해서 만들어진 것이 아니라 하나님께서 만드신 선물이요 옛 땅처럼 죄와 사망이 왕 노릇 하는 곳이 아니고 그 모든 고통에서 완전히 분리된 곳이라는 뜻이다.

그러면 새 예루살렘은 무엇을 가리키는가? 새 예루살렘의 모습이 신부가 남편을 위하여 단장한 것 같다는 말씀에서 그 의미를 알 수 있다. 요한계시록에서 바벨론으로 칭하는 이 세상을 음녀라고 하듯이[64] 그와 대조하여 새 하늘과 새 땅의 새 예루살렘을 어린 양의 신부라고 한다. 요한계시록 19:7.8을 보면 어린양과 혼인에 참여하는 그의 아내는 빛나고 깨끗한 세마포 옷을 입도록 허락되었는데 그 세마포 옷은 성도들의 옳은 행실이라고 밝히는 것은 어린양의 신부가 성도들임을 말한다. 그러므로 새 예루살렘은 구원받아 성화되어 하늘과 새 땅에 인도되어진 모든 성도들을 상징한다. 또한 성경은 장차 올 하늘의 도성, 새 예루살렘을 말하고 있다(갈 4:26; 히 11:10; 12:22; 13:14; 계 3:12). 주님께서 친히 요한복음 14:2,3에서 "내 아버지 집에 거할 곳이 많도다 … 가서 너희를 위하여 거처를 예비하면 내가 다시 와서 너희를 내게로 영접하여 나 있는 곳에 너희도 있게 하리라" 고 말씀하셨다. 그러므로 새 예루살렘은 구원받아 새 하늘과 새 땅에 인도된 모든 성도인 주님의 신부인 교회이자 그 성도들이 하나님과 함께 거하는 곳이다.[65]

---

63) Hughes, 같은 책, pp. 322-323.

64) Mounce, 같은 책, p. 371. "The contrast between the early city as harlot and the Heavenly city as bride is obvious."; 로고, 같은 책, p. 260. "이 세상은 음녀 혹은 바벨론으로 불렀듯이 그와 대조해서 교회(성화된 성도의 집단)을 새 예루살렘이라고 합니다."

65) Hughes, 같은 책, p. 323. "살아계신 하나님의 도성이며 동시에 그 안에 사는 성도들이

그리고 "신부가 남편을 위하여 단장한 것 같더라"는 말씀에서 하나님과 교회의 관계를 알 수 있다. 구약에서 하나님과 하나님의 백성의 관계를 남편과 신부로 그리고 신약에서는 그리스도와 교회와 관계를 신랑과 신부로 묘사하고 있다(사 61:10; 엡 5:22-25). 그러므로 거룩한 성 새 예루살렘은 구속받은 하나님 백성의 공동체를 의미하며 하나님과 백성간에 부부와 같은 깊은 교제를 암시한다.

3-4절. 사도 요한은 보좌로부터 "보라 하나님의 장막이 사람들과 함께 있으매 하나님이 저희와 함께 계시리니 그들은 하나님의 백성이 되고 하나님은 친히 그들과 함께 계셔서 모든 눈물을 그 눈에서 닦아 주시니 다시 사망이 없고 애통하는 것이나 곡하는 것이나 아픈 것이 다시 있지 아니하리니 처음 것들이 다 지나갔음이러라"는 큰 음성을 듣는다. 하나님이 거하시는 하나님의 장막이 사람들과 함께 있다는 말은 바로 새 예루살렘이 구원받은 성도들을 가리키며 하나님이 그들과 함께 거하신다는 것을 뜻한다. 그러므로 그들은 하나님의 백성이 되고 하나님은 모든 눈물을 그 눈에서 닦아주시니 다시 사망이 없고 애통하는 것이나 곡하는 것이나 아픈 것이 없다. 처음 것들 즉 저주받은 옛 하늘과 옛 땅이 다 지나갔기 때문이다. 새 하늘과 새 땅의 천국에는 이제 더 이

며 거룩한 나라; 이상근, 같은 책, 241. "하늘나라의 상징이며 동시에 그곳의 주인공인 될 교회의 상징"; 사와므라 로고, 같은 책, p. 260. "하늘의 도성이며 세상을 음녀라고 말하듯 그리스도의 신부 교회를 상징"; Mounce, 같은 책, p. 371. "땅의 도성인 음녀와 대조하여 하늘의 도성인 신부"; 신성종, 같은 책, p. 149. "새 하늘과 새 땅에 구속받은 성도들이 거하는 하늘의 수도 새 예루살렘"; 권성수, 같은 책, p. 457. "새 예루살렘 성인 동시에 신부"; Kuyvenhoven, 같은 책, p. 291. "하나님이 자신의 백성과 함께 거하시는 도성"; Ladd, 같은 책, pp. 276-277. "The New Testament conceives as a heavenly Jerusalem as the dwelling place of the God, the true homeland of the saints, and the dwelling place of "the spirits of just men made perfect"(Hev. 12:22; see Gal. 4:26; Phil. 3:20)."; Yeatts, 같은 책, p. 400. "God is the architect nd builder of the city(Hev. 11:10), which is, in turn, holy and separate unto God(Isa. 52:1-2)...The bride is the New Jerusalem, the faithful saints."

상 하나님의 백성들을 핍박하는 용 즉 사탄과 바다와 땅의 짐승들 즉 세상의 권력이나 거짓 선지자들은 없고 저주 받은 세상에 있었던 눈물과 사망과 애통과 아픔도 없다.

5절. 보좌에 앉으신 이 즉 하나님께서 "보라 내가 만물을 새롭게 하노라 이 말은 신실하고 참되니 기록하라"고 사도 요한에게 명하신다. 지금까지 나타난 새 하늘과 새 땅의 새 예루살렘의 창조가 옛것을 없애고 새 것을 만드는 창조가 아니라 만물을 새롭게 하는 창조 즉 그 질적 내용을 바꾸어 새롭게 하는 창조임을 말해준다. 하나님이 만물을 새롭게 하시는 새 창조가 신실하고 참된 것임을 친히 입증하신 것이다.

6-8절. 하나님께서 계속하여 사도 요한에게 말씀하시기를 "이루었도다 나는 알파와 오메가요 처음과 나중이라 내가 생명수 샘물로 목마른 자에게 값없이 주리니 이기는 자는 이것들을 상속으로 받으리라 나는 저의 하나님이 되고 그는 내 아들이 되리라 그러나 두려워하는 자들과 믿지 아니하는 자들과 흉악한 자들과 살인자들과 음행하는 자들과 점술가들과 우상 숭배자들과 거짓말하는 모든 자들은 불과 유황으로 타는 못에 던져지리니 이것이 둘째 사망이라"고 말씀하신다.

"이루었도다"는 바로 앞 요한계시록 21:1-5에서 언급된 내용이 성취되었음을 알리는 하나님의 선언이다, 우리 주님은 아들 하나님으로서 우리 죄인들을 구원하시려 이 땅에 오셔서 십자가상에서 우리 죄를 대신 지시고 죽으심으로 구원을 이루시고 "다 이루었다"고 선언하셨듯이(요 19:30) 하나님께서 처음 하늘과 처음 땅이 없어지고 새 하늘과 새 땅이 나타나고 옛 예루살렘이 아니라 새 예루살렘이 하늘로부터 내려오고 하나님이 친히 성도들과 함께 계셔 은혜를 베푸심으로 만물을 새롭게 하시는 일을 이루셨다. "알파와 오메가요 처음과 마지막이라"는 묘사는 그리스도에게 적용되었던 하나님의 칭호이기도 하다(계 1:8; 22:13; 사 44:6; 48:12). 이 칭호는 하나님이 창조자로서 모든 만물의 근원이 되심을 나타내고 모든 창조의 목적을 성취하셔서 온전히 새롭게 하시는 분이심을 말한다. 하나님께서 자신이 알파와 오메가요 처음과 마지막이므로 죄악으로 저주 받았던 만물을 새롭게 하시는 일을 이루셨음을 선언하신 것이다.

하나님께서 하나님의 구원의 계획을 '이루었도다' 고 선언하시고 두 결과를 말씀하고 계신다. 한 결과로, 이기는 자는 하나님이 생명수 샘물을 목마른 자에게 값없이 주시는 은혜를 상속으로 받고 여호와를 하나님으로 모시고 하나님의 아들이 된다. "생명수 샘물"은 삼위일체 하나님이 이기는 자(7절 예수 그리스도를 믿고 사탄과 세상을 이기고 승리한 성도)에게 주시는 구원과 영생을 말하며(요 3:37-39; 4:14; 계 7:17; 22:1,17),[66] 목마른 자는 성경에서 하나님을 찾는 하나님의 택한 백성을 나타낸다(시 42:1; 63:1; 사 55:1). 하나님께서 생명수 샘물을 목마른 자에게 값없이 즉 은혜로(엡 2:8-9) 주신다. 다시 말하면 우리 하나님은 우리 성도들에게 구원과 영생을 은혜로 주신다. 이기는 자는 주님이 일곱 교회에 보낸 편지 2, 3장에서 요한계시록 전체 9번 중 7번이나 나오는데 믿음을 지키고 사탄과 세상을 이기고 승리한 자를 말한다(계 2:7, 11,17, 26; 3:5, 12, 21). 교회를 다니고 교인이라는 이름은 가졌으나 이기지 못하고 사탄과 세상에 타협을 한 자들은 하나님의 이루신 만물을 새롭게 하신 새 하늘과 새 땅의 은혜를 받을 수 없다. 그 은혜 중에 하나가 "나는 그의 하나님이 되고 그는 내 아들이 되리라"는 하나님의 말씀이다. 곧 아들은 자녀를 대표한다. 하나님이 나의 하나님이 되고 내가 그 하나님의 자녀가 되는 것은 복중의 복이다.

두려워하는 자들과 믿지 아니하는 자들과 흉악한 자들과 살인자들과 음행하는 자들과 점술가들과 우상 숭배자들과 거짓말하는 모든 자들 즉 불신자들은 불과 유황으로 타는 못에 던져져 영원히 멸망하는 둘째 사망에 참여하게 하신다. '불과 유황으로 타는 못' 은 사탄과 그 무리들과 불신자들 모두가 영원한 형벌을 받는 지옥, 즉 헬라어로 '게헤나' 인데 히브리어 '게힌놈' 즉 힌놈의 골짜기를 나타내는 말이다. 이 명칭은 본래 예루살렘의 서남편 골짜기에 대해 사

---

66) Hendriksen, 같은 책, p. 248.

용되었다. 이것은 악한 우상숭배자들이 자기들의 자녀들을 불에 통과시켜 몰록에게 제사를 드린 곳이었다. 그곳에는 예루살렘의 쓰레기들을 사르는 불길이 끊임없이 타고 있었다. 그 결과로 이곳은 영원한 고통의 처소로 상징되었다.[67] '불과 유황으로 타는 못' 은 사탄과 그 무리들과 불신자들 모두가 영원한 형벌을 받는 고통의 처소를 상징한다. 이 지옥을 불교의 저승처럼 글자 그대로 설명하려는 시도는 위험천만하다. 이기는 자들이 하나님 나라의 축복에 참여하여 새 하늘과 새 땅을 상속하여 영생을 누리는 것과는 반대로 불신자들은 영원한 형벌을 받아 불과 유황으로 타는 불 못에 던져지는 영원한 멸망, 즉 둘째 사망을 당한다.

예수 그리스도를 믿고 구원받아 영생을 얻고 사탄과 세상을 이기고 승리한 성도들은 새 하늘과 새 땅의 새 예루살렘 천국에서 하나님 아버지의 자녀가 되어 영생을 누리는 유업을 상속받는다. 그러므로 우리는 천국에서 영생을 상속받을 하나님의 자녀로서 믿음 위에 굳게 서서 승리하는 신앙생활을 하여야 할 것이다.

나. 새 예루살렘의 모습(계 21:9-21)

9 일곱 대접을 가지고 마지막 일곱 재앙을 담은 일곱 천사 중 하나가 나아
와서 내게 말하여 이르되 이리 오라 내가 신부 곧 어린 양의 아내를 네게
보이리라 하고 10 성령으로 나를 데리고 크고 높은 산으로 올라가 하나님
께로부터 하늘에서 내려오는 거룩한 성 예루살렘을 보이니 11 하나님의
영광이 있어 그 성의 빛이 지극히 귀한 보석 같고 벽옥과 수정 같이 맑더
라 12 크고 높은 성곽이 있고 열두 문이 있는데 문에 열두 천사가 있고 그
문들 위에 이름을 썼으니 이스라엘 자손 열두 지파의 이름들이라 13 동쪽
에 세 문, 북쪽에 세 문, 남쪽에 세 문, 서쪽에 세 문이니 14 그 성의 성곽
에는 열두 기초석이 있고 그 위에는 어린 양의 열두 사도의 열두 이름이

67) 박형룡, 같은 책, pp. 341-342.

> 있더라 15 내게 말하는 자가 그 성과 그 문들과 성곽을 측량하려고 금 갈
> 대 자를 가졌더라 16 그 성은 네모가 반듯하여 길이와 너비가 같은지라 그
> 갈대 자로 그 성을 측량하니 만 이천 스다디온이요 길이와 너비와 높이가
> 같더라 17 그 성곽을 측량하매 백사십사 규빗이니 사람의 측량 곧 천사의
> 측량이라 18 그 성곽은 벽옥으로 쌓였고 그 성은 정금인데 맑은 유리 같더
> 라 19 그 성의 성곽의 기초석은 각색 보석으로 꾸몄는데 첫째 기초석은 벽
> 옥이요 둘째는 남보석이요 셋째는 옥수요 넷째는 녹보석이요 20 다섯째는
> 홍마노요 여섯째는 홍보석이요 일곱째는 황옥이요 여덟째는 녹옥이요 아
> 홉째는 담황옥이요 열째는 비취옥이요 열한째는 청옥이요 열두째는 자수
> 정이라 21 그 열두 문은 열두 진주니 각 문마다 한 개의 진주로 되어 있고
> 성의 길은 맑은 유리 같은 정금이더라

주님이 재림하시고 의인과 악인을 분별하신다. 먼저, 주님께서 사탄과 그 세력들을 분별하여 어떻게 그들이 영원한 멸망을 당하게 하시는가를 보여주고 그 다음은 성도들을 분별하여 어떻게 새 하늘과 새 땅의 새 예루살렘으로 인도하여 천국의 영광을 누리게 하시는가를 말씀하신다. 저주 받아 죄로 얼룩진 옛 땅과 하늘은 영원한 형벌을 받은 사탄과 그 세력들과 불신자들과 함께 사라지고 오직 하나님의 의와 평강만이 있는 새 하늘과 새 땅이 나타나고 거기에 구원받은 거룩한 성도들인 새 예루살렘이 하나님과 함께 거하여 교제하며 영생을 유업으로 받는다. 오늘 본문은 구원받은 백성들의 공동체인 새 예루살렘이 어떠한 모습인가를 설명해준다.

9-10절. 사도 요한은 요한계시록 17:1에서 심판을 받을 이 세상을 상징하는 큰 음녀 바벨론을 소개한 마지막 일곱 대접 재앙을 담은 일곱 천사 중 하나가 나아와서 어린양의 아내인 신부를 소개하는 환상을 본다. 그 천사는 사도 요한에게 "이리 오라 내가 신부 곧 어린양의 아내를 네게 보이리라" 말하고 그를 성령으로 데리고 크고 높은 산으로 올라가 하나님께로부터 하늘에서 내려오는 거룩한 성 예루살렘을 보인다.

그 대접 재앙을 담은 천사가 사도 요한에게 어린 양의 아내를 보인다고 하고 하나님께로부터 하늘에서 내려오는 거룩한 성 예루살렘을 보이는 것은 무엇을 말하는가? 이것은 본서 17:1-5에서 일곱 대접을 가진 일곱 천사 중 하나가 많은 물 위에 앉은 큰 음녀가 받을 심판을 보이리라 하고 성령으로(계 1:10; 17:3 참조) 광야로 데리고 가서 땅의 음녀들과 가증한 것들의 어미인 큰 바벨론이 붉은 빛 짐승을 타고 있는 것을 보이는 것과 대조하여 역시 성령으로 어린 양의 아내를 보인다고 하고 하나님께로부터 하늘에서 내려오는 거룩한 성 예루살렘을 보인 것이다. 이 환상은 에스겔서 40:1-2와 43:5의 말씀의 반영이라 할 수 있다. 여기에서 보면 여호와의 권능이 에스겔에게 임하여 그를 하나님의 이상 중에 데리고 이스라엘 땅에 이르러 매우 높은 산 위에 내려놓으시는데 거기에서 남으로 향하여 성읍 형상 같은 것이 있었고 영이 그를 안뜰에 이끌어 들어가므로 에스겔은 여호와의 영광이 성전에 가득함을 본다. 에스겔서에서 영이 에스겔을 인도하여 예루살렘 성으로 이끌어 가 성전을 보여주신 것처럼 요한계시록 17:1-5에서 그 천사가 사도 요한을 성령으로 광야로 이끌어 가 큰 음녀, 바벨론이 붉은 빛 짐승을 타고 있는 것을 보여 준 후 그 천사가 사도 요한에게 어린 양의 아내를 보게 하기 위하여 성령으로 데리고 크고 높은 산으로 올라가 하나님께로부터 하늘에서 내려오는 거룩한 성 예루살렘을 보여준다. 이것은 사탄의 큰 음녀인 이 세상은 사탄으로부터 권세를 받은 권력을 기반으로 세워진 나라이지만 어린 양의 아내인 새 예루살렘은 하나님이 친히 세우신 나라이며 그의 백성임을 말해준다.

11절. 일곱 대접 재앙을 담은 일곱 천사 중 하나가 어린양의 아내인 신부 곧 하나님께로부터 하늘에서 내려오는 거룩한 성 예루살렘을 보여 준 후 11-21절에서는 새 예루살렘의 모습이 어떠한가를 보여준다. 첫째로 새 예루살렘 성에는 지극히 귀한 보석 같고 벽옥과 수정 같은 빛을 내는 하나님의 영광이 있다. '하나님의 영광' 은 구약성경에서 하나님의 임재를 나타내는 빛이다(겔 43:5). '하나님의 영광이 새 예루살렘에 있다' 라는 말씀은 하나님이 새 예루살렘에 임재하셔서 그 곳에 계신다는 뜻이다. 이스라엘 백성들이 애굽에서 나와 광야에서 40년을 살 때 행군을 멈추고 진을 치고 성막을 세우면 하나님의 영광이 나타나고(출 29:43; 40:34; 민 14:10) 하나님이 이스라엘 백성과 함께 하셨다. 신약시대에는 우리 주님 즉 하나님 아버지의 품속에 있는 하나님이 말씀이 육신이 되어 우리 가운데 거하시며 하나님의 영광을 우리에게 비취셨다(요 1:14-18). 그러나 이제 새 예루살렘에서는 하나님이 항상 함께 계셔 하나님의 영광을 비취신다.

그래서 예루살렘 성의 빛이 지극히 귀한 보석 같고 벽옥과 수정 같이 맑다. 요한계시록 4:3을 보면 하나님의 보좌에서 나오는 하나님의 영광이 나타나는데 성결과 의를 상징하는 벽옥과 심판을 상징하는 홍보석 같고 보좌 주위로 하나님의 은혜의 언약을 상징하는 녹보석 같은 무지개가 보인다(4:3 주해 참조). 그러나 새 예루살렘에서는 더 이상 심판할 것도 없고 은혜의 언약도 다 이루었으니 하나님의 성결과 의만을 상징하는 극히 귀한 보석 같고 벽옥과 수정 같은 하나님의 영광을 비취신다. 그러므로 새 예루살렘 성 즉 새 하늘과 새 땅의 성도들은 하나님의 거룩함과 의로우신 하나님의 영광 가운데 산다.

12-14절. 둘째로 새 예루살렘에는 크고 높은 성곽과 그 성곽에 열두 천사가 있는 열두 진주 문이 동서남북으로 세 문씩 있는데 그 문들 위에는 이스라엘 자손 열두 지파의 이름들이 있고 그 성곽의 열두 기초석 위에는 어린양의 열두 사도의 이름이 있다. '크고 높은 성곽' 은 새 예루살렘 다시 말하면 하나님이 함께 계시고 하나님의 영광을 비취시는 어린양의 신부인 하늘 교회는 항상 견고하다는 것을 나타낸다. 열 두 문이 동서남북에 세 문씩 있는 것은 새 예루살렘 성은 사방 모든 백성들에게 열린 문이라는 뜻으로 보이나 열 두 문에 열 두 천사가 있는 것은 거룩한 성 새 예루살렘으로 통하는 문은 통제되어 이긴 자들 즉 믿음의 성도들에게만 열려 있음을 의미한다.[68] 그리고 그 문들 위

68) 박윤선, 같은 책, pp. 355-356; Mounce, 같은 책, p. 379; Hendriksen, 같은 책, p. 253.

에 이스라엘 자손 열 두 지파의 이름이 있는 것은 계 7장에 나오는 열두 지파의 이름으로 이 성에 들어 갈 수 있는 자는 새 이스라엘, 구원받은 성도 십사만사천만 들어 갈 수 있음을 나타낸다(계 7장 주해 참조). 그러므로 지금의 우리 성도들도 하늘에 거하는 자들로서 이미 새 예루살렘 성에 사는 자들이다.

15-17절. 셋째로 새 예루살렘의 성은 길이와 너비와 높이가 각각 만 이천 스다디온으로 같고 성곽은 백사십사 규빗이다. 사도 요한이 새 예루살렘의 모습을 보고나니 지금까지 말하는 천사가 금 갈대를 가지고 그 성과 그 문들과 성곽을 척량한다. 그 성은 네모가 반듯하여 장광이 같은데 그 갈대로 척량하니 장과 광과 고가(길이와 넓이와 높이가) 다 같이 일만 이천 스다디온이고 그 성곽을 척량하니 일백사십사 규빗인데 사람의 척량 곧 천사의 척량이다. 계 11장에 나타난 성전 척량은 사도 요한이 하는 반면에 본 절에 나타난 성전 척량은 천사가 직접 한다. 여기서도 마찬가지로 성곽 척량은 하나님의 백성이 거룩하게 보존됨을 나타낸다. '일만 이천 스다디온' 은 약 1,350마일(약 2,200km, 5550리)이나 되는 길이이다. 그러나 12,000이라는 숫자는 12지파 x 1,000(충만의 수 10x10x10=완전 충만의 수)로 구원받은 새 이스라엘의 12지파의 충만한 수를 나타내는 것으로 보인다. 또한 그 성이 네모가 반듯하여 장과 광과 고가 같은 정육각형인 것은 성막이나 성전 안에 있는 하나님이 임재하시는 지성소가 정육각형이었음을 표현하고 있다. 장과 광과 고가 같은 장방형은 안전을 상징한다.[69]

또한 그 성곽을 척량하니 '일백 사십 사 규빗(1 규빗 약 45cm)' 이라고 했는데 이것은 약 65m의 길이로서 성곽의 높이를 가리키는지 혹은 두께를 가리키는지 분명하지 않다. 그런데 '사람의 척량 곧 천사의 척량' 즉 천사가 척량했지만 사람의 척량과 같은 방법으로 척량한 것이라는 표현을 볼 때[70] 실제

69) Lenski, 같은 책, p. 505; Mounce, 같은 책, p. 380.
70) 이상근, 같은 책, p. 244; Plummer, 같은 책, p. 512.

약 65m나 되는 두께나 높이를 강조하여 그 성곽의 견고성을 나타내는 것으로 보인다. 물론 그 숫자는 상징이다. 144규빗은 십사만사천 구원받은 성도들과 관련되어 구원받은 성도들의 공동체 천국이 견고함을 나타내는 것으로 보인다. 그러므로 장(長)과 광(廣)과 고(高)가 12,000 스다디온인 새 예루살렘 성과 '일백 사십 사 규빗(1 규빗 약 45cm)' 인 성곽 즉 하늘 성도들의 공동체는 하나님이 함께 거하셔서 하나님의 완전한 통치가 이루어지는 참으로 견고한 하늘 천국임을 의미한다.

18-21절. 넷째로 새 예루살렘의 성곽은 벽옥으로 쌓였고 성과 성의 길은 맑은 유리 같은 정금이다. '벽옥' 은 성결과 의를 상징하므로(계 4:3 주해 참조) 새 예루살렘 성곽이 벽옥으로 쌓였다는 것은 새 예루살렘이 성결과 의의 천국이고 그 곳에 사는 천국백성들이 성결하고 의로움을 나타낸다. 정금은 속된 것과 구분하여 거룩함을 나타낸다. 거룩한 하늘 지성소인 새 예루살렘 성을 상징하는 광야의 성막과 성전의 지성소와 성소의 밖은 그리스도의 인성을 상징하는 검은 짐승의 가죽으로 덮여 있지만 그 안은 그리스도의 거룩한 신성을 상징하는 정금으로 입혀져 있다.[71] 특히 '맑은 유리 같은 정금으로 된 성' 은 아무런 흠과 티도 없는 신부의 순결을 가리킨다.[72] 그러므로 새 예루살렘 성 즉 하늘의 성도들의 공동체는 흠 없고 거룩하며 의롭고 보석 같이 빛나며 귀하다.

다섯째 새 예루살렘의 성곽의 기초석은 각색 보석으로 꾸며져 있고 열두 문은 각각 한 개의 진주로 되어 있다. 새 예루살렘의 크고 높은 벽옥으로 쌓인 성곽의 열 두 기초석은 각색 보석으로 꾸몄는데 첫째 기초석은 벽옥이요 둘째는 남보석이요 셋째는 옥수요 넷째는 녹보석이요 다섯째는 홍마노요 여섯째는 홍보석이요 일곱째는 황옥이요 여덟째는 녹옥이요 아홉째는 담황옥이요 열째는 비취옥이요 열한째는 청옥이요 열두째는 자수정으로 만들어졌다. 이 열두 보석은 출애굽기 28:17-20의 대제사장의 흉패에 있는 열두 보석과 에스겔서

71) 김희보, "구약신학논고," 예수교문서선교회, 서울, 1976, pp. 107-10.8
72) Mounce, 같은 책, p. 381.

28:13의 에덴동산의 열 보석과 이사야서 54:11-12의 새 예루살렘의 재료들인 네 보석에 배경을 둔다고 보인다.

여기서 새 예루살렘은 대제사장이 중심이 된 성전과 이사야에서 예언한 새 예루살렘과 관련이 있으며 그것들의 상징의 실현으로 보인다.[73] 그러나 새 예루살렘의 기초석들의 보석과 그 배경인 세 개의 재료들을 비교해 보면 보석의 수나 종류가 일지하지는 않는다. 그것은 이 상징들이 유대인들의 과거와 일치시켜 해석함으로 상징성을 훼손하지 않게 하려는 것으로 보인다.[74] 그러므로 새 예루살렘의 기초석의 열두 보석은 새 예루살렘의 영광을 나타낼 뿐 아니라 새 예루살렘이 모든 구속사에 있어서 핵심적으로 기대되어 왔던 성전과 에덴의 궁극적으로 실현된 실체임을 나타낸다. 또한 그 열 두 문은 각각 한 진주로 만들어졌다. 진주는 사도 요한 당시에 금과 함께 부요와 풍요의 상징이었다(딤전 2:9).[76] 그러므로 열두 지파의 이름이 새겨져 있는 열 두 개의 진주로 이루어진 열 두 문은 인간의 상상을 초월한 거룩한 성 새 예루살렘의 부요와 풍요를 나타낸다.

지금까지 소개된 새 예루살렘의 모습은 하나님의 백성이 하나님과 함께 거하는 장소와 어린양의 신부, 구원받은 성도들의 공동체를 상징한다. 그러므로 이 내용을 보고 구체적으로 어떻게 천국이 아름답다고 말할 수는 없지만 천국은 우리 인간들이 묘사할 수 없을 정도로 부요하고 풍요하고 아름다운 것임은 분명하다. 새 예루살렘 즉 하늘나라에 거하는 성도들의 공동체는 하나님이 함께 하셔서 그의 영광 아래 살며 흠 없고 거룩하며 의롭고 보석 같이 빛나고 귀하며 주님의 보호를 받으며 인간들이 묘사할 수 없을 정도로 부요하고 풍요하고 아름다우며 하나님의 완전한 통치가 이루어지는 영원히 견고한 성 천국이다.

---

73) 이필찬, 같은 책, p. 906.
74) Lenski, 같은 책, p. 507.
75) 이필찬, 같은 책, p. 906.
76) Mounce, 같은 책, p. 383.

다. 새 예루살렘의 기능(계 21:22-27, 22:1-5)

21:22 성 안에서 내가 성전을 보지 못하였으니 이는 주 하나님 곧 전능하
신 이와 및 어린 양이 그 성전이심이라 23 그 성은 해나 달의 비침이 쓸
데 없으니 이는 하나님의 영광이 비치고 어린 양이 그 등불이 되심이라 24
만국이 그 빛 가운데로 다니고 땅의 왕들이 자기 영광을 가지고 그리로 들
어가리라 25 낮에 성문들을 도무지 닫지 아니하리니 거기에는 밤이 없음
이라 26 사람들이 만국의 영광과 존귀를 가지고 그리로 들어가겠고 27 무
엇이든지 속된 것이나 가증한 일 또는 거짓말하는 자는 결코 그리로 들어
가지 못하되 오직 어린 양의 생명책에 기록된 자들만 들어가리라

22:1 또 그가 수정 같이 맑은 생명수의 강을 내게 보이니 하나님과 및 어
린 양의 보좌로부터 나와서 2 길 가운데로 흐르더라 강 좌우에 생명나무가
있어 열두 가지 열매를 맺되 달마다 그 열매를 맺고 그 나무 잎사귀들은
만국을 치료하기 위하여 있더라 3 다시 저주가 없으며 하나님과 그 어린
양의 보좌가 그 가운데에 있으리니 그의 종들이 그를 섬기며 4 그의 얼굴
을 볼 터이요 그의 이름도 그들의 이마에 있으리라 5 다시 밤이 없겠고 등
불과 햇빛이 쓸 데 없으니 이는 주 하나님이 그들에게 비치심이라 그들이
세세토록 왕 노릇 하리로다

새 예루살렘은 주님의 완전한 통치가 이루어지는 흠 없이 거룩하고 의롭고 보석 같이 빛나고 귀하며 하나님의 영광 아래 은혜를 누리는 영원한 천국이고 어린양 신부 교회로 완전히 구원받은 자들의 공동체이다. 새 예루살렘은 우리 인간들이 묘사할 수 없을 정도로 부요하고 풍요하고 아름다우며 새 하늘과 새 땅의 성도들의 공동체로서 하나님의 거룩함과 의로우신 하나님의 영광 가운데 있으며 믿음으로 구원받은 백성 새 이스라엘만이 들어 갈 수 있으며 하나님이 함께 거하셔서 하나님의 완전한 통치가 이루어지는 참으로 견고한 천국이며 거룩하며 의롭고 보석 같이 빛나며 귀하며 부요와 풍요가 회복된 에덴이다. 새 예루살렘의 모습의 설명에 이어서 이제, 새 예루살렘이 어떤 기능을 가진 성인

가를 설명한다.

새 예루살렘의 기능을 말씀드리기 전에 새 예루살렘과 현재 우리와 관계를 살펴보고자 한다. 우리는 요한계시록에서 시간의 흐름과 관계없이 과거와 미래를 현재로 설명하는 것을 보아왔다. 예를 들면 하늘에 거하는 자들은 죽은 성도나 살아 있는 성도 모두를 가리킨다. 에베소서 2:5, 6을 보면 하나님께서 허물로 죽은 우리를 그리스도와 함께 살리시고 그리스도 예수 안에서 함께 하늘에 앉히셨다고 말씀한다. 우리 성도들은 육으로는 이 땅에 살지만 영적으로 이미 하늘에 거하는 자들이다(베드로전서 5:10). 그러므로 영적으로 새 예루살렘 즉 하늘의 성도들의 공동체에 거하는 우리는 새 예루살렘의 기능이 어떠한가를 주목하여야 할 것이다. 요한계시록 21:22-27은 새 예루살렘 성 안의 기능을 보여주고 요한계시록 22:1-5는 성 밖의 것을 보여준다.

22절. 첫째로 주 하나님 곧 전능하신 이와 및 어린 양이 그 성전이심으로 성 안에는 성전이 없다. 요 2:13 이하를 보면 예수 그리스도께서 성전 안에서 희생 제물이 될 짐승을 파는 상인들과 환전상들을 쫓아내시고 성전을 청결하게 하시니 유대인들이 항의 하자 그들에게 "너희가 이 성전을 헐라 내가 사흘 동안에 일으키리라"고 말씀하셨다. 사도 요한은 주님의 말씀을 해석하기를 예수님께서 성전 된 자기 육체를 가리켜 말씀하신 것이라고 하였다. 또한 구약시대에 성전은 하나님이 임재하여 백성들과 교제를 나누시는 곳이었다. 그러므로 성전의 주체는 그 건물이 아니라 그곳에 임하시는 하나님이시다. 이제 거룩한 성 새 예루살렘 즉 하늘에 거하는 우리 성도들에겐 하나님과 그리스도가 항상 함께 계셔서 하나님의 백성들과 교제하심으로써 더 이상 보이는 성전은 큰 의미가 없다. 그러므로 예배당 건물을 성전이라 칭하고 신성시하고 호화롭게 꾸미는 것은 잘못이고 우상숭배와 다름없다. 새 예루살렘에 사는 우리는 항상 그리스도와 함께 사는 자들이다.

23절. 둘째로 새 예루살렘에는 하나님의 영광이 비취고 어린양이 그 등이 되심으로 그 성은 해나 달의 비침이 쓸데없다. 하나님의 영광이란 하나님이 나타나실 때 비취는 빛을 말한다(출 16:10). 하나님은 영이시므로 우리에게 영광으로 우리에게 보이신다. 출애굽기 24:17을 보면 애굽을 떠나 시내 산에 이른 이스라엘 백성들은 시내 산꼭대기에 맹렬한 불 같이 임하신 여호와의 영광을 보았다. 그 후 여호와의 영광은 가나안에 가는 동안 이스라엘과 함께 하였다. 이처럼 구약에 나타난 하나님의 영광은 실제로 어둠을 밝히는 큰 빛이었다.

사도행전 7:55을 보면 예루살렘 교회의 스데반 집사가 돌에 맞아 순교하기 직전 성령 충만하여 우러러 주목하여 하나님의 영광과 및 예수께서 하나님 우편에 서신 것을 보았다, 요한계시록 4:2,3을 보면 스데반 집사가 본 하나님의 영광을 사도 요한이 성령에 감동되어 보고 "보라 하늘에 보좌를 베풀었고 그 보좌 위에 앉으신 이가 있는데 앉으신 이의 모양이 벽옥과 홍보석 같고 또 무지개가 있어 보좌에 둘렀는데 그 모양이 녹보석 같더라"고 말하였다. 벽옥은 하나님의 성결과 의로우심을 나타내고 홍보석은 죄에 대한 하나님의 심판을 나타내며 무지개는 하나님의 사랑과 은혜의 언약을 나타내므로(4:2,3 주해 참조) 하나님의 영광은 하나님이 임재하시고 일하심으로 드러나는 하나님의 거룩함과 의와 사랑과 같은 하나님의 속성을 상징한다고 보아야 한다.

요한복음 1:9을 보면 우리 주 예수 그리스도를 참 빛 곧 세상에 와서 각 사람에게 비추는 빛이라고 말씀한다. 또한 요한복음 1:14은 말씀이 육신이 되어 우리 가운데 거하시는 참 빛이신 그리스도의 영광은 아버지의 독생자의 영광이요 은혜와 진리가 충만하더라고 말씀한다. 사도 요한은 예수께서 갈릴리 가나에서 물로 포도주를 만드시는 첫 표적을 행하셨을 때 "그의 영광을 나타내시매 제자들이 그를 믿으니라"고 말하였다(요 2:11). "등" 즉 빛이신 예수님은 전능하신 능력을 행하시므로서 그의 영광을 나타내셨다. 한편 마태복음 25:31에서 예수님께서 친히 "인자가 자기 영광으로 모든 천사와 함께 올 때에 자기 영광의 보좌에 앉으리라"고 말씀하셨고 성도들을 잡으려 가는 사울에게 다메섹 도상에서 부활하신 자기 영광으로 나타나실 때 사울이 눈을 못 뜨고 엎드려질 정도로 큰 빛이 비추었다.

이 모든 말씀들을 살펴 볼 때 하나님의 영광이 해와 달이 필요 없는 실제로 큰 빛이었고 하나님의 거룩함과 자비와 사랑과 의와 전능과 같은 속성을 우리에게 드러내심을 상징한 것처럼 참 빛이신 우리 주 예수님의 영광도 그러함을 알 수 있다. 한편 하나님의 넷째 날 창조에서 해와 달이라는 광명체가 창조되기 전 하나님의 첫째 날 창조를 보면 하나님께서 먼저 하늘과 땅을 창조하시고 빛이 있으라고 명하셨다. 물론 우리는 첫째 날 창조하신 빛이 어떠한지를 구체적으로 모르나 해와 달과 같은 발광체가 없는 때가 있었다. 그러므로 새 예루살렘에서는 해와 달보다 우수한 하나님의 영광이 비취고 어린양이 그 등이 되심으로 해와 달이 더 이상 필요가 없을 것이다.[77]

24절. 셋째로 새 예루살렘에서는 만국이 그 빛 가운데로 다니고 땅의 왕들이 만국의 영광과 존귀를 가지고 그리로 들어온다. "만국이 그 빛 가운데로 다니고 땅의 왕들이 만국의 영광과 존귀를 가지고 그리로 들어오리라"는 말씀은 이사야서 60:3의 예언의 성취를 나타낸다. 불신자들을 다 심판한 후 새 하늘과 새 땅에 만국이 그 빛 가운데로 들어온다는 것은 아마 그들은 천년 왕국 시대의 왕들로 보인다는 견해가 있으나[78] 같은 천년왕국주의 자인 월부르드(Walvoord)도 해와 달이 필요 없는 새 예루살렘은 천년왕국이 아니고 영원한 상태라고 말한다.[79] 이 예언은 메시아가 와서 구원을 이루시고 세우신 하나님 나라에 전 세계로부터 많은 사람들이 주님의 구원의 복음을 믿고 구원을 받은 자들이 새 예루살렘에 들어올 것을 말한다. 그러므로 여기서 만국과 땅의 왕들은 불신자들이 아니라 이 세상에서 구원받아 그리스도의 빛 즉 영광 가운데로 들어온 자들이다.[80] 또한 요한계시록 5:9을 보면 구원받아 새 노래를 부르는 천국백성을 어린양 그리스도가 각 족속과 방언과 백성과 나라 가운데에서 피

---

77) Hendriksen, 같은 책, p. 252; 박윤선, 같은 책, p.360
78) 이상근, 같은 책, p. 247.
79) Walvoord, 같은 책, p. 326.
80) Hughes, 같은 책, p. 334; Walvoord, 같은 책, p. 327; 박윤선, 같은 책, p. 360.

로 사서 하나님께 드리셨다(계 7:9)고 표현하고 있다. 그러므로 여기서 만국과 땅의 왕은 세계 모든 곳에서 구원받은 천국백성을 말한다. 세계 모든 곳에서 구원받은 자들이 큰 잔치에 잘 차려 입고 가는 것처럼 하나님의 형상으로 회복된 존재로서 자기 영광과 존귀를 가지고 새 예루살렘의 하나님의 영광의 빛 아래로 들어온다.

25절. 넷째로 새 예루살렘에는 밤이 없음으로 성문들을 낮에 도무지 닫지 아니한다. "밤이 없다"는 이 말도 상징이다. 이것은 이사야서 60:11을 반영한 것으로 거룩한 성 예루살렘의 생활이 하나님의 임재로 인하여 완전하게 안전함과 동시에 모든 것이 공개되어 있음을 암시한다.[81] 성경에서 밤이나 어두움은 하나님으로부터 분리되어 쫓겨난 상태를 나타낸다(마 6:23; 8:12; 22:13; 25:30). 하나님이 영원히 함께 하셔서 하나님의 영광의 빛을 발하시는 새 예루살렘에는 악의 어두움이 없다. 그리고 "성문을 도무지 닫지 아니 한다"는 말씀은 제한이 없이 완전한 자유와 평화가 있다는 뜻이다. 그러므로 새 예루살렘은 하나님이 항상 함께 계셔서 악의 어두움은 전혀 없고 완전히 자유롭고 평화스런 세계임을 말한다.[82]

26-27절. 마지막으로 새 예루살렘은 무엇이든지 속된 것이나 가증한 일 또는 거짓말하는 자는 결코 그리로 들어오지 못하되 오직 어린 양의 생명책에 기록된 자들만 들어간다. '속된 것'은 '깨끗하지 않은 것' 즉 죄악으로 타락한 자를 말하고 '가증한 일'은 우상숭배자나 배교자를 뜻하며 불신자들에 대한 표현이다. 새 예루살렘은 불신자들은 들어갈 수 없는 곳이며 예수 그리스도를 믿음으로 오직 어린양의 생명책에 기록된 자들만이 들어갈 수 있다. 우리가 언제 어린양의 생명책에 이름이 기록되는가? 우리가 예수 그리스도를 믿고 주로 영접하는 그 때이다. 그러므로 우리는 이미 예수 그리스도 안에서 새 예루살렘에 들어 간 자들이다.

---

81) Mounce, 같은 책, p. 385.
82) Hendriksen, 같은 책, p. 252.

22:1-2. 이제, 일곱 대접 재앙을 가진 천사 중 하나가 사도 요한에게 새 예루살렘 성 밖의 기능을 보여준다. 첫째로 수정같이 맑은 생명수의 강이 하나님과 및 어린양의 보좌로부터 흘러나서 길 가운데로 흐른다. '생명수의 강' 은 창세기 2장과 에스겔서 47장을 반영한다. 창세기 2장을 보면 에덴동산에는 강이 흘러 나와 동산을 적시고 그 가운데 생명나무와 선악을 알게 하는 나무가 있다. 이 두 나무는 믿음과 순종의 하나님의 언약을 나타낸다. 그런데 아담과 하와가 선악을 알게 하는 나무의 열매를 따 먹음으로써 하나님의 언약을 어기고 불순종하여 에덴에서 쫓겨나고 그들과 함께 이 땅도 저주를 받았다. 구약의 사건은 사실이면서도 미래의 사실에 대한 상징이기도 하다. 이 에덴은 새 예루살렘을 상징한다. 에스겔서 47장에서 에덴의 회복이 예언된 대로 본문에서 이 땅의 저주는 끝나고 새 하늘과 새 땅의 새 예루살렘으로서의 에덴동산이 회복된다. 그러므로 에덴동산에서 나온 강이 에덴을 적시듯 '수정같이 맑은 생명수의 강' 이 하나님과 어린양의 보좌로부터 나서 길 가운데로 흐른다. '하나님과 어린양의 보좌' 즉 하늘 보좌가 상징이듯이 거기서 나오는 생명수의 강도 상징으로서 하나님의 영생을 주시는 은혜를 가리킨다.[83] 그러므로 이 땅에서나 새 하늘과 새 땅에서나 우리 성도들은 하나님께서 주시는 영생의 은혜로 살아간다.

둘째로 강 좌우에 생명나무가 있어 열두 가지 실과를 맺되 달마다 그 실과를 맺고 그 나무 잎사귀들은 만국을 소성하기 위하여 있다. 에덴동산이 회복된 새 예루살렘에서는 생명나무의 열매를 먹을 수 있도록 되어 있다. '열두 가지 실과를 맺히되 달마다 그 실과를 맺히는 생명나무' 는 충분한 생명력과 풍성함을 나타내는데 거룩한 성에 거하는 모든 사람들이 영원히 그리고 풍성하게 하나님과 교제하고 완전한 축복을 받음을 상징한다.[84] 그리고 만국을 소성하기

83) 박윤선, 같은 책, p. 381 "그것은 하나님과 그리스도께서 주시는 모든 내세 생명의 무궁한 생명의 표상이다."; Hendriksen, 같은 책, p. 254 "이 강은 영생, 온전하고 자유한 구원 그리고 하나님의 주권적 은혜의 선물을 상징하는 생명의 강이다."

위하여 있는 생명나무의 잎사귀들은 치유의 능력이 있어 전혀 고통이나 부족함이나 질병이 없는 완전함을 누리는 것을 뜻한다. 새 예루살렘 즉 천국백성인 우리는 영생하며 죄와 사망의 고통에서 온전히 벗어나 저주가 없는 삶을 살게 되는 것이다.

3-4절. 셋째로 새 예루살렘 성 안에는 저주가 없으며 대신 하나님과 그 어린양의 보좌가 그 가운데 있어 그의 종들이 그를 섬기며 그의 얼굴을 보며 그의 이름도 저희 이마에 있다. '보좌' 는 하나님의 주권을 상징한다. 그 보좌로부터 생명수가 흐르는 것은 하나님이 진노가 아니라 사랑의 주권으로 새 예루살렘을 다스리심을 나타낸다.[85] 그리고 "그의 종들"이라고 할 때 "그"는 앞에 하나님과 어린양을 가리키는데 '그들' 이라고 하지 않고 '그' 라고 한 것은 하나님과 어린양을 둘로 보지 않고 하나로 보는 것이 확실하다. 성부와 성자와 성령은 삼위일체 하나님이시기 때문이다.[86] 새 예루살렘 즉 하늘의 성도들의 공동체인 우리는 하나님과 어린양의 이름이 이마에 새겨진 하나님 백성이며 항상 하나님과 어린양을 대면하고 함께 사는 섬기는 종들이다(14:1 주해 참조). 그러므로 우리는 주님을 위하여 일을 하며 하나님의 얼굴을 보며 즉 하나님의 영광을 체험하며 그 영광을 나타내는 삶을 살아야 한다.

5절. 마지막으로 하나님이 영광의 빛을 비취심으로 다시 밤이 없고 등불과 햇빛이 쓸 데 없는 새 예루살렘에서 성도들이 세세토록 왕 노릇 한다. 구약에서 하나님의 영광의 빛이 육안으로 볼 수 있었으나 주님이 오심으로 상징이 다 이루어진 지금 신약시대에는 하나님의 영광은 하나님의 전지전능, 사랑, 공의, 거룩함, 신실함 등등의 속성 즉 품성이 교회에서 우리들의 삶 속에 나타나는 것을 말한다. 우리는 주님 안에서 이미 새 예루살렘에 거하는 자들이다(엡 2:6). 그러므로 새 예루살렘 성에 하나님의 영광의 빛이 비친다는 뜻은 하늘에

---

84) Hendriksen, 같은 책, p. 256.
85) Hendriksen, 같은 책, p. 256.
86) 이필찬, 같은 책, p. 922.

거하는 성도들의 공동체인 교회 즉 우리들에게는 하나님의 사랑과 은혜가 아무런 장애 없이 흘러나오는 것을 말한다. 그러므로 우리는 영적 어둠을 밝히시려 오신 주님과 항상 함께 거하여 주님의 영광의 빛을 받은 빛의 자녀로서(요 8:12, 살전 5:5) 이미 이 땅에서부터 주님과 함께 악이 없는 새 예루살렘에서 세세토록 주님과 함께 왕 노릇 하고 새 하늘과 새 땅에서 완성된다.[87)]

왕이라고 하면 피지배자를 지배하고 섬김을 받는 왕을 생각한다. 그러나 우리의 왕이신 주님은 섬김을 받으려 오지 않으시고 도리어 십자가에 죽기까지 우리를 섬기려 오셨다. 우리의 왕 노릇은 피지배자가 필요 없는 서로 섬기는 왕 노릇이다. 또한 새 예루살렘은 친년왕국을 주장하는 이들이 말하는 천년을 지난 때이므로 우리의 왕 노릇을 불신자들을 지배하는 그 천년왕국에 국한시키는 것은 잘못이다. 다시 말하지만 우리는 새 예루살렘에서 즉 우리가 예수 그리스도를 믿는 그 순간부터 이 땅에서부터 새 하늘과 새 땅에 이르기까지 세세토록 그리스도와 함께 하나님 나라 통치에 참여하여 서로 섬기는 왕 노릇을 한다.

예수 그리스도를 믿음으로 이름이 생명책에 기록된 우리는 이 땅에서부터 하나님과 그리스도가 함께 계시므로 성전이 필요 없으며 하나님의 영광의 은혜 아래 어둠을 떠나 평화와 영생을 누리는 자들로서 하나님과 그리스도를 섬기며 그리스도와 함께 이 땅에서부터 영원히 하나님 나라 통치에 참여하여 서로를 섬기는 왕 노릇을 해야 할 것이다.

87) Hendriksen, 같은 책, p. 252.

3. 맺는 말: 주 예수여 오시옵소서(계 22:6-21)

6 또 그가 내게 말하기를 이 말은 신실하고 참된지라 주 곧 선지자들의 영
의 하나님이 그의 종들에게 반드시 속히 되어질 일을 보이시려고 그의 천
사를 보내셨도다 7 보라 내가 속히 오리니 이 두루마리의 예언의 말씀을
지키는 자는 복이 있으리라 하더라 8 이것들을 보고 들은 자는 나 요한이
니 내가 듣고 볼 때에 이 일을 내게 보이던 천사의 발 앞에 경배하려고 엎
드렸더니 9 그가 내게 말하기를 나는 너와 네 형제 선지자들과 또 이 두루
마리의 말을 지키는 자들과 함께 된 종이니 그리하지 말고 하나님께 경배
하라 하더라 10 또 내게 말하되 이 두루마리의 예언의 말씀을 인봉하지 말
라 때가 가까우니라 11 불의를 행하는 자는 그대로 불의를 행하고 더러운
자는 그대로 더럽고 의로운 자는 그대로 의를 행하고 거룩한 자는 그대로
거룩하게 하라 12 보라 내가 속히 오리니 내가 줄 상이 내게 있어 각 사람
에게 그가 행한 대로 갚아 주리라 13 나는 알파와 오메가요 처음과 마지막
이요 시작과 마침이라 14 자기 두루마기를 빠는 자들은 복이 있으니 이는
그들이 생명나무에 나아가며 문들을 통하여 성에 들어갈 권세를 받으려 함
이로다 15 개들과 점술가들과 음행하는 자들과 살인자들과 우상 숭배자들
과 및 거짓말을 좋아하며 지어내는 자는 다 성 밖에 있으리라 16 나 예수
는 교회들을 위하여 내 사자를 보내어 이것들을 너희에게 증언하게 하였노
라 나는 다윗의 뿌리요 자손이니 곧 광명한 새벽 별이라 하시더라 17 성령
과 신부가 말씀하시기를 오라 하시는도다 듣는 자도 오라 할 것이요 목마
른 자도 올 것이요 또 원하는 자는 값없이 생명수를 받으라 하시더라 18
내가 이 두루마리의 예언의 말씀을 듣는 모든 사람에게 증언하노니 만일
누구든지 이것들 외에 더하면 하나님이 이 두루마리에 기록된 재앙들을 그
에게 더하실 것이요 19 만일 누구든지 이 두루마리의 예언의 말씀에서 제
하여 버리면 하나님이 이 두루마리에 기록된 생명나무와 및 거룩한 성에
참여함을 제하여 버리시리라 20 이것들을 증언하신 이가 이르시되 내가
진실로 속히 오리라 하시거늘 아멘 주 예수여 오시옵소서 21 주 예수의 은
혜가 모든 자들에게 있을지어다 아멘

사도 요한이 요한계시록을 기록한 당시는 로마제국의 네로황제(A.D. 54-68) 때부터 시작한 기독교 박해가 절정기에 이른 도미티안 황제(A.D. 81-96) 시대였다. 요한계시록은 살아 계신 주님이 그 시대를 사는 소아시아에 퍼져있던 일곱 교회에 보낸 회람 서신으로 1세기를 사는 기독교인들이 절실하게 필요로 하는 메시지를 포함하고 있다. 그 당시에 기독교인들은 황제숭배와 각종 우상숭배를 거부하다가 많은 성도들이 순교를 당하는 등 육체적 핍박과 엄청난 경제적 핍박을 당하고 있었다. 주님은 이러한 박해 속에서 신앙을 지켜가던 1세기의 교회들에게 '황제와 이 세상의 박해가 아무리 강해도 주님께서 교회를 지키심으로 황제와 악한 세상을 지배하는 사탄은 결국 곧 멸망하고 황제와 세상은 심판을 받을 것이므로 하나님을 신뢰하고 고난을 참고 견디고 싸워 승리하라고 권면하신 것이다.

요한계시록의 서론은 인사와 재림 주 예수 그리스도를 소개하고 본론은 그리스도와 복음이 여러 핍박과 환난이 뒤 따르지만 계속 승리하며 핍박받는 성도들의 부르짖음을 하나님이 들으시고 하나님을 대적하고 교회를 핍박한 사탄과 이 세상은 최후의 심판을 당할 것이라는 환상이 나타난다. 성도들의 기도의 응답으로 악한 세상에 재앙이 점진적 그리고 반복적으로 내려지는 환상이 있은 후 마지막으로 만주의 주이시고 만왕의 왕이신 그리스도가 천사들과 재림하셔서 사탄과 그 세력들과 악한 이 세상을 일순간에 심판하셔서 멸하심으로 끝이 난다. 그리고 결론에서는 만왕의 왕이시고 심판주로 오신 주님께서 사탄과 그 세력과 이 세상을 심판하고 영원히 멸하시고 하나님의 백성들은 새 하늘과 새 땅의 새 예루살렘 성을 이루고 항상 하나님과 주님과 함께 거하며 하나님의 영광 아래 어둠이 없는 평화를 누리며 하나님과 주님을 섬기며 주님과 함께 세세토록 왕 노릇 한다. 본문은 요한계시록을 마감하고 "주 예수여 오시옵소서"하고 맺는 말씀이다.

6-7절. 요한계시록 22:5까지 요한계시록의 결론이 끝나고 22:6부터 요한계시록의 맺는말이 시작된다. 일곱 재앙을 담은 대접을 가진 천사 중 하나가

새 예루살렘의 모습과 기능에 대한 환상을 보여준 후 사도 요한에게 "이 말은 신실하고 참된지라 주 곧 선지자들의 영의 하나님이 그의 종들에게 결코 속히 될 일을 보이시려고 그의 천사를 보내셨도다. 보라 내가 속히 오리니 이 두루마리의 예언의 말씀을 지키는 자가 복이 있으리라"고 말한다. 6, 7절은 요한계시록 1:1-3의 내용과 거의 같다. 둘을 비교하여 보면 1:1-3은 요한계시록의 서문의 시작하는 말이고 6,7절은 요한계시록을 마치고 맺는말임을 알 수 있다. 구체적으로 말하면 1:1과 21:6이 그리고 1:3과 21:7이 같은데 다만 1:2절은 요한계시록을 시작하면서 그 내용이 하나님의 말씀과 예수 그리스도의 증거라고 밝힌다. 그러므로 6,7절은 요한계시록을 마치고 맺는말의 시작이다.

6, 7절은 요한계시록의 서론, 본론 그리고 결론까지 다 포함하여 맺는말이기 때문에 '이 말은 신실하고 참된지라' 는 말씀 중에 '이 말' 은 바로 앞의 1-5절까지의 내용을 말하는 것이 아니라 계시록 전체를 지칭한다.[88] 요한계시록의 모든 말씀은 변경될 수 없이 신실하고 거짓 없이 참되다.

'주 곧 선지자들의 영의 하나님' 은 요한계시록을 계시하신 분이시다. 그 분은 그리스도 주님이시고 선지자들의 영 즉 선지자들의 하나님이시다.[89] 첫째로 7절에서 천사가 "보라 내가 속히 오리니 이 두루마리의 예언의 말씀을 지키는 자는 복이 있으리라"고 선지자들의 영의 하나님의 말씀을 전하는데 그 내용은 요한계시록 3:11에서 빌라델비아 교회에 보낸 편지에서 주님이 친히 "내가 속히 오리니 네가 가진 것을 굳게 잡아 아무도 네 면류관을 빼앗지 못하게 하라"고 하신 말씀과 같다. 둘째로 요한계시록 1:1을 보면 "예수 그리스도의 계시라 이는 하나님이 그에게 주사 반드시 속히 될 일을 그 종들에게 보이시려고 그 천사를 그 종 요한에게 보내어 지시하신 것이라"고 말씀한다. 그러므로 여기서 선지자들의 영의 하나님은 그리스도이시다.

88) Lenski, 같은 책, p. 520.
89) Hughes, 같은 책, p. 342.

"반드시 속히 되어질 일(the things which must shortly be done - KJV)"은 요한계시록 1:1에서 "반드시 속히 일어날 일(things which must shortly come to pass KJV)"로 표현되어 있다. "반드시 속히 일어날 일"은 하나님께서 그 정하신 대로 지체치 않고 확실히 성취하실 일을 가리킨다(1:1 주해 참조). 우리 부활하신 주님께서 하나님의 작정하심에 따라 반드시 성취하실 일들을 요한계시록을 통하여 계시하신 것이다

그 천사가 요한계시록 1:1-3의 "내가 속히 오리니 이 책의 예언의 말씀을 지키는 자는 복이 있으리라"는 주님의 말씀을 7절에서 그대로 전한다. '속히'란 시간적으로 가까움을 나타낸다기보다는 주님의 구원사역을 마치시면 지체하지 않으시고 속히 오신다는 뜻이다(1:1 주해 참조). 그러므로 지체하지 않으시고 속히 오시는 주님을 기다리며 신실하고 참된 요한계시록의 말씀을 지키는 자는 새 예루살렘에서 하나님의 영광의 빛 아래서 하늘의 영광을 누리며 영생하는 복을 받는다.

8절. 사도 요한이 이것들을 보고 듣고 이 일을 보이던 그 천사의 발 앞에 경배하려고 엎드렸다. 여기서 "이것들"은 무엇을 가리키는가? 6, 7절에서 천사가 나타나서 사도 요한에게 "이 말은 신실하고 참된지라 주 곧 선지자들의 영의 하나님이 그의 종들에게 반드시 속히 되어질 일을 보이시려고 그의 천사를 보내셨도다. 보라 내가 속히 오리니 이 두루마리의 예언의 말씀을 지키는 자는 복이 있으리라"고 말한 일이다.

그러면 왜 사도 요한이 천사의 발 앞에 경배하려고 엎드렸는가? 사도 요한은 이번 말고도 19:9-10에서도 천사에게 엎드려 경배하는 실수를 범했다. 9절에서는 천사가 사도 요한에게 자신이 명령한 말을 "기록하라"고 하고 "이것은 하나님의 참되신 말씀이라"고 하기 때문에 그 천사가 하나님이나 그리스도를 대신하는 천사일 것이라고 생각했을 것이라고 추측이 된다. 그런데 22:7 이하에서는 사도 요한이 "보라 내가 속히 오리니 이 두루마리의 예언의 말씀을 지키는 자는 복이 있으리라"고 천사가 말하는 환상을 보고 천사의 발 앞에 경배

하려고 엎드렸다. 여기서는 19:9-10에서와 달리 "보라 내가 속히 오리니"라고 일인칭 대명사를 쓰고 있으므로 사도 요한이 그 천사가 하나님이나 그리스도를 대신하는 천사일 것이라고 확신했을 것으로 보인다. 그러므로 19:10에서 실수를 하고도 더 확신을 가지고 두 번째 실수를 범했다고 볼 수 있다.

9절. 그 천사가 사도 요한에게 "나는 너와 네 형제 선지자들과 또 이 두루마리의 말을 지키는 자들과 함께 된 종이니 그리하지 말고 오직 하나님께 경배하라"고 말한다. 하나님의 나라에서 천사든 사람이든 하나님 앞에서 모두 피조물이고 맡은 직분은 달라도 신분으로 보면 하나님을 섬기는 종이다. 하나님과 그리스도 앞에서 같은 신분끼리는 하나님께 드려야 하는 경배를 할 수 없다. 주님께서도 친히 하나님께만 경배하고 그를 섬기라고 하셨다(마 4:8-10). 그러므로 천사는 신분이 같은 하나님의 종이니 자신에게 경배하지 말고 오직 그 말씀의 주인이신 하나님께 경배해야 한다고 말한 것이다.

10-11절. 그 천사는 이어서 "이 두루마리의 예언의 말씀을 인봉하지 말라 때가 가까우니라"고 사도 요한에게 말한다. "이 두루마리의 예언의 말씀을 인봉하지 말라 때가 가까우니라"라는 말씀은 다니엘서 8장에서 주님의 초림에서 재림 사이의 일들의 환상을 보여주고 다니엘서 8:26에서 이 환상은 여러 날 후의 일이므로 개봉하지 말고 간직하라고 명하는 것과 반대로 지금은 바로 종말이 가까운 때이므로 요한계시록을 인봉하지 말고 읽고 듣고 지키라고 말씀하신 것이다.[90] 특히 "때가 가까우니라"는 말씀은 주님의 재림의 임박성을 나타내는 것으로써 지금은 열심히 전도하여 추수할 때이고 돌연히 임할 주님의 재림을 준비하며 사탄과 그 세력을 대항하고 싸워야함을 말해준다. 그러므로 우리 성도들은 주님이 속히 오시리라 믿고 하나님의 말씀 특히 요한계시록의 말씀을 잘 배워 항상 깨어 의를 행하고 거룩한 삶을 살아 사탄을 대적하고 승리하여야 한다.

---

90) 이필찬, 같은 책, p. 948.

천사는 주님의 재림이 가까우니 요한계시록의 말씀을 인봉하지 말고 열심히 연구하여 사람들에게 전하라고 말하고 "불의를 하는 자는 그대로 불의를 하고 더러운 자는 그대로 더럽고 의로운 자는 그대로 의를 행하고 거룩한 자는 그대로 거룩되게 하라"고 말한다. 요한계시록이 주님의 재림 바로 전과 그 후에 대한 기록으로 보고 본 절이 강팍한 자에게 회개를 더 권면할 시간이 없다는 것이라는 주장이 있으나[91] 요한계시록 22:6-17의 말씀은 이 계시록의 말씀을 지키는 자는 복이 있으리니 가르치라고 권면하는 말씀이므로 재림 직전이 아니라 사도 요한 시대를 포함한 주님의 초림에서 재림 사이에 관한 말씀으로 보아야 한다. 마태복음 13:30을 보면 가라지 비유에서 추수 때까지 가라지를 곡식과 함께 자라게 두었다가 먼저 거두어 불사르라고 하신 말씀처럼 불신자들이 복음을 받지 않으면 망하리라는 경고이다.[92] 한편 17절에서 "듣는 자도 오라 할 것이요 목마른 자도 올 것이요"라고 회개의 초청을 언급하는 것으로 보아 이 말씀은 오히려 사람들이 자신들의 마음과 행위대로 열매를 거두게 되니 회개할 것을 촉구하는 말이다.[93]

이 말씀과 연관되는 것으로 보이는 다니엘서 12:9,10을 보면 "그가 이르되 다니엘아 갈지어다. 이 말은 마지막 때까지 간수하고 봉함할 것임이니라. 많은 사람이 연단을 받아 스스로 정결하게 하며 희게 할 것이나 악한 사람은 악을 행하리니 악한 자는 아무것도 깨닫지 못하되 오직 지혜 있는 자는 깨달으리라"고 말씀한다. 여기서 다니엘서의 예언의 말씀을 간수하고 봉합할 "마지막 때까지"는 세상의 종말까지가 아니다. 구약의 예언자들이 말하는 마지막 때는 그리스도의 초림과 재림 모두를 포함하는 말세이다(1:3 주해 참조). 그러므로 이 말

---

91) 박윤선, 같은 책, p. 383; 이상근, 같은 책, p. 252.

92) Lenski, 같은 책, p. 527.

93) 이필찬, 같은 책, p. 951. "22:11은 모든 예언의 말씀을 기록하고 불 못에 들어갈 자들과 새 하늘과 새 땅을 유업으로 받을 자들의 존재를 모두 밝힌 후에 요한계시록 전체를 정리하는 입장에서 이러한 결정론적인 반응을 말한다."

씀은 다니엘의 예언서를 메시아가 와서 이 예언을 이룰 때까지 잘 간수하고 함부로 해석하지 말고 스스로 연단 가운데 정결해지되 악한 자는 악을 행하고 깨닫지 못하나 지혜 있는 자는 깨달으리라는 경고이다. 그러므로 이 말씀은 불의를 행하는 더러운 불신자들은 자기들의 삶을 고집하며 그대로 행하다가 망할 것이니 거룩한 성도들은 그들의 불의와 더러움에 타협하지 말고 자신의 의를 행하고 그대로 거룩한 삶을 살라고 하신 것이다.[94)]

요한계시록 22:5까지 요한계시록의 결론이 끝나고 22:6부터 요한계시록의 맺는말이 시작된다. 천사가 6-7절에서 처음 시작할 때 1:1-3의 말씀을 다시 반복하여 이 요한계시록의 저자가 주 곧 하나님이심을 밝히고 천사들을 보내어 반드시 속히 되어질 일을 환상으로 보이셨다는 것과 주께서 속히 오리니 이 두루마리의 예언의 말씀을 지키는 자는 복이 있으리라고 주님의 말씀을 그대로 전한다. 그러나 "내가 속히 오리니"는 그리스도께서 하나님이 정하신 계획에 따라 지체치 않고 오신다는 말씀으로 꼭 마지막 종말에만 해당된 말씀이 아니라 성도들에게 항상 언제든지 주님이 금방이라도 임하실 수 있음을 뜻한다(계 3:11; 16:15; 22:7, 20; 마 24:44; 눅 12:40; 벧후 3:10). 그러므로 12-15절에서 주님께서 친히 요한계시록의 맺는말을 하신다.

12-15절. 이제, 구세주이시며 심판주이신 주님은 요한계시록을 마치시면서 결론을 지어 말씀하신다. 주님의 말씀을 구체적으로 살펴보자. 첫째로 주님은 속히 오셔서 성도들이 행한 대로 상을 주신다. "행한 대로 갚아 주리라"는 것은 공의 원리이고 구약의 율법에서 원칙이다. 그래서 성경은 마지막 때에 "각 사람에게 그가 행한 대로 갚아 주리라"고 말한다(사 40:10, 62:11; 마 16:27; 롬 2:6-7; 고후 5:10). 심판주이신 주님께 각 사람에게 행한 대로 갚아 줄 상이 있다. 상이란 누구에게나 주는 것이 아니다. 신약에서 하늘의 상은 불신자들에겐 기회가 없고 그리스도인에게 주어지는 것이다(마 5:12, 10:41; 막

---

94) 이필찬, 같은 책, pp. 950-951.

9:41; 눅 6:23, 35; 고전 9:18, 24;빌 3:14; 골 3:24; 히 10:35, 11:6, 26).

"내가 줄 상이 내게 있어 각 사람에게 그가 행한 대로 갚아 주리라"는 말씀은 이사야서 40:10과 62:11을 배경으로 한다. 이 두 절을 보면 마지막 심판에서 상급과 보응이 있음을 말한다. 로마서 2:6,7을 보면 "하나님께서 각 사람에게 그 행한 대로 보응하시되 참고 선을 행하여 영광과 존귀와 썩지 아니함을 구하는 자에게는 영생으로 하신다"고 말씀한다. 요한계시록 11:18에서 일곱째 나팔을 부는 천사가 "주의 이름을 경외하는 자들에게 상주시며 또 땅을 망하게 하는 자들을 멸망시키실 때로소이다"고 말한다. 주님이 재림하시면 환난을 이기고 승리한 성도들에겐 상을 수시며 불신자들은 심판으로 보응하실 것이다. 그러므로 우리는 주님의 재림을 기다리며 주님의 일을 충성스럽게 행하여야 한다.

둘째로 영원하신 하나님이신 주님께서 그 두루마기를 빠는 자들에게 천국에 들어가 영생을 누리는 복을 주시고 불신자들에게는 새 예루살렘 성 밖에 두어 영원한 심판을 받게 하신다. "나는 알파와 오메가요 처음과 마지막이요 시작과 마침이라"는 표현은 하나님에 대한 칭호로(1:8;21:6) 그 분이 영원하신 분이시고 모든 것의 근본이시며 결론을 맺으시는 분이심을 나타낸다. 13절은 심판주이신 주님의 권위와 능력의 근거를 나타낸다. 처음과 끝이신 주님이 심판주로 속히 오셔서 각 사람에게 그가 행한 대로 상 줄 자에게 상을 주시리라는 뜻이다.

자기 두루마기를 빠는 자는 15절에 나오는 성 밖에 거하는 자들에 반대 되는 자들로 요한계시록의 7번 째 복이 있는 자이다.[95] 그러므로 자기 두루마기를 빠는 자는 요한계시록의 다른 여섯 복들을 가진 자로 하나님의 말씀과 예수 그리스도의 증거인 요한계시록을 읽고 듣고 지키는 자이며(1:3), 주 안에서 죽은 자이며(14:13) 자기의 부끄러움을 보이지 않는 자이며(16:15), 어린 양의 혼인잔치에 청함을 받은 자이며(19:9), 예수 그리스도를 믿고 그 안에서 다시

95) Jamieson, Fousset, Brown. "The Bethany Parallel Commentary," p. 1498. "do his commandments for"wash their robes" in Siriac, Coptic, Cyprian 사본

산 자 즉 첫째 부활을 한자이며(20:6), 요한계시록의 예언을 지키는 자이다(22:7). 다시 말하면 자기 두루마기를 빠는 자는 우리 주님께서 각 족속과 방언과 백성과 나라 가운데에서 십자가에 죽으시고 자신의 피로 산 자들로서(5:9, 7:14) 그리스도의 피로 의롭다 칭함을 받은 흰 옷을 입는 자들이다(3:5).

"빠는"에 해당하는 헬라어의 시제는 현재로 지속적인 행위를 나타내므로 그리스도의 피로 죄를 사함을 받았을 뿐 아니라 지속적으로 깨끗하게 하고 성결하게 하는 행위를 나타낸다. 그러므로 두루마기를 빠는 자는 예수 그리스도의 피로 죄 씻음 받아 흰 두루마기를 입은 성도가 이 세상의 큰 환난에서 믿음을 지키고 성결한 삶을 살아감으로써 승리하는 성도를 나타낸다(요 13:10; 요일 1:9).

그러면 자기 두루마기를 빠는 자들의 복은 무엇인가? 그들이 생명나무에 나아가며 문들을 통하여 성에 들어갈 권세를 받는 것이다. 여기서 "생명나무"는 영생을 의미하며 "성에 들어갈 권세"는 천국에 들어감을 나타낸다. 그러므로 예수 그리스도를 믿고 그의 피로 죄 씻음을 받고 의의 백성이 된 자들은 세상의 환난 속에서 성결한 삶으로 승리하여 영생을 얻어 영원한 천국에 들어간다.

그러나 주님은 "개들과 점술가들과 음행하는 자들과 살인자들과 우상 숭배자들과 및 거짓말을 좋아하며 지어내는 자는 다 성 밖에 있으리라"라고 말하신다. "개들"은 성경에서 이방인이나 더럽고 악한 자들을 가리킬 때 사용된 표현이다. 마태복음 15:26에서는 이방인을, 신명기 23:18에서는 남창을, 마태복음 7:6에서는 거룩하지 못한 자를, 그리고 빌립보서 3:2,3에서는 유대인의 율법을 강요하는 자들을 가리킬 때 사용되었다. 여기서 "개들"은 악을 행하고 거룩하지 못한 이방인들 다시 말하면 불신자들을 상징함을 알 수 있다. "개들"을 제외한 나머지 다섯 부류의 사람들, 즉 "점술가들과 음행하는 자들과 살인자들과 우상 숭배자들과 및 거짓말을 좋아하며 지어내는 자들"은 이미 요한계시록 21:8에서 언급된 불과 유황으로 타는 못에 참여할 자들, 즉 둘째 사망인 영원한 멸망을 당할 자들의 명단에 있는 자들과 동일하다. 그러므로 "개들"과 그 다음에 나오는 자들은 동격으로 악을 행하고 거룩하지 못하여 영원한 멸망을 당할 불신자들이다. 그들은 "다 성 밖에 있으리라"고 하신다. 여기서 성(城)은 앞장 21장에 나오는 새 하늘과 새 땅의 새 예루살렘 성이다. 그러므로 "다 성 밖에 있으리라"는 뜻은 악을 행하고 거룩하지 못한 불신자들은 모두 영원한 천국에 들어가지 못하고 영원한 멸망을 당하리라는 뜻이다.

영원하신 하나님이신 주님은 그 크신 능력으로 구원받은 성도들에게는 '생명나무에 나아가며 문들을 통하여 성에 들어갈 권세를 주시고 다시 말하면 주님의 보혈의 피로 죄 씻음을 받아 구원받은 성도들에게 천국에서 영원히 하늘의 영광을 누리며 사는 복을 주시며 불신자들은 새 예루살렘성 밖에 두시어 천국에 들어가지 못하며 심판을 받아 영원한 형벌을 받게 하실 것이다.

16절. 계시록의 실제 저자이신 다윗의 뿌리요 자손이며 광명한 새벽별이신 우리 주 예수 그리스도께서 교회를 위하여 계시록을 증언하였다고 친히 선언하시면서 요한계시록의 맺는 말씀을 하신다. 주님은 세상을 심판하시는 것이 목적이 아니시고 사탄과 악한 세상으로부터 핍박을 받는 교회를 위하여 계시록을 증언하셨다고 결론의 말씀을 하신 것이다.

구세주이시며 심판주이신 주님은 '다윗의 뿌리요 자손이니 곧 광명한 새벽별' 이라고 스스로를 나타내셨다. 주님이 다윗의 뿌리라는 표현은 5:5의 반복이다. 다윗의 뿌리란 다윗의 자손 메시아이며 왕이신 예수 그리스도를 가리킨다(사11:1-10, 마 1:1). 다윗의 자손으로 이 땅에 오신 우리 주님은 우리의 죄를 지고 십자가에 죽으셔서 형벌을 받으시고 부활하심으로 사탄을 이기시고 우리를 구원하셨으므로 하나님의 오른 손 안에 있는 두루마리의 인을 떼기에 합당한 자이시며 온전한 승리를 성취하시는 분이시다. 한편 "광명한 새벽별"은 민수기 24:17을 반영한다. 거기서 "야곱에서 나오는 한 별"은 실제로는 다윗 왕을 가리키나 영적으로는 다윗이 뿌리로 오시는 주님을 가리킨다고도 볼 수 있다. 우리 주님은 어두운 세상을 빛 가운데로 인도하시고 통치하시는 왕이시다. 다윗의 뿌리이시며 광명한 새벽별이신 우리 주님은 교회인 우리들을 위하여 그의 천사를 보내어 환상들을 즉 요한계시록을 우리에게 증언하게 하셨다.

17절. 주님의 결론의 말씀이 있은 후에 성령과 주님의 신부인 교회가 듣는 자도, 목마른 자도 그리고 마시기를 원하는 자는 값없이 생명수를 받으러 오라고 초청한다. 실제로 지금 '성령과 주님의 신부인 교회'는 한 목소리로 세상을 향하여 초청을 하고 있다. 요한계시록 11:4에 나타나는 두 감람나무와 두 촛대는 두 증인인 교회를 상징하고 두 감람나무에서 나오는 감람유로 두 촛대의 불을 켜는데 그 기름은 성령을 뜻한다(행 10:38, 삼상 16:13). 이처럼 교회라는 두 증인은 성령에 의해 구원의 진리를 밝힌다(11:3 주해 참조). 실례를 성경에서 찾아보면 사도행전 15:28에서 사도들이 말하기를 성령과 우리는 이 요긴한 것들 외에는 아무 짐도 너희에게 지우지 아니하는 것이 옳은 줄 알았다고 밝혔다. 주 안에서 교회가 토의하고 결정한 것은 교회 즉 성도들만이 한 것이 아니라 성령과 함께 한 결과라는 말이다. 그러므로 성령과 교회는 하나님의 말씀을 전하고 구원의 사역을 행하신다. 성령과 교회가 사람들에게 구원의 복음을 듣고 영생의 생명수를 마시라고 초청하는 것이다. 그러므로 교회인 우리는 성령 안에서, 성령을 통하여, 성령의 힘으로 복음사역에 온 힘을 기울여야 한다.

18-19절. 사도 요한은 일곱 재앙을 담은 대접을 가진 천사 중 하나가 마지막으로 새 예루살렘의 환상을 보여준 후 주 곧 선지자들의 영의 하나님이신 요한계시록의 저자, 그리스도께서 요한계시록을 마무리하신 말씀을 전해 듣고 요한계시록을 주님으로부터 받아 기록한 자로서 맺는말을 한다. 18절의 "내가" 누구인가에 대하여 하나님이나 그리스도라는 주장이 있으나[96] 사도 요한이라는 주장이[97] 보다 자연스럽다. 첫째로 6-17절은 주님의 직접적인 하나님의 권위가 느껴지는 말씀이고 18-21절은 신명기 4:2과 12:32을 인용하거나 주님의 말씀을 증언하고 주님이 재림하실 것을 구하고 모든 자에게 주님의 은혜를 축복하고 있고 둘째는 18절에서 말하는 이가 신명기의 말씀을 인용하여 요한계

96) 사와므라 로고, 같은 책, p. 284; 김승곤, 같은 책, p. 438; Mounce,같은 책, p. 396.
97) 이상근, 같은 책, p. 254; Hughes, 같은 책, p. 350; 이필찬, 같은 책, pp. 967-968

시록을 가감 없이 지키라고 경고하고 요한계시록을 증언하신 이 그리스도의 "내가 속히 오리라"는 말씀을 증거하므로 18절에서 "내가" 그리스도가 아니고 사도 요한이라는 것이 문맥에 적합하다.

마지막으로 계시록을 받아 기록한 사도 요한이 본서를 마무리하면서 이 두루마리의 예언의 말씀을 듣는 각인에게 증언하길 "만일 누구든지 이것들 외에 더하면 하나님이 이 두루마리에 기록된 재앙들을 그에게 더하실 터이요 만일 누구든지 이 두루마리의 예언의 말씀에서 제하여 버리면 하나님이 이 두루마리에 기록된 생명나무와 및 거룩한 성에 참예함을 제하여 버리시리라"고 경고한다. 사도 요한은 이 경고를 통해서 본서의 내용이 자신의 상상이나 꿈을 기록한 것이 아니라 변경할 수 없는 완전한 하나님의 말씀임을 밝히는 것이다. 신명기 4:1,2을 보면 하나님의 율법을 선포한 모세는 하나님의 율법을 듣고 준행하면 살 것이고 하나님이 약속하신 가나안 땅에 들어가서 그 땅을 얻게 되리라고 말하면서 하나님의 율법을 가감하지 말고 지키라고 명하였다. 완전하신 하나님의 말씀은 완전하여 절대 가감할 수가 없고 그것을 어기는 것은 이 두루마리에 기록된 재앙들을 받아야 할 하나님을 대적하는 죄악이다.

그 뿐이 아니다. 만일 누구든지 이 두루마리의 예언의 말씀에서 제하여 버리면 하나님이 이 두루마리에 기록된 생명나무와 및 거룩한 성에 참여함을 제하여 버림을 당한다. "생명나무와 거룩한 성에 참예함"은 구속받은 자에게 주어지는 영생의 축복을 가리킨다. 사도 요한은 본서에 언급된 예언의 말씀을 제하는 자들에게 영생의 축복에서 제하여져 새 예루살렘 성에 들어가지 못할 뿐만 아니라 영원한 유황 불못에 던져져 둘째 사망에 참여하게 될 것임을 경고하고 있다.

20절. 요한계시록을 증언하신 주님이 거듭 "내가 진실로 속히 오리라"고 재림에 대하여 확증하시자 사도 요한은 "아멘 주 예수여 오시옵소서"하고 화답한다. "내가 속히 오리라"는 주님께서 정해진 경륜에 따라 지체하지 않으시고 속히 재림하리라는 선언은 본장에서 7, 12절에 이어 세 번째이며 마지막 확증으로 "진실로"란 표현을 더하여 더욱 더 확실함을 나타낸다. 주님의 이 말씀은 세상에서 고난과 핍박을 받으며 인내하는 모든 하나님의 백성 성도들에게 큰 위로를 준다.

사도 요한은 주님께서 "내가 진실로 속히 오리라"고 최종적으로 그의 재림을 확증하여 말씀하시자 "아멘 주 예수여 오시옵소서 주 예수의 은혜가 모든 자들에게 있을지어다 아멘"하고 주님의 재림을 받아드리며 주님이 속히 오시기를 소망한다. 주님의 말씀에 화답한 자가 문맥으로 볼 때 사도 요한이다. 그렇지만 그의 화답은 그의 것만이 아니라 우리 모든 성도인 교회의 것이다. 그러므로 사도 요한이 교회의 대표로 주님의 말씀에 화답한다고 보아야 한다. 이 어귀 "우리 주여 오시옵소서"는 아람어 "마라난타(maranantha)"로 그 문자적 형태는 고린도전서 16:22에 나타나며 본서보다 약간 후대의 기록으로 보는 12사도의 교훈집에도 나타난다("누구든지 거룩하면 그는 올찌어다! 누구든지 그렇지 못하면 그는 회개할찌어다"(Didache, 10:6). 이 말씀은 초대 교회의 예배의식의 일부였음을 밝혀준다.[98] "아멘 주 예수여 오시옵소서"는 초대 교회의 예배의식이고 그들의 신앙고백일 뿐 아니라 지금 우리 성도들의 신앙으로 우리는 항상 그리스도의 재림의 임박성을 느끼며 주님의 재림을 소망하며 인내하여 사탄과 세상을 이기고 승리하여야 할 것이다.

21절. 사도 요한은 "주 예수의 은혜가 모든 자들에게 있을지어다 아멘"이라고 요한계시록을 받는 모든 교회 성도들에게 축원하여 요한계시록의 끝을 맺는다. 하나님의 말씀이며 예수 그리스도의 증거인 본서 요한계시록을 가감하지 않고 제하지 않고 온전히 읽고 듣고 지키며 "주 예수여 오시옵소서(마라난타)"라고 주님의 재림을 기다리며 사탄과 세상의 고난과 핍박을 이기는 자들에게는 하늘의 모든 영광을 가지신 우리 주님이 주시는 은혜가 있을 것이다. 아멘, 주 예수여 오시옵소서!!

98) 이상근, 같은 책, pp. 255-256.

참고문헌

권성수. 『요한계시록』. 서울: 선교횃불, 1999.

김명혁. 『선교신학 및 선교신학연구』. 서울: 총회신학대학, 1977.

김승곤. 『요한계시록 강해』. 서울: 국제성서 출판사, 1993.

김승곤. 『왜 무천년주의는 성경적인가?』. 서울: 국제성서 출판사, 용인시, 1994.

김희보. 『구약신학논고』. 서울: 예수교 문서선교회, 1976.

민경배. 『한국기독교회사』. 서울: 대한기독교서회, 1973

박윤선. 『성경수석 계시록』. 서울: 영음사, 2005.

박윤선. 『성경주석 공관복음』. 서울: 영음사, 1979.

박윤선. 『성경주석 다니엘』. 서울: 영음사, 1981.

박윤선. 『성경주석 바울서신』. 서울: 영음사, 1979.

박형룡. 『교의 신학 서론, 박형룡박사 저작전집 1권』. 서울: 한국기독교 교육연구원, 1977.

박형룡. 『교의신학 내세론, 박형룡박사 저작전집 7권』. 서울: 한국기독교 교육연구원, 1977.

사와무라 로고. 『요한계시록』. 오만석 역, 서울: 복음사, 2000.

서달석. 『종말론 특별 세미나』. 서울: 생명의 서신, 1989.

신성종. 『요한계시록 강해』. 서울: 충현출판사, 1981.

이명재. 『알파와 오메가-요한계시록 강해집-』. 서울: 쿰란출판사, 1994.

이상근. 『신학성서주해 공동서신』. 서울: 대한예수교 장로회 총회교육부, 1979.

이상근. 『신약성서주해 요한계시록』. 서울: 대한예수교 장로회 총회 교육부, 1978.

이순한 역편. 『신약성서 헬라어』(A Study of New Testament Greek). 서울: 백합출판사, 1977.

이필찬. 『내가 속히 오리라』. 서울: 이레서원, 2008.

이필찬. 『요한계시록 어떻게 읽을 것인가』. 서울: 성서유니온 선교회, 2009.

조용기. 『평신도를 위한 요한계시록 강해』. 서울: 서울서적, 1985.

천정웅. 『요한계시록』. 서울: 말씀의 집, 1990.
한정건. 『종말론 강해』. 서울: 기독교문서선교회, 1992.

A. Plummer, *Revelation*. in "The Pulpit Commentary," Vol. 22. Grand Rapids: Eerdmans, 1962.

Adam Clarke, *Revelation of the Behtany Parallel Commentary*. Minneapolis, MN: Bethany House Publishers, 1983.

Andrew Kuyvenhoven. 『쉽게 풀어 쓴 개혁교회 종말론』 *The Day of Christ's Return*. 심재승 역. 서울: 이레서원, 2001.

Anthony A. Hoekema. 『개혁주의 종말론』 *The Bible and the Future*. 류호준 역, 서울: 기독교문서 선교회, 2006.

C. F. Keil and F. Delitzsch. *Commentary on the Old Testament*, Vol. 9, Daniel. Grand Rapids,: Eerdmans, 1976.

Donald Grey Barnhouse. *Revelation*. Grand Rapids: Zondervan Publishing House, 1977.

Everette Ferguson. *Background of Early Christianity*. Grand Rapids: Eerdmans, 1993 2nd Ed..

Gerhard A, Krodel. *Revelation*. Minneapolis: Augsburg Publishing House, 1989.

George A. Buttrick, Editor. *The Inerpreter's Dicyionary of The Bible*. New York: Abingdon Press, 1962.

George Elden Ladd. *A Commentary on the Revelation of John*. Grand Rapids: William B. Eerdmans Publishing Company, 1972.

Henry Barclay Swete. *The Apocalypse of St John*. London: Mcmillan and Co, Limited, 1906.

Henry H. Halley. 『성경핸드북』 *Pocket Bible Handbook*. 홍병수 · 채기은 역. 서울: 신한문화사, 1954.

Henry M. Morris. *The Revelation Record*. Wheaton: Tyndale House Publishers, Inc., 1983.

Herman Hoeksema. *Behold, He Cometh*. Grand Rapids: Reformed Free

Publishing Association, 1969.

Robert G. Clouse, Editer. 『천년왕국』 *The Meaning of the Millennium:Four Views*, 권호덕 역. 서울: 성광문화사, 1980.

J. P. M. Sweet. *Revelation*. Philadelphia: The Westminster Press, 1979.

Jamieson, Fausset, Brown. *Revelation of the Behtany Parallel Commentary*. Minneapolis, MN: Bethany House Publishers, 1983.

John Calvin. 『구약성서주석, 다니엘 II』. 서울: 존칼빈 성경주석 출판위원회, 1982.

John Calvin. *Institutes of the Christian Religion*. Trans. by Ford Lewis Battles. Philadelphia: The Westminster Press. 년도표시

John F. Walvoord. *The Revelation of Jesus Christ*. Chicago: Moody Press, 1975.

John MacArthur. *The MacArthur New Testament Commentary/Revelation*. Chicago: Moody press, 1999.

John R. Yeatts. *Revelation/Believers Church Bible Commentary*. Scottdale: Herald Press, 2003.

John Sweet. *Revelation*. London: SCM Press Ltd, 1979.

Lehman Strauss. *Revelation*. Neptune, New Jersey: Loizeaux Brothers, 1964.

Louis Berkhof. 『기독교 신학개론』 *Manuel of Christian Doctrine*. 신복윤 역. 서울: 은성문화사, 1974.

Matthew Henry. *Revelation of the Behtany Parallel Commentary*. Minneapolis, MN: Bethany House Publishers, 1983.

Merrill C. Tenny. *Interpreting Revelation*. Grand Rapids: WM. B. Eerdmasns Publishing Company, 1957.

Michael Wilcock. *I Saw Heaven Opened/The Message of Revelation*. Inter-varsity Press, 1975.

Philip E. Hughes. 『요한계시록』 오광만 역. 서울: 여수문, 1993.

Richard C. H. Lenski. 『요한계시록』. 배영철 역. 서울: 백합출판사, 1981.

Robert G. Bratcher & Howard A. Hatton. *A Handbook on the Revelation to John*. New York: United Bible Societies, 1933.

Robert H. Mounce. *The Book of Revelation*. Grand Rapids: Eerdmans, 1977.

Steve Gregg, Editor. *Revelation - Four Views, a parallel commentary*. Nashville: Thomas Nelson Publishers, 1997

St. Augustine. *Concerning the City of God against the Pagans*. translated by Henry Bettenson. London: Penguin Books, 2003.

Tim Lahaye. *Revelation*. 김의자 역. 서울: 보이스사, 1980.

Thomas Robinson, 『베이커 성경주석』. *The Preacher's Complete Homiletic Commentary*. Daniel. 박종구역. 서울: 기독교문사. 1984.

W. A. Criswell. *Expository Sermons on Revelation*. Grand Rapids: Zondervan Publishing House, 1963.

Wayne Grudem. *Systematic Theology*. Grand Rapids: Zondervan Publishing House, 1994.

William E. Cox. *Amillennialism Today*. New Jersey: Presbyterian and Reformed Publishing Co., 1966.

William Hendriksen. 『요한계시록』, 김영익 · 문영탁 역. 서울: 아가페출판사, 1984.